全国高等院校物流专业“十三五”精品规划系列教材

物流战略管理

（第2版）

刘浩华　李振福　主　编

崔爱平　吴　群　副主编

中国财富出版社

图书在版编目（CIP）数据

物流战略管理/刘浩华，李振福主编．—2 版．—北京：中国财富出版社，2018.2（2023.7 重印）

（全国高等院校物流专业“十三五”精品规划系列教材）

ISBN 978 - 7 - 5047 - 4861 - 4

Ⅰ.①物…　Ⅱ.①刘…②李…　Ⅲ.①物流管理—高等学校—教材　Ⅳ.①F252

中国版本图书馆 CIP 数据核字（2018）第 042888 号

策划编辑　张　茜　　**责任编辑**　白　昕　水源宋

责任印制　尚立业　　**责任校对**　孙丽丽　　**责任发行**　敬　东

出版发行　中国财富出版社

社　　址　北京市丰台区南四环西路 188 号 5 区 20 楼　　**邮政编码**　100070

电　　话　010 - 52227588 转 2098（发行部）　　010 - 52227588 转 321（总编室）

010 - 52227566（24 小时读者服务）　　010 - 52227588 转 305（质检部）

网　　址　http://www.cfpress.com.cn

经　　销　新华书店

印　　刷　北京九州迅驰传媒文化有限公司

书　　号　ISBN 978 - 7 - 5047 - 4861 - 4/F・2861

开　　本　787mm×1092mm　1/16　　**版　　次**　2018 年 3 月第 2 版

印　　张　19.25　　**印　　次**　2023 年 7 月第 3 次印刷

字　　数　432 千字　　**定　　价**　52.00 元

教材编写组成员

主编：

刘浩华	江西财经大学工商管理学院	教　授	博士后
李振福	大连海事大学交通运输管理学院	教　授	博士后

副主编：

崔爱平	江西财经大学工商管理学院	讲　师	博　士
吴　群	江西财经大学工商管理学院	副教授	博士后

参编：

赵昌平	大连海事大学交通运输管理学院	副教授	博　士
付　洁	大连海事大学交通运输管理学院	讲　师	硕　士

第2版序

《物流战略管理》第1版自面市以来，在许多高校中得以应用，不仅受到广大师生和读者的好评，而且还获得“江西省第五届普通高等学校优秀教材一等奖”。但是，我们在八年的教学应用中，也发现了本教材中的一些问题。而且，在此期间，我国的物流业发展迅速，降本增效成为时代的主旋律。随着全球经济一体化和信息技术的不断发展，物流、采购、电商、快递、交通、制造等业态交叉融合，供应链与互联网、物联网深度融合，智慧物流与智慧供应链成为供给侧结构性改革和构建全球化经济新格局的新抓手。国家出台的一系列刺激物流业转型升级的政策，包括《国务院办公厅关于促进物流业健康发展政策措施的意见》(国办发〔2011〕38号)、《物流业发展中长期规划(2014—2020年)》(国发〔2014〕42号)、《物流业降本增效专项行动方案(2016—2018年)》和《国务院办公厅关于积极推进供应链创新与应用的指导意见》(国办发〔2017〕84号)，以及“营改增”全面推开等，促使不少企业在战略上做了新选择，或者正在寻找新的战略定位。因此，我们认为有必要对本教材进行修订，在纠正不当甚至错误之处的同时，保持教材内容的先进性、时代性，特别是加强理论与实践的结合。本教材第2版的主要修订内容如下。

(1) 修改了存在问题的文字、标点、语句和段落。

(2) 更换了部分内容，包括时间过早的数据和案例及前后重复之处。

(3) 理顺了部分内容之间不合理的逻辑关系。

(4) 增加了新的典型案例。

(5) 设置了新的思考题题型并加大了题量。

(6) 突出了重要知识点。

编　者

2017年10月15日

第 1 版序

21 世纪以来，随着信息产业的发展，具有悠久历史的物流活动的发展步伐不断加快。在我国，自“十一五”规划确立物流业的产业地位并将其列为三个需要“大力发展”的产业之一后，物流业跨入了一个新的发展阶段，成为一个新兴产业。为了克服美国金融危机对物流业带来的巨大影响，2009 年 2 月 25 日，温家宝主持国务院常务会审议并原则通过《物流业调整和振兴规划》。这不仅为物流业实体经济走出困境、持续发展提供了难得的机遇，也为物流教育界人士带来了振奋的福音。

本书的编写，主要基于两个动因。一是教育部高教司于 2008 年 7 月 4 日正式发布的《关于物流管理本科专业培养方案的指导意见（试行）》（教高司函〔2008〕152 号）将“物流战略管理”列为专业课。众所周知，“战略管理”是一门已经发展到相当高度的学科，涌现出了迈克尔·波特（Michael Porter）、加里·哈默（Gary Hamel）等一大批战略管理学家和研究人员。他们出版了许多关于战略管理的著作和教材。而作为教育部规定的物流管理本科层次的专业课“物流战略管理”，市面上对应的可选教材寥寥无几，远不及其他物流管理专业课程教材丰富。为了满足开设物流管理本科专业高校（截至 2008 年 7 月，共有 256 所开设了该专业）的教学需要，我们认为有必要编写一本《物流战略管理》教材。二是我们认为，对物流管理专业本科生的教育，应着眼于其 5～10 年甚至更长的长远发展，在他们掌握物流管理的基本专业知识后，应该培养其战略思维能力和战略管理能力，从而使其适应中、高级岗位的需要。俗话说：不谋万世者，不足谋一时；不谋全局者，不足谋一域。拥有敏锐的战略思维能力和高超的战略管理能力，将使他们在复杂多变的环境中驾驭大势而不迷失方向。为了培养学生这样的能力，我们认为有必要编写一本《物流战略管理》教材。当然，学生为了能够具备这样的能力，还需要将书中的理论与战略实践灵活结合起来，同时，还需要有一定的悟性。

本书设计了一个与现有《物流战略管理》教材迥异的体系。全书共分九章，首先从战略管理的基本理论出发，然后就物流战略环境，企业物流战略，物流经营战略，物流职能战略，物流发展战略，物流战略制定、实施、评估、控制，物流战略匹配与协同进行了阐述。书中内容不仅体现了理论的前沿性，也结合了最新的物流战略管理实践。编写分工是这样的：刘浩华和李振福联合编写提纲，并对全书内容进行把关，其中，刘浩华编写第一章、第二章，李振福编写第三章、第四章，赵昌平编写第五章、第六章，崔爱平编写第七章，吴群编写第八章，付洁编写第九章。

本书主要的读者对象是物流管理专业的本科生，同时，本书也可用作中、高级物流管理人员的参考和培训教材，还可用作工商管理硕士（MBA）、高级管理人员工商管理硕士（EMBA）的教材。

本书的完成得到了中国财富出版社编辑们的大力帮助，在此表示衷心的感谢！

在本书的编写过程中，我们参阅了大量同行专家学者的有关著述，为了尊重原作者的劳动和知识产权，我们尽可能在书后的参考文献中予以列出。但“百密难免一疏”，可能会有个别参考甚至引用了的文献没有列出。如存在这种情况，我们在这里对原作者或版权所有者表示深深的歉意，并希望获得谅解。此外，书中难免会存在不足甚至错误，恳请读者批评指正。

编　者

2010 年 1 月 8 日

目　录

第一章 导 论

学习目标

- 了解战略管理的最基本概念、战略的基本类型及其含义与适用条件。
- 熟悉战略管理过程。
- 熟悉物流战略（管理）的概念、性质、重点、目标和要素及战略决策的过程。
- 掌握组合分析最流行的两种方法：BCG 增长-份额矩阵和 GE 业务筛选模型。

战略管理是 20 世纪在商业领域发展起来的一门学科，一般认为其思想诞生于 20 世纪 60 年代的美国，至今已有近 60 年的历史。虽然战略管理的理论发展历史并不长，但发展速度非常快，现已渗透到许多具体的领域、产业。随着物流业的快速发展，在战略管理学的基础上，结合物流实践发展物流战略管理是非常必要的。从学科性质上说，物流战略管理是战略管理理论、方法在物流领域的应用，具有交叉、边缘、应用等学科属性。因此，在学习本书时，首先需要了解战略管理学的基本概念、方法等。

第一节 基本概念

一、战略及相关概念

（一）使命（Mission）

使命是战略管理的一个重要方面。一个企业的使命就是其存在的目的或者理由，是企业对目前所从事经营活动的一个界定，它表明企业为社会提供什么，如清洁房屋或汽车，从而明确目前企业活动的范围。

使命的定义包括三个要素：满足什么样的顾客需求（What）、服务哪些顾客（Who），以及以什么资源、技术、能力、经营方法满足顾客需求（How）。

关于企业使命，管理大师德鲁克（Drucker）最先在 1973 年指出："一个企业不是由它的名字、章程和公司条例来定义的，而是由它的使命来定义的。一个企业只有具备了明确的任务和目的，才有可能制定明确和现实的企业目标。"1991 年，皮尔斯（Pearce）和罗宾森（Robinson）认为，企业使命是指一个基本的目的，该目的能描述本企业的特点并定义它特有的产品和市场范围，从而将其与别的企业区分开来。

将企业使命具体化和应用化，就产生了使命陈述（Mission Statement），它表现为一份较为简练的书面陈述，最常出现在企业的年度报告中或网站上。一个构思良好的使命陈述是对企业存在理由的说明，能够使企业明确最基本的、独特的目的，将本企业与其他企业区别开来，规定企业提供的产品（包括服务）的范围以及所服务的市场。使命陈述不但包括公司现在是什么的描述词句，也要说明公司想成为什么，即管理层对企业未来的战略愿景（Vision），以及要服务于哪些用户。它既要促进员工建立共同愿景，也要树立公司的公众形象，与企业所处任务环境的各利益团体沟通。使命陈述能反映公司是什么、在做什么、要做什么。随着战略管理理论的成熟和发展，使命陈述已被公认为一种战略工具。据《哈佛商业评论》2009年第8期达雷尔·里格比（Darrell Rigby）和布鲁诺·拉纳（Bruno Lannes）撰写的《2009年最热门的管理工具》一文指出，自1993年开始，贝恩公司每隔1～2年在全球进行一次“管理工具和趋势”调查。2009年，贝恩公司调查了全球1430位企业高管，发现“战略规划”“顾客细分”和“使命与愿景陈述”在使用率和满意度方面都超过了平均水平。

美泰公司（Maytag Corporation）的使命陈述为：通过设计、制造和销售世界上最好的家用电器并提供良好服务，改善家庭生活质量。

下面三个例子是国内三个著名物流企业的使命陈述。

第三方物流企业宝供物流企业集团的使命陈述为：为客户提供优质高效的物流供应链服务的全面解决方案，以支持客户的发展，为推动行业发展和员工进步做出不懈的努力。作为回报，我们会得到不断提高的市场占有率和合理的利润。

传化集团及其下属的传化物流集团的使命陈述为：幸福员工、成就客户、引领产业。

《互联网周刊》联合eNet研究院发布的“2017中国物流企业排行榜”中位列榜首的中国外运股份有限公司的使命陈述为：聚焦客户需求，以最佳的解决方案和服务，持续创造商业价值和社会价值。

使命陈述的定义有广义和狭义之分。广义的使命陈述是关于企业所做业务的模糊的、一般性的陈述，如服务于股东、顾客和员工的最大利益。这样定义的好处是企业的业务和产品领域不会受限制，坏处是不能明确企业的重点产品和市场领域。上述传化集团与中国外运股份有限公司的使命陈述都没有将物流业务体现其中。而狭义的使命陈述，如美泰公司，明确表述企业的主要产品和市场，但它把企业活动范围限定在某些产品或服务领域中，甚至包括采用的技术和所服务的市场。宝供物流企业集团则明确了其存在的目的就是为客户提供优质高效的物流供应链服务的全面解决方案。

使命陈述的定义还可分为产品导向型和市场导向型。前者是从企业提供的产品或服务出发，是对企业做什么的最基本的浅层次描述，具有狭义的性质。如一家空调生产企业的产品导向型使命陈述为：我们提供高质量的空调。全球领先的现代物流设施提供商普洛斯的使命陈述为：成为最佳物流资产管理公司，为所有利益相关方包括股东、客户、投资者、员工和社区创造最大价值。众所周知，普洛斯的产品是提供物流地产或设施。后者是从客户的特定需求出发，更为关注客户所关注的核心内涵，具有广义的性质。如美国联邦快递（FedEx）的使命是帮助客人更快更好地将货物送达目的地，其广告宣传片即宣称“联邦快递，使命必达”。

（二）目标与目的（Objective and Goal）

目标是计划行动长期、最终的结果。目标规定了到什么时间完成什么任务、达到何种绩效。企业完成了一系列目标，就可以实现其使命，它是使命的具体化、明确化。很多企业的目标用定性的语言描述。如2016年年底由中国远洋物流有限公司、中海集团物流有限公司和中海船务代理有限公司重组整合而成的中远海运物流有限公司，组建之始就定下“打造全球领先的综合物流供应链服务商”的目标。宝供物流企业集团的目标是创造世界一流的物流企业。敦豪（DHL）的目标是“实现互联互通，提高生活品质”。这一目标意味着，通过不懈追求互联互通，DHL成为提高人们生活品质的重要力量；通过贸易互通有无，促使世界走向繁荣。全球贸易片刻都离不开物流，因此，作为一家物流企业，DHL可以让全社会实现增值。DHL传递的不仅仅是包裹，关注的不仅仅是按时交货，传递的更是繁荣、健康、增长和快乐。日复一日，打造人际互联互通；年复一年，提高人们的生活品质。

但是，一个真正的好的目标必须具备管理大师德鲁克1954年在《管理的实践》中提出的五个特征。这五个特征可用“SMART”这个词概括，意为具体、可度量、可实现、相关性、有时限，具体内容将在第八章详细阐述。例如，史泰博公司（Staples）是美国一家为社会提供各种办公用品的公司，由于拥有比竞争对手更好的质量、更低的价格、更佳的位置，它曾经是美国最成功的零售商之一。即使在办公用品市场逐步走向成熟之时，该公司的管理层仍然制订了以下目标：在年净收入增加20%的同时，从2003年到2008年，实现销售额翻一倍达到200亿美元的目标。事实上，2008年它收购荷兰办公用品集团（Corporate Express）后全球销售规模达到230亿美元左右。不过，随着线下业务的减少、无纸化和电子化的盛行，曾经的办公用品霸主自2011年后销售额掉头向下，于2017年年中被私募基金梧桐投资（Sycamore Partners）以69亿美元收购。

与目标不同的是，目的是一个开放式的陈述，表达的是要达到的愿望，或者做事的动机、意图，既无完成质量方面的限制，也无明确的时间限制。如美的公司的目的（愿景）是：做世界的美的；敦豪则定位于：成长为一家服务全世界的物流公司。

（三）政策（Policy）

商务印书馆2005年版的《现代汉语词典（第5版）》中对政策的解释是：国家或政党为实现一定历史时期的路线而制定的行动准则。而在战略管理中，政策是指将战略制定与战略实施联结起来指导决策的一般指南。如为了实现“到2020年，基本建立布局合理、技术先进、便捷高效、绿色环保、安全有序的现代物流服务体系”的战略目标，国务院印发了《物流业发展中长期规划（2014—2020年）》这一政策。企业运用政策来确保所有员工的决策和行动支持企业的使命、目标与战略。比如说，某5A级物流公司决定通过兼并来实施增长战略时制定了一项政策，即只考虑兼并那些具有较强影响力、网络较完善、设施较齐全、年主营业务收入在1亿元以上的当地物流企业。

（四）策略（Tactics）

策略是一种具体的行动计划，它在行动时间、时机和地点等方面详细规定实施某一战略、达到某一目标的途径。与战略相比，策略属于战术层次的范畴，它从属于战略，必须在战略指导下制定具体的内容。但是，策略为战略提供支持，如果没有恰当的策略，战略只能是一纸空文。本质上，策略比战略的范围更窄、时间跨度更小，而且会经常调整。所以，就像政策一样，我们可以将策略看作战略制定与实施之间的纽带和桥梁。如某制造企业为了将物流成本降低20%，决定在5年时间内逐步将自营物流外包给3家本地化的实力雄厚的专业物流公司。

（五）战略（Strategy）

“战略”一词，本为军事术语。《辞源》对战略的解释为：“作战的谋略。”如唐朝高适《自淇涉黄河途中作》“当时无战略，此地即边戍”及清朝叶名沣《桥西杂记·杨忠武公训子语》“公一生战略，具载国史”中的战略皆为此意。《辞海》对战略的定义是：“筹划和指导战争及非战争军事行动全局的方略。”

“战略”一词源于战争，但纵观包含了《孙子兵法》等七部兵书的我国古代著名的《武经七书》竟没有提到，即使是黄石公的《三略》也没提到这个词。尽管如此，但其中确确实实涉及大量的战略问题和战略思想，如《孙子兵法》的“计篇”中：“兵者，国之大事，死生之地，存亡之道，不可不察也”“兵者，诡道也”。[①] 我国古代有一些非常著名的战略，如齐桓公实施“尊王攘夷”的战略，北击山戎，南伐楚国，成为中原第一个霸主，受到周天子赏赐；《战国策》中记录的范雎说服秦王而提出的远交近攻战略，奠定了秦始皇统一中国的基础。

毛泽东同志在《中国革命战争的战略问题》中指出：“战略问题是研究战争全局的规律的东西……凡属带有要照顾各方面和各阶段的性质的，都是战争的全局……研究带全局性的战争指导规律，是战略学的任务。”

在西方，“战略”一词来源于希腊语“Strategos”，是指：“将军指挥军队的艺术。”克

① 孙武．孙子兵法［M］．冯国超，译．北京：商务印书馆，2016.

劳塞维茨的《战争论》则认为："战略是为了达到战争目的而对战争的运用。"① 这一定义的外延比较宽泛，"它包括适应战争目的的战略目标和战争计划，以及达到这一目标的行动措施、战略方案和战争部署。"

虽然不同的军事家和战略家对战略这一概念的表述有所不同，但战略的最主要含义是指"对战争全局的筹划和谋略"。所谓"一着不慎，满盘皆输"说的是战略问题，"运筹帷幄之中，决胜千里之外"及《孙子兵法》"夫未战而庙算胜者，得算多也；未战而庙算不胜者，得算少也。多算胜，少算不胜，而况于无算呼！"说的也是战略问题。

军事战略的典型案例——计战

元末明初的军事家、政治家、文学家刘基在其《百战奇略》一书首篇"计战"中写道：凡用兵之道，以计为首。未战之时，先料将之贤愚，敌之强弱，兵之众寡，地之险易，粮之虚实。计料已审，然后出兵，无有不胜。法曰："料敌制胜，计险阨远近，上将之道也"。然后举了刘备与诸葛亮的"隆中对"为例。

汉末，刘先主在新野，三往求计于诸葛亮。亮曰："自董卓以来，豪杰并起，跨州连郡者不可胜数。曹操比于袁绍，则名微众寡，然操遂能克绍，以弱为强者，非惟天时，抑亦人谋也。今操已拥百万之众，挟天子以令诸侯，此诚不可与争锋。孙权据有江东，已历三世，国险民附，贤能为之辅，此可以为援而不可图也。荆州北据汉、沔，利尽南海，东连吴、会，西通巴、蜀，此用武之国，而其主不能守。此殆天所以资将军，将军岂有意乎？益州险塞，沃野千里，天府之土，高祖因之以成帝业。刘璋暗弱，张鲁在北，民阜国富，不知存恤，智能之士思得明君。将军既帝室之胄，信义著于四海，总览英雄，思贤如渴，若跨有荆、益，保其岩阻，西和诸戎，南抚夷越，外结好孙权，内修政治；天下有变，则命一上将将荆州之军以向宛、洛，将军身帅益州之众出于秦川，百姓孰敢不箪食壶浆以迎将军者乎？诚如是，霸业可成，汉室可兴矣。"先主曰："善。"后果如其计。

"战略"一词虽源于军事，但现在的使用范畴，已经远远超出了军事的范畴而应用于社会经济、管理的各行各业、各个部门和领域。如在博弈论中，冯·纽曼（Von Newman）认为：战略是"一种完整的计划，旨在说明在每一种情况下应该做出怎样的选择。"德鲁克认为："战略是一种统一的综合的一体化计划，用来实现企业的基本目标。"迈克尔·波特（Machale Proter）在《什么是战略》一文中对战略的定义是："战略是在公司经营活动中创造适应性。"迈克尔·胡格斯（Michael Hugos）在《供应链管理精要（第 2 版）》中，将战略简单地定义为"为达到目的而运用的方法。换句话说，战略就是运用一个组织的经营活动（手段）来达到组织的目的。"尤其是当战略走进企业这一微观经济实体中，其内涵得到了极大的丰富和发展，并且衍生出各种各样的战略。

---

① 卡尔·冯·克劳塞维茨．战争论［M］．时殷弘，译．北京：商务印书馆，2016.

通常，典型的工商企业要考虑三类战略：企业战略、经营战略与职能战略。工商企业都同时运用以上三种战略，它们处于不同的战略层次，其中职能战略支持经营战略，经营战略则支持企业战略。

1. 企业战略（Corporate Strategy）

自从1965年美国的安索夫（Ansoff）发表《企业战略论》以来，企业战略（或公司战略）的应用越来越广泛。企业战略是对企业总的发展方向、达到目标、完成使命的综合计划，是具有全局性、长远性的谋划。汤姆森、斯特里克兰三世与甘布尔（Thompson，Strickland，Gamble）提出的企业战略概念是："管理者为了吸引和满足顾客、成功竞争、发展业务、从事经营及实现既定目标所采取的一系列竞争行动和经营方法。"企业战略寻求竞争优势达到最大、竞争劣势减到最小。企业战略包括方向战略（Directional Strategy）、组合分析（Portfolio Analysis）与母合战略（Corporate Parenting）。

（1）方向战略。每个企业必须确定成长方向。为此，必须回答以下三个问题：一是扩张、收缩还是维持目前的经营活动？二是集中于当前产业还是多元化进入其他产业？三是如果要成长、扩张，是采取内部发展还是外部并购或合资方式？

如表1－1所示，每个方向战略又可以进一步细分。

表1－1　　方向战略

· 成长（Growth）		
集中（Concentration）		· 收缩（Retrenchment）
纵向成长（Vertical Growth）	· 稳定（Stability）	扭转（Turnaround）
横向成长（Horizontal Growth）	暂停（Pause）	俘虏企业（Captive Company）
多元化（Diversification）	无变（No Change）	出售或剥离（Sell－out/Divestment）
同心（Concentric）	利润（Profit）	破产或清算（Bankruptcy/Liquidation）
离心（Conglomerate）		

①成长战略。从全球来看，一个成功企业的成长大致要经历从小到大、从弱到强、从国内到国外、从生存到发展再到基业长青的历程，因此，成长战略是企业应用最广泛的企业战略，其目的是使企业在销售额、资产、利润、市场等方面获得增长。成长战略有两类基本战略。

一是集中战略。即将资源集中于确有增长潜力的一条产品线（对于物流企业来说，产品线可能是物流咨询服务、物流信息服务、供应链金融服务、物流运作服务。其中，物流运作服务可能包括运输服务、仓储服务）或一个产业。如成立于2006年的中联物流（中国）有限公司，一直专注于汽车产业供应链管理服务，为江铃汽车、江铃控股、昌河、比亚迪、长丰（现广汽长丰汽车）、吉利、捷富凯等客户提供汽车整车、零部件仓储运输、零部件生产配送服务。而国外的马士基物流（Maersk Logistics）则集中于出口物流。集中战略又包括纵向成长与横向成长。纵向成长是企业承担过去由供应链的上游或下游承担的功能。纵向成长导致纵向一体化（Vertical Integration），企业在产业价值链上多处经营，该价值链涵盖原材料获取、产品制造直至零售。其中纵向一体化又分为后向一体化（Backward Integration）、前向一体化（Forward Integration），即以本企业为起始点，向后或向前沿产业价值链进行业务扩展，在产业内有效地建立独特能力，从而获取更大的竞争优势。横向成长是指把企业业务扩展到其他地点，或扩大当前市场的产品和服务供应范围。横向成长导致横向一体化（Horizontal Integration），就是企业在多个地点运营，但运营都处于某产业价值链上的同一点。一种比较受欢迎的横向成长方法是通过国际化扩张（如进入国外市场或在另一个国家建立制造工厂）而进入其他国家。横向成长的具体方式包括：出口、许可、特许经营、合资、收购、自建、生产分担等。从发展趋势来看，横向成长更为全球企业所青睐。

二是多元化战略。如果企业当前产品线没有很大的增长潜力，管理层就可考虑选择多元化。例如，史泰博公司的“零售为本兼做配送”就是多元化战略。我国物流上市企业都是多元化经营，涉及制造业、房地产等多个行业。以港口航运企业为典型，多元化战略主要是在港口航运业发展过程中，因港口码头扩建、仓储、堆场的用地需求而逐步进入工业地产业及相关配套商业（居住）房地产业。多元化战略可以通过投资于新产品开发在内部实现，也可以通过并购、战略联盟等手段在外部实现。同心多元化与离心多元化是两类基本的多元化战略。同心多元化是指扩张进入一个相关产业。离心多元化是指进入到与当前产业不相关的产业。离心多元化分散了资源和精力，很多企业因为涉及与当前产业不相关且不熟悉的产业而惨败，没有做到“东边不亮西边亮”“将鸡蛋放在不同篮子里”从而分散风险的目的。

②稳定战略。稳定战略即在方向上没有重大改变，继续维持当前活动。它在短期内运用非常有效，但是长期实施比较危险，因为未来总是不稳定的，总是充满不确定性的，环境总是随时间而变化的。稳定战略中运用较广的有以下三类战略。

一是暂停战略。是指企业巩固资源的临时性战略，介于成长战略和收缩战略中间，类似于体育比赛中的暂停休息，非常适合于那些在未来不确定的产业中长期快速成长的企业。一般来说，企业可以采用这一战略，直到环境好转或者企业经历长时间快速成长后资源巩固为止。20 世纪 90 年代初，戴尔公司在其成长战略导致的成长超出了其控制能力时，采用了暂停战略。但它并非放弃原来的成长战略，而只是临时过渡一下，直到公司招到新的管理人员、完成组织结构调整、建立起新机构时为止。

二是无变战略。是指企业什么新事情都不做，在可预见的未来，选择维持当前的经营和政策。无变战略很少作为一个明确的战略被提出来，它适合于环境稳定的情况。当企业处境舒适、地位适当、利润丰厚、市场稳定时，就可能会采用这一战略。

三是利润战略。就是企业在销售额下降时，企图通过减少或推迟投资，削减一些可控费用（如研究开发费、维修费与广告费等），人为地维持利润。利润战略只是在帮助企业摆脱临时困境时有用。

③收缩战略。当企业在部分或所有产品线上的竞争地位处于劣势，导致业绩低下、销售额下降直至由盈利转变为亏损时，管理层可能会采用收缩战略。收缩战略面临提高业绩的很大压力，可采用以下战略之一。

一是扭转战略。该战略强调提高经营效率，适用于企业的问题已经广泛扩散但还没有到崩溃的临界点的情况。扭转战略包括收缩和巩固两个基本阶段。第一个阶段是收缩，收缩是快速“止血”的最初行为，一般是全面缩小规模和削减成本；第二个阶段是巩固，就是执行一个行动计划，以稳定瘦身后的公司。如果收缩阶段取得的成果得不到巩固，企业的许多一流人才就会离开。20 世纪 90 年代，在郭士纳（Louis Gerstner）的领导下，国际商用机器公司（IBM）采用了这一战略。

二是俘虏企业战略。就是做另一个企业的独家供应商或分销商，以取得该企业的长期合同。竞争地位处于劣势的企业也许愿意成为某个大客户的俘虏企业，通过长期合同确保公司的持续生存。这样，企业可以减少营销等职能活动，从而大大降低成本。例如，做某一制造企业的独家第三方物流供应商。

三是出售或剥离战略。如果企业在产业内处于劣势竞争地位，既不能通过自身努力扭转，也不能成为别的公司的俘虏企业，就只好以一个尽可能好的价钱把自己卖掉，彻底离开这个产业。如果企业有多个事业部，它可以选择剥离，即出售其中的一个或几个事业部。当杰克·韦尔奇（Jack Welch）接管通用电气公司（GE）后，为了实现其“数一数二”的战略目标，就曾大刀阔斧地进行变革，其中就包括出售业绩不佳、缺乏增长潜力、不具备强大竞争力的事业部。再如，为了对国有企业进行改制、改组、改造，“物流业务剥离”成为一些企业的战略选择。物流业务剥离就是将原企业内部经营的物流业务、从事物流业务活动的人员、物流设备和设施等从工矿企业中分离出来，组建一个独立核算、自主经营、自负盈亏、具有法人资格的专业化物流公司。其中，开滦集团就是一例。该集团是河北省“十一五”物流规划中确定的进行主辅分离、剥离三方物流的试点单位之一。剥离成立开滦（集团）有限责任公司物流分公司后，企业加快了主辅分离、由企业物流向物流企业转变的步伐。2009 年，为适应物流社会化、国际化的发展方向，集团公司撤销原物流分公司建制，组建了开滦国际物流有限责任公司。

四是破产或清算战略。当企业处于最恶劣的环境、最差的产业竞争地位以致几乎没有前景时，因其他企业无兴趣购买一个处于没有吸引力产业的弱势企业，企业只有选择破产或清算战略。破产就是放弃管理企业，将其交给法院，由法院对企业某些义务和责任做出安排，以寻求企业继续生存。如 2014 年 8 月初，马钢股份全资子公司马钢裕远物流有限公司此前因支付给钢贸商的 8.04 亿元预付货款难以收回被拖入财务黑洞，最终被裁定破产。前些年破产的物流公司还有宁波佳广国际物流有限公司、大新华物流和淮矿物流等。而清算是指一件一件出售企业资产。因所在产业没有吸引力，企业太弱也不可能出售，管理层就会选择出售那些还可以卖出去的资产变现，在清偿所有债务之后再分配剩余资产给股东。

（2）组合分析。组合分析是经营多种业务（如拥有多条产品线或事业部）的企业制定企业战略的工具之一。在组合分析中，高层管理者将所有产品线和事业部视为一系列投资组合，他们要不断努力，设法确保企业投入的钱获得最佳回报。组合分析主要是从财务方面考虑问题，将各事业部和产品线视为分离的、各自独立的投资。组合分析最流行的两种方法是 BCG 增长-份额矩阵和 GE 业务筛选模型。

①BCG 增长-份额矩阵。这是由美国波士顿咨询集团（BCG）于 20 世纪 60 年代提出的，也称市场增长-市场占有率矩阵，是描述企业投资组合最简单的方法，特别适合于多种经营的大公司。企业每条产品线或事业部都可以根据两个维度在矩阵上画出来，一个是业务增长率，另一个是其相对市场份额或相对竞争地位。相对市场份额是产品线或事业部在产业内的市场份额除以其他竞争者中最大者的市场份额。因此，只有市场领先者的相对市场份额才会大于 1。业务增长率就是市场份额增长百分数。

高竞争地位与低竞争地位的分界线是 1.5。相对竞争地位只有达到这一点，才有可能占据主导地位而成为“明星”或“现金牛”。如果在 1.0 以下，其地位就是“瘦狗”。如图 1－1 所示，每个产品线和事业部都用一个圆圈来表示，其面积大小表示它对企业的相对重要度，可用占用的资产或产生的销售额来表示。

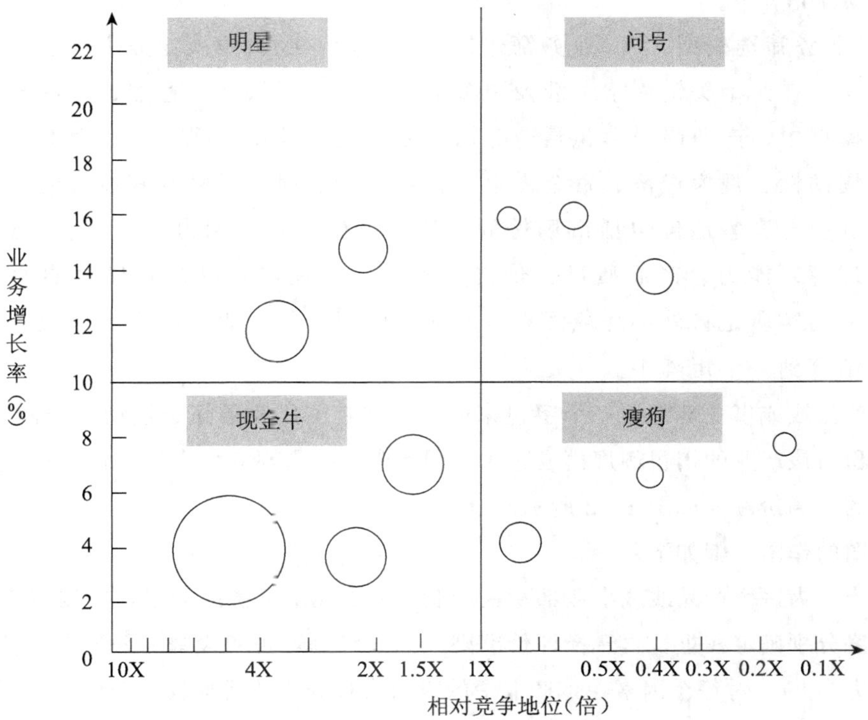

图 1－1　BCG 增长-份额矩阵

图 1-1 中的四类业务在发展决策上应予以区别对待。

一是“问号”。其业务增长率高，但相对市场份额低，是具有成功潜力的新产品，但需要投入大量现金进行开发。如果这些产品能够获得足够的市场份额而成为领先者，就能变成“明星”。

二是“明星”。其业务增长率和相对市场份额都高，一般是处于产品生命周期顶峰的市场领先者，能够产生足够多的现金维持高市场份额。当业务增长率降低时，“明星”就会变成“现金牛”。对此类业务应采取成长战略，进行必要的投资，保持其有利的地位。

三是“现金牛”。其相对市场份额高但业务增长率低，不宜大力发展，可采取稳定战略，也可减少投资。这类业务产生的现金一般高于为维持其高市场份额所需的花费，可用于发展“明星”和“问号”。当业务增长率降低时，将不可避免地导致相对市场份额降低以致蜕变成“瘦狗”。

四是“瘦狗”。处于没有吸引力的产业，业务增长率和相对市场份额都低，没有发展前途，不具有带来大量现金的潜力。这类业务应该采取收缩战略，如出售、清算，或者精心管理以获得它们能够产生的少量现金流。有些企业可能也会保留“瘦狗”，因为只要企业的该项业务存在，就为潜在竞争者进入该产业构成了壁垒。

BCG 增长-份额矩阵的优点是简单实用且易量化，但是也有人对这种简单性提出了批评，如业务增长率只是产业吸引力的一个方面、只分成四个象限太少、过分强调市场份额和成为市场领先者等。

②GE 业务筛选模型。GE 业务筛选模型基于产业吸引力及业务优势和竞争地位分成九个方块，在两个关键因素上涉及更多的数据，而不只是业务增长率和相对市场份额。在该模型中，产业吸引力包括业务增长率和规模及竞争强度、产业获利能力、技术要求、周期性、规模经济、资金需求、社会政治法律因素以及其他可能的机会与威胁。业务优势与竞争地位包括市场份额、技术地位、获利能力、规模、制造（营销、研究、管理等）能力、产品质量、价格竞争力、地理位置以及其他可能的优势与劣势。该模型的实质是将外部环境因素（产业吸引力）与企业内部实力（业务优势和竞争地位）结合到一个矩阵中。

每个产品线或事业部都用一个字母来表示，并在 GE 业务筛选模型图中画一个圆圈。圆圈的面积与该产业的销售额规模成正比。圆圈中的阴影部分代表每个产品线或事业部在该产业中的市场份额。如图 1-2 所示。

矩阵图的作图步骤如下。

第一步：为每个产品线或事业部所在产业识别出几个关键的因素，根据每个关键因素相对重要度分别确定权重，再选择评价准则（如 5 级制，可以设非常没有吸引力为 1，非常有吸引力为 5），对每个因素在该产业中的吸引力打分，然后加权综合评价其所在产业的吸引力。按相同的规则对所有产品线或事业部作出产业吸引力评价后，将它们分为高、中、低三档。

第二步：选择每个产品线或事业部取得成功所需要的关键因素，评价其业务优势与竞争地位。具体方法与第一步类似，只是5级评价准则的含义有些不同，即将非常弱设为1，非常强设为5。最后，将评价的产品线或事业部分为强、平均、弱三档。

第三步：在图1-2的矩阵中，画出每个产品线或事业部的当前位置。

然后，根据产品线或事业部所处的位置，采用适当的战略。如对A可考虑成长战略，而对于G、H可考虑收缩战略。

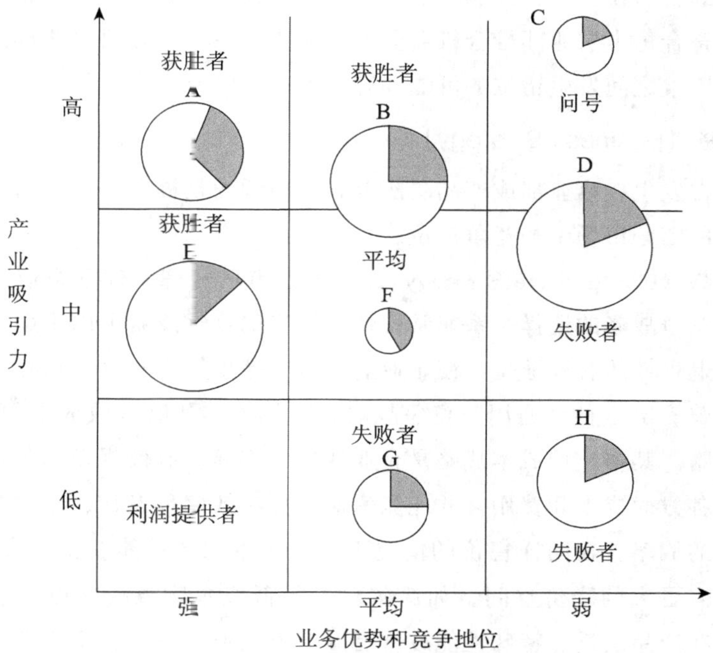

图1-2 GE的业务筛选模型

(3) 母合战略 (Corporate Parenting)。母合战略就是集中母公司的核心能力及通过母公司与事业部之间的关系创造价值。如果母公司的技能和资源与事业部的需求和机会之间匹配良好，企业就有可能创造价值。但是，如果匹配不好，就有可能破坏价值。因此，企业总部的主要职责是提供事业部需要的资源、在事业部之间转移技能和能力、协调事业部之间的共享职能获得范围经济（如集中采购），从而实现事业部之间的融合。

母合战略是从资源与能力角度来考察企业，既考虑它们能为事业部带来什么价值，又考虑事业部之间如何达成融合。坎贝尔 (Campbell，1994) 等提出：多业务企业通过影响（或母合）所拥有的业务来创造价值。拥有相同业务的企业中，母合最好的企业创造的价值会高于其他所有竞争对手，我们就称那些企业具有母合优势。

此外，在寻求适当的企业战略时坎贝尔等还提出了三个分析步骤。第一步是依据战略因素，分析每个事业部（在并购时是目标企业）。第二步是依据哪些领域的绩效还可以改进，考察每个事业部（或目标企业）。这些领域正是母合机会之所在。例如，两个事业部的销售队伍合并可能获得范围经济。或者，一个事业部的制造和物流技能可能比较好，但并不杰出。在这些领域拥有世界水平专长的母公司，可以提高该事业部的绩效。或者，母公司还可以从一个拥有理想技能的事业部调一些人到另一个需要这些技能的事业部。因为企业总部的人拥有多个产业的经验，可能发现一些即使身处事业部中的人也不会注意到的可以改进的地方。第三步是分析母公司如何才能与事业部（或目标企业）更好地匹配。企业总部必须意识到自己在资源、技能与能力方面的优势和劣势。在这类分析中，母公司要问自己是否具有符合每个事业部母合机会要求的那些特性，还必须评估母公司的特性与每个事业部的战略因素之间发生错位的可能性有多大。

2. 经营战略（Business Strategy）

经营战略通常发生在事业部或产品层次上，它强调的是提高企业产品或服务在某个产业或事业部所处的细分市场中的竞争地位。

（1）竞争战略（Competitive Strategy）。竞争是市场经济条件下企业发展的动力，竞争的成功与否与竞争战略的选择关系非常密切。适当的竞争战略可以帮助企业在产业中建立一个进可攻、退可守的有利地位，使企业业绩能够超出竞争对手。迈克尔·波特在《竞争战略》一书中曾提出三种“通用”竞争战略，即低成本战略（或成本领先战略）、差异化战略和集中战略。其中，低成本战略是企业或事业部建立有效规模的生产设施、在经验基础上全力降低各方面成本和费用，并比竞争对手更有效率地设计、生产和营销同类产品从而实现低成本的战略。在同样售价的情况下，低成本的产品能获得更大的利润，而且，低成本的产品具有更大的降价空间。如沃尔玛奉行低成本物流战略以实现“天天平价”。差异化战略是指在产品质量、特殊性能或售后服务方面形成一些在全产业范围中具有独特性的东西，从而为购买者提供附加价值。苹果公司采用差异化竞争战略，强调创造性地设计创新产品。2017 年 6 月，德邦物流董事长兼总经理崔维星在接受《中国企业家》采访时说，德邦物流用了 10 年时间从名不见经传到行业标杆，秘诀之一就是差异化竞争。集中战略是主攻某个特殊的顾客群、某产品线的一个细分区段或某一地区市场。集中战略虽可以有多种形式，但都是围绕着很好地为某一特殊目标服务。该战略的理论前提是：企业业务的集中化能够以更高的效率、更佳的效果为某一狭窄的战略对象服务，从而在较广阔范围内超过与自身竞争的对手们。波特认为这样做的结果，是企业或者通过满足特殊对象的需要而实现了差别化，或者在为这一对象服务时实现了低成本，或者二者兼得。这样的公司可以使其盈利的潜力超过产业的普遍水平，从而保护企业使其可以抵御各种竞争力量的威胁。但集中战略常常意味着限制可以获取的整体市场份额，必然涉及利润率与销售额之间互以对方为代价的关系。

波特进一步提出，企业在某一产业内的竞争优势由其竞争范围决定，即企业或事业部目标市场的宽度。企业或事业部可以选择一个宽的目标市场（大规模市场的中心），也可以选择一个窄的目标市场（利基市场）。把这两种目标市场与两种竞争战略结合起来，就形成如图 1－3 所示的四种通用战略。

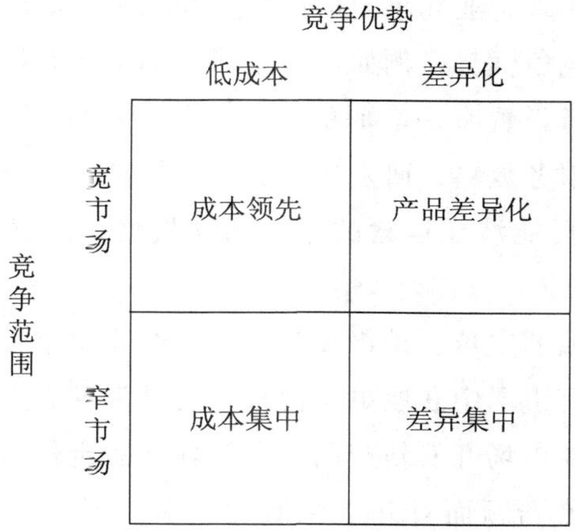

图 1－3　波特的通用竞争战略

值得指出的是，任何竞争战略都不能确保一定获得成功。成本领先战略可能被竞争对手模仿，尤其是技术变革之时；差异化战略也可能被竞争对手模仿，尤其是实现差异化的基础对购买者的重要性降低之时。波特认为，要取得成功，企业或事业部必须贯彻一种通用竞争战略，否则，它就会卡在竞争市场的中间，没有竞争优势，其业绩注定会在平均值之下。

（2）合作战略（Cooperative Strategy）。合作战略是指通过与其他企业合作的方式谋求在一个产业内获取竞争优势的战略。合作战略的主要类型是战略联盟（Strategic Alliance）。

战略联盟是两个以上的企业或事业部为了实现互惠互利的重大战略目标而结成的一种伙伴关系。联盟的时间有长有短，短期联盟的持续时间可能只够一个伙伴在新市场上建立“桥头堡”。随着时间的推移，由于目标与控制的冲突常常在伙伴之间发展，加上其他各种原因，约一半的联盟运作得不尽如人意。因此，建立长期联盟应成为战略联盟的发展方向。缔结战略联盟的原因有很多，如为了获取技术、制造能力和进入特定市场的渠道，降低风险，以及获得竞争优势等。普华永道的一项研究发现，参与战略联盟的企业与未参与战略联盟的企业相比，其收入高 11%，增长率高 20%。

我国物流领域的战略联盟在逐渐增多。如中国物流企业前 20 强的中远海运集团与招商局集团于 2016 年年末签署战略合作协议；2017 年 7 月，中远海运集团又与铁路总公司签署战略合作协议。2017 年 6 月，福田汽车集团也与盛丰物流集团建立战略联盟。

联盟类型依据关系强弱分为价值链伙伴关系、特许经营、合资企业与共同服务协议不等。详细内容，请见第四章。

3. 职能战略（Functional Strategy）

职能战略为营销、财务、研究开发、运营、信息运用等职能领域所采用，它们通过最大限度提高资源产出率来实现企业和事业部的目标和战略。职能战略考虑如何开发和培育与众不同的能力，以带来竞争优势。例如，一个多分部企业有好几个事业部，每个事业部都有自己的经营战略，并且设置有一套职能部门，每个职能部门又都有自己的职能战略。职能战略包括营销战略、财务战略、研发战略、运营战略、信息战略等。对于物流企业来说，按照物流的定义，则可能涉及运输战略、仓储战略、库存战略、包装战略、配送战略等。

营销战略是指决定产品的定价、销售和分销。如在开发市场时，是通过市场饱和与市场渗透，用现有产品在现有市场中获取更大份额，还是为现有产品开发新市场；是为现有市场开发新产品，还是为新市场开发新产品。在为新产品定价方面，是采用撇脂定价，将价格定得很高（当产品非常新颖而且几乎没有竞争对手时可采用），还是采用渗透定价，将价格定得比较低，迅速占领市场。市场份额的扩大可以使市场先导者利用规模经济和经验曲线，很快主导整个产业，从而进一步降低成本。营销职能战略的一个例子是戴尔公司（Dell）直接将计算机销售给用户以降低分销费用和提高客户服务水平。

财务战略是指确定最佳财务行动方针，通过提供最低成本的资金以及灵活的融资能力来支持经营战略，创造竞争优势。如对于负债，不同的企业有不同的看法。有的企业采取高负债，因为这不仅可以降低企业的吸引力从而阻止被其他公司接管，而且可以迫使管理层集中核心业务，提高生产率和改善现金流。而许多中小企业则尽力避免所有外部资金来源，以防外部干扰，掌握控制权。杠杆收购（LBO）是一种通行的财务战略。

研究开发（R&D）战略是指产品和流程创新及其改进的战略。例如，是做技术领先者还是做技术跟随者？波特认为做技术领先者或技术跟随者的决策是实现低成本或差异化的方式（见表 1－2）。

表 1－2　研究开发战略与竞争优势

<table>
<tr><th></th><th>技术领先者</th><th>技术跟随者</th></tr>
<tr><td rowspan="3">成本优势</td><td>在最低成本产品设计方面领先</td><td>学习领先者的经验，降低产品或价值活动的成本</td></tr>
<tr><td>成为第一个沿学习曲线下降的企业</td><td rowspan="2">通过模仿，避免发生研究开发成本</td></tr>
<tr><td>创造低成本方式完成价值活动</td></tr>
<tr><td rowspan="2">差异化</td><td>领先开发出一个独特的产品，提高购买者的价值</td><td rowspan="2">学习领先者的经验，对产品或交付系统加以改造，使之更加贴近购买者的需要</td></tr>
<tr><td>在其他活动上创新，提高购买者价值</td></tr>
</table>

运营战略决定在何地以何种方法制造产品或提供服务，决定纵向一体化程度、有形资源配置方案以及与供应商的关系。如大规模生产、持续改进。其中，持续改进既有大规模生产方式成本低的优点，也能显著提高质量水平，所以它很快就取代了前者，成为一种运营战略。大规模定制也正在成为一种广泛采用的运营战略。与持续改进相比，大规模定制要求灵活性与快速响应，以适应不断变化的环境，从而按照顾客的时间要求提供其所需要的产品。还有一种运营战略已经为汽车产业所采用，即模块化战略。这一战略的采用，涉及准时制（Just In Time，JIT）配送。预先组配的组件只有当它们需要送到某个公司的装配线工人手中时才送过去，然后工人们快速将这些模块化组件装配成最终产品。

信息战略是指运用信息技术、建立信息系统为企业或事业部带来竞争优势。国际四大快递巨头之一的联邦快递（FedEx）曾率先给顾客提供 PowerShip 计算机软件，让顾客存储地址、打印递送标签并且跟踪包装地点，从而大大增加了其销售额。而联合包裹（UPS）也迅速推出 MaxiShip 软件进行跟进。联邦快递视其信息系统为独特能力，继续推出让顾客跟踪包裹运送过程的网站，以进一步获得超越联合包裹的优势。在我国，菜鸟物流、京东物流等一批现代物流企业采用信息化、智能化手段，创新合作模式，打造智慧物流，不断提高物流配送效率，成效显著。

企业战略典型案例——菜鸟

2017 年 9 月 26 日，阿里巴巴集团宣布将以 53 亿元人民币加码旗下物流服务公司菜鸟网络，增持原有 47%的股权至 51%，成为绝对控股股东，占据董事会 7 个席位中的 4 席。

阿里巴巴集团增持菜鸟网络至控股，一方面，菜鸟网络将全面拥抱阿里巴巴集团，其新战略是服务阿里巴巴集团新零售战略。此时增持是对通达系等已经首次公开募股（IPO）的物流企业和竞争对手京东物流的一种回应，菜鸟网络与通达系已不在一条起跑线上。另一方面，阿里巴巴集团表示未来将继续投资 1000 亿元，也是对资本关注物流行业的回应，暗示未来这个行业将会发生更多改变。

从业务来看，菜鸟网络服务的客户主要是阿里系平台上的商家。阿里巴巴集团控股也意味着菜鸟网络将服务于阿里巴巴集团的新零售战略，被阿里巴巴集团绝对控股，菜鸟网络的战略也与阿里巴巴集团战略更加协同。

菜鸟网络的内部组织架构也进行了调整：组建供应链平台团队和供应链运营团队；仓配运营团队和企业对企业电子商务模式（B2B）物流团队升格为菜鸟网络一级部门；乡村物流的行业团队将并入 B2B 物流团队。这意味着自带流量的菜鸟网络将与阿里巴巴集团的业务全面协同，不仅局限于企业对消费者电子商务模式（B2C）业务，还将结合阿里巴巴集团的 B2B 业务。

菜鸟网络总裁万霖在发给菜鸟网络内部信中写道，菜鸟网络未来的计划是为新零售提供线上线下融合的供应链，以及从消费供应链延伸到生产端，能够对供给侧产生影响的端到端供应链。同时通过技术创新驱动的社会化协同平台，整合物流合作伙伴的能力输出服务。

菜鸟网络的新战略已经跳出物流的路径，不再局限于仓配等基础设施服务，而是组建物流供应链大生态体系，所有的物流企业都可以加入菜鸟的网络中，菜鸟网络为中小物流公司提供技术支持，成为“物流界的淘宝”。

此外，菜鸟网络还与阿里系入股的圆通快递和苏宁云商、其他主流快递公司、饿了么和运满满等阿里投资的企业紧密合作。

二、战略管理

（一）战略管理概念和特点

对于战略管理，没有一个统一的定义。最初，安索夫在其 1976 年出版的《从战略规划到战略管理》一书中认为，企业战略管理是指将企业的日常业务决策同长期计划决策相结合而形成的一系列经营管理计划。而斯坦纳在 1982 年出版的《企业政策与战略》一书中认为，企业战略管理是确定企业使命，根据企业外部环境和内部经营要素确定企业目标、保证目标的正确落实并使企业使命最终得以实现的一个动态过程。《布莱克韦尔战略管理学百科辞典》中的定义是：“战略管理包括制定战略的决策和行动，以及通过战略实施以实现公司目标的过程。”这一定义明确了战略管理包括战略的制定和实施两大部分。而戴维·亨格（J. David Hunger）和托马斯·L. 惠伦（Thomas L. Wheelen）在《战略管理精要（第 4 版）》中的定义是：“战略管理是一系列决定企业长期绩效的管理决策和措施。它包括外部和内部环境分析、战略制定（战略规划）、战略实施以及评价和控制。因此，战略管理研究强调从企业优势和劣势出发，监测、评估外部的机会和威胁，从而为企业提出新的战略方针并付诸实施。”显然，这一定义要比上一个定义的范围更宽泛，不仅包含战略制定前的环境分析，而且包括实施中和实施后的控制与评价。

战略管理具有以下显著特点。

1. 计划性

计划是管理的首要职能，对于战略管理而言，这一职能的重要性得到进一步强化。战略管理必须要制订战略目标，目标本身就是一种计划，而为了实现目标，还需要有许多具体的行动计划。

2. 全局性

由《辞海》和毛泽东同志在《中国革命战争的战略问题》中对战略的定义和理解可知，战略总是与“全局”有关的。因此，企业的战略管理是以企业的全局为谋划对象，追求的是企业的总体效果。战略管理不是强调企业某一产品线、某一事业部、某一职能部门或某一活动的重要性，而是通过一系列战略管理过程，实现企业使命和战略目标。

3. 长期性

战略管理着眼的是长期目标，而不是近期目标，面向的是未来的管理。很多时候，做出的战略决策可能对短期利益没有效果，但从长远看，为了实现战略目标，这样做是值得的。如国外大型物流企业以渗透价格进入我国，并且低成本收购国内现行物流企业及其网络基础设施，尽管在若干年内不挣钱甚至亏损，但是，一旦其市场份额达到了相当大的程度，就可以控制市场和价格，进而想提价就提价。这不仅使我国的物流企业无力竞争，而且将严重损害物流产业的安全，因此，必须引起有关部门的高度重视。

4. 动态性

战略管理不是静态的、一次性的管理，而是一种循环的、往复的动态管理过程。它需要不断地根据企业的优势和劣势，与外部环境机会和威胁相匹配，从而不断地在动态中达到平衡。

5. 权威性

战略管理的主体主要是企业的高级主管人员或高层管理部门，战略目标、计划由他们制订，战略的实施、评估、控制由他们推动。权威性体现在两方面。一是制定的战略本身具有权威性。战略一旦形成，全企业上下都要围绕战略而动，任何与战略相冲突的经营活动、计划都要让位于战略，甚至组织结构都要与战略相匹配或根据战略作出调整，这就是美国企业史学家钱德勒（Chandler）在其著作《战略和结构》中首次明确提出的“结构追随战略”理论。二是高级主管人员是具有权力的。战略制定后，他们可以依靠权力而导致的权威强力推动战略的实施，使战略不致流于形式或成为口号。

（二）战略管理演进

一些商业企业，如通用电气和波士顿咨询集团，已经成功地开发和运用了许多有关战略规划和战略管理的概念和工具。尽管如此，并不是所有企业都使用这些工具或进行战略性管理的尝试。因为在没有明确目标的情况下，许多企业凭借直觉战略仍然能够取得短暂的成功。

波士顿咨询集团的布鲁斯·亨德森（Bruce Henderson）从他在战略管理领域的大量工作经验中得出结论：如果企业规模扩大、企业管理层次增加、外部环境急剧变化，企业就不可能仅依靠直觉战略持续获得成功。由于过失带来的风险、错误带来的代价越来越大，甚至造成经济崩溃，促使职业经理更加重视战略管理，以使他们的企业在愈加变化多端的经营环境中保持竞争力。一般来说，企业战略管理要先后经历以下四个发展阶段。

第一阶段：基本的财务规划。通过努力做到与预算相符，寻求更好的运营控制。

第二阶段：以预测为基础的规划。通过预测下一年度以后的情况，寻求更有效的成长规划。

第三阶段：外部导向的规划（战略规划）。通过战略性思考，寻求对市场和竞争作出更快反应的策略与措施。

第四阶段：战略管理。在制定战略时就考虑实施、评估与控制，以寻求竞争优势。

20 世纪 80 年代，作为战略规划的先锋之一，通用电气率先从战略规划过渡到战略管理。到 20 世纪 90 年代时，全球大部分企业都开始过渡到战略管理阶段。

(三) 战略管理过程

战略管理过程包含环境分析、战略制定、战略实施、战略评估与控制。它们之间的关系如图 1-4 所示。管理层既要分析外部环境中的机会与威胁，也要分析内部环境中的优势与劣势。下列因素因对公司未来发展最重要，因此被称为战略因素：优势、劣势、机会与威胁（SWOT），这在后面的内容中将予以详细阐述。

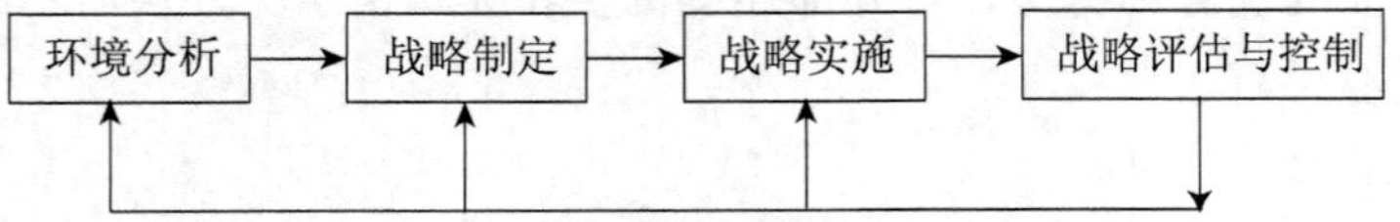

图 1-4 战略管理过程

三、物流战略管理

物流的起源与军事后勤有关。对于后勤的重要性，我国的兵书上早有描述，如“兵马未动，粮草先行”“委军而争利，则辎重捐……是故军无辎重则亡，无粮食则亡，无委积则亡”。因为后勤很重要，所以古代名将莫不重视切断敌军的后勤并保护自己的后勤。《孙子兵法》中的“火攻篇”提出的五种火攻对象有四种涉及敌人的后勤，即“火积、火辎、火库、火队”，意为焚烧敌军粮草、辎重、仓库、运输设施。曹操在官渡之战中采用许攸之计火烧袁绍的囤粮之所乌巢，便是火攻在后勤上的成功运用。在西方，有一句军事谚语：“外行谈战略，内行谈后勤”。人们可能提出各种各样的宏伟战略以及流行的机动方法，但是，如果不先解决如何满足军队对油料、备件、食物、掩体和弹药的日常需要的问题，那么无论什么战略和机动方法都是空中楼阁。因此，后勤常常是军队取胜的决定因素，是一个战略性的问题。在商业环境中，物流与军事上的后勤有许多相似之处。

《供应链管理：物流学导论》一书的作者唐纳德·沃特斯（Donald Waters）认为，物流的战略重要性源于这样一个基本事实，即没有物流就不可能有合作和组织。从许多使命综述中可以清楚地看到这一点。例如，有这样一句话：把我们的供应商作为为客户服务的不可缺少的一部分来公平对待。近年来，许多企业认识到物流不仅是“第三利润源”，而且具有战略性影响。尤其是当物流的概念拓展到更宽泛的供应链时，其产生的影响是深远和不可估量的，改变了企业管理物流和供应链的方式，并使之与其他战略性决策的联系更加密切，这样物流就具有了新的显著地位。与其他核心职能相比，物流得到了高层管理者同等程度的重视，也从决策制定的边缘提升到了中心或战略位置，物流业被国务院发布的《物流业发展中长期规划（2014—2020 年）》定位为“支撑国民经济发展的基础性、战略性产业”。

（一）物流战略和物流战略管理的含义

关于物流战略和物流战略管理，从不同的角度可以下不同的定义。其中，中华人民共和国国家标准《物流术语》（GB/T 18354—2001）对这两个概念的定义分别为：物流战略是为寻求物流的可持续发展，就物流发展目标以及达成目标的途径与手段而制定的长远性、全局性的规划与谋略。物流战略管理是物流组织根据已制定的物流战略，付诸实施和控制的过程。我们综合已有的研究并结合战略的一般定义，可重新定义这两个概念。

物流战略是指在企业战略的总体框架下，为寻求物流的可持续发展，根据外部环境与内部条件要适应的原则，就物流的任务、发展目标以及达成目标的途径与手段而制定的长远性、全局性的谋划。简单地说，有关物流的长期决策就形成了物流战略。它是企业为更好地开展物流活动而制定的行动指南。

物流战略涉及企业物流活动的全部环节，其内容主要包括：①物流战略总体目标；②竞争、合作、防御等经营战略；③采购、运输、库存、选址、配送、信息管理等具体职能或功能战略；④专业化、多元化、一体化等发展战略或成长战略。更广义地说，物流战略包括了与物流和供应链管理有关的所有战略性决策、政策、计划和文化。

物流战略管理是指以物流活动为管理对象，根据企业外部环境和内部条件，确定物流活动的长期目标，并为实现目标而进行环境分析、战略制定、战略实施以及战略评价和控制的动态管理过程。其中，环境分析、战略制定、战略实施以及战略评价和控制，既是物流战略管理的主要过程，也是其基本要素。

（二）物流战略的性质和重点

1. 物流战略的性质

从本质上说，企业战略表明必须要做的事是什么，确立了目标和企业的大体方向；职能战略则表明如何完成这些目标。和营销、研发、人力资源相类似，物流战略也是一种为实施企业战略而提供支持的职能战略，如果企业战略是以最低成本提供某种产品，那么物流战略就可能需要将目标定位于如何把物流成本减少到最低程度。物流战略把比较抽象、比较高级的战略与物流的具体运营联系起来。企业战略和经营战略描述了一般目标，物流战略则描述了支持这些目标所需要的物料的实际运动。

对于制造企业或商业流通企业来说，物流战略是一种职能战略；对于专业的物流企业来说，它是企业的一种物流战略。因为，专业的物流企业也有营销、财务、人力资源等战略，在不十分严格区分的情况下，我们有时直接将企业战略理解为物流战略，并且将企业的使命定位在物流服务上。例如，排在美国零担货运公司前列的陆路快运公司（Roadway Express）在使命陈述中写道：“我们将通过提供可靠、反应灵敏和有效率的服务促进客户的成功和满意。我们的主要产品经过北美的国际航线两天内就能送达。”欧洲最大的供应链管理软件供应商麦西亚软件（Mercia Software）在使命陈述中写道：“Mercia的任务是为客户提供所需的最佳商业解决方案和供应链规划。”

2. 物流战略的重点

企业只有向客户提供比竞争对手更能使客户满意的产品才能生存下来。物流影响提前期、有效性、可得性、成本、客户支持、损坏率、客户对产品的看法等。这就说明，物流能对产品的设计、质量、有形价值和成功做出贡献，增加附加值。但是，哪些因素对这种贡献最重要呢？在物流战略中应该强调哪些因素呢？我们可以采用传统市场营销的观点讨论这些问题。传统市场营销理论认为，企业营销集中于“4P”，即产品（Product）、价格（Price）、促销（Promotion）和地点（Place）。在这里，物流对“产品”（从出资生产到整体产品包装）、“促销”（要求提前将商品储备在销售点以提高可得性、防止缺货导致销售损失）、“地点”（通过材料配送）和“价格”（通过对运营成本的影响）都有一定的影响，因此，物流战略也能有效地强化这些方面。但需要注意的是，物流与营销最主要的界面或接触点是地点，它涉及物流的渠道、设施。

一般来说，客户对成本、质量、服务水平、配送速度、有效性、灵活性、可信度、选址、来源、供应商关系、环境影响、回收及其他所有方面的关心，都依赖于物流的各个方面。然而，在不同情况下，几乎物流的所有方面对客户满意度来说都很重要，物流战略都应该加以强调。在实践中，物流战略一般会强调下列因素。

（1）成本。大部分企业希望降低成本，于是采用使物流成本最小化的战略。如果这一战略实现，既可以使企业得到较高的利润，也能向客户提供较低价格的产品，实现“双赢”。低成本还为发动价格战奠定了基础。

（2）客户服务。物流控制存货水平、配送频率、响应速度以及有关客户服务的其他评价指标，通过把物流战略集中到客户服务方面，企业能获得长期竞争优势。

（3）时间控制。一般来说，客户希望尽快得到产品，所以常见的物流战略都要求保证快速交付，时间控制也意味着迅速提供新产品，或者根据客户要求的特殊时间进行交付。

（4）质量。客户总是要求企业提供高质量的服务。常见的物流战略都瞄准高质量的服务，即便很难说明“高质量物流”是什么意思。

（5）产品柔性。这是企业使产品按照不同的需求进行客户化的能力。如采用物流延迟战略，就可以将产品客户化行为延迟到需求明确的最后一刻，这就使得产品的标准化与差异化有效地结合起来，既增强了产品的灵活性，利用了标准化生产的规模经济效益，又满足了市场多样化的需求。

（6）产出量（Throughput）柔性。产出量是指货物的通过量、吞吐量、处理量等，具有这方面的柔性，意味着能够适应需求高峰和低谷的要求，对需求的变化做出快速响应。

（7）技术。物流的发展，有赖于物流技术的发展和使用，如射频识别技术（RFID）、仓库管理系统（WMS）、全球定位系统/地理信息系统（GPS/GIS）、不停车收费系统（ETC）等，有的企业就制定了发展和应用最新技术的战略。

（8）选址。客户一般希望要配送的产品离他们越近越好，如汽车制造企业周围总是聚集着大量的供应商的仓库，连锁企业的门店总是靠近或就在居民区，或者批发商总是在主要城市附近建立区域物流中心。因此，为企业的设施确定选址，是物流战略需要考虑的重大问题。而在物流设施的选址中，运输成本、运输方便往往是要考虑的主要因素之一。如一家位于港口附近的钢铁厂的竞争力要远大于离港口 200 千米远的另一家钢铁厂。

总之，企业希望每件事都做好，包括低成本、优质客户服务、快速配送、柔性等。但俗话说，“鱼与熊掌不可兼得”，企业往往不得不在提高服务水平与降低成本之间进行权衡，这将成为物流战略选择需要考虑的一个重点。一些企业看重成本、提供廉价的服务，如欧洲最大的廉价航空公司瑞安航空（Ryanair）；一些企业（如联邦快递）侧重于配送速度；还有一些侧重于可信性或者客户化服务，等等。

（三）物流战略（管理）的目标

物流战略目标为企业的物流活动指明方向，体现在以下几个方面（不限于且可兼容），且要用定量数据来表示。

1. 降低成本

具体指战略实施的目标是将与运输、储存等相关的可变成本降到最低。要达到这一目标，通常要有备选的行动方案，然后评价选择。例如，在不同仓库选址中进行选择或在不同运输方式中进行选择，以形成最优战略。在保持服务水平不变的情况下，找出成本最低的方案。如果企业战略服务于大众市场，并以价格作为竞争武器，那么该企业的物流战略最好将目标定位于成本最低。物流成本的高低与物流活动的效率密切相关，所以，降低成本即意味着提高效率。

2. 改进服务

一般来说，企业收入取决于所提供的物流服务的水平。尽管提高物流服务水平将可能大幅提高成本，但收入的增长可能会超过成本的增长。改进服务不仅体现在服务水平的提高，而且体现在提供与竞争对手完全不同的服务，即服务的差异化。虽然改进物流服务水平与降低物流成本两者存在“二律背反”现象，但这并非绝对，通过技术创新、模式创新等途径，运用信息化、自动化、智能化手段，虽然短期内可能会提高成本，但是，长期来看具有更广阔的降低成本的前景。仅从降低不断上升的劳动力成本及大幅度提升物流效率就不难理解这一点。

3. 物流合理化

物流合理化是物流战略管理追求的总目标。它使物流活动安排和物流设施设备配置趋于合理，以尽可能低的成本获得尽可能好的物流服务。追求物流合理化，就需要站在战略的层次上以系统的思维对物流系统的各要素进行全盘设计、规划，而不是单纯强调短期内某些环节与功能的合理、有效并节省成本。

4. 减少投资

减少投资指战略实施的目标是使物流系统的投资最小化。其根本出发点是投资回报率最大化。例如，将产品直接配送到客户而不经过仓储，选择公共仓库而非建设自有仓库，选择 JIT（准时制）供应方式而非储存方式，利用第三方物流而非由自己承担物流活动。由于投资减少，可变成本可能增加，投资回报率可能提高，投资回收期则缩短，且柔性增加，使企业能集中于核心业务领域。菜鸟物流的“轻资产”发展模式即是一个很好的典型。

5. 提高响应能力

响应能力是指当客户的需求发生变化后，迅速调整计划、调动资源应对变化、满足需求的能力。在一个较稳定的物流市场，这种能力似乎不那么重要，但在一个竞争激烈的不确定的市场，是否拥有这种能力，将决定企业能否保持、赢得市场份额。如果企业的战略是服务于某一细分市场，并以客户服务和方便为竞争武器，那么该企业建立响应能力强的物流系统将有助于获得竞争优势。响应速度与效率之间常常需要权衡。如在运输中，响应速度与效率的权衡主要体现在运输方式的选择上。快捷的运输方式，如空运，虽然响应速度很快，但成本也高；较慢的运输方式，如水路运输和铁路运输，虽然成本效率高，但响应速度慢。由于运输成本可占到一条供应链营运成本的 1/3，因此运输方式的选择尤为重要。再如，在选址决策中，响应速度与效率之间的权衡就是要决定是将活动集中在少数地点以获取规模经济和效率，还是将活动分散在多个靠近客户和供应商的地点以提高运作的响应速度。选址决策对于物流的成本与绩效特性有很大影响。一旦确定了设施的规模、数量和地点，那么流向终端客户的产品运输线路数也就确定了。选址决策反映了一个企业制造产品并将其送达市场的基本战略。

物流战略管理是将制定的物流战略加以实施、评价与控制的过程，以保证物流战略的目标得以实现，因此，本质上说，其目标与物流战略的目标是一致的。

第二节　物流战略管理的基本要素

一、环境分析

环境分析是对外部与内部环境信息进行监测、分析与评估，并把它们传递给企业内的重要人员。环境分析包括对外部环境的分析和对内部环境的分析。在企业开始制定战略之前，必须要分析外部环境以发现可能的机会与威胁，分析内部环境以找到优势和劣势。研究表明，环境分析与利润具有正相关关系。

（一）外部环境

外部环境包括机会与威胁的变量，它们存在于企业外部，组成企业的生存环境，企业高层管理者一般无法控制。这些变量也许是宏观社会环境总的发展趋势，或者是企业经营的特定任务环境，常常是指它所在的产业。如 2008 年起源于美国的次贷金融危机，导致全球经济严重下滑，消费者信心指数、制造业采购经理指数、波罗的海航运指数均受到很大程度的影响，而这些趋势指标的下挫，预示着物流产业将进入一个难过的冬季。再如，2017 年，中国物流业景气指数从 4 月的 58.2％单调下降为 8 月的 53.5％，虽然一直保持在 50％的枯荣线上，但说明行业整体面临着挑战，某些物流服务领域的竞争可能更加激烈。物流战略管理人员如果不能分析、预测这一趋势，并对已有的战略进行调整或制定新的战略，很可能会在未来的竞争中处于十分被动的局面。

（二）内部环境

内部环境包括优势与劣势的变量，它们存在于企业内部，构成企业的工作环境，通常是企业高层管理者在短期内无法控制的。它们包括企业的结构、文化、资源、业务范围、核心能力等。对内部环境的分析可从两个方面进行：一是分析各职能部门；二是分析资源要素。对企业内部的各职能部门的分析主要涉及内部采购、销售、仓储、运输、财务、人事、信息等部门，它研究目前企业各职能的现状及发展趋势，以及各业务部门之间的协调程度，只限于企业范围内，不涉及与其他相关企业的比较问题。其目的是找出影响企业战略的内部“瓶颈”，并指出该部门的主要问题所在。资源要素的分析主要涉及人员、资金、信息、设施、设备等。

二、战略制定

物流战略制定是企业为了更有效地管理环境中的机会与威胁，根据自身优势和劣势制定的长期规划。

（一）确定行动计划

行动计划是为了完成一个单一用途计划所必须采取的行动或步骤。制订行动计划的目的是使战略具有可执行性。物流战略只有转化为具体的行动计划，才不致变成空洞的口号。例如，某制造企业为了大幅度降低物流成本而制定了低成本物流战略，因此，管理层决定实施一系列的行动计划，包括：合并采购、营销等与物流有关的部门，将相关人员数量减少 20 人；出售现有的运输车辆，解雇相关的驾驶、维护、管理人员；出租经常闲置的 5 处仓库；与 3 个有实力的第三方物流公司签订为期 3 年的物流外包合同，3 年后，根据物流供应商的服务情况，再将 50％～70％的业务集中到服务最好的一家等。

(二) 编制预算

制订了行动计划之后，就可以开始编制预算了。预算就是企业用金钱来衡量的资源，它列出每项行动计划预计需要的费用。预算不仅反映详细行动计划需要的耗费，使管理层确定行动计划在财力上是否能够承受或是否经济，而且通过事前预计的财务报表，还可将行动计划对企业未来财务的预期影响反映出来。制订预算计划是企业对所选战略的可行性最后一次实实在在的检验。

(三) 建立标准操作程序

标准操作程序是由详细描述一项特定任务或工作如何做的一系列步骤和技巧构成的系统。它们一般都详细说明为了完成企业的行动计划所必须实施的各种行为和行动步骤、注意事项，例如，运输操作程序、装卸操作程序、配送操作程序等。

三、战略实施

物流战略制定出来后，就需要自上而下贯彻执行。战略实施是通过行动计划、预算与程序的制定来实施战略与政策的过程，是为执行战略规划必须进行的行动和抉择的总和。为了实施战略，可能要对整个企业的文化、结构和管理系统中某个领域或所有领域进行变革。一般中层和低层经理负责执行战略，高层经理负责推动实施过程以及评价中、低层经理的工作。

在物流战略实施之前，战略制定者必须考虑三个问题：由谁来实施？必做之事是什么？战略实施人员如何做应该做的事？一个物流战略制定出来后，与该战略相关的每个人，从物流经理到一线主管和员工都要以某种方式参与实施。在许多企业中物流的职能分散在多个部门中，那么所有这些部门的相关人员都要参与其中。为了实施战略，物流部门和其他有关职能部门经理要一起制订行动计划、预算和程序。他们也要努力实现各部门、职能之间的融合，以建立和维持独特的物流运作能力。

四、评估与控制

评估与控制就是监测企业物流活动与绩效，其目的是比较实际绩效与期望绩效之间的差距，然后针对比较得出的信息采取纠正行为，解决问题。评估与控制能反映出已执行的战略规划的弱点，从而促使整个战略管理的过程重新开始。

绩效是物流活动的实际产出，可用准时交付率、订单满足率、销售回报率等测度。为了有效实施评估与控制，物流经理必须从下属人员及相关部门、供应商、客户等信息源获取明确、快捷、无偏见的信息。借助这些信息，他们可以把实际发生的事情与战略制定阶段最初做出的计划进行比较。

绩效的评估与控制是战略管理模式的终点。基于绩效评估结果，管理层要调整战略制定或者战略实施，或者两者一起调整。

第三节 物流战略决策

一、战略决策

与其他管理相比，战略管理的特点是强调战略决策。随着企业规模变大、业务增多、供应链延长甚至延伸到国外，环境的不确定性增多，于是物流战略决策变得越来越复杂。

物流战略决策是指那些最重要、涉及物流全局方向、能产生长期的深远影响且涉及许多资源并具有高风险性的物流决策。传统观念认为，应该由高层管理人员根据企业的实际情况制定战略决策。

物流涉及一些能产生明确战略影响的主要决策，如供应链的策划、设备的尺寸和选址、与其他供应商的联系、合作关系和联盟等，其中包括运输和仓储。物流是资源的主要使用者，它影响供应链上下游企业的行为和绩效。

战略决策具有以下四个特征。

(1) 长远性。战略决策针对的是长远目标，一般在5年以上。

(2) 非常规性。战略决策不是经常做出的，一般也无先例可循。

(3) 重要性。战略决策的结果将导致大量资源投入。

(4) 指导性。战略决策指导企业内的次要决策和未来行为。

二、典型的战略决策模式

一些战略决策是企业家或者是铁腕首席执行官在闪念之间做出的，他们具有极强的洞察力，并且能够说服别人照此行事；另一些战略决策则是一系列小的、渐进性的选择的结果，随着时间和数量的积累，将企业推向某一个方向。

明茨伯格（Mintzberg）将典型的战略决策模式（或方法）分为企业家模式、适应模式、规划模式三种。后来奎恩（J. B. Quinn）补充了第四种模式——循序渐进模式。

(一) 企业家模式

在这种战略决策模式中，战略是由一个铁腕人物制定的。他关注的焦点是机遇，而问题是次要的。战略由企业创始人自己左右对未来发展的判断，并在一系列大胆的重要决策中展示出来。业务增长是战略决策的主导目标。在我国高度集权的物流企业或由个人创办的民营物流企业中，这种战略决策模式是很常见的。

(二) 适应模式

这种决策模式的特点是响应当前存在的问题，给出解决方案，而不是主动寻求新机会，有时也被称为“走一步，看一步”。决策中争论的焦点是目标的优先次序。战略是零碎和发展的，推动业务逐渐往前走。

（三）规划模式

这种战略决策模式涉及系统收集用于情景分析的信息，总结出多种可行战略方案，以及合理选择最合适的战略。这种模式既主动寻求新机会，也被动响应存在的问题。

（四）循序渐进模式

奎恩提出的第四种决策模式由规划模式、适应模式以及较低程度的企业家模式综合而成。对于物流企业来说，高层管理对企业的使命和目标有合理而明确的想法，但是，在战略制定时，他们选择交互式过程，探索未来，进行试验，以及从一系列局部的或渐进的努力之中学习，而不是一下子确定整个战略。因此，虽然先确定使命和目标，但允许战略经过争论、讨论和试验再提出来。

三、战略决策过程

在某些情况下，究竟是采用企业家模式、适应模式、规划模式还是循序渐进模式，很值得讨论。但是，在本书中，我们建议在大多数情况下采用规划模式，它包括战略管理过程的基本要素，较为理性，从而能够做出更好的战略决策。规划模式不仅比其他模式涉及更少的政治利益关系、更经得起推敲，而且适合应对复杂多变的环境。建议采用以下八个步骤的战略决策过程（见图1－5）。

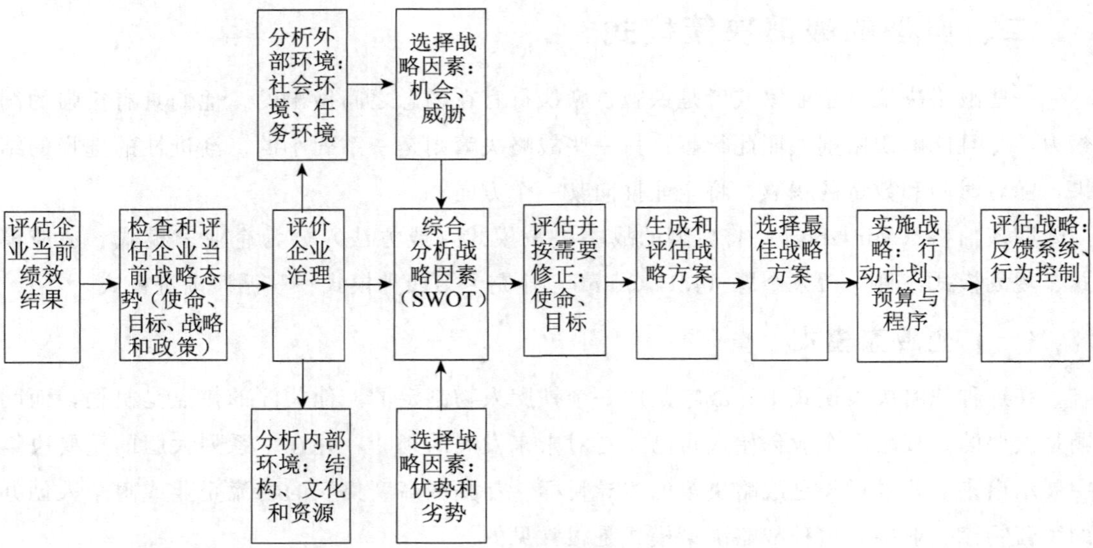

图1－5　战略决策过程

资料来源：T. L. Wheelen，J. D. Hunger. Strategic Decision Making Process. Copyright：1994 and 1997 by Wheelen and Hunger Associates. Reprinted by permission.

第一步：评估企业当前绩效，检查和评估企业当前战略态势（使命、目标、战略和政策）。

第二步：评价企业治理，即评价企业董事会、高层管理者的绩效。

第三步：分析外部环境，以找到显示出机会与威胁的战略因素。

第四步：分析内部环境，以确定形成企业优势与劣势的战略因素。

第五步：综合分析战略因素（SWOT），从而查明问题所在的领域，评价企业使命与目标，并按照需要进行修改或提出修改意见。

第六步：根据第五步进行的分析，生成、评估并选择最佳战略方案。

第七步：通过行动计划、预算与程序执行所选战略。

第八步：通过反馈系统、行为控制评估所执行的战略，以确保实际运行最小限度地偏离计划。

思考题

一、名词解释

1. 企业使命

2. 集中战略

3. 纵向一体化

4. 母合战略

5. 物流战略

二、单项选择题

1. BCG 增长-份额矩阵中的“明星”业务应采取（　　）。

A. 收缩战略　　B. 成长战略　　C. 稳定战略　　D. 多元化战略

2. 当企业在部分或所有产品线上的竞争地位处于劣势，导致业绩低下、销售额下降直至由盈利转变为亏损时，管理层可能会采取（　　）。

A. 收缩战略　　B. 成长战略　　C. 稳定战略　　D. 多元化战略

3.（　　）就是企业在多个地点运营，但运营都处于某产业价值链上的同一点。

A. 后向一体化　　B. 前向一体化　　C. 横向一体化　　D. 同心多元化

4.“结构追随战略”理论是（　　）提出来的。

A. 德鲁克　　B. 明茨伯格　　C. 泰罗　　D. 钱德勒

三、多项选择题

1. 典型的工商企业要考虑三类战略，它们是（　　）。

A. 出售战略　　B. 企业战略　　C. 经营战略　　D. 职能战略

2. 企业战略包括（　　）。

A. 方向战略　　B. 组合分析　　C. 营销战略　　D. 母合战略

3. 战略决策的模式包括（　　）。

A. 企业家模式　　B. 适应模式　　C. 规划模式　　D. 循序渐进模式

4. BCG 增长-份额矩阵包括（　　）维度。

A. 价值增长率　　B. 相对纳税份额　　C. 业务增长率　　D. 相对市场份额

5. GE 业务筛选模型包括（　　）维度。

A. 产业吸引力　　B. 核心竞争力　　C. 企业内部实力　　D. 持续竞争力

四、简述题

1. 什么是使命陈述？

2. 波特提出的低成本战略与差异化战略有什么区别？

3. 企业在什么情况下使用收缩战略？

五、论述题

你是如何理解“战略”的？

六、案例分析

风快平台（以下简称“平台”“风快”）是江西尧泰供应链管理有限公司运营基于移动互联网的运力管理、交易撮合的第四方物流公共交易服务平台。借助移动互联网技术，风快平台致力于实现零担专线物流、同城配送物流各个运力交易环节的标准化，为运力供求双方提供标准、集约、高效的交易服务。平台由江西省知名零担专线企业董事长、城市配送企业董事长共同发起创立。

自 2016 年 8 月上线交易，截至 2017 年 9 月 15 日，风快平台线上交易额累计突破 1.3 亿元。

一、风快平台的诞生环境

（一）迎合物流业转型发展的迫切要求

我国物流业已从高速发展进入平稳成长期，物流要素成本全面上涨，物流企业生存空间进一步压缩。此外，在各个物流细分领域蓬勃发展的同时，问题也随之而来。物流市场鱼龙混杂，脏、乱、差已是不争的事实。尤其是货运业从发展初期开始，就面临着市场集中度低、行业竞争激烈、从业人员素质偏低、服务水平低等困境。如何在当今攸关之际，顺利完成物流业的转型、培育产业核心竞争力、全面打造中国物流“升级版”是重中之重。2017 年 8 月，《国务院办公厅关于进一步推进物流降本增效促进实体经济发展的意见》（以下简称《意见》），部署推进物流降本增效有关工作，着力营造物流业发展良好环境，提升物流业发展水平，促进实体经济发展。《意见》重点指出：加快推进物流仓储信息化标准化智能化，提高运行效率，大力发展“互联网＋”高效物流的新业态、新模式；加强物流装载单元化建设，推进物流车辆标准化；推动物流活动信息化、数据化，支持物流信息平台创新发展。

风快平台是一种新型的物流运作模式，提供“零担专线＋同城配送”一体化的物流服务。它将零散的、闲置的资源整合起来，为合作的企业提供星级服务标准，由传统的脏、乱、差等恶性商业竞争环境转化为文明自主经营的模式，实现供应链整体效益最优，对货运行业乃至整个物流业的产业转型都有深刻的影响。

2016 年 9 月 14 日，商务部流通发展司副巡视员张祥一行来南昌市调研商贸物流工作，风快平台作为南昌市物流企业代表，介绍了风快平台发展情况。

2017 年 9 月 11 日，江西省长刘奇考察风快平台，在听取平台运行情况后，刘奇省长要求南昌市依托区位、物流便利优势，以信息化手段加快发展现代物流，降低流通成本、提高效率。

（二）满足物流业实现信息化的需求

物流信息化就是通过物流信息网络，使物流各环节上的成员能实现信息的实时共享。我国的物流企业以中小企业为主，虽然大型物流企业基本实现信息化，但绝大多数中小物流企业尚不具备运用信息技术处理物流信息的能力。造成这种现象的主要原因是大多数物流信息系统的成本较高，而中小物流企业的起点较低，各企业间形成信息孤岛而无法信息共享。因此，从整个物流行业来看，科学规范的物流运作平台极为缺乏。

风快平台针对当前传统物流行业的客户需求和经营困境，借助互联网思维及技术手段和资源整合方法，以“组织化、集约化、信息化、标准化、连锁化”为切入点，以促进信息交互和提升服务效率为核心，以立体化物流节点为基地，以移动 App 为载体，构建开放型资源共享的供应链管理集成平台：通过线上 App 的信息交互、订单跟踪、结算支付、风险管控等功能，以及线下三级物流网络的货物揽收、货物集散、货物交付的功能，将制造商贸企业、物流配套商、物流服务商等各物流供应链节点企业进行高效联动。

依托风快平台自主研发的 App（含货主端和司机端），能够实现物流运输与交易的标准、高效、安全、可控：货主通过风快 App 货主端将货物信息发布，系统根据货物的体积、重量、位置及目的地等参数条件，匹配最合适车辆，而司机通过 App 司机端实现抢单、提货、送货等操作，最终完成交易。此外，货主端下单后，系统根据货主输入的各类参数，通过算法给出合理且标准的货物运费报价，有效避免了烦琐的议价环节，提高了交易的效率，促进了行业服务的标准化、运作的规范化。

二、风快专线联盟

我国物流业起步晚，在物流产业高速发展的同时，随之而来的问题一一涌现。作为物流业的基础，货运行业发展更是面临着困境。货运市场鱼龙混杂，客户的货物运输安全性、速度无法保证，加之我国国土面积大、城市（包括县级市）多，客户的货物很难做到端到端送达。而大量零散的物流商、专线提供商、专线司机，仍处于运力空闲的状态。因此，要实现货运业乃至整个物流业的产业转型，必须将零散的资源整合起来，资源整合是物流企业实现生存并可持续发展的必然趋势。因此，风快平台线上业务的快速发展必须依靠线下物流行业资源的有效整合。

风快专线联盟是风快平台的线下资源整合项目，它是利用“物流专线运输企业联盟”的新形式，借助于联合的力量，整合联盟成员的资源，通过合作将联盟做大做强，从而引领货运业的升级：通过专线企业线路与线路、收货点和收货点间的合作，联盟内部货源按统一规则流通分配，一方面增加各自的收货能力和运输能力，另一方面降低单位运输成本。

在南昌市物流与采购联合会的牵头下，风快将积极推动风快专线联盟的生长，提升江西乃至全国的行业组织化水平以及行业的发展能力。

资料来源：江西尧泰供应链管理有限公司黄利文供稿。

讨论题

1. 风快平台有哪些特点，解决了哪些痛点？
2. 风快专线联盟体现了什么战略？请分析这种战略的优势、劣势。

第二章　物流战略环境分析

学习目标

- 了解环境的分类、产业的演变、战略集团。
- 熟悉物流产业的特征、能力、竞争优势与价值链理论。
- 掌握战略环境的几种分析和评价方法。

企业的经营总是在一定的环境条件下进行的，环境既有外部的政治、经济、社会、技术环境，还有产业环境和企业内部环境。而且，环境总是随着时间推移而不断发生变化。企业的经营归根结底就是要使内部环境或资源条件等不断与外部环境、产业环境达到动态平衡，以实现利润最大化或股东价值最大化等企业目标。因此，企业在制定物流战略时，前期必须进行的一个关键步骤就是对环境进行分析。

第一节　外部环境分析

一、PEST 分析

PEST 分析是战略管理环境分析的重要工具，它是指分析几个重要的环境变量：政治法律（Political）、经济（Economic）、社会文化（Social）和技术（Technological）。它们可以用图 2－1 来表示。该图不仅反映出了外部环境变量，也反映出了产业环境和内部环境变量。一般而言，战略管理中的 PEST 分析需要分析如表 2－1 所示的重要外部环境变量。当然，这只是为分析提供了框架或思路，至于特定企业的物流战略管理，需要具体问题具体分析，切不可生搬硬套。

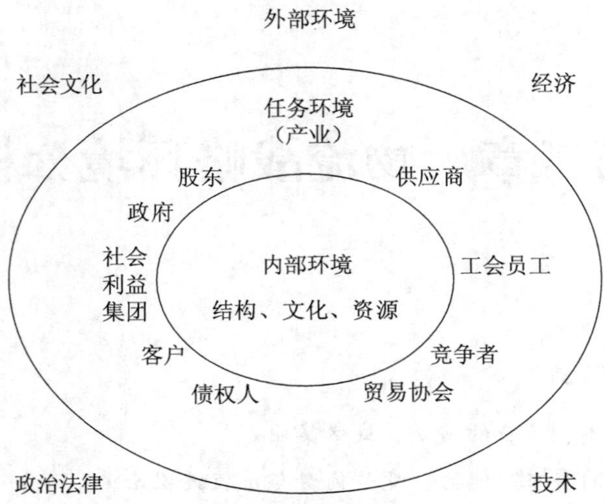

图 2-1　环境变量

表 2-1　　重要外部环境变量

经济变量	技术变量	政治法律变量	社会文化变量
GDP 趋势	政府用于研究与发展（R&D）的总支出	反垄断法	生活方式的变化
利率	产业用于研究与发展（R&D）的总支出	环境保护法	职业期望
货币供应	对技术努力的关注	税法	顾客激进行为
通货膨胀率	专利保护	特殊激励	成家率
失业水平	新产品	外贸法	人口特征（增长率、出生率、年龄分布、地区转移情况和寿命）
工资/价格控制	技术从实验室向市场转移的新发展	对外国公司的态度	养老金计划
贬值/升值	自动化带来的生产率的提高	雇用和晋升法	医疗保健
可自由支配的收入	互联网可利用程度	政府稳定性	教育水平
金融市场	通信基础设施	恐怖主义和隐私问题	
	计算机黑客活动	外包法	

(一) 政治法律环境

政治法律环境是指制约、影响企业发展和物流战略制定、实施的政治与法律方面的因素，包括一个国家或地区的政治制度、形势、体制、政策、法律法规。

政治法律环境具有很大的可变性。尤其是当一个企业的物流战略采取的是全球化战略时，其物流和供应链延伸到海外一个或多个国家与地区，各个国家或地区的政治法律环境又各不相同，有的国家或地区可能经常处于政治不稳定的状态，如中东国家与地区；有的供应链经过海盗出没的海域或兵家必争之海，如亚丁湾海域和马六甲海峡；有的供应链的一端在美国等强势国家，它们可能会用出口管制、反垄断、反倾销、提高出口关税等法律和政策对其他国家进行制裁。这些环境因素都会给物流战略和企业经营带来潜在风险。为了防范、控制风险，必须要对这些因素进行监测和分析。

例如，2009 年 4 月 24 日修订通过的《中华人民共和国邮政法》规定，“外商不得投资经营信件的国内快递业务”，为信件的国内快递提供了保护。而国家标准《汽车、挂车及汽车列车外廓尺寸、轴荷及质量限值》（GB 1589—2016）的实施对整车物流行业具有变革性的影响，高速公路上以前常见的双排轿运车都要改成单排轿运车。

（二）经济环境

经济环境是指国民经济发展的状况，包括国际和国内经济形势及经济发展趋势、经济体制和结构、宏观经济政策。衡量经济环境因素的指标有国内生产总值（GDP）、利率、消费者信心指数（ICS）、消费者价格指数（CPI）、人均收入、采购经理指数（PMI）等。其中，GDP 的变化对物流总量的影响最大。

经济环境经常发生变化。当今世界，全球主要国家的经济已经实现一体化，一个国家的经济发生的微小变化，可能导致其他国家经济的重大变化，这就是所谓的“蝴蝶效应”。以起源于美国的次贷危机为例，其影响波及全球经济。由于全球经济不景气，经济增长下滑，工厂关闭，订单减少，物流业受到严重打击。有的物流企业进行战略调整，以适应当时的形势，如采用收缩战略、合作战略；而有的制造企业则将供应链的端点由国外全部或部分收缩到国内，如在国内寻找供应商，或在国内寻找、开发市场。然而，由于经济危机、经济衰退都只是暂时的，尽管其影响可能会比较深远，但终会有迎来曙光的那一天。所以，到那时，企业在物流战略方面还需要根据情况的发展变化进行调整。那种认为战略一旦制定就永远不变的思想必将把企业带到万劫不复的地步。就如战争一样，没有人能够完全按照预先制定的战略或作战计划打赢战争。我国经济发展进入“新常态”后，GDP 告别了过去 30 年平均 10%以上的高速增长，自 2012 年起开始回落后稳定在 7%左右。国民经济增速下降导致物流产业发展的步伐放缓。但是，物流发展的质量提高了，社会物流总费用占 GDP 的比例由 2013 年的 18%降至 2017 年上半年的 14.6%。经济环境的变化影响了许多物流企业的战略选择。

（三）社会文化环境

社会文化环境是指企业所处社会中的社会结构、教育水平、文化传统、民族特征、风俗习惯、宗教信仰和价值观、行为准则、生活方式、人口规模与结构等因素。这些因素影响人们的消费方式、购买偏好，从而对物流发生作用。

例如，迈达麦公司（Midamar Corporation）是美国的一个家族式公司，根据严格的宗教标准为穆斯林群体供应熟食品，从而在世界食品产业中为自己开创出一个正在成长的利基市场。该公司专门经营清真食品。迈达麦公司从中西部拥有加工清真食品的合法资格的公司采购肉食。该公司经过发展壮大，其清真牛肉、羊肉和禽肉供应链延伸到亚洲、非洲、欧洲和北美洲几十个国家的旅馆、饭店和分销商，它的客户包括麦当劳、必胜客、肯德基。

迈达麦公司成功的原因是它的首席执行官（CEO）制定了旨在一个竞争性产业中获取优势的战略，即差异化集中战略。为了实现这一战略，必然要求其物流或供应链战略与此相适应。

（四）技术环境

科学技术是第一生产力，技术对社会经济的推动力是巨大的。正是这种力量，使得20世纪几十年产生的成果，超过了过去几千年人类产生的成果的总和。因此，在制定和实施战略时，必须非常重视技术环境。技术环境影响是指目前技术水平总体状况及变化趋势、技术变迁、突破对企业的影响。科学技术的快速发展对物流战略的选择和实施具有极大影响，如互联网、移动互联、二维码、全球定位系统（GPS）或北斗定位系统、物联网、大数据、云计算、区块链等，只有充分认识、把握和利用最新技术，才能制定正确的物流战略以及有效地贯彻实施。

技术的发展变化会给企业带来有利的发展机会，但也会给某些企业带来威胁。某项新技术的突破，有时会催生一个新兴行业，但同时也会影响现有产品的生命周期，甚至摧毁一个传统行业。尤其在高科技行业，产品生命周期缩短给物流（战略）管理带来了许多问题，尤其是要求缩短提前期。实际上，也许我们需要重新定义提前期。传统定义中，提前期是指从收到客户订单到交货的时间。然而，在今天的竞争环境中，我们需要有更宽广的视角。真正的提前期应该定义为从产品设计开始，经采购、制造和装配到最终市场的这段时间。这是战略提前期的概念，而对这段时间的管理是成功管理物流运作的关键。产品生命周期比战略提前期还短的情况正呈上升趋势。也就是说一件产品的设计、采购、制造和配送所花费的时间比它的市场寿命还长！就规划和运作而言，其意义是重大的。在全球环境中，运输时间延长使这个问题变得更加严重。因此，在这样的市场中取得成功的物流战略可能是敏捷战略和柔性战略，即加快流经供应链的物料的运动速度和提高整个物流系统的柔性，从而对快速变化的市场作出响应。

二、外部因素评价矩阵

外部因素评价矩阵（External Factor Evaluation Matrix，EFEM）是一种评价外部环境机会与威胁的综合方法。建立EFEM的步骤如下。

第一步：列出关键的外部战略因素，即找出企业面临的主要机会和威胁，这样的因素一般为10～20个。

第二步：赋予每个因素一定的权重，其范围在0（不重要）～1（非常重要），且所有权重的总和为1。权重的大小意味着该因素对物流业务和战略的影响程度。

第三步：评定4级标度，用1～4的一个自然数表示，分别表示主要威胁、一般威胁、一般机会和主要机会。

第四步：将每个因素的权重与相应原评分值相乘，从而得到各因素的加权分。

第五步：将所有因素的加权评分加总，得到企业外部环境机会与威胁的综合加权评分。

不管EFEM所包含的关键战略因素数量有多少个，一个企业面临的外部环境的总加权分数最高为4.0，最低为1.0，平均总加权分为2.5。总加权分为4.0表示企业将能够对外部环境中的机会和威胁做出最有利的反应；而总加权分为1.0则表明企业无法利用外部环境中的机会，也无法规避外部环境中的威胁。如果总加权分大于2.5，则说明企业在利用外部机会和规避外部威胁方面具有优势。

例如，现在许多国家及其企业已经开始重视物流对环境造成的影响，我国工信部副部长辛国斌9月9日在2017中国汽车产业发展（泰达）国际论坛上致辞时透露，中国已经开始研究制订禁售传统燃油汽车时间表，着力推广新能源汽车。因为，物流总是与运输、仓储、包装、配送有关系，其产生的废气、噪声、废弃包装、浪费、放射物以及泄漏事故、土地占用有很大的负外部性，可能增大企业的物流成本，使企业在社会公众面前形成一种不负责任的形象。因此，越来越多的经济体和组织正在形成以环境保护为基础的战略，即绿色物流战略。如美体小铺公司（Body Shop）用天然材料设计产品，采用绿色物流战略，利用可重复使用的容器和再生材料。1997年对英国公司的一项调查表明，大部分公司意识到了环境压力，其中大部分压力来自欧盟和政府管制，但是只有具有显著的成本效益时，它们才会改变策略。大部分企业管理人员认为，“绿色”虽可为客户带来好处，但会提高成本，在日益激烈的竞争环境中，这些好处很难覆盖超出的成本。所以，这些管理者会认为，做绿色物流不合算。但实际上，环境保护的许多项目都能降低成本。例如，更好的仓库隔离措施能降低供热成本；保持运输车辆稳定性既能降低燃料消耗又能减少放射物；而谨慎策划并回收利用包装物更能节约大量的成本。但是，在选择绿色物流战略之前，需要对外部环境进行综合评价。我们选择四个因素，并规定：就某一因素而言，如果选择绿色物流战略能带来更多的机会，如形象提升、业务成长，那么，其分值就越高；否则，带来的就是威胁，如成本升高、价格上升、市场占有率下降等。外部因素评价矩阵如表2-2所示。由表2-2中计算结果可知，采用绿色物流战略在利用外部机会和规避外部威胁方面是有利的。

表 2-2　外部因素评价矩阵

关键外部因素	权重	评分（分）	加权评分（分）
环境保护法	0.4	3	1.2
国家“节能减排”要求	0.3	4	1.2
人们环保意识的提高	0.1	2	0.2
物流技术的进步（如包装）	0.2	2	0.4
合计	1.0		3.0

三、问题优先矩阵

企业面对的外部环境因素很多，除政治法律、经济、社会文化和技术四大类因素外，还有其他因素。这么多的因素，企业应监控跟踪哪些呢？

面对相同的环境变化，各个企业的反应大不一样，这是因为管理人员在认知和理解外部战略问题与因素方面的能力存在差异。只有极少数企业能成功监测所有重要的外部因素。虽然管理者认为战略重要性决定了哪些变量要持续跟踪，但他们有时候也会错过或选择忽略某些关键的新进展。企业管理者的个人价值观和当前战略的成功，可能会使他们对于理解什么是外部环境监测的重要内容以及阐释所感知的东西产生偏见。倾向于拒绝不熟悉的与负面的信息，这种倾向被称为战略近视症。如果一个企业需要改变它的战略，战略近视症使它不可能收集到足够的外部信息来成功地改变战略。

识别与分析外部环境进展的一种方法是问题优先矩阵（见图 2-2）。问题优先矩阵有助于管理者决定哪些环境趋势只要简单分析（低优先度），哪些要作为战略因素监测（高优先度）。企业外部战略因素就是这样一些环境趋势：实际发生的概率从中到高，且对企业物流业务的可能影响从中等到高等。这些环境趋势被确定为战略因素后再划分为潜在机会与威胁，在战略制定中加以考虑。其步骤如下所示。

第一步：识别出当前外部与产业环境中众多可能的发展趋势或因素。战略性的环境问题或重要趋势，如果发生，将决定产业未来的状况。

第二步：评估这些趋势实际发生的概率（从低到高排列）。

第三步：努力判断每个发展趋势对企业物流业务的可能影响（从低到高排列）。

第四步：根据概率和影响的高低，将这些因素描绘在图 2-2 的适当位置。

第五步：对具有“高优先度”的因素进行重点监控和跟踪。

对企业物流业务的可能影响

发生概率	高	中	低
高	高优先度	高优先度	中优先度
中	高优先度	中优先度	低优先度
低	中优先度	低优先度	低优先度

图 2-2 问题优先矩阵

第二节 产业环境分析

产业是国民经济中按照一定社会分工原则、为满足社会某种需要而划分的从事产品或服务生产及经营的各个部门。产业的概念是介于微观经济细胞（企业和家庭消费）与宏观经济单位（国民经济）之间的若干“集合”。产业环境（或任务环境）包括直接影响企业或者受企业直接影响的要素与团体。团体包括政府、当地社区、供应商、竞争者、顾客、债权人、员工与工会、特殊利益团体、贸易协会等。物流产业（或简称物流业）是产业集合中的一个要素，是由一大批提供物流服务的企业和物流活动及其相互关系组成。在我国，物流产业是一个新兴的产业。2006 年 3 月通过的《中华人民共和国国民经济和社会发展第十一个五年规划纲要》提出“大力发展现代物流业”，首次正式确立了物流的产业地位。国务院《物流业发展中长期规划（2014—2020 年）》又进一步将物流业定位为“融合运输、仓储、货代、信息等产业的复合型服务业，是支撑国民经济发展的基础性、战略性产业”。因此，物流业还可以细分为运输业、仓储业、货代业、快递业等子产业。

一、六力模型法

迈克尔·波特认为，企业最关心产业内的竞争强度。他认为，“这些力量的综合实力最终决定了一个产业的盈利潜力，即资本投入的长期回报”。这些力量中无论哪一个力量，只要是力量越强，企业在提价和获得更多利润方面就越会受到限制。波特只提到五种竞争力量（被称为“五力模型”），这里再增加第六种力量，即其他利益相关者，以反映政府、当地社区以及产业环境中其他会影响产业活动的团体力量。也就是说，在分析物流产业时必须评估六种力量：新进入者的威胁，现有企业之间的竞争，替代品或服务的威胁，购买者的讨价还价能力，供应商的讨价还价能力，其他利益相关者的相对力量（见图 2-3）。可以认为，任何一股强大的力量都可视为一种威胁，因为它可能使利润降低。相反，任何一股弱小的力量都可视为一种机会，因为它可能使企业盈利更多。从短期来看，这些力量会制约企业行为。但是，从长期来看，企业有可能通过战略选择，改变其中一种或几种力量的强度，有利于企业增强竞争优势。

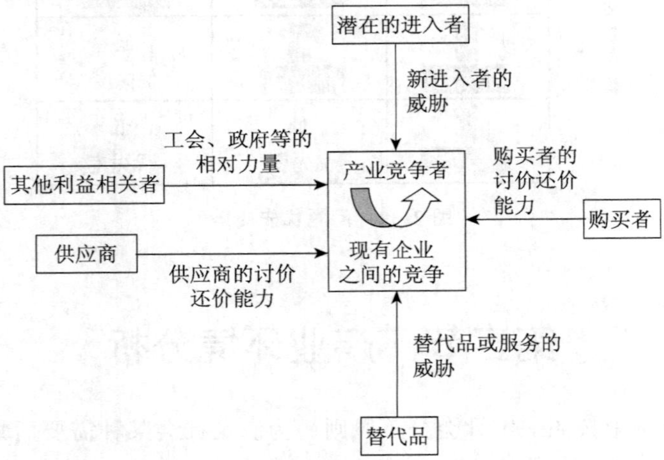

图 2－3　产业环境分析的六力模型

新进入者就是新进入现有物流业的企业。进入后，它们将带来新的生产能力、攫取市场份额，从而对现有企业构成威胁。新进入者的威胁取决于存在的进入壁垒和现有企业的预期反应。进入壁垒就是给企业进入某个产业造成困难的障碍，如规模经济、服务特色、资金要求、物流网络、政府政策和管制等。如进入港口物流领域，就需要投入大量资金；而进入铁路物流领域，则受到政府的管制，因此，这些领域均有难以逾越的进入壁垒。

现有企业之间的竞争是指物流业内现有企业间的竞争。在某一区域或某一物流领域中，存在着几个主要的竞争对手（如快递业的顺丰、“四通一达”、德邦），它们对彼此的情况相当了解，因此，任何一家发起的竞争行为（如降价），都可能遭到其他竞争者的报复性降价，从博弈论的角度看，如果发动竞争的企业预计到其他企业会采取同样的降价行为，那么，不仅不会提高市场份额和利益，而且还会减少利益。这样的话，该企业就不会选择降价竞争策略。根据波特的观点，竞争强度与竞争者数量、产业增长速度、产品或服务特征、固定成本的数量、产能、退出壁垒高度、竞争者的多样性有关。

替代品是指不一样但能够像某一被替代产品一样能够满足同样需求的产品。替代品限制了一个产品的潜在回报，因为替代品的价格限制了某一被替代产品的价格，如果被替代产品的价格过高，需求就会转向替代品。如果转换成本很低，替代品就会对一个产业产生强烈影响。例如，运输就具有一定的替代性。铁路运输适合中长距离的大宗货物的运输，但在我国存在许多铁路短途运输，如果铁路短途运输的价格提高，那么，铁路短途运输就会向公路运输转移，从而实现资源在整个物流运输系统中的优化配置。而公路运输适合短途运输，在如今高速公路发达的道路交通条件下，也有许多公路中长途运输，如果中长途运输的价格过高，而且是在运量比较大的情况下，必然会有相当部分的货量转移到铁路运输或水路运输。

购买者的讨价还价能力。购买者（分销商或客户）可以通过压低价格、要求提高质量或提供更多服务、挑起竞争者互相竞争来影响一个产业。当存在以下条件时，购买者的讨价还价能力增强：某一客户是物流服务提供商的主要购买者；具有后向一体化的潜力，可以将物流服务内部化而不是外包；因为提供的服务标准化或不存在差异，可选的供应商很多；转换物流提供商几乎没有成本；物流服务成本占购买者成本的很大比例，使其四处寻找低价服务；购买者仅仅赢得微利，对成本和服务差异非常敏感；物流服务对购买者最终产品或服务的质量及价格无关紧要。

供应商的讨价还价能力。无论是制造或商业流通企业还是专业物流企业进行生产，都必须要有各种输入要素（如设备、燃料）。输入要素的供应商通过提高价格或降低被购产品和服务的质量来影响企业。当符合下列因素之一时，供应商就处于强势地位：供应商所在产业由少数企业主宰，但向许多企业销售；产品或服务非常独特，或者已经建立起转换成本；替代品不容易获得；购买者只购买供应商的小部分产品，因此，对供应商来说一点都不重要。当供应紧张时，小客户的需求将得不到满足，从而导致经营活动的停止。尤其是单一供应商（Single Supplier）甚至是独家供应商（Sole Supplier），会显著增强供应商的讨价还价能力，增大供应风险。

其他利益相关者是指政府（如我国的海关、检验检疫部门、工商部门、税务部门、国土资源部门、交通运输部门、工信委、发改委等）、债权人、行业协会、特殊利益群体、股东等。

二、产业演变

（一）产业演变阶段

大多数产业都会随时间发生演变，经过一系列阶段，从成长到成熟直至最终衰落。物流产业也同样会发生演变，其中某些行业可能会最终衰落。如在英美，自瓦特发明蒸汽机后，铁路运输业曾经一度辉煌，但正如我们所知，由于高速公路及其他运输方式的发展与替代，铁路运输如今已是明日黄花。

我国的物流产业目前还处于初级阶段，市场上的物流企业数量非常多，而且小型物流企业占绝大多数，产业集中度很低，没有一个企业在产业中占领大块市场份额，每个企业都在与其他企业的竞争中服务于整个市场的一小块。再加上绝大多数制造和商业流通企业还在搞内部物流，因此，在这种情况下，虽然整个行业还处于初始阶段，但竞争很激烈，利润很低，而不像其他新产业在诞生时可以获取高额利润，因为其产品满足了某种独特需求，人们购买时一般不会考虑价格。随着新竞争者继续进入物流业，竞争会导致价格进一步下降，有的企业因不能获得适当的利润而退出，这样，价格会保持在一个适当的水平上。综合性的大企业利用经验曲线和规模经济能够比竞争对手更加快速地降低成本，甚至通过并购其他竞争者来提升竞争力。为了避免发生激烈的价格竞争，有的竞争者开始考虑采取差异化竞争战略。

当物流业进入成熟期，将会变成一个集中产业，即由少数大企业主宰的产业，其中每一家都竭尽所能使其物流服务区别于竞争者的物流服务。随着时间的推移，客户变得更加老练，他们根据更多信息选择物流服务提供商。在满足高服务水平的前提下，还要求价格便宜。为了保证有适当的利润率，这些大企业可能会建立价格联盟。

当物流业进入衰落期，企业收入增长速度减慢甚至可能开始下降。这时，对于退出壁垒比较低的行业，如货运代理，部分企业将可能选择退出货代行业，甚至从根本上退出物流业。进入衰落期后，企业的合并速度加快，竞争者数量更少，但是企业规模更大。

（二）现代物流产业的特征

物流产业是融合运输业、仓储业、货代业和信息业等的复合型服务产业，是国民经济的重要组成部分，涉及领域广，吸纳就业人数多，促进生产、拉动消费作用大，在促进产业结构调整、转变经济发展方式和增强国民经济竞争力等方面发挥着重要作用。

1. 一体化

物流产业一体化是指物流产业中的各个行业、部门、领域通过某种方式逐步结合成为一个单一实体的过程。物流产业一体化是现代物流以及供应链管理发展的必然结果，也是经济一体化的必然要求。现代物流是连接生产与消费的桥梁，由运输、储存、装卸搬运、流通加工、包装、信息等一系列基本活动有机组成。现代物流强调系统化，关心的是整个系统的运行效率和效益，追求系统的总输出大于各物流要素输入的部分之和，各要素间是相互联结、相互依存而非彼此独立的。而供应链管理理论出现后，将物流系统从采购开始经过生产和货物配送到达用户的整个过程，看作一条环环相扣的网链，强调供应链上下游企业的相互合作和实现端对端的可见性的重要性，从而提高响应速度，消除“牛鞭效应”。物流产业一体化特征不仅使物流功能拓展至采购、生产、销售等全过程，而且催生了第四方物流（4PL）。按照最初提出第四方物流概念的埃森哲咨询公司的定义，“它是一个供应链的集成商，对公司内部和具有互补性的服务供应商所拥有的不同资源、能力和技术进行整合和管理，提供一整套供应链解决方案。”

2. 专业化

随着物流产业逐渐走出起步阶段而进入成长阶段，产业分工进一步细化，专业化程度越来越高。一是物流技术的专业化。表现为现代技术在物流活动中得到广泛的应用，如条码技术、射频识别技术（RFID）、电子数据交换（EDI）、自动化、智能化以及各种专业化的技术装备或工具。这些技术的发展和应用，大大提高了现代物流的效率和效益。二是物流服务专业化。物流产业是一个非常大的产业，从不同的角度分，它包括多种运输方式的交通运输业、仓储、装卸搬运、快递，包括供应、生产、销售、回收物流，包括钢铁、粮食、水泥、煤炭、汽车、农产品、冷链、港口、保税物流，包括国际物流、国内物流、地区物流，等等。没有哪一个企业能够涉足所有的领域并在其中表现卓越，任何一个企业都只能集中在其中某个或某几个领域，然后做到专业，做到数一数二。三是物流人才专业化。物流产业发展之初，由于缺乏需求的牵引，物流人才的培育跟不上，从业人员几乎没有受过专业培训，他们要么是新进入者，要么就是半路出家。当产业走出初期阶段进入成长阶段时，高等学校、社会机构和企业本身培养的大批专业物流人才成为推动物流业发展的关键力量。

3. 网络化

物流是一个过程，通过企业及其营销渠道，从战略的角度管理原材料、零部件和最终库存品的采购、移动和存储，经济有效地履行订单，从而实现当前和未来获利能力的最大化。为此，需要有完善健全的物流实物网络提供支持，如由各种运输方式构成的综合运输网，由供应商、物流中心、区域配送中心、仓库、客户构成的分销网络。而物流总是与信息流相伴相随的，互联网、外网、内网、移动互联和物流公共信息平台的发展与应用，为信息的流动提供了技术支持和载体。供应链概念出现后，更是呈现出明显的网络特征，因为供应链就是由供应商的供应商和客户的客户构成的网络，任何一个企业都是某一个或某几个供应网络中的一个节点。

4. 社会化

社会化就是将过去由企业内部做的物流业务交给社会上的专业物流企业去做。过去，企业常常拥有自己的仓库或经营自己的车队，现在却不得不考虑这些业务是否是企业本身真正的核心竞争力，或将这些业务外包给其他以物流为核心业务的公司是否更具成本效益。为了获得高水平的运作效率和跟上技术的不断变化，也为了保持竞争力，企业必须专注于它们的核心能力。随着第三方物流的发展以及核心能力理念越来越为工商企业的高管所认同，物流外包已经成为许多工商企业集中核心业务、降低成本的战略选择。

物流外包就是工商企业从他处购买原来由内部提供的物流服务。物流外包的关键是只从外部购买那些对企业独特能力不重要的物流服务。像沃尔玛这样的企业，物流与供应链能力是它的核心能力，在这种情况下，它将这部分业务保留在企业内部。

5. 全球化

物流产业的另一个特征或趋势就是全球化。由于经济的全球化以及产业的关联性，物流产业也不可避免地卷入其中。就我国而言，加入 WTO（世界贸易组织）之后，国外众多著名的物流企业，如四大快递巨头，大举进入我国物流产业，而我国领先物流企业如中远海运等也走出国门或与国内的外资企业联姻。如今在“一带一路”倡议下，物流企业更应积极“走出去”，扩展国际物流业务，参与全球化市场竞争。而在全球工商企业中，物料和部件是全世界范围内采购的，生产在海外进行，然后再将产品销往许多不同的国家，产品也可能在当地进行客户化。对于惠普（HP）、菲利普（Philips）和卡特皮勒（Caterpillar）这样的全球企业来说，其物流与供应链已经延伸到全球，那么，采用什么样的物流流程和战略就成为一个主要考虑的问题。为了取得竞争优势，它们首先要在世界市场上找准自己产品的位置，然后制定制造与物流战略以支持其营销战略。例如，卡特皮勒将组装业务分散到重要的海外市场，使用全球物流渠道将部件供应给海外组装厂和零部件市场。在适当地方，它使用第三方公司管理配送甚至最终产品的组装。如美国有家第三方公司，除提供零部件检验和仓储外，还选择了叉车组装。车轮、平衡重、叉和杆都按卡特皮勒的规定组装。这样，当地市场的需求就可按标准生产流程得到满足。

三、物流战略集团

战略集团就是一组“用类似资源寻求类似战略”的企业。在物流产业中，把物流企业或物流部门划分为不同的战略集团对物流战略管理者来说非常有用，是更好地分析、认识竞争环境的工具。属于某一特定战略集团的企业会比属于不同战略集团的竞争对手彼此之间有更大的相似性，竞争也更为激烈。

如果借用数学上的集合概念，我们可以这样描述物流战略集团：设在某一地理区域中有 n 个物流企业提供 m 种物流服务，且每个企业提供单一的物流服务，并将第 i（$i=1$，2，…，n）个企业提供的第 j（$j=1$，2，…，m）项服务表示为 C_{ij}，那么，提供第 j 项服务的物流企业集合或物流战略集团就可表示为 $\{C_{ij} \mid i=1, 2, \cdots, n\}$。

物流战略集团的典型案例——上海安吉与北京长久

虽然汽车物流公司与邮政物流公司同属物流业，但一般来说，它们有不同的使命、目标和战略，因此，属于不同的战略集团，它们之间的竞争自然很弱，短期内彼此都不会将对方视为对手，在制定物流战略或规划竞争行动时，它们的共同点非常少，彼此互不关注。但是，同样经营汽车物流的公司之间的共同点非常多，它们实施类似战略。所以，它们往往是强劲的竞争对手，并且以相似模式组织经营。

安吉汽车物流有限公司是上汽集团所属专业从事汽车物流业务的全资子公司，为国内外主要主机厂和零部件厂家提供物流服务。目前，已经发展成为国内最大、国际领先的第三方汽车物流供应商，2016 年实现销售收入 185.71 亿元，在 2017 年中国物流企业 50 强中位列第 10 位、汽车物流行业位列第 1 位。在多年的发展历程中，安吉汽车物流有限公司形成了整车物流、零部件物流、口岸物流、航运物流、国际物流及信息技术等业务板块，引进先进物流技术，打造智能可视系统，为客户提供一体化、技术化、网络化、透明化的汽车物流供应链服务。而 2016 年销售收入约 43 亿元并在 2017 年中国物流企业 50 强中位列第 36 位、汽车物流行业位列第 3 位的北京长久物流股份有限公司，业务范围也涵盖汽车供应链中的整车物流、零部件物流、国际物流等板块，而且还涉及二手车物流及仓储物流，提供汽车行业专业的物流规划、运输、仓储、配送等相关服务，在全国设有多家全资、控股子公司，业务网点40余处，形成以东北、华北、华东、华中、华南、西南为基地的全国大循环汽车物流资源网络布局，乘用车和商用车综合运输能力超过300万辆。因此，不难判断，这两家公司处于同一个物流战略集团，它们在多个业务板块形成现实的或潜在的竞争，共同瓜分中国汽车物流市场。

我们可以用两个战略变量作为横轴和纵轴，在一个二维图上画出物流产业中的竞争者的市场位置，就能把该产业的战略集团图示出来。首先，选择两个比较显著的特征，例如价格与提供的物流服务类型，把该产业中的企业相互区分开来；其次，将这两个特征作为变量维，在图上画出各企业的具体位置；再次，把那些相邻企业圈起来，作为一个战略集团，圆圈的大小与该战略集团占产业总收入的份额成正比；最后，给该产业中每个战略集团指定一个便于识别的名字，例如公路物流、铁路物流、邮政物流或仓储等。

四、产业矩阵

物流产业内有某些变量——关键成功因子是企业管理层必须理解的因素。关键成功因子是指决定企业在物流产业取得成功的能力且对企业在该产业内的整体竞争地位产生重大影响的变量。它们通常由物流产业的技术经济特性及产业内各企业制定物流战略所依赖的竞争武器所决定。

物流产业矩阵是对物流产业的外部关键成功因子（机会与威胁）的总结。如表2-3所示，基于每个因子对产业未来的重要性，在矩阵中赋予它一个权重。该矩阵还反映各个竞争对手响应每个因子的敏锐程度。

表2-3　产业矩阵

关键成功因子	权重	A公司评分（分）	A公司加权分（分）	B公司评分（分）	B公司加权分（分）
《国务院办公厅关于进一步推进物流降本增效促进实体经济发展的意见》	0.4	4	1.6	3	1.2
企业物流外包增多	0.2	3	0.6	3	0.6
物流基础设施的完善	0.3	3	0.9	4	1.2
物流业全面实施“营改增”	0.1	2	0.2	2	0.2
总分	1.0	—	3.3	—	3.2

为了生成一个产业矩阵，我们用两个相互竞争的物流企业 A 和 B 为例，并且选择 4 个关键成功因子来完成下述产业分析的步骤。

第一步：在第 1 栏（关键成功因子）中列出 8～10 个可能决定物流产业当前与未来成功的因子。表 2-3 中，为了简化过程，只选择了 4 个关键成功因子作为说明。

第二步：在第 2 栏（权重）给每个因子分配一个 0.0（不重要）至 1.0（最重要）的权重，确定权重的依据是该因子对物流产业未来成功的可能影响。各因子权重之和等于 1.0。

第三步：在第 3 栏（A 公司评分）考查物流产业内 A 公司的情况。根据 A 公司当前处理每个关键成功因子的表现，为每个因子分配一个从 1 分（差）到 5 分（卓越）的分值（见图 2-4）。

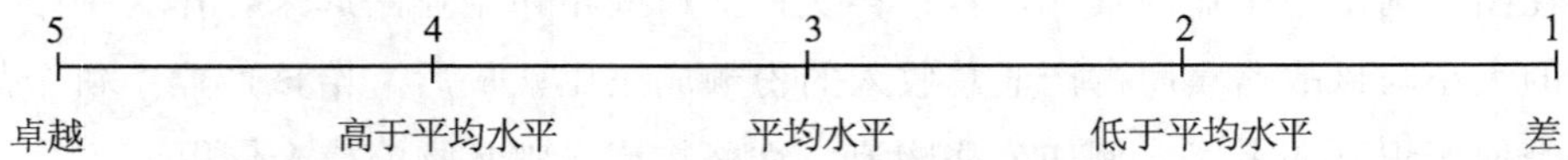

图 2-4　各分值对应的含义

第四步：在第 4 栏（A 公司加权分），把第 2 栏各因子的权重与第 3 栏的评分相乘，得到 A 公司在该因子上的加权分。这样，就可以得到所有因子的加权分，范围从 1.0 分（差）至 5.0 分（卓越），平均水平为 3.0。

第五步：在第 5 栏（B 公司评分）考查物流产业内 B 公司的情况。根据 B 公司当前对每个关键成功因子的反应，给每个因子分配一个从 1 分（差）至 5 分（卓越）的分值。

第六步：在第 6 栏（B 公司加权分），把第 2 栏各因子的权重与第 5 栏的评分相乘，得到 B 公司在该因子上的加权分。

第七步：把第 4 栏和第 6 栏所有因子的加权分相加，分别得出 A 公司和 B 公司总加权分。总加权分可以反映各公司响应物流产业环境中当前与未来关键成功因子的优劣。

只要给每个新增竞争者加上两栏，就可以很方便地扩展产业矩阵，使它包括产业内所有主要竞争者。

五、外部因素合成

在战略专家分析完社会与产业环境并识别出一些可能影响企业的外部因素之后，需要用一张外部因素分析总结表（External Factors Analysis Summary，EFAS）来进一步分析。EFAS 表将外部因素归纳为机会与威胁两类，并且按照这些因素对企业的重要性（权重）来分析企业管理层响应这些因素的优劣（评分）。可以按照以下步骤生成一张 EFAS 表。

第一步：在第 1 栏（外部因素）中列出企业面临的 8～10 个最重要的机会与威胁。

第二步：在第 2 栏（权重）给每个因素分配一个 0.0（不重要）到 1.0（最重要）的权重，确定权重的依据是该因素对企业当前战略位置的可能影响。权重越高，该因素对企业当前和未来的成功就越重要。不论有多少个因素，所有权重之和应该等于 1.0。

第三步：在第 3 栏（评分）给每个因素分配一个 1 分（差）至 5 分（卓越）的评分值，评分的依据是企业当前对该因素的反应。每一次评分都是对企业当前处理每个外部因素优劣的一个判断。

第四步：在第 4 栏（加权分），把每个因素第 2 栏的权重与第 3 栏的评分相乘，得到该因素的加权分。这样，就可以得到每个因素从 1.0（差）至 5.0（卓越）的加权分，平均水平为 3.0。

第五步：在第 5 栏（说明）指出为什么选择这一因素，权重和评分值是如何估计的。

第六步：把第 4 栏所有外部因素的加权分相加，得到该企业的总加权分。总加权分可以反映该公司响应外部环境中当前与未来因素的优劣，可以用来比较该企业与同一产业其他企业。在某一产业中处于平均水平的企业，其总加权分一般是 3.0。

表 2 - 4 选择了某邮政物流公司曾经面临的 8 个外部因素进行说明。

表 2 - 4　　某邮政物流公司的外部因素分析总结

外部因素		权重	评分（分）	加权分（分）	说明
机会	物流业调整振兴计划	0.30	4	1.20	
	商务部对物流示范工程的支持	0.10	5	0.50	
	新邮政法的实施	0.05	2	0.10	
	国家开展对外资快递企业不正当竞争导致的产业安全损害调查	0.10	2	0.20	
	本省对物流发展的高度重视	0.10	4	0.40	
威胁	数量越来越多的政府规章	0.05	1	0.05	
	数量越来越多的快递竞争者	0.10	2	0.20	
	邮件丢失、偷窃事件有增无减	0.20	3	0.60	
总　分		1.00		3.25	

第三节　内部环境分析

分析外部环境、发现机会与威胁还不足以为企业带来竞争优势。“知彼知己，百战不殆”，战略管理者还要审视、分析本企业内部情况，以找出内部战略因素，即关键的优势与劣势，它们极有可能决定了企业能否抓住机会和规避威胁。

一、内部资源与能力

(一) 内部资源

内部资源（也称企业资源）主要是指企业内部所拥有的资产，是企业的基本组成要素。对于制造或商业流通企业来说，这里的内部资源是指物流部门拥有、调配和控制的资源。内部资源包括有形资产，如各种物流设施（物流中心、配送中心、货运站、码头、堆场、仓库等）、物流机械设备（叉车、分拣机、跨运车、吊车等）、运输工具等；最佳惯例、文化和声誉等无形资产；员工人数、资格、经验和技能方面的人力资产。

内部资源分析是指企业为找出具有未来竞争优势的资源，对所拥有的资源进行识别和评价的过程。包括确定企业拥有哪些资源，然后应用资源价值原理确定哪些资源真正具有战略价值。通过分析，确定企业和物流部门的优势和劣势，综合评估企业的物流战略能力。内部资源分析主要包括以下两个方面。

（1）单项分析。可分为实物资产、人力资产、财务资产、无形资产等分析。这些资产的辨识、确认是战略能力分析的基础，尤其要重视无形资产的评估。

（2）均衡分析。根据协同理论，资源的合理配置、组合可提供战略能力。可以从服务组合、能力与个人特性、资源柔性等方面分析资源配置的合理性。

此外，还需要进行外部资源分析，即企业虽不拥有但却可以有效利用的外部资源。如为防止能力过剩，企业不会按物流高峰需求的能力配置运输车辆、仓库、大型装卸设备等，但是，为了应对高峰需求，它们可以与拥有这些资产的其他企业或个人签订长期租赁合作的协议。再从供应链和价值链的角度看，强势企业往往对供应商、分销商或客户有着很强的控制力，可以有效利用它们的资源。

内部资源分析是从全局把握企业资源在量和质、结构、分配、组合方面的情况。内部资源形成企业的经营结构，也是构成企业能力的物质基础。内部资源的现状和变化趋势是制定物流战略的根本性限制条件。因为，再好的战略如果没有相应的资源支持，也只能是空想。而且，如果预期资源条件将发生重大变化或已经发生了重大变化时，物流战略就要进行相应的调整或转型。表2-5是内部资源分析的方法。其中，“未来”的期限可长可短，既可以是战略期末，也可以两年末、三年末、五年末、十年末，甚至更远期，以便能动态进行。当然，时间越远，预测、分析、比较越不容易进行，这就需要进行滚动分析，其原理类似于滚动计划法。

表 2-5　　内部资源分析

内部资源	数量			质量			配置			说明
	现状	未来	差距	现状	未来	差距	现状	未来	差距	

格兰特（Grant）曾认为企业持续竞争优势主要由资源禀赋决定，并且提出一个以资源为基础的战略分析方法。

（1）识别企业资源，并根据优势与劣势将其进行分类。

（2）把企业优势组合成特殊能力，即核心能力。

（3）评价包括 competency 和 capability 在内的两方面能力的获利潜力。评估依据：一是其获取持续竞争优势的潜力；二是因其使用而获取利润的能力。如果有的话，独特能力是什么呢？

（4）选择最佳利用与外部机会有关的企业 competency 和 capability 的战略。

（5）识别资源差距，并且为改进劣势而投资。

资源禀赋固然可以带来竞争优势，但在资源禀赋相似的情况下，竞争优势的来源主要是成本优势和价值优势，且可以证明，物流管理具有帮助企业实现这两种优势的潜力。

（二）能力

这里将能力区分为四种：职能能力、整合能力、核心能力和独特能力。职能能力是以职能为基础、存在于某一特定的职能领域之中的能力，由管理资源间的相互作用关系从而将投入转变为产出的业务流程和惯例构成。例如，市场营销能力的基础可能是市场营销专员、信息技术和财务资源之间相互作用关系。整合能力是跨职能整合和协调能力，是整合和协调多个职能或职能部门能力的结果。核心能力也称核心竞争力，是多种跨越部门边界的整合能力的综合，普遍存在于企业内部。借助核心能力，一个企业可以表现得非常出色。因此，如果新产品开发超越了一个部门的边界，它就将成为一种核心能力。例如，联邦快递的一项核心能力是将信息技术应用于所有业务之中。虽然从会计的意义上来说，核心能力一般不列为资产，但是，它是一项有价值的、“用之不竭”的资源。总的来说，核心能力使用得越多，它们也就越能得到提炼，也就会变得越有价值。当一个企业的核心能力超越竞争对手的核心能力时，它们就是独特能力或独特核心竞争力。

为了评估一个企业的独特能力，巴内（Barney）在 VRIO 分析框架中提出了以下四个问题。

(1) 价值 (Value): 它能提供竞争优势吗?

(2) 稀缺性 (Rareness): 其他竞争者拥有这种能力吗?

(3) 可模仿性 (Imitability): 其他竞争者模仿的成本高昂吗?

(4) 组织 (Organization): 该企业是有组织地利用这一资源吗?

就某一整合能力而言，如果对这些问题的回答为“是”，就认为它是一个优势，因而是一项独特能力。

二、竞争优势

哈佛商学院教授迈克尔·波特提醒管理者和战略家们：竞争优势在取得市场成功中最为重要。竞争优势的来源：一是企业不同于竞争者的差异化能力（从客户视角）；二是更低的运营成本。寻求持久、不易模仿的物流和供应链竞争优势已经引起许多对市场现状保持警惕的物流和供应链经理的关注。

一般来说，企业成功的根源是生产率优势（成本优势）或价值优势，或者在最为理想状态下两者兼而有之。生产率优势导致低成本，而价值优势给产品或服务带来超越竞争产品或服务的差异化（价值）“增值”。显而易见，在任何产业中，最能获利的竞争者往往也是成本最低的生产者或是最能提供让人感觉到其差异化价值的供应商。

(一) 生产率优势

在许多产业，一般都有一个生产成本低廉的竞争者，它的销售量往往是该产业中最大的。有大量证据表明，当它取得成本优势时，“大就是美”。部分原因是规模经济使得固定成本能够分摊到更多的产品上，更重要的原因则是“经验曲线”的影响。

经验曲线是早期“学习曲线”的一种表现形式。第二次世界大战中，研究者们发现，随着工人工作熟练程度和技能的提高，成本相应降低。波士顿咨询集团创始人布鲁斯·亨德森在后来的研究中证实，随着产量增加，不仅生产成本，几乎其他一切成本都会以确定的速度降低。事实上，经验曲线描述了实际单位成本和累积产量之间的关系。

传统上，制定成本领先战略的依据是由销售量带来的规模经济。而现在，取得成本优势的一条越来越有力的途径不一定是销量和规模经济，而是物流管理。在很多行业，物流成本占总成本的大部分，以致有可能通过从根本上重组物流流程来大幅降低总成本。

对于生产和流通企业，生产率优势将导致成本优势，其中，物流是降低成本的重要途径，因为，“物流是第三利润源泉”。对于物流企业来说，具有生产率优势的企业相对于同行业其他企业来说，也将取得成本优势，那么，在同样的物流服务销售价格的前提下，有着更大的利润空间，也更有可能采用成本领先或低成本物流战略。

(二) 价值优势

市场营销中，早就有“消费者不是购买产品，而是购买利益”的金科玉律。也就是说，产品或服务被购买不是因为产品本身，而是因为它所提供的利益。这些利益也许不是有形的，即它们与具体的产品或服务特征不相关，但与企业形象或信誉等相关。或者，被提供的产品或服务在某些功能方面可能有比竞争对手可看见的优势。

除非我们提供的产品或服务在某些方面能够与对手相区别，否则在市场上它们很可能被认为是同种商品，于是最便宜供应商的销量就会高。因而，很重要的一件事情是要为产品或服务提供附加值，使之区别于竞争对手。

通过什么方式才能获得价值差异呢？从本质上讲，以“附加值”为依据制定战略，通常要求对市场进行细分。当企业仔细观察市场，通常就会发现存在着不同的“价值细分市场”。换言之，整个市场中，不同客户群对不同的利益各有侧重。这种利益细分市场的重要性在于，有很多的机会创造有差异的需求以服务于具体的细分市场。

具有与价值增值同等效力的是“服务”。当前，市场已经对服务越来越敏感了，这就向物流管理者提出了挑战。许多市场的趋势是“品牌”力量减弱，且随之向“大路货”市场态势发展。显然，这意味着想要单纯依靠品牌或企业形象的力量与对手竞争已变得日渐困难。另外，产品类别内技术的逐步集中，意味着再也不可能利用产品差异性进行有效竞争。因此，需要找到技术之外的其他创造“差异化”的途径。许多企业已经对此做出了反应：重视服务，将其作为获取竞争优势的手段。

实践中，成功企业总是希望处在一个拥有成本优势或拥有价值优势的位置上，而最希望的是两者兼得。可以肯定，在成本优势与价值优势之间没有中间道路。因此，物流管理者面临的挑战是确定适当的物流战略，使企业既实现成本领先，又实现服务卓越而取得价值优势。如果能够做到这一点，企业将占领竞争对手极难进攻的“制高点”。

三、价值链

“价值链”概念是迈克尔·波特提出的，它对于理解竞争优势的来源很有帮助。如果把企业看作一个整体，并不能理解竞争优势。竞争优势根源于企业在产品设计、制造、营销、送货和支持过程中进行的许多彼此分离的活动，每一项活动都有助于企业取得相对的成本地位，并建立起差异化的基础。“价值链”将企业分解为战略上相关的活动，以便理解导致成本的行为以及现实的和潜在的差异化的源泉。企业要获得竞争优势，在实施这些重要的战略活动时就要比竞争对手的成本更低或做得更好。

价值链活动（见图 2－5）可以概括为两种类型。一是主要活动，包括进向物流（Inbound Logistics)、运作、去向物流（Outbound Logistics)、营销和销售、服务。进向物流就是企业的供应物流，去向物流就是企业的销售物流。二是支持性活动，包括企业基础设施、人力资源管理、技术开发和采购。这些支持活动是集成功能，跨越了企业内各主要活动。在价值链内，企业组织和进行这些活动，就可取得竞争优势。为了取得超越对手的竞争优势，企业必须为客户提供价值，途径是在进行这些活动时做得比竞争对手更有效，或以独特的方式进行这些活动，创造更大的差异性。

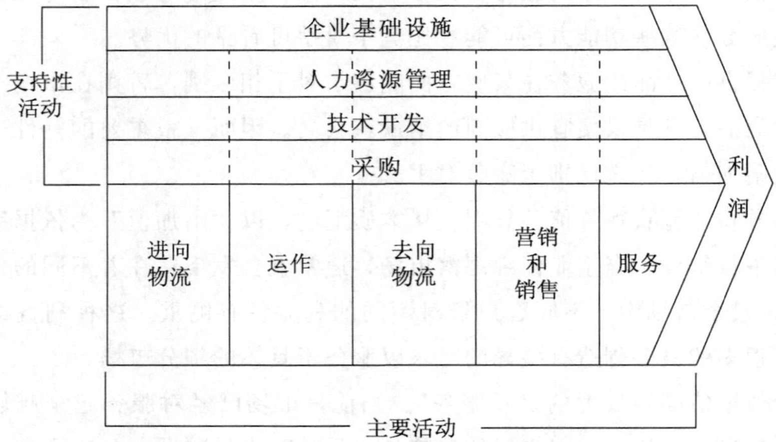

图 2-5　价值链

四、内部因素合成

在战略专家分析完企业内部环境并针对该企业识别出一些内部因素之后，可以用一张内部因素分析总结表（Internal Factors Analysis Summary，IFAS）分析这些内部因素。该表将内部因素分为优势与劣势两类，并且按照这些因素对企业或物流部门的重要性分析企业管理层响应这些因素的优劣。按以下步骤可以生成 IFAS 表。

第一步：在第 1 栏（内部因素）中列出企业面临的 8～10 项最重要的优势与劣势。

第二步：在第 2 栏（权重）给每个因素规定权重，权重在 0.0（不重要）和 1.0（最重要），确定权重的依据是该因素对企业或物流部门当前战略位置的可能影响。权重越高，该因素对企业或物流部门当前和未来的成功就越重要（不论有多少个因素，所有权重之和应该等于 1.0。）

第三步：在第 3 栏（评分）给每个因素在 1 分（差）至 5 分（卓越）评分，评分的依据是企业或物流部门当前对该因素的响应方式。每一次评分都是对公司管理层当前处理每个内部因素的优劣的一个判断。

第四步：在第 4 栏（加权分），把第 2 栏的每个因素的权重与第 3 栏的相应评分相乘，得到该因素的加权分。这样，就可以得到所有因素的加权分，加权分的总和在 1.0（差）至 5.0（卓越），平均水平为 3.0。

第五步：在第 5 栏（说明）指出为什么选择这一因素，权重如何确定，以及评分是如何估计的。

第六步：把第 4 栏所有内部因素的加权分相加，得到该企业或物流部门的总加权分。总加权分可以反映该企业或物流部门在内部环境中管理当前与预期因素的优劣。这个分值可以用来比较该企业或物流部门与物流产业其他企业或物流部门。一个在物流产业中处于平均水平的公司，其总加权分总是 3.0。

作为这一步骤的一个例子，表 2－6 列出了某邮政物流公司面临的诸多内部因素，并提供了相应的权重、评分和加权分。注意，该物流公司的总加权分为 3.05，意味着该公司与主要产业其他竞争者的优、劣势相比，大概处于平均水平。

表 2－6　　某邮政物流公司的内部因素分析总结

内部因素		权重	评分（分）	加权分（分）	说明
优势	独特的组织文化	0.15	5	0.75	
	良好的企业形象	0.05	4	0.20	
	完善的配送网络	0.10	4	0.40	
	先进的物流设备	0.05	3	0.15	
	较低的物流成本	0.15	3	0.45	
劣势	较低的员工素质	0.05	2	0.10	
	空中运力数量少	0.05	2	0.10	
	信息网络不完善	0.15	2	0.30	
	投诉处理不及时	0.20	2	0.40	
	物流流程较复杂	0.05	4	0.20	
总　分		1.00		3.05	

思考题

一、名词解释

1. 战略近视症
2. 物流社会化
3. 物流战略集团
4. 关键成功因子
5. 整合能力

二、单项选择题

1.（　　）不属于经济环境分析的范围。

A. 人口增长率　　B. 汇率变化　　C. GDP 增长率　　D. PMI 指数的变化

2. 外部因素评价矩阵中一个企业面临的外部环境总加权平均分为（　　），加权分越高，表明企业将越能够对外部环境作出有利反应。

A. 4.0　　B. 2.5　　C. 1.0　　D. 3.0

3. 波特的产业环境“五力模型”不包括（　　）的力量。

A. 供应商　　B. 购买者　　C. 其他利益相关者　　D. 潜在的进入者

4. 当前我国的物流产业集中度（　　）。

A. 低　　B. 高　　C. 很低　　D. 很高

5. 市场营销能力属于（　　）能力。

A. 职能　　B. 整合　　C. 核心　　D. 独特

三、多项选择题

1. 外部环境的PEST分析包括（　　）分析。

A. 政治环境　　B. 经济环境　　C. 社会环境　　D. 技术环境

E. 自然环境

2. 外部因素评价矩阵是一种评价外部环境（　　）的综合方法。

A. 优势　　B. 劣势　　C. 机会　　D. 威胁

3. 现代物流产业的特征包括（　　）。

A. 一体化　　B. 专业化　　C. 网络化　　D. 社会化

E. 全球化

4. 一般而言，企业成功的根源是（　　）优势。

A. 成本（或生产率）　　B. 价值　　C. 先发　　D. 后发

5. 波特价值链模型中将（　　）界定为主要活动，可见物流在价值创造中的重要性。

A. 生产物流　　B. 回收物流　　C. 进向物流　　D. 去向物流

四、简述题

1. 如何运用问题优先矩阵确定需要监控和跟踪的物流外部战略因素？

2. 内部资源分析的目的及主要内容是什么？

五、论述题

将波特的“五力模型”运用于物流产业环境分析中，物流服务的购买者是如何影响该产业以及在什么情况下它的讨价还价能力会增强？

六、案例分析

宝供“四轮驱动、两翼腾飞”物流发展战略

2014年12月9日，我国第一家经国家工商总局批准的以物流名称注册的企业集团——宝供物流发布了其发展战略。

携20年发展成就，我国最资深的民营物流企业宝供此次重磅推出“四轮驱动、两翼腾飞”的新发展战略和“宝供快运”及“一站网”两个物流服务平台产品，宝供物流正大跨步迈入以大数据为支撑的“物流4.0”时代。在供应链物流领域深耕20年，与国内外100多家世界五百强及国内大型制造企业结成战略联盟，并在全国16个中心城市拥有22个大型现代化物流基地，110多个城市拥有分支机构的宝供物流

涉足我国公路货运行业，这无疑将对我国物流业的未来市场格局产生重要影响。

宝供20年，始终以发展中国现代化物流、标准化物流服务体系建设为目标。凭借自身的努力与广阔的战略视野，宝供创造了多个行业第一：第一个在中国创立物流企业集团；第一个在中国运用现代物流的理念为客户提供全程物流服务；第一个在中国建立覆盖全国的物流运作网；第一个在中国建立基于Internet（互联网）/Intranet（局域网）的物流信息系统；第一个把工业化管理体系及质量保障体系（GMP）导入物流运作当中，为客户提供规模化、标准化服务；第一个在中国将产、官、学、研相结合，每年独资举办物流技术与管理发展的国际性高级研讨会；第一个在中国创办公益性的物流奖励基金。

宝供物流集团的业务分为两个部分。一部分，是以行业解决方案能力为支撑的第三方物流业务，这块业务主要向大客户提供个性化的一体化物流服务；另一部分，就是以专业化的运作服务能力为支撑的物流功能性服务平台，既为第三方物流业务的解决方案落地服务，又向中小企业提供标准化的服务。这两部分业务，虽有分工，但更多的是协同。

目前宝供已形成了覆盖全国的业务运作和信息网络，与世界五百强及国内大型企业包括联合利华、三星、安利、强生、红牛、玫琳凯、蓝月亮等结成战略联盟，也为涉及日用消费品、食品饮料、家电家具、化工及危险品、服装电商、汽车零配件、钢材建材等多个行业的客户提供综合物流服务。服务产品包括供应链咨询、物流运作、物流信息、物流增值服务、供应链金融五大类产品，覆盖供应物流、生产物流、销售物流和逆向物流整个供应链领域。被国际著名的企业管理咨询机构麦肯锡及国际著名投资机构摩根士丹利评价为中国“最领先”的和“最有价值”的第三方物流企业。

为了应对中国新常态及市场新趋势，迎接以智能制造为主导的第四次工业革命带来的大调整、大变革，宝供顺势而为，制定了“四轮驱动、两翼腾飞”的新的发展战略。并同时推出针对“公路快运及物流资源交易”两个平台——宝供快运、一站网。“四轮”是指第三方物流服务、四大专业物流服务平台（仓储与增值服务平台、公路快运平台、铁水路运输平台、“一站网”物流资源交易平台）、商贸流通平台及物流产业基地。“两翼”是指基于供应链的大数据和基于供应链的大金融。

众所周知，在社会经济转型升级和互联移动技术迅速发展的形势下，公路货运需求在向高时效、高安全、高体验的标准服务产品方面转变，而目前货运市场小、散、乱、差，无法提供优质货运服务产品。宝供快运的出现就是为了系统解决这些重大问题，引导市场有序高效发展。而这一切是基于宝供众多的自建基地和分支机构、庞大的线路网络、强大的资源整合能力，以及20年物流行业领航创新的经验传承。

“宝供快运”将在原有第三方运输资源的基础上整合社会公路运输资源，以标准化卓越经营为基础，以信息技术、管理技术、操作技术为手段形成价值链，以“加盟+授权经纪人+合作商+直营”的方式布局渠道及运作网络，打造深度的全国网络平台和高效的运营体系。并计划在全国设立7个管理大区、300多个分拨平台、2400个集配中心，形成对全国无缝覆盖的运作网络。打造平台—平台、平台—集配中心、集配中心—客户的三级联动的快速运输网络。宝供快运希望以有序、高效、共赢的价值观推动中国公路货运行业的整合、发展和变革，帮助客户实现业务高速扩张和深度配送，为客户提供安全、便捷、高效、透明、共赢的公路运输服务。并期望成为中国公路货运行业领导者。

而一站网物流资源交易平台的诞生则是为了解决整个中国物流行业物流成本高、交易链过长、运输过程不透明、司机揽货难、货主找车难、黄牛监管难等问题。“一站网”基于移动互联网的交易平台，其核心价值是让物流供需双方减少交易环节、实现海量智能撮合。它以平台式建设来准确收录、把握货主、车主需求，并为货主提供有针对性的解决方案，以解决目前运作无序、信息高度碎片化的局面，同时也改变整车物流中个体承运的种种矛盾。

“一站网”以让天下物流人放心与陌生人做物流交易为使命，以打造“中国最大的物流生态圈”为企业愿景，将在2020年实现“五个一”的目标，即实现1000亿元的物流交易额，注册车辆超过100万辆，为货主降低成本100亿元，为车主提高收益100亿元，为一站网和其他如资金、油品、保险等伙伴企业创造100亿元的毛收益。

对此，宝供企业集团董事长刘武表示，“10年前，宝供成为大家议论的焦点，谈物流必会谈到宝供，就如现在大家谈商业模式必会谈到马云、马化腾。我希望在2020年，宝供又会成为大家关注的热点和焦点，宝供的员工能像今天阿里巴巴的员工一样获得物质、精神的双丰收。他们每一个人都会因是‘宝供人’而骄傲。”宝供物流将在未来几年着力于以下几方面。

一是继续打造物流一体化的能力。未来的物流集团将会是一个智慧型的总部，同时也是面向大型工商企业物流一体化解决方案的提供者及第三方物流的实施者。

二是面向中小微型企业，构建公路快运、铁路水路航空、仓储增值服务平台与物流资源整合电子商务交易平台四大平台。四个专业的功能服务平台，将实施规模化、专业化、标准化运营。其中，仓储与增值服务平台，计划通过5年的努力在全国建成60个5万平方米以上的共同化的物流中心和配送中心，逐步加强共同化、高弹性、高流转和全国统筹计划的能力。铁路水路航空运输平台，将更好地整合现有资源，优化调度和加强综合管理，更好地衔接客户需求。拆分宝供物流在第三方累积了20年的针对世界五百强企业的高标准服务，让更为广大的中小微型企业能够享受到世界五百强企业的标准化物流服务。

三是构建大宗原材料电子商务交易平台与产成品分销平台。打造我国产业升级转型的创新驱动平台，降低当地中小企业采购成本，改变生产制造企业长期处于微笑曲线中最低点的劣势。

四是陆续推出更能给客户带来较高价值的解决方案，主要有区域和城市共同配送解决方案。多个客户订单集成配送，降低成本，提高频次，局部取代快递；积极推广更为绿色的运输解决方案；大力发展网络云仓，即给广大客户提供全国一盘棋动态的仓储规划和执行；推出线上线下混合的共同配送中心解决方案；全国性的促销品管理和促销协助跨界解决方案；寻求对食品安全及维护食品安全形象更有利的解决方案；关注去库存化的供应安全解决方案。

创新与技术是提高客户服务价值的源泉，也是宝供物流赖以生存发展的法宝，未来，宝供物流将会有更大投入。

宝供物流将会充分利用民企的机制优势，加大分享，建立起员工与公司的一致目标，这种利益绑定，就可以更加放权了，就会更加激活员工的创造力和工作热情，只有放心的放权，才能有效提高快速响应。

标准化和专业化是宝供物流的新式“武器”，相信对宝供物流的效率提升和可靠性提升将有很大的作用。

资料来源：新浪广东，2014 年 12 月 10 日。内容有改编和删节。

讨论题

1. “四轮驱动、两翼腾飞”是一种什么样的发展战略？
2. 你认为宝供物流的成功得益于哪些关键成功因子？
3. “宝供快运”是如何利用内部优势抓住外部机会的？
4. 比较第一章案例中“风快”平台与宝供“一站网”的商业模式的共同点。

第三章 企业物流战略

学习目标

- 了解企业物流战略的内容。
- 领会企业物流战略的目标。
- 定义并描述制造企业和商贸企业的物流战略。
- 掌握物流企业的物流战略模式。

企业物流战略是企业战略的重要组成部分，就企业战略的层次而言，企业物流战略与生产战略、销售战略、研究与开发战略、财务战略等同属于企业的职能战略。企业物流战略是企业在一定的内外环境条件下服务于企业的长期发展，为获得相应的企业资源（人、财、物、信息），并实现企业资源在本领域内的配置，所制定的具有一定职能活动的纲领和经营举措。

第一节 企业物流战略概述

一、企业物流战略的内容

企业物流战略是微观层面的战略，其内容比较具体、易于操作，并会涉及企业物流活动的全部环节。企业物流战略的内容涉及四个方面：客户服务、设施选址、库存管理和运输管理。

（一）客户服务

现代企业的客户服务水平是考察企业经营水平的重要指标，而企业物流活动作为企业提供的一种服务，它的好坏直接影响企业的客户服务水平，所以客户服务是企业物流战略的重要内容之一。企业进行物流战略规划时首先应当确立企业物流活动的服务目标，该目标应该与企业的总体经营目标相一致。客户服务水平的提高通常会伴随着企业物流成本的提高，因为服务水平提高而增加的成本是否能够通过企业产品销售增加来得到弥补是任何一个企业都很关心的问题，也是企业确定物流服务水平的一个关键衡量指标。企业物流战略所确定的客户服务指标应该与企业的物流现状相适应，客户服务的目标定得过高或过低都是不适宜的，会造成资源的浪费和企业利润的下降。

（二）设施选址

企业物流系统的各个节点（工厂、港口、仓库、供应商、零售点和服务中心等）的位置直接影响企业物流网络的布局，因此，企业物流网络中节点位置的选择与企业物流系统的运作效率有着密不可分的关系。设施选址工作包括确定设施的数量、地理位置和规模，确定设施所服务的区域以及确定商品到市场需要经过的渠道等。

（三）库存管理

准时生产制或订单生产制要求企业的物流系统达到“零库存”的要求，而多数企业无法达到该要求，因而企业都会保有库存，即原材料库存和产成品库存。库存管理主要决定企业各种物料的库存水平，这样既保证企业生产和销售的需要又不会造成库存的积压。企业要实现良好的库存管理，首先要结合企业生产点的分布决定库存点的分布达到成本与效率的最优组合，然后采用适宜企业控制库存的方法，使企业的库存成为企业生产持续性和稳定性的保证。

（四）运输管理

企业物流各节点之间物资的流动必然产生运输需求，因而运输管理在企业物流战略中具有很强的影响力。运输管理包括决定节点之间产生的运输需求所应采用的运输方式、货物流动的路线和时间、运输的批次和频率以及运输规模经济的实现。集运是一种有效降低企业单位运输成本的方式，它可以使企业获得由运输的规模经济所带来的利益。

将企业物流战略的内容进一步细分，可以分成四个层次——战略层、结构层、职能层和执行层。客户服务战略属于企业战略层的物流战略，影响其他物流战略内容的制定；渠道设计战略和网络战略则是结构层的物流战略，决定企业物流系统的建立；仓库管理战略、运输管理战略和物料管理战略处于职能层；最后属于执行层的是信息系统战略、程序管理战略、设施管理战略和组织管理战略，这些都与企业物流战略的实施有关。物流战略的金字塔图可以表现企业物流战略的四个层次，如下图所示。

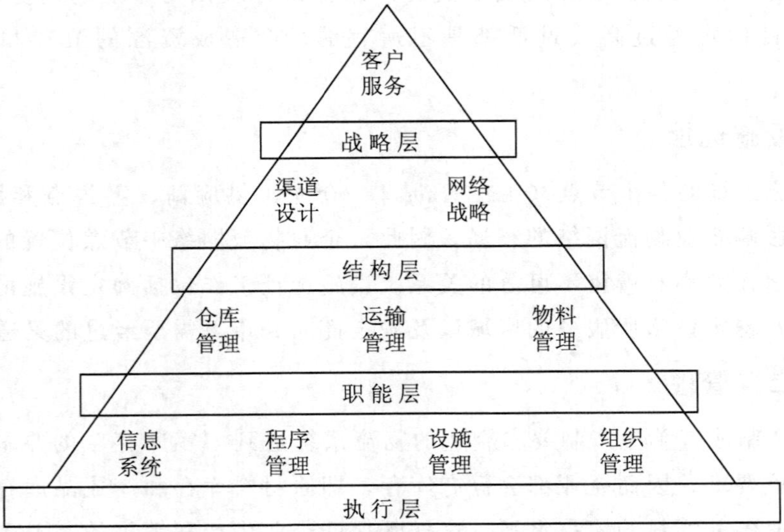

物流战略的金字塔图

二、企业物流战略的目标

战略目标是企业战略管理的指导思想，也是企业在战略管理过程中处理问题所应遵循的原则。企业物流战略主要有三个目标：降低运作成本、减少资本投入和改进服务质量。不同的企业根据自身的特点选择不同的战略目标，或者给予三个目标不同的重要程度，从而实现对三个目标的兼顾。

（一）降低运作成本

现代企业的经营核心都是获取利润，在企业收益不变的情况下，如果企业能够降低成本支出就可以实现企业利润增加的目标。同时，因为物流成本是企业总成本构成中具有杠杆作用的成本之一，所以物流成本的降低就可以带来利润的大幅增加。降低运作成本是企业实施物流战略的目标之一，其主要是降低物流中的流动性成本，即与运输和库存有关的成本。

（二）减少资本投入

减少资本投入也是企业物流战略的目标之一，同样是以企业的利润为核心。减少资本投入主要集中表现为投资最小化，即在保证企业利润不变的情况下，减少企业对物流设施和设备的投资，使投资回报率最大化，投资量最小化。比如，随着企业业务的扩大，仓库不足以满足企业的存储需求时，企业要在租用仓库还是建造仓库之间进行决策选择。建造仓库就意味着企业对固定物流设施的投资增加，而且企业经营的灵活性也将随之下降；租用仓库在短期可以带来成本的节约，但是却可能使企业的经营风险增加。企业在权衡这两种决策方案的时候，如果以减少资本投入作为指导思想，企业会更倾向于租用仓库；如果以降低运作成本作为指导思想，企业会更倾向于建造仓库。

（三）改进服务质量

企业将改进服务质量作为物流战略的目标，说明企业经营所关注的焦点从成本转向了收益。随着人们生活水平的日益提高，人们的消费观念也逐渐发生变化，从以前只重视价格开始转向关注产品或服务的质量。企业物流战略所确定的改进服务质量的目标也反映了这一变化。虽然企业服务水平的改进会带来企业总成本的增加，但是成本增加的同时也带来了企业收益的增加。只要成本增加的幅度小于收益增加的幅度，企业改进服务的物流战略就有实施的可能性与必要性。

总之，企业物流战略作为企业总体战略的重要部分，要服从企业目标和一定的顾客服务水平，企业总体战略决定了其在市场上的竞争能力。

第二节　制造和商贸企业的物流战略

物流对制造企业和商贸企业都非常重要。制造企业之间的竞争在物流方面表现为供应链效率的竞争，谁能更快速而有效地满足客户要求，以最快的速度将产品送到客户手上，谁的回转资金就能增加，就有利于避免存货，提高利润率。而作为连接生产和消费纽带主要组成部分的商贸企业，物流更是提高企业竞争的关键因素。

目前，随着市场竞争的加剧，制造和商贸企业为了在国内、国际市场中赢得竞争优势，纷纷在降低物流成本、提高物流服务水平上下功夫。物流战略越来越成为制造和商贸企业总体战略中不可分割的组成部分。目前，我国制造企业主要有三种物流战略或模式：自营、外包以及“自营＋外包”。

一、自营物流战略

自营物流是货主企业利用已有的物流资源，通过采用先进的物流管理系统和物流技术，不断优化物流运作过程，为生产经营过程提供高效优质服务的基本方式。

（一）自营物流的分类

从具体运营角度来看，自营物流可以分为传统自营物流、供应链管理自营物流和第三方物流自营物流。时下我国许多企业还在沿用传统的自营物流战略，但近几年随着先进物流战略的出现，将有越来越多的企业重新选择适合企业发展的物流战略。

1. 传统自营物流

传统自营物流主要是指企业自己运作的物流，而它的主要经济来源不在于物流。卖方、生产者或者供应方自行组织物流活动，其主要业务是生产和供应商品，但为了其自身生产和销售的需要也进行物流网络及设备的投资、经营与管理。供应方或者厂商一般都需要投资配备一些仓库、运输车辆等物流基础设施。卖方为了保证生产正常进行而建设的物流设施是生产物流设施，为了产品的销售而在销售网络中配备的物流设施是销售物流设施。总的来说，由制造商或生产企业自己完成的物流活动称为第一方物流。

2. 供应链管理自营物流

供应链管理自营物流是指企业利用自身的供应链管理渠道与供应商、销售商达成的“双赢模式”，即凭借企业先进的物流设备和科学的物流管理方法，通过整合供应商、销售商的物流业务，最大限度地利用企业的物流资源，为企业带来利润，同时，在签订销售或采购合同时给予供应商、销售商一定的优惠，建立长期的合作机制。大型企业凭借自身规模和实力上的优势，购买先进的物流设备和招聘培养高素质的物流人才，不仅可以为自己提供高质量的物流服务，同时有能力为其他客户提供良好的服务。

3. 第三方物流自营物流

第三方物流自营物流是企业自己或与其他合伙人出资创建独立于其他部门或事业部的物流公司，并最终致力发展成为专业的第三方物流公司。此时，物流活动不是作为花钱机器而是当作赚钱机器，物流活动不是按照各部门“吩咐”，而是把原有企业作为自己的客户而非自己的上级，有主动为客户服务的意识，同时，物流公司将物流服务作为自己的产品销售出去，作为企业利润源之一。企业在选择这种战略时，最好采用多种形式参股，这样可以避免将大量的资金投入在此项业务中。另外，企业建立第三方物流公司也可以作为企业实施多元化战略的突破口，成为企业利润的新的增长点。

（二）制造和商贸企业自营物流战略分析

随着全球经济一体化步伐的加快以及市场竞争的不断深化和加剧，企业建立竞争优势的关键，已由节约原材料的“第一利润源泉”以及提高劳动生产率的“第二利润源泉”转向建立高效物流系统的“第三利润源泉”。我国正处于物流产业蓬勃发展的初期阶段，政府和企业都十分重视物流产业的发展。同时，我们也应该看到，我国的物流发展正处于一种混合态势：既有以生产、制造为核心的企业自营物流战略，也有专业化物流公司的第三方物流战略。下面对以生产、制造为核心的企业自营物流战略进行分析与探讨，为企业选择物流战略提供参考。

1. 企业自营物流的形式

企业要出产品就如同军队要打仗一样，也要有后方的支援和保障，即产品制造需要组织原材料或零部件的供应，优化工厂和车间的布局，保持一定的库存；市场营销需要将产品运送到有市场需求的地方去，以及在流通过程中对产品实施必要的加工处理等。这就促使许多企业（尤其是生产制造企业）自己开展物流业务，自备车队、仓库、场地、人员，自给自足的自营物流已成为传统企业物流的主体。在自营物流战略下，制造企业也可能会向仓储企业购买仓储服务，向运输企业购买运输服务，但是这些服务都只限于一次或一系列分散的物流功能，而且是临时性的纯市场交易的服务。企业开展自营物流主要有两种表现形式。

（1）物流功能自备。该种表现形式在传统企业中非常普遍，企业自备仓库、自备车队等，企业拥有一个完备的自我服务体系。这其中又包含两种情况：一是企业内部各职能部门彼此独立地完成各自的物流使命；二是企业进行整体的物流运作。我国的工业企业基本上还处于第一种情况，但已经有不少企业开始设立物流部或物流内部设有物流运作的综合管理部门，通过资源和功能的整合，来统一管理企业物流运作，如海尔的自营物流战略。

（2）部分物流功能外包。该种表现形式主要包括两种情况：一是将有关的部分物流服务委托给物流企业去做，即从市场上购买有关的部分物流服务，如由专门的运输公司负责原料和产品的运输；二是物流服务的基础设施为企业所有，但由于自身对于某个物流环节不能很好的自主经营，所以委托有关的物流企业来运作，如请仓库管理公司来管理仓库，或请物流企业来运作管理现有的企业车队。

2. 企业自营物流的利弊

企业自营物流的主要优势如下。

（1）对供应链各个环节有较强的控制能力，易与生产和其他业务环节密切配合，全力服务于本企业的经营管理，确保企业能够获得长期稳定的利润。对于竞争激烈的产业，采用自营物流战略有利于企业对供应和分销渠道的控制。如多数汽车企业拥有自己的汽车销售公司和营销服务网络系统。

（2）可以合理地规划管理流程，提高物流作业效率，减少流通费用。对于规模较大、产品单一的企业而言，自营物流可以使物流与资金流、信息流、商流结合得更加紧密，从而大大提高物流作业乃至全方位的工作效率。

（3）可以使原材料和零配件采购、配送以及生产支持从战略上一体化，实现准时采购、增加批次、减少批量、调控库存、减少资金占用和降低成本，从而实现零库存、零距离和零营运资本。

但是，不是每一个企业都适合自营物流战略，企业自营物流也存在许多缺点。

（1）增加了企业投资负担，削弱了企业抵御市场风险的能力。企业为了自营物流，就必须投入大量的资金用于仓储设备、运输设备以及相关的人力资本，这必然会减少企业对其他重要环节的投入，削弱企业的市场竞争能力。对于一些规模较小的企业，甚至会出现对物流的投资比重过大而导致企业无法正常运转的情况。

（2）企业配送效率低下，管理难于控制。对于绝大多数企业而言，物流部门只是企业的一个后勤部门，物流活动也并非为企业所擅长。在这种情况下，企业自营物流就等于迫使企业从事不擅长的业务活动，企业的管理人员往往需要花费过多的时间、精力和资源去从事辅助性的工作，结果是辅助性的工作没有抓起来，关键性业务也无法发挥出核心作用。如沃尔玛是世界上具有高效益物流配送体系的零售商，84%的货物是由自己的体系去配送的，其物流体系被众多的零售商家所效仿。2003年，沃尔玛宣布将旗下的配送子公司——麦莱恩公司以14.5亿美元卖给巴菲特的哈萨维公司，其理由是“将力量进一步集中到核心的零售业务上”。

(3) 规模有限，专业化程度低且成本高。对于规模不大的企业，其产品数量有限，采用自营物流，不能形成规模效应，一方面，导致物流成本过高，产品在市场上的竞争能力下降；另一方面，由于规模有限，物流配送的专业化程度非常低，不能满足企业的需要。

(4) 无法准确评估效益。由于许多自营物流的企业采用内部各职能部门彼此独立地完成各自的物流，没有将物流分离出来进行独立核算，因此企业无法准确地计算出产品的物流成本，无法进行准确的效益评估。

(5) 配送产品单一。多数自营物流只是企业的后勤，主要服务于本企业的产品配送，而且配送的品种也较单一。如生产水泥的厂家只配送水泥、生产洗衣机的厂家只配送洗衣机等。

3. 企业应把主要精力放在核心业务上

纵观西方发达国家工业企业物流的实践，我们发现，一方面，工业企业各大公司面对日趋激烈的竞争不得不将精力放在核心业务上，将运输、仓储等相关业务环节交由更专业的物流企业完成，以求节约和高效；另一方面，物流业为提高服务质量，也在不断拓宽业务范围，提供配套服务。这就给工业企业在进行物流决策时提供了更广泛的决策空间。

随着现代信息技术的迅速发展，一种新型商业贸易方式——电子商务，已经引起了人们的普遍关注。由此诞生了新的产业——第三方物流企业，即由物流劳务的供方、需方之外的第三方去完成物流服务的物流运作方式，第三方就是指提供物流交易双方的部分或全部物流功能的外部服务提供者，它是物流专业化的一种形式。当物流业发展到一定阶段必然会出现第三方物流的发展。

对于我国工业企业选择自营物流还是选择第三方物流，一般来说，如果产品制造商对渠道或供应链过程的控制力要求较高，往往倾向于选择自营物流；对大宗工业品原料的供应宜采用相对固定的专业物流服务供应商和短渠道物流；对技术性比较强的物流服务如口岸物流服务，企业往往采用委托代理的方法；对非标设备的制造商来说，企业自营物流是最有利可图的选择，但往往必须交给专业物流服务供应商去做。工业企业和商贸企业采取什么样的方式组织物流服务，要根据企业的具体情况做具体的分析。

总之，物流企业是为工业企业和商贸企业服务的。物流的研究和物流产业的推进绝不能就服务谈服务，应当就企业谈服务；不能一味地从物流企业的运作出发，而应当定位于工业企业和商贸企业的竞争战略手段。

企业自营物流的典型案例——京东

随着电子商务的发展，目前物流配送问题成为制约电子商务企业发展的一个重要因素，而在各种电子商务模式的企业中，受物流配送影响和制约最大的是B2C（商对客电子商务模式）企业。作为一家典型的B2C企业，京东商城也面临着同样的难题。京东商城选择了以自营物流为主、第三方物流为辅的物流体系。

2007年，京东商城建成北京、上海、广州三大物流体系，总物流面积超过5000万平方米，目前在北京、上海、广州、成都、武汉设立了华北、华东、华南、西南、华中分公司和自己的服务、物流系统，覆盖全国范围内的主要城市。京东自建物流投资力度的加大，使得其物流配送速度和服务质量得到全面提升。当货物从供应商送达京东商城的仓库之后，一切操作都在信息技术（IT）系统的支持下，实现了标准化的流水线作业，在验货、理货、摆货、出库、扫描，打包、发货，甚至发货后的配送等环节，都设置了监控点，一旦出现问题，IT系统将立刻报警，相关人员就能查出问题所在，进行快速处理。

2008年年底，在获得2100万美元融资后，京东网上商城董事局主席兼CEO刘强东就表示，该笔融资中的70%将用于物流配送环节的改善。根据战略计划，京东商城在线配电网络将逐步覆盖到全国多个城市，并通过自建的物流快递公司提供所有服务。2009年，京东商城宣布建立自己的快递公司，投资2000万元在上海成立快递公司，积极筹备在全国范围内建立起自己的配送网络。与此同时，还在苏州等七个城市开通配送站，并欲在华东物流中心旁建一座比其更大的物流仓储中心来支持企业的自营配送模式。由此可见，建立自己的物流系统，依靠自身的配送队伍，是京东较为青睐的一种方式。

2017年4月25日，京东集团宣布正式组建京东物流子集团。如今，京东物流是全球唯一拥有中小件、大件、冷链、B2B（企业对企业电子商务模式）、跨境和众包（达达）六大物流网络的企业，选择智慧物流发展战略。着力布局四大服务领域，包括供应链服务、云+科技服务、跨境物流及快递快运服务。截至目前，京东物流在全国运营着335个大型仓库，仓储面积达710万平方米，9个“亚洲一号”智慧物流中心已经投入使用。京东物流会根据不同行业的供应链特性和差异，提供针对性的解决方案。如在冷链物流上提供全程温控的多温层冷链物流产品，对蔬菜水果、海鲜等这些生鲜食品开通优先配载的绿色通道。

二、物流外包战略

随着市场竞争的加剧和信息技术的快速发展，企业为了取得竞争上的优势，正在利用第三方物流服务供应商所能提供的所有服务。因此，第三方物流业悄然兴起，并在物流业中发挥越来越重要的作用，成为西方国家物流业发展的有效运作模式。

第三方物流是指产品由生产方到销售方的环节不是由生产方自身的物流部门来完成，而是通过一个或几个专业的物流企业完成而产生的物流活动。为降低物流费用，制造企业面临新的物流战略决策，这一决策包括原材料供应、产品分销、运输、配送战略决策和使用第三方物流的战略决策。

用现代手段和方法改造我国制造和商贸企业的传统管理方式，其中就包括改造制造和商贸企业自成体系的内部物流系统。不要什么都自己做，要建立供应链战略联盟，与其他企业合作，达到“1+1>2”的目的。制造和商贸企业在物流上不是强项，自搞内部物流体系不如利用第三方物流。

(一) 定义

交易费用经济学认为，当在公开市场上购买物品的交易费用很大时，纵向一体化比在市场上通过签署合同来购买物品和服务更有效率。然而，当高度纵向一体化的企业变为超大型官僚组织时，管理内部交易的费用可能比从外部简单购买所需商品的费用大得多，此时外包比纵向一体化更为合理。

外包（Outsourcing），也称业务外包。目前，中国许多企业纷纷将自己的物流业务外包出去，以弥补自己企业在物流活动中的不足。物流活动业务外包是我国企业发展的主要趋势，选择业务外包存在许多优势，如降低企业物流成本、缩短企业产品到达顾客的时间、提高产品的附加值、精于核心业务等。企业在选择业务外包后，企业物流服务能力迅速增强，可以给顾客提供高质量的物流服务，同时，企业可以借助第三方物流商的网络优势拓展产品市场，实施运用柔性化战略，以达到节省企业物流投入的目的。中国仓储协会曾对家电、电子、日化、食品等行业具有代表性的450家大中型企业进行过物流调查，其目的是调查生产企业分销物流的外包程度。此次调查的结果显示，64%的企业将把所有的综合物流业务外包给第三方物流企业，这表明在未来将有越来越多的企业选择物流业务外包战略。

(二) 物流外包的战略选择

物流外包的关键是只从外部购买那些对企业不重要的物流活动，其一般依据是该活动增加值占总价值的比例很小和该活动在企业或事业部的竞争优势中所占的分量很低。如何使用第三方物流进行外包，要视制造企业的具体情况而定，在物流战略选择上主要有四类。

(1) 制造和商贸企业的物流费用高昂并对成功经营的关联度高，而内部物流能力又相对较低，就坚决放弃内部物流系统，转而采用第三方物流服务。

(2) 如果物流对制造和商贸企业成功经营的重要性不高，同时内部处理物流能力也低，也应放弃内部物流系统（自用车队或车辆），可以外购公共物流服务。

(3) 新建制造和商贸企业不必花费巨额投资建立内部物流系统，而是一步到位采用第三方物流。

(4) 物流系统对制造和商贸企业成功经营很重要，内部物流系统的能力高，也可以采取物流自营的方式，如海尔集团就是这样。不过，这也是因为社会上第三方物流没有形成，不建立自己的物流体系就无法进行市场竞争的企业不得已而为之，绝不是企业物流战略决策选择的方向。方向只有一个，采用第三方物流。一项来自欧洲的调查显示，76%的企业正在使用第三方物流，而所剩的24%正在考虑使用。

（三）物流外包时应注意的几个问题

物流服务供应商和需求商的联合和协同，将促进物流业务外包市场的发展。对于需方，产品的生产和交付的方式正在进行结构性转变，业务全球化趋势、对供应商依赖程度的提高、生产制造过程中部分功能外包率的上升、直销渠道的发展以及对市场快速反应的需求都将使物流管理工作比以前更为复杂和充满挑战。对于供方，物流外包服务逐步趋于一体化和系统化，服务提供商正在加紧进行创新和技术变革，强化竞争力，利用技术提高物流管理的效率，快速延伸全球业务链和扩展服务功能链，为企业进驻不同的细分市场做准备。

物流外包作为一个提高物资流通速度、节省物流费用和减少在途资金积压的有效手段，确实能够给供需双方带来较多的收益，尽管供需双方均有信心和诚意，但在实践的过程中，物流外包又举步维艰，常常出现中断，甚至失败。阻碍物流外包发展的因素既有体制的制约、人为的失误，也有观念的陈旧和技术的缺陷，这些因素既存在于物流供应商方面，也存在于物流需求商方面。

目前，我国实施物流外包的企业中，有超过30%的客户对供应商不满意，主要原因有合作双方沟通不畅，信息反馈滞后，缺乏应急措施；物流供应商的信息技术系统落后，不能对物流活动进行有效跟踪和监控；缺乏标准化的运作程序，同一客户不同项目、不同环节服务水平参差不齐；缺乏持续改进机制；服务功能单一等。而在美国，有80%的企业对物流供应商感到满意，这也说明我国物流供应商仍有较长的路要走。随着物流行业的进一步整合和物流服务逐步走向一体化和系统化，物流业务技术含量的高低将是供应商获取市场份额的关键因素，仅仅靠功能性的专业知识取得竞争优势将日趋艰难。为维持并增加市场份额、提高客户满意度，使需求商了解企业的特色，认可企业的价值，供应商必须塑造个性化的核心竞争能力，明确、清晰地宣传企业能够为客户物流管理带来的战略价值和管理效率。

由于物流业务外包市场是买方市场，分析外包过程中出现的问题时，往往将原因或根源归结在供应商方面，而需求商方面存在的不足却很难被人发现。良好的外包合作关系是建立在相互信任和尊重的基础上的，物流作业一体化的程度决定着物流供应商的服务水平和需求商的满意度。需求商如要成功实施外包，并与供应商建立良好、互利、长期的外包合作关系，应注意以下几个方面的问题。

1. 正确理解物流外包

虽然“外包”目前是一个流行的词语，但并不是每一家企业都应该采用外包，企业应深入分析内部物流状况，并探讨物流是否是企业的核心能力，物流是否能为企业带来外部战略经济利益；如何在无缝衔接的基础上调整业务流程，进行职能变革；如何对外包的物流功能进行持续有效的监控；企业文化是否鼓励创新与变革；企业领导和员工对变革持何种态度等。外包本身并不是企业发展战略，它仅仅是实现企业战略的一种方式，企业应确定在行业中是否存在有能力和可供选择的供应商，否则，实施外包不仅不会成功，反而会产生一系列问题。企业只有在拥有了合适的合作伙伴，企业内部管理层也认识到外包的重要性而且清楚针对外包应做的准备工作，才能决定是否实施外包。

2. 严格筛选物流供应商

在选择供应商时，首先要改变现有的错误观点，即不能仅着眼于企业内部核心竞争能力的提升，而置供应商的利益于不顾，需求商应以长远的战略思想来对待外包，通过外包既能实现需求商利益的最大化，又有利于供应商持续稳定的发展，从而达到供需双方双赢的局面。在深入分析企业内部物流状况和员工心态的基础上，调查供应商的管理深度和幅度、战略导向、信息技术支持能力、自身的可塑性和兼容性、行业运营经验等，其中战略导向尤为重要，确保供应商有与企业相匹配的或类似的发展战略。供应商的承诺和报价，需求商务必认真分析衡量。报价应根据供应商自身的成本确定，而非依据市场价格，报价不仅仅是一个总数，而应包括各项作业的成本明细。对于外包的承诺尤其是涉及政府政策或供应商战略方面的项目，必须来自供应商企业的最高管理者，避免在合约履行过程中出现对相关条款理解不一致的现象。

3. 明确列举服务要求

美国的研究表明，在5年内有55％的企业与第三方物流供应商的合作关系破裂，其失败率与婚姻的失败率相近。许多外包合作关系不能正常维持的主要原因是服务要求模糊。由于服务要求没有量化或不明确，导致供需双方理解出现偏差，供应商常常认为需求商要求过高，需求商认为供应商未认真履行合约条款。例如，供应商在没有充分了解货物流量、货物类别、运输频率的情况下就提交了外包投标书，或者供应商缺乏应有的专业理论知识，不能对自身的物流活动予以正确的、详细的描述等。需求商应该详细列举供应商应该具备的条件，包括生产能力、服务水平、操作模式和财务状况，比如，订单是否能够100％完成，准时率是否能够达到100％等。

4. 合理选择签约方式

分别签订仓库租赁合约和操作合约，这样两个合约单独履行，互不影响，即使取消了操作合约，仓库租赁合约仍然生效。要注意不同企业商业文化的差异，特别是企业的上游和下游，对两者都要提前做出判断，从而有效协调沟通，确保与供应商签订的合约满足各方的需求，实现各自目标。但是，合约不可能对环境变化做出全面准确的预测，签订前后的各种情况会有所不同，诸如行业政策、市场环境、供应商内部发展状况等，同时，供应商签订合约的成员不再是合约的执行者，合约执行时间越长，需求商将会越不满意，在某种情况下，即使供应商的操作方式或理念比较超前，也并不一定适合需求商发展的需要。

5. 共同编制操作指引

需求商不能认为外包作业是供应商单方面的工作，应与供应商一起制订作业流程、确定信息渠道、编制操作指引，供双方参考使用，操作指引能够使双方对口人员在作业过程中步调一致，也为检验对方作业是否符合要求提供了标准和依据。

6. 提前解决潜在问题

建立外包合作关系后，认真细致地考虑未来发生的变化及潜在的问题，在问题出现之前就要提出解决方案。在物流外包方面，文化、思想的多样化、差异性具有特殊作用，思想越趋于一致，企业越比供应商更容易出现工作官僚化的现象，有时企业内部物流经理会把供应商当作威胁自己地位的竞争对手。当供应商规模越来越大时，也会出现工作官僚化的现象。一种经常使用的方法是与供应商探讨如何解决假设存在的问题，例如，如何处理客户投诉、服务质量的下降以及应变能力的降低等。

7. 积极理顺沟通渠道

导致外包合作关系失败的首要原因是计划错误，其次原因是沟通不畅，沟通的重要性仅次于计划，供需双方在日常合作过程中出现的问题大多与沟通不畅有关。供应商是顾客关系中最重要的环节之一，与供应商沟通应该被包括在企业整个业务链中。建立正确的沟通机制，双方应就矛盾产生的根源达成一种共识，即矛盾和冲突是业务本身产生的，而非工作人员主观原因导致，当问题出现时，双方应理性对待，不要过于冲动，给对方考虑和回复的时间。同时在履行合约的过程中，花费一定的时间和精力相互沟通了解，探讨合约本身存在的问题以及合约以外的问题对维持双方的合作关系是很重要的，这一点常常容易被忽视。

企业物流外包典型案例——红牛饮料公司

2003 年，与宝供合作了 5 年的红牛饮料公司（以下简称“红牛”）遇到了新问题。当时，红牛虽然了解全国的销售情况，却对库存和市场终端的随时反应缺乏了解。于是红牛以宝供为第三方物流供应商，将全国 29 个区域和仓库的全部物流业务全部外包给了宝供。宝供在仓储和物流基础上，为红牛量身定做了针对物流业务的订单管理系统，把红牛的订单流程整合，并负责红牛的所有物流环节。红牛工厂出货后，由宝供负责将货送到全国 29 个区域，仓库由宝供管理，根据红牛指令配送。目前宝供还在进一步整合供应商环节和宝供 ERP（企业资源计划），以期进一步提高系统效能。通过宝供定做的红牛物流系统与宝供自身系统的对接，红牛可以随时掌握各区域终端卖场对产品的反应。从而为企业的生产决策提供强有力的支持，有效地降低了库存成本，大大提升了红牛的市场反应速度和竞争力。

物流外包作为一个提高物资流通速度、节省物流费用和减少在途资金积压的有效手段，确实能够给供需双方带来较多的收益。尽管供需双方均有信心和诚意，但在实践的过程中，物流外包又举步维艰，常常出现中断，甚至失败。如红牛的物流外包以工厂为界限，产品从工厂的成品库出来后一直到终端都由第三方负责并操作。其实，红牛的成品库也可以交由第三方物流管理，因为在产品的各种检测比如微生物检测合格后，生产过程就结束了，之后进入物流过程。但红牛没有选择第三方物流管理成品库。据解释，原因在于成品库和工厂的生产车间连接太紧密，交由第三方物流管理可能会引起管理上的一些混乱，比如要复检的时候。而且在成品库里涉及一些和生产相关的管理时，第三方物流的人员无论如何也没有红牛自己的技术人员和管理人员更熟悉。因此，红牛将第三方物流的范围划定为出工厂成品库以后。这之后，无论遇到什么情况，都是第三方物流的责任。

三、“自营＋外包”战略

“自营＋外包”战略是指结合物流作业外包的规模优势与物流系统自营的管理价值，将部分非核心的物流作业功能外包而整个物流系统企业自我营运的“作业功能外包＋系统管理自营”的组合物流战略，也应该是今后企业物流发展的主要战略模式。安利（中国）公司“自营＋外包”的物流管理组合战略给我们提供了一个成功的范例。安利（中国）的储运成本仅占全部经营成本的4.6%，其具体策略有非核心环节外包、仓库半租半建、核心环节重点投入。

（一）非核心环节外包

安利的“店铺＋推销员”的销售方式，对物流储运有非常高的要求。安利物流储运系统的主要功能是将安利工厂生产的产品及向其他供应商采购的印刷品、辅销产品等先转运到位于广州的储运中心，然后再通过不同的运输方式运抵各地的区域仓库（主要包括沈阳、北京及上海外仓）暂时储存，再根据需求转运至设在各省市的店铺，通过家居送货或店铺等销售渠道推向市场。与其他公司所不同的是，安利储运部同时还兼管着全国近百家店铺的营运、家居送货及电话订货等服务。所以，物流系统的完善与效率，在很大程度上影响着整个市场的有效运作。

但是，由于目前国内的物流资讯极为短缺，他们很难获得物流企业的详细信息，如从业公司的数量、资质和信用等，而国内的第三方物流供应商在专业化方面也有所欠缺，很难达到企业的要求。在这样的状况下，安利采用了适应中国国情的“安利团队＋第三方物流供应商”的全方位运作模式。核心业务如库存控制等由安利统筹管理，实施信息资源最大范围的共享，使企业价值链发挥最大的效益。而非核心环节，则通过外包形式完成。如以广州为中心的珠三角地区主要由安利的车队运输，其他绝大部分区域的货物运输都是由第三方物流公司来承担。另外，全国几乎所有的仓库均为外租第三方物流公司的仓库，而核心业务，如库存设计、调配指令及储运中心的主体设施与运作则主要由安利本身的团队统筹管理。目前已有多家大型第三方物流公司承担安利公司大部分的配送业务。安利会派人员定期监督和进行市场调查，以评估服务供货商是否提供具有竞争力的价格，并符合安利要求的服务标准。这样，既能整合第三方物流的资源优势，与其建立坚固的合作伙伴关系，同时又通过对企业供应链的核心环节——管理系统、设施和团队的掌控，确保安利的自身优势。

（二）仓库半租半建

从安利的物流运作模式来看，至少有两个方面是值得国内企业借鉴的。首先，是投资决策的实用主义。在美国，安利仓库的自动化程度相当高，而在中国，很多现代化的物流设备并没有被采用，因为美国土地和人工成本非常高，而中国这方面的成本比较低。两相权衡，安利弃高就低。安利物流管理层的考虑是：如果安利（中国）的销售上去了，有了需要，他们才考虑引进自动化仓库。安利新物流中心也很好地反映出安利的“实用”哲学。新物流中心占地面积达 40000 平方米，是原来仓库的 4 倍，而建筑面积达 16000 平方米。这样大的物流中心如果全部自建，仅土地和库房等基础设施方面的投资就需要数千万元。安利采取和另一物业发展商合作的模式，合作方提供土地和库房，安利租用仓库并负责内部的设施投入。只用了 1 年时间，投入 1500 万元，安利就拥有了一个面积充足、设备先进的新物流中心。而国内不少企业，在建自己的物流中心时将主要精力都放在了基建上，不仅占用了企业大量的周转资金，而且费时费力，效果并不见得很好。

（三）核心环节重点投入

安利在核心环节进行了大手笔投入。安利单在信息管理系统上就投资了 9000 多万元，其中主要的部分就是用于物流、库存管理的 AS400 系统，它使公司的物流配送运作效率得到了很大提升，同时大大地降低了各种成本。安利先进的计算机系统将全球各个分公司的存货数据联系在一起，各分公司与美国总部直接联机，详细储存每项产品的生产日期、销售数量、库存状态、有效日期、存放位置、销售价值、成本等数据。有关数据通过数据专线与各批发中心直接联机，使总部及仓库能及时了解各地区、各地店铺的销售和存货状况，并按各店铺的实际情况及时安排补货。在仓库库存不足时，公司的库存及生产系统亦会实时安排生产，并制订补给计划，以避免个别产品出现断货的情况。

安利（中国）公司成功运用物流“自营＋外包”的组合管理战略，即采用了适应中国国情的“安利团队＋第三方物流供应商”的全方位运作方式，使物流成本节约卓有成效，凸显了现代企业物流管理的非凡价值，也为众多中国企业提供了宝贵的借鉴经验。

第三节　物流企业的物流战略

随着市场竞争的加剧，面对强大的竞争对手，物流企业纷纷在降低物流成本、提高物流服务水平上下功夫。具体战略包括以较低的交付成本、更好的物流服务在国内、国际市场中赢得竞争优势，突出自身的核心业务；以物流信息平台为基础提供高附加值和个性化的服务，加快引进和培养高素质的物流专业人才。物流企业运用这些战略力求在日趋激烈的竞争中占有一席之地，也可以看出物流战略越来越成为物流企业总体战略中不可分割的组成部分。

一、物流企业及其分类

按照《物流企业分类与评估指标》（GB/T 19680—2005）的定义，物流企业是指至少从事运输（含运输代理、货物快递）或仓储一种经营业务，并能够按照客户物流需求对运输、储存、装卸、包装、流通加工、配送等基本功能进行组织和管理，具有与自身业务相适应的信息管理系统，实行独立核算、独立承担民事责任的经济组织。该指标将物流企业划分为三种类型。

(一) 运输型物流企业

运输型物流企业应同时符合以下要求。

(1) 以从事货物运输业务为主，包括货物快递服务或运输代理服务，且具备一定规模。

(2) 可以提供门到门运输、门到站运输、站到门运输、站到站运输服务和其他物流服务。

(3) 企业自有一定数量的运输设备。

(4) 具备网络化信息服务功能，应用信息系统可对运输货场进行状态查询、监控。

(二) 仓储型物流企业

仓储型物流企业应同时符合以下要求。

(1) 以从事仓储业务为主，为客户提供货物储存、保管、中转等仓储服务，具备一定规模。

(2) 企业能为客户提供配送服务以及商品经销、流通加工等其他服务。

(3) 企业自有一定规模的仓储设施、设备，自有或租用必要的货运车辆。

(4) 具备网络化信息服务功能，应用信息系统可对货物进行状态查询、监控。

(三) 综合服务型物流企业

综合服务型物流企业应同时符合以下要求。

(1) 从事多种物流服务业务，可以为客户提供运输、货运代理、仓储、配送等多种物流服务，且具备一定规模。

(2) 根据客户的需求，为客户制订整合物流资源的运作方案，为客户提供契约性的综合物流服务。

（3）按照业务要求，企业自有或租用必要的运输设备、仓储设施及设备。

（4）企业具有一定运营范围的货物集散、分拨网络。

（5）企业配置专门的机构和人员，建立完备的客户服务体系，能及时、有效地提供客户服务。

（6）具备网络化信息服务功能，应用信息系统可对物流服务全过程进行状态查询和监控。

二、物流战略选择

（一）技术领先战略

科学技术是第一生产力。在技术上取得领先地位，可以使物流企业取得超越竞争对手的竞争优势，我国的宝供物流在信息技术上的领先即为典型例子。从国外看，日本的第三方物流配送企业都十分注重研究探索物流的新技术、新方法，以不断提高物流服务质量，降低物流成本，增强在市场上的竞争力。在日本物流企业中使用的可拆卸式货架、移动式商品条码扫描设备等都是非常方便实用的物流工具，物流企业中的商品条码和计算机管理系统应用非常普遍，实现了商品入库、验收、分拣、出库等物流作业全过程的计算机管理与控制，既提高了效率，又加强了管理。应该说，第三方物流的发展是建立在物流运营的低成本和高效率的基础上的，先进实用的物流技术不仅可拓展物流企业的盈利空间，也使得第三方物流在物流竞争中具有更多的优势，从而促进第三方物流业的整体发展。

目前，一个具有巨大潜力的技术就是网上营销技术，但是网上营销必须拥有完善的库存和送货管理系统，这些系统便是电子物流管理。企业还可以通过电子数据系统（EDI）系统，直接连接客户的数据系统及仓库管理系统，让管理层能在网上及时监管及规划存货的流转及补充。因此，网上物流管理系统不仅可降低成本，更重要的是让管理层能有效率地管理其供应链资料，可以及时了解掌握最新信息。通过计算机条码扫描、EDI系统、桌上计算机货物追踪、仓库管理系统以及互联网等物流管理工具，充分掌握货物在供应链上的流转状况。电子商务的发展是未来的发展趋势，而电子商务发展的关键就在于物流。第三方物流发展电子商务有自己得天独厚的优势：第三方物流企业的物流设施力量雄厚，有一定的管理人才和管理经验，有遍布全国的物流渠道和物流网络，适应性强，能根据客观的经济需要提高物流技术含量，完成各项物流任务。电子商务集信息流、商流、资金流、物流四流于一身，第三方物流也一样。因此，第三方物流完全有能力向更广阔的领域延伸，自行组建电子商务网站，突破时间、空间、地域的限制，向供应商采购商品，向用户销售商品和配送商品实行营业性交易。

（二）物流联盟

物流联盟是一种合作战略，是以第三方物流机构为核心，众多的企业签订契约形成相互信任、共担风险、共享收益的集约化物流伙伴关系。这些企业同处商业行业，水平一体化物流管理可使同一行业中多个企业在物流方面合作，使分散物流获得规模经济和物流效率。从企业经济效益来看，由于通过物流战略联盟使众多企业集约化运作，降低了企业物流成本。从社会效益来看，由于采用第三方物流机构作为盟主，统筹规划、统一实施，减少了社会物流过程的重复劳动。当然，不同商品的物流过程不仅在空间上是矛盾的，可能在时间上也是有差异的。企业可以通过第三方物流机构的集约化处理解决这些矛盾和差异。而且，联盟成员共担风险，降低了风险与不确定性，还可以从第三方物流机构得到过剩的物流能力与较强的物流管理能力。

物流企业联盟指两个或多个物流企业为了实现资源共享、开拓新市场等特定战略目标而签订的长期互利的协议，联盟企业分享约定的资源和能力。物流服务由于运作的复杂性，加之一个企业的物流资源毕竟是有限的，某一单一的物流服务提供商往往难以满足物流服务的全球化与综合化发展需要，难以实现物流运作整体的有效控制与管理，难以实现物流全过程的价值和经营行为的最优化，难以实现低成本、高质量的物流服务，也无法给客户带来较高的满意度。通过与相关物流企业间战略结盟，可以使物流企业在未进行大规模的资本投资的情况下，利用伙伴企业的物流服务资源，增加物流服务品种，扩大物流服务的地理覆盖面，为客户提供集海运、河运、公路运输、铁路运输于一体、货架到货架的“一站式”服务，实现一个系统一张单负责到底，提升市场份额和竞争能力，进而从联合营销和销售活动中获益，目前，这已成为许多具有一定实力的物流企业的发展战略。

(三) 一体化战略

所谓物流一体化就是以物流系统为核心的，包括生产企业、物流企业、销售企业和消费者的供应链的整体化和系统化，它是物流业发展的高级和成熟的阶段。物流一体化是物流产业化的发展形势，它必须以第三方物流充分发育和完善为基础。物流一体化需要有专业化物流管理人员和技术人员，充分利用专业化物流设备、设施，发挥专业化物流运作的管理经验，以求取得整体最佳的效果。同时，物流一体化的发展趋势也为第三方物流的发展提供了良好的发展环境和巨大的市场需求。任何一个企业只有与别的企业结成供应链才有可能取得竞争的主动权。在激烈的市场竞争中，企业必须将物流活动纳入系统化的统一管理，一体化物流既能提高顾客服务水平，又能降低物流总成本，进而提高企业市场竞争力。企业内部实现不了一体化，就谈不上与供应链上下游企业之间合作形成一体化供应链。但是并不是每个企业都成立物流服务部或物流子公司，只有那些物流活动具有相当规模的企业，才有必要成立物流服务部或物流子公司。

(四) 国际化战略

在经济全球化的推动下，中国的物流市场正迅速成长，中国的物流企业参与国际市场竞争与合作的步伐也日益加快。尤其自从中国加入 WTO 以来，WTO 在为第三方物流企业提供机会的同时也带来了新的威胁。

第三方物流跨国企业在资本、管理和市场等方面都有强大优势，随着它们逐步进入中国市场，中国本土第三方物流企业面临极大的竞争压力。如果中国的物流企业不能走到国际市场上去，最终就将被市场无情淘汰。国际化背景下中国物流企业的发展目标有以下两个。

（1）结合中国企业的国际化战略，延伸中国物流企业的国际化服务，中国的物流企业通过全面提升企业的核心服务能力，实现提供供应链管理和控制功能的综合物流服务。

（2）立足中国，满足本土企业基本常规物流项目的物流需求。利用本土物流业务，搭建完善的全国物流服务网络，为有效支撑物流企业的国际化经营奠定坚实的基础。

（五）并购重组战略

物流行业的并购环境已经形成，并有效推动物流企业，特别是第三方物流企业的并购。但企业自身对获取战略资源、拓展业务能力等内部需求，是直接推动并购发生的主要因素。企业自身的并购动因，也可以理解为并购的内部环境。

1. 获取战略机会

并购者的战略动因是要购买未来的发展机会。当一个企业决定扩大在某一特定行业的经营时，并购行业中的现有企业是首选战略。原因在于：一是直接获得正在经营的发展研究部门，获得时间优势；二是减少一个竞争者，并直接获得其在行业中的位置。

2. 进军多种运输业务并拓展服务能力

纵观世界物流十强企业，都是能提供运输方面的多项服务，并且在物流相关的一些行业或者新领域里联合或兼并，借以巩固或者占领新的市场，从而达到增加利润、赢得客户的目的。

3. 加大网络布局

现代物流的发展、物流效率的提高，最重要的条件是建设结构合理、布局优化、功能配套、运作高效的现代物流网络体系。同时，在物流企业的兼并重组中，经营网络又往往被视为最有效的优势资源。这就是物流行业的特殊性所决定的企业必须网络化、国际化，而要通过一个企业自身的实力来进行全面网络布局是有一定难度的，并且会投入比较大。因此，通过兼并收购来加快网络布局是现在物流企业的首选。物流企业通过兼并收购其他物流企业，同时也占有了其网络布局，一方面节省了企业布局的时间；另一方面节省了开支，并且可以根据以往的布局、节点进行改进、提高。

4. 管理规模经济

并购带给企业最明显的益处是规模经济效益的取得，常称为“1+1>2”的效应。物流企业的并购，不仅是一个单纯企业的合并以及规模的扩大，还是一个具有“1+1>2”的经济效应过程。一般企业的规模经济是由生产规模经济和管理规模经济两个层次组成的，而物流企业则主要是通过有效的管理，实行的是管理规模经济，管理规模经济主要表现在：由于管理费用可以在更大范围内分摊，使单位产品的管理费用大大减少。可以集中人力、物力和财力致力于新技术、新信息资源的开发和利用。比如，一个物流企业的仓库大，有闲置的地方；另一个企业因为仓库小，没有地方存放货物，正准备建造一个仓库。在这两个企业并购之后，双方的问题都得到了解决，避免了资源的重复建设，资源互补优势得以发挥，节省了管理费用。

5. 整合业务流程并实现资源优化配置

目前比较大的物流公司都拥有“一流三网”，即订单信息流、全球供应链资源网络、全球用户资源网络和计算机信息网络。这些信息资源的利用可以使仓储利用率提高 2 倍以上。并购后的物流企业，这些基础资源得到了跨领域或跨地域的扩展，使企业有提供跨边界物流服务的能力；软件资源得到了完善，人力资源配置得到了优化，使企业有开发新的物流单元和技术的能力；企业规模扩大，资金实力增强，使企业有增大技术投资的能力。

三、物流企业四种典型的经营战略

(一) 先驱型企业的战略——整合型物流

整合型物流的优点是能实现一站托运。货主企业随着活动的不断扩大，其发货、进货范围也将逐渐延伸到全国或海外市场。在这种情况下，运输形式不仅涉及公路，而且还须综合利用铁路、航空、海运等各种运输形式。整合型物流企业对应于货主复杂多样的物流需求从事一元化的物流服务。

如果整合型物流企业能实现物流服务供给中经营资源的共有化，那么这些企业就能在效益方面产生乘数效应。例如，通过建成集商品周转、流通加工、保管机能为一体的整合型物流设施或实现输送、保管等物流机能的单一化管理，就能最大限度地降低综合物流业者的服务成本。但是，企业组织的巨大化也会带来间接成本增加、费用提高等风险。

我国也有少数巨大的整合型物流企业，以现中远海运集团的组成部分前中远集团为例，“八五”期间中远集团利润额比“七五”期间增长了 21 亿元人民币，增长幅度达到了 91.75%。远洋船队是中远集团的支柱产业，船队的稳定发展是中远集团繁荣稳定的基础。经过“八五”期间不断充实调整，船队结构渐趋合理，航线及运力也更加适应市场的需求，目前中远船队已经形成了一支现代化、多功能、种类齐全、能够满足货主任何需求，航线覆盖全球，年运量超过亿吨的远洋运输力量。1999 年上半年又完成海运量 6428.7 万吨，比 1998 年同期增长 14%。根据“下海、登陆、上天”的总体战略目标，中远集团“八五”期间积极拓展陆上产业，已拥有交通运输及设备制造、物资供销、仓储、金融、保险、劳务输出、饭店、咨询服务、通信设备制造、商业、公共饮食、房地产管理等 21 大类的业种，从业人员近 8000 人。此外，岸上产业 1993 年创利占集团总利润的 24%，

1994 年为总利润的 39%，1995 年超过总利润的 40%，逐渐成为中远集团继远洋船队之后的又一支柱性产业。

在国际航运市场低迷的不利形势下，中远集团于 1999 年 5 月开辟了中、日两国间绿色快航，只需 48 小时就可以将上海、青岛、连云港的鲜活食品、蔬菜运抵日本超级市场的货架上。中远在这条航线上投入了 3 艘快速、敏捷的新船，新船每艘可装运 564 个标准集装箱、备有 222 个冷箱插座，航速达每小时 17.5 海里。绿色快航开通后，被日本媒体评价为“强有力地支持了日中鲜货贸易”，并称为中远高质量的快速服务为“高品质战略性商品”，这些都是中远集团成为巨大型物流业者的强大武器。

（二）机能结合型企业的战略——系统化物流

机能结合型企业经营战略的特点是以对象货物为核心，导入系统化的物流，通过推进货物分拣、货物追踪系统提供高效、迅速的输送服务。同时，从集货到配送等物流活动全部由企业自身承担，实现高度的机能结合，但是，由于一般货物运输无法适应这种由特定货物为对象构筑的系统，因此，物流服务的范围受到限制。

从经营战略上来看，对于市场需求的变化采取特定市场集中经营战略十分有效。正因为如此，在机能结合型物流企业中，进一步限定目标顾客层的企业为数不少，即通过再细分市场和突出物流服务的特色来追求企业的效益。与进一步细分市场的战略相反，还有一部分企业采取从集中市场的战略转向多角化战略，其目的是分散对特定市场依存的风险，在特定市场成熟以后再寻求新的市场。从目前实战发展的情况来看，大多数实施多角化战略的企业都是通过合理利用现有的经营资源和发挥各相关业务的优势来开展多种经营的。

无论是细分化战略还是多角化战略，对于机能结合型企业来讲，机能的内涵和服务质量是这类企业共同的基础和核心。机能的弱化和陈旧将直接动摇企业在特定物流市场上的地位，所以，不断提高机能的结合度、发展机能深度和广度是企业发展的根本战略。

以我国拓展航空货运市场为目标的中国国际航空公司的经营战略和绩效来看，中国国际航空公司的货运业务经过 40 多年的发展，在运力、经营水平和服务质量各方面均有很大程度的提高。近年来，随着先进机型的不断引进，在近 90%的国际航线上均使用波音 747、767、A340 宽体飞机和 3 架波音 747 全货机，具备了运输大宗货物的能力，能向 28 个国家和地区的 36 个城市提供直达服务，已形成了以北京为中心的国际货运网络。国航货运使用世界上最先进的 SITA 计算机货运管理，该系统具有货运舱位管理、进出港货物处理、货物跟踪查询等功能。目前，国航在货运方面的投入，无论是机型，还是运输能力在全国民航业中均列第一位，现在国航飞往美国的货运航班已达 5 个。根据中、美 1999 年 4 月 8 日签署的新一轮《中、美民用航空运输协定》，往返于两国的客货机班次将在 2 年内增加 1 倍，由目前的每周 27 班增加至 54 班，这样，今后还会增加中、美间的货机班次。除德国法兰克福每周飞 2 班货机外，还联合经营汉莎新投入每周 2 班至上海的 B—747 货机，并于 1999 年 6 月在香港航线开拓 2 班 B—747 全货机。近几年来，国航越来越重视货运，货运的比例逐年上升。目前，货运比例已占国航总营运收入的20%。这个比例在世界客货混合型航空公司中是比较高的，在国内航空公司中是最高的。

(三) 运送代理企业的战略——柔性物流

与机能结合型企业相对的是运输代理企业。这类企业以综合利用铁路、航空、船舶运输等各种手段，开展货物混载代理业务。代理企业的最大优点是企业经营具有灵活性，物流企业可以根据货主企业的需求提供最适合的物流服务。

目前常见的是为了保证货主企业物流的效率化而设立的物流子公司，这类子公司虽然有的也用货车、仓库等物流设施，但大多数都是租用货车业者和仓库业者的设施来提供物流服务的。

从发达国家的情况来看，货主企业集中于本业，将不属于本企业业主的物流部分分离出去，进而利用外部物流公司从事物流活动的情况逐渐在增加。针对这种情况，在欧美出现了用契约形式明确货主物流效率的目标，进而全面承担货主物流的第三方物流业者。

第三方物流业者中既有自己拥有货车、仓库等资产的企业，也有自己不拥有任何物流设施，而采取租赁经营的企业。这两种类型的企业物流服务范围都很广，前者逐渐向技能结合型企业发展，而后者则成为纯粹的货主物流代理业者。

运送代理型企业的经营战略主要是向无资产的第三方物流业者发展。由于企业实质上并不拥有整合的物流机能，因而可以灵活、彻底地提高物流效率。但是，也正因为无资产而可能产生物流服务不稳定，所以企业应该建立并加强有效的输送机能管理体系，这其中的核心是信息系统的完善以及树立良好、柔性的企业间关系。

(四) 缝隙型企业的战略——差别化、低成本物流

在经营资源数量和质量方面都受限制的中小企业，必须发挥在特定机能或特定物流服务方面的优势，在战略上实现物流服务的差别化，降低经营成本。

在从事单一物流服务的情况下，实现服务差别化比较困难，以运输服务为例，只要在货车、车库等设施达到一定水准的条件下，任何企业都能够参与，因此，这种无差别物流服务的企业只有不断降低物流费用，实行低价格竞争才能够生存、发展。通常的措施除了加强企业内管理外，还可以根据运输周期或货物特性实行弹性价格政策。例如，对繁忙期以外货物运输或对用机械装卸的货物运输费用可以打折或给予优惠。

尽管缝隙型企业较难实现差别化，但是也存在通过集中给特定顾客层提供附加服务，进而成功地实现差别化的事例。目前这方面比较突出的物流服务主要有搬家综合服务、代收商品服务、仓储租赁服务以及摩托车急送服务等形式。例如，搬家综合服务除了从事专业的搬家物流服务外，还替顾客办理清扫、整理、杀虫、处理垃圾等事务；在代收商品服务中，物流业者通过代行繁杂的代收商品、样品等业务，然后用货车进行配送，增加物流服务的附加价值；仓储租赁服务是刚兴起不久的新兴物流形式，它通过出租仓储，安全保管顾客存放的任何货物（大宗商品、书籍、字画、金钱等高价商品或贵重物）来突出物流

服务的差别化。近年来，在我国大都市出现的小型保险柜租赁业务就是这种物流服务的具体表现形式之一。

此外，在差别化物流服务中，高效的商品多频度、少量共同配送也非常引人注目，它已成为企业物流差别化的有力武器，获得了广泛推广。

思考题

一、名词解释

1. 自营物流
2. 外包
3. 仓储型物流企业
4. 技术领先战略
5. 并购重组战略

二、单项选择题

1. 企业物流战略是企业在一定的内外环境条件下服务于企业的长期发展，为获得相应的企业资源（人、财、物、信息），并实现企业资源在本领域内的配置，所制定的具有一定（　　）的纲领和经营举措。

A. 职能活动　　B. 功能活动　　C. 战略意义　　D. 特殊功能

2. 自营物流不包括（　　）。

A. 传统自营物流　　B. 供应链管理自营物流

C. 自主物流　　D. 第三方物流自营物流

3. （　　）是指产品由生产方到销售方的环节不是由生产方自身的物流部门来完成，而是通过一个或几个其他的物流企业来完成而产生的物流活动。

A. 第四方物流　　B. 外包　　C. 第三方物流　　D. 自营物流

4. （　　）以第三方物流机构为核心，众多的企业签订契约形成相互信任、共担风险、共享收益的集约化物流伙伴关系。

A. 技术领先战略　　B. 物流联盟　　C. 一体化战略　　D. 并购重组战略

三、多项选择题

1. 企业物流战略涉及的内容有（　　）。

A. 设施选址　　B. 交通管理　　C. 客户服务　　D. 系统管理

2. 企业物流战略的目标包括（　　）。

A. 增加利润　　B. 降低运作成本　　C. 减少资本投入　　D. 改进服务质量

3. 我国制造企业的物流模式包括（　　）。

A. 自主物流　　B. 自营物流　　C. 外包　　D. 自主＋外包模式

4. 安利（中国）公司“自营＋外包”的物流管理组合模式的具体策略有（　　）。

A. 非核心环节通过外包完成　　B. 仓库半租半建

C. 核心环节小规模投入　　D. 核心环节自身大手笔投入

5. 物流企业的类型包括（　　）。

A. 综合服务型　　B. 供应链型　　C. 运输型　　D. 仓储型

四、简述题

1. 简述企业物流战略的目标。

2. 制造企业外包时需注意哪些问题？

3. 简述商贸企业物流发展战略的实施措施。

五、论述题

你认为企业如何选择适合自己的物流战略？

六、案例分析

案例分析 1

一汽大连柴油机厂的物流外包

面对日趋激烈的市场竞争，企业只有不断增强核心竞争能力才能谋求更大的发展。一汽大连柴油机厂（以下简称“一汽大柴”）将核心能力定位在柴油机的新产品开发、设计和组装生产及市场开拓上。为了更专注于核心业务的发展，将物流外包已是当务之急。

在选用大连盛川物流有限公司物流中心前，一汽大柴需要占用大量资金存放生产所需的配件。在将这部分业务外包后，简化了产前准备，加快了生产速度，使一汽大柴整体竞争力大幅提高。

据了解，大连盛川物流有限公司（以下简称“盛川物流”）主要经营仓储、运输、货运代理。是一个为国有大中型企业、合资企业、独资企业的产前、产后提供现代化、专业化服务的第三方物流企业。该公司车队全部采用封闭式、厢式货车，运输分布网点遍布全国各地，近则东三省，远则广州、厦门、新疆及乌鲁木齐等。

作为一汽大柴的第三方物流企业，盛川物流不仅为其带来降低作业成本、改进服务水平、集中核心业务、减少呆滞资产等多种益处，而且为其提供过去传统的储运公司根本不可能提供的订单处理、需求预测、存货管理等多方面的服务内容，同时还为一汽大柴的一百多家供应商提供个性化的物流服务。

在管理上，盛川物流对库存物品的入库、出库、移动和盘点等操作进行全面的控制和管理，从级别、类型、批次、单件等不同角度来管理库存物品的数量、库存成本和资金占用情况。管理者可及时了解和控制库存业务各方面的准确情况和数据，并对各种数据进行统计、生成各类报表，为决策者提供依据。在信息服务上，公司还可提供以下三方面服务。一是网上信息服务，可在线下达指令、网上货物库存状态查询、客户意见反馈、企业之间的交流等；二是库存查询，可对仓库中数据的汇总及动态进行分析，包括库存周转率信息、出入库存量信息、安全库存信息、最大库存量信息及库存成本信息；三是库房信息服务，使多样化的静态和动态库存管理与科学化的库存管理手段融为一体，包括库位分配、库区调度、货物管理、出入库明细账及库存盘点等。可以说，盛川物流起到了将供货方与需求方联系到一起的一个桥梁作用，及时反映双方的供需要求，缓解供需矛盾，减少不良资产的产生，并充分利用网络优势，真正实现信息共享。

对一汽大柴而言，首先，一汽大柴把储备风险库存挪到第三方物流来做，减少了企业在库房、机械设备、人力、运力方面的再投资，避免了国有大中型企业的小而全、大而全的作风，把除生产以外的企业附属工作委托第三方物流去做，有效利用企业资金，加快企业资金周转速度，减少企业不必要的投资。因而，物流中心真正成为一汽大柴的第三利润源。其次，盛川物流中心保证了企业风险库存储备。目前，盛川物流存放的零配件不属于一汽大柴所有，但需要一汽大柴向供应商发出订单，才能送到物流中心；一汽大柴向物流中心发出要料计划，物流中心才能把一汽大柴所需配件送到厂内，这也是一汽大柴所谓虚拟仓库的概念。存放在虚拟仓库的配件，原来都占用着一汽大柴的资金，现在所有的配件在物流仓库里，都是供应商自己的，占用的也是供应商的资金，以备一汽大柴生产储备风险库存，物流中心的仓储费用也由供应商负担。

对供货商而言，一方面，盛川物流为供货方制定科学的库存风险储备量，使库内货物总在风险储备的上、下限之间，既不会影响一汽大柴生产，也不会使库存过剩。另一方面，盛川物流也为供货方提供及时的库存查询，如供货方所有配件的当日、当月以及一年的出入库明细、出入库合计和货物周转率等。此外，还为供货方提供物流中心到一汽大柴厂内的短途配送服务，把配件拆包、上工位器具直送一汽大柴生产一线。为一百多家客户实施长途运输，及时把配套厂家的货物运达物流中心库房，为供货方降低了运输成本。

讨论题

1. 一汽大柴为何要将物流外包？
2. 外包后给企业本身带来了哪些好处？

案例分析 2

海尔的自营物流

现代物流在中国有一点尴尬：说物流的都已经差不多要把物流这个名词说俗了，而物流在中国却离“现代”这个限定词的含义相差很远。现代物流在海尔却取得了意想不到的成功：在全面引入现代物流的观念和做法以后，海尔已经被业内称为“中国物流管理觉醒第一人”。

当现代物流在中国碰上全面的体制冲突时，海尔却用自己企业的边界营造出了一片现代物流的蓬勃园地，并绕开了中国的体制困扰，在海外和方兴未艾的第三方物流接上了口，可以说是中国企业中第一个完成现代物流对一个制造业企业全面改造的企业，使自己不但加速向国际性的企业集团演进，而且正逐渐朝可以得到更丰厚的第三种利润的服务性企业靠拢……

有许多搞物流研究的专家告诉我，海尔的案例并不说明许多问题，它也不能给现代物流在中国遇上的体制碰撞提供什么解决思路，因为它充其量不过是一个企业内部自营物流做得很好的典范而已。但当我详细研究了海尔的案例以后却得出了并不完全相同的看法，如果中国的体制一如海尔在引进现代物流那样有壮士断腕的决心进行脱胎换骨的流程再造的话，那么中国经济也许会因为现代物流所提供的升级动力而提升到一个全新的“可持续发展”的高度和阶段。

在海尔物流阔步前行了两年多后，仍然使人感到海尔人对其战略起点的回答颇具深意。所谓站得多高，决定最终能看到多远，海尔实施物流重组，从一开始就突破了单纯降低成本的概念，将其定位在了适应新经济时代需要增强企业竞争力的战略高度上。

“一个现代企业，如果没有现代的物流，就意味着最终会无物可流。”海尔集团董事局主席兼首席执行官张瑞敏将发展现代物流与企业的生死存亡联系在了一起。

传统企业一般是按计划进行采购、制造等活动，由于不重视订单的概念，导致大量的采购其实是没有订单的采购，采购回来的这些物料到底给谁也不知道，只能作为库存；同样，大量的制造业也是没有订单的制造，天天非常忙，却等于是在忙着增加库存；最后的销售，因为不知道卖给谁，说到底也无异于处理库存，削价便成了唯一的出路。在竞争激烈的中国家电市场，越来越多的企业就这样被无奈地拖进了一轮一轮没完没了的价格战。但是海尔没有去玩这种以亏损、停产为结局的“危险游戏”，而是另辟蹊径、消灭库存，使订单真正成为驱使企业采购、制造、销售运作的动力，让采购回来的每一个零部件和生产线上的每一件产品都是有主的。现代物流作为实现为订单而采购最重要的支持系统，浮上了海尔的战略层次。

在海尔人眼里，海尔要做的物流是一个从源头做起、包括了供应链过程的物流。

为了打造海尔供应链的高效率，海尔人以卓越的胆识开始了极其艰巨的流程再造。

世界上的企业搞流程再造的，真正成功的只有20%，提出这一管理方法的哈默博士称其为企业的一场“革命”。在海尔经历了两年多实践流程再造的张瑞敏对此感触很深，“做物流必须搞业务流程再造。对企业来说，它虽然非常必要，但是非常非常痛苦和艰巨。”

1999年，海尔集团一改原来那种对上级负责任的职能管理为对市场负责任的流程管理，组织结构也由金字塔式改革为扁平化，并成立了商流、物流、资金流、信息流推进本部。物流下设采购、配送、储运三个事业部负责，将分散在各产品部门的物流业务集中起来，实行全球化统一采购、配送和储运。整合企业内部资源每年为海尔节约资金上亿元，使海尔物流的规模化优势得到了极大发挥，然而，海尔物流的脚步并不会囿于企业内部。在整合内部资源的同时，海尔的供应商也由原来的2336家优化至978家，国际化供应商的比例上升了20%，世界500强企业中，GE、爱默生、巴斯夫等44家已成为海尔的供应商。强大的全球供应链网络，不仅有力地保障了海尔产品的质量和交货期，而且一批国际化大公司已经以其高科技和新技术参与到海尔产品的前端设计中，目前可以参与产品开发的供应商比例已高达32.5%，他们与海尔共同面向用户，使订单增值，而海尔和分供方之间从过去简单的买卖关系，变成了今天双赢的伙伴关系。

就在青岛海尔开发区工业园，爱默生投资5000万美元的一家电机生产厂刚刚签约投建，作为海尔的分供方之一，这家工厂所生产的产品将全部供货给海尔。巨大的用户资源和企业规模赋予了海尔在国际市场上强大的吸引力，也为海尔的供应链管理提供了支持和基础。

21世纪的市场竞争将不再是企业与企业之间的竞争，而是供应链与供应链之间的竞争，谁的供应链总成本最低、反应速度最快，谁就能立于不败之地。

在中国家电行业的物流供应链上，海尔这样的龙头企业在自身变革的过程中，对于推动新技术、新标准在链条上、下游企业中的应用，改变整个链条的商业模式无疑将会产生相当的影响。值得一提的是，这一作用已经开始悄然地发挥效力。目前，海尔的采购订单100%由网上下达，网上支付已达到了总支付额的20%，网上招标竞价因为防止了暗箱操作，使价格管理透明化、准确化也得到大量应用。计算机网络应用使海尔的采购周期由原来的平均10天缩短到3天，供应链成本大大降低，同时也使得那些不能与海尔网络对接的企业永远失去了与其同行的机会。

在张瑞敏看来，20世纪80年代企业制胜的武器是品质，90年代是企业流程再造，进入2000年，新经济时代，速度又成为企业制胜的武器，而这个速度就是要最快地满足消费者的个性化需求。为提高企业的市场响应速度，海尔以订单信息流为中心，独创了全球供应商资源网络、全球用户资源网络和计算机信息网络“三网”同步运行的模式。

在海尔国际物流中心的中央控制室，海尔集团副总裁梁海山演示了一笔商用空调订单快速运作的全过程：成都百货大楼通过海尔电子商务平台下达了55台商用空调的订单，海尔的物流采购部门和生产制造部门同时接到订单信息，在计算机系统上马上显示出制造部门的缺料情况，采购部门向压缩机供应商在网上发布订单，配送则根据网上显示清单4小时内及时送料到工位。5天后，55台空调成品入库，在海尔国际物流中心，这批定制产品正在准备出库和配送。所有与订单有关系的部门和个人，在接到订单信息的一刹那，都同步而不是依次行动起来，海尔物流以最快的速度赢得了与用户、与海尔敏捷制造体系、与供应链的同步。

讨论题

1. 海尔集团是如何进行自营物流的？
2. 采用自营物流战略给海尔带来哪些好处与弊端？
3. 若海尔公司的部分物流业务采用外包战略，你认为会怎样？

第四章　物流经营战略

学习目标

- 了解物流企业的战略成本治理。
- 领会低成本战略、差异化战略、集中战略的动因。
- 定义并描述竞争战略和合作战略。
- 理解战略联盟、供应链战略和供应链战略联盟的概念和对策。
- 掌握低成本战略、差异化战略的制定和实施。

中国物流企业经过近几十年的发展，已经有了很大的进步，但是和国际先进物流水平相比，还有巨大的差距。这些差距的存在，不仅仅是由于我国物流行业起步晚、基础差等原因造成的，更多的原因是我国物流企业经营战略的不成熟和不科学。这些导致了我国物流企业发展缓慢，客户流失严重，缺乏企业竞争力。现代物流企业处在一个全球经济一体化和互联网经济时代，企业核心能力不仅来源于竞争能力，也来源于合作能力，因此，企业经营战略既要有竞争战略，也要有合作战略，只有真正懂得并践行正确的“竞合”之道的企业才能获得持续的竞争优势。

第一节　竞争战略

亚当·斯密与马歇尔等经济学家认为，竞争是经济运行的原动力；战略管理大师波特强调，竞争是企业成败的关键。竞争是市场经济的第一原则。正式竞争能够促进社会生产率的提高，带来整个社会资源的合理配置。竞争促使不同企业投入大量的人力和物力资源竞相开发和采用新的技术、生产新的产品、利用新的材料和设备，以获得市场经营中的某种成本或特点优势，占有更多的市场份额，获得更多的利润。通过竞争，不仅能改善企业的现有竞争地位，而且能激发与保持企业的经营活力与朝气。

竞争战略的使命，就是对企业竞争进行总体性的谋划与指导。由于其主体内容由企业内各经营单位制定与实施，故竞争战略又称为经营单位战略或企业战略。企业竞争战略所涉及的问题是在给定的一个业务或行业内，企业如何竞争取胜的问题，即企业在什么基础上取得竞争优势。

一、低成本战略

（一）低成本战略的含义

低成本战略是指企业通过有效途径降低成本，使企业的全部成本低于竞争对手的成本，甚至低于同行业中最低的成本，从而获得竞争优势的一种战略。实行低成本战略需要一整套具体措施：经营单位要积极建立大规模、高效率的设施；努力降低经验成本；严密控制成本开支和间接费用；追求研究开发、服务、销售、广告及其他部门的成本最小化。为达到此目的，必须在成本控制上进行大量、艰苦的管理工作。为了同竞争对手相抗衡，企业在质量、服务及其他方面的管理也不容忽视，但降低成本则是贯穿整个战略的主题。

实施低成本战略成功的关键在于，在满足顾客认为至关重要的产品特征和服务的前提下，实现相对于竞争对手的可持续性成本优势。换言之，奉行低成本战略的企业必须开发成本优势的持续性来源，能够形成防止竞争对手模仿成本优势的障碍，这种低成本优势方能持久。运用这一战略获取利润业绩的思路有两种：一是利用成本优势制定出比竞争对手更低的价格，大量吸引对价格敏感的顾客，进而提高总利润；二是不降价，满足于现有市场份额，利用成本优势提高单位利润率，进而提高总利润和总的投资回报率。低成本战略的理论基石是规模效益和经验效益，它要求企业的产品必须具有较高的市场占有率。

（二）低成本战略的制定

1. 确定价值链、分摊成本和资产

确定企业的价值链，并把经营成本和资产分配到各种价值活动中去，是进行成本分析进而制定低成本战略的起点。价值链的每种价值活动既包括经营成本，也包括以固定和流动资本形式存在的资产。另外，外购投入也是每项价值活动成本的组成部分之一，并且能增加经营成本（外购经营投入）和资产（外购资产）。

把具体的价值链分解为单独的价值活动应遵循三条原则：一是有利于反映出各价值活动的成本及其增长速度；二是有利于反映出各价值活动的成本形成机制；三是有利于反映出竞争对手在进行该项活动时的不同之处。

在确认并正确分解价值链后，可把经营成本和资产分摊到每种价值活动中去。进行经营成本分摊前，应对传统会计中的成本项目进行调整，以便使成本与价值活动相吻合，而不是与会计分类相吻合。对于外购投入和间接费用的分类更应如此。把经营成本和资产在价值链中分摊，将会使应降低成本的不良链环充分显露出来。

2. 了解和分析竞争对手的价值链

了解和分析竞争对手的价值链及其成本和资产的分摊方式，是弄清竞争对手相对成本的主要方法。分析竞争对手价值链的方法与分析自己的价值链是一样的。在实践中由于企业缺乏竞争对手的直接信息，要估计和分析竞争对手的成本通常极其困难。一般主要是通过公开的资料、数据，以及向竞争对手的客户、供应商和分销渠道成员、过去的员工等相关人员调研，来估计竞争对手某项价值活动的成本，进而判断竞争对手与本企业的相对成本地位。

3. 研究价值活动的成本形成机制

价值活动的成本形成机制取决于影响成本的一些结构性因素。迈克尔·波特将其称为成本驱动因素。正确辨识成本驱动因素，弄清主要驱动因素对成本形成的影响，企业方能制定出正确的低成本战略。

（1）辨识成本驱动因素及其相互间的关系。利用种种度量价值活动效益的不同指标，如收益、劳动时间、废品率等可以分析价值活动中成本变化的来源及其演变。另外，也可以把企业某种价值活动的成本与竞争对手该种价值活动的成本进行比较，或将竞争厂商的成本相互比较。竞争厂商如果采取不同的价值链，成本驱动因素可能互不相同。即使采取相同的价值链，通常也会处于不同的成本驱动因素的影响状态中，而相互间的比较，有益于揭示出何种驱动因素最为重要。

成本驱动因素常常在相互作用中决定一项价值活动的成本。这种相互作用或表现为相互加强或表现为相互减弱。例如，政策选择得当，能提高企业从规模经济中的收益，并加强驱动因素间的积极联系；加强学习效应能帮助企业更准确地选择和把握时机，而大规模或高层次的纵向整合常常加剧生产能力利用的不足；规模效益也会因单一地理位置装运致使运输成本上升而被抵消。成本驱动因素之间的相互作用说明企业应对它们进行优化处理。例如，企业必须在地理位置、规模经济、运输成本和工资成本等多种因素之间权衡取舍达到最优化。消除成本驱动因素间的负面影响、加强正面影响，能提高企业的相对成本地位。因而辨识成本驱动因素之间的相互作用，并将这种深刻理解转化为战略抉择能力，是获得持久成本优势的重要途径。

（2）分析外购投入成本。外购投入可分为外购生产经营投入和外购资产投入。一项价值活动的外购投入成本决定于三个因素：单位成本、外购资源在价值活动中的利用率以及通过联系对其他活动的间接影响。一般而言，外购投入的总成本占企业成本比例很大，因而将其分离出来进行专项分析常会加强对成本形成的认识。

（三）低成本战略的战略利益、风险及误区

1. 战略利益

这一战略的战略利益包括以下几方面。

（1）企业处于低成本地位上，可以抵挡现有竞争对手的对抗。即使竞争对手在竞争中不能获得利润，只能保本的情况下，企业仍能获利。

（2）处于低成本地位的企业在进行交易时握有更大的主动权，具有可以抵御购买商讨

价还价的能力。

(3) 强有力的供应商抬高企业所需资源的价格时，处于低成本地位的企业可以有更大的灵活性来解决困境。

(4) 企业已经建立起巨大的生产规模和成本优势，使想要加入该行业的竞争对手望而却步，形成进入障碍。

(5) 与替代品竞争时，低成本的企业往往比本行业中的其他企业处于更有利的地位。

2. 战略风险

这一战略的战略风险包括以下内容。

(1) 后加入者可能后来居上。行业中新进入者通过模仿、定点超越和购买更先进的生产设备，使效率更高、成本更低，从而后来居上，使企业丧失成本优势。

(2) 技术进步降低企业资源的效用。生产技术的变化和新技术的出现可能伤害企业，使企业过去的设备投资或产品学习经验变成无效用的资源，进而丧失成本优势。

(3) 失去对市场变化的敏锐洞察力。由于企业将主要注意力放在成本上，从而无暇顾及市场需求变化，最终导致企业产品价格虽低，却不为顾客欣赏并且不能满足顾客的需要，这是低成本战略的最危险方面。

(4) 外部环境的影响大。例如，通货膨胀率的上升将削弱企业的成本优势，顾客对价格敏感性降低、对特色和服务的敏感性提高，将严重危及企业经营。

3. 实施误区

实行这一战略的误区包括以下内容。

(1) 重视制造活动的成本，忽视其他活动的成本。提起成本，多数管理人员会不由自主地想到生产。然而总成本中即使不是绝大部分也是相当大一部分产生于市场营销、技术开发和基础设施等活动，而它们在成本分析中却常常被忽视。

(2) 忽视采购。一些企业为降低生产成本煞费苦心，却很少对外购性投入给予足够重视，甚至视采购为一种次要辅助职能，采购部门的注意力也仅仅集中在主要原材料的采购价格上，很少考虑外购性投入与其他价值活动成本之间的联系。其实对采购活动稍加改进就可能为企业带来重大的成本效益。

(3) 忽视间接的或规模小的活动。成本优势应是建立在对价值链上所有活动低成本基础上的整体优势。但人们往往只重视对规模大的成本活动和制造、装配类直接成本活动的审查，忽视对维修和常规性费用等间接成本活动的审查。事实上在很多企业，间接成本不仅占有较大比例，而且比其他成本增长更快。

(4) 对成本驱动因素的错误判断。不清楚或错误判断成本优势的重要驱动因素，对奉行低成本战略的企业往往是灾难性的，因为它将导致战略方向的错误。

(5) 缺少对价值活动的内在联系的协调与优化。价值活动之间影响成本的“联系”颇多，如质量保证、检查和服务之间，企业往往顾此失彼，原因在于没有认识到“联系”的重要性。例如，要求每个部门都以同样的比例降低成本，而没有认识到，有些部门适当提高成本反而可能会降低总成本，即缺少对价值活动之间联系的协调与优化。

(6) 重视对现有价值链的渐进式改善，忽略对重组价值链的探索和努力。渐进式改善固然也有效果，但重组价值链却能产生一个全新的成本平台。

(7) 过度降价导致利润率降低。只有在以下情况下企业才能获得低成本效益：降价幅度低于成本优势带来的收益幅度；单位销量的增加，足以在降低单位产品销售利润率的情况下增加总利润（如一个企业的成本优势效益是5%，就不能降价20%，否则虽然销售额提高了19%，但总利润却可能没有提高）；产品包含足够的属性吸引预期顾客购买。

(四) 物流低成本战略的实现

如果企业采用物流低成本战略并实现它，就要遵循上述低成本战略制定的规则，同时要对物流的各个要素进行控制，从而达到物流低成本的目标。在物流的这些要素中，运输、仓储和配送的成本比较重要，应首先对这三个要素的成本进行控制。

1. 运输成本控制

(1) 成本预测。

成本预测步骤：①提出一个初步目标成本；②在目前生产情况下，初步预测成本可能达到的水平，并找出与初步目标成本的差距；③对比各种降低成本方案的经济效果；④选择成本最优方案。

本量利分析：这种分析方法又叫盈亏平衡分析法，它是根据运输成本、运输周转量、盈利三者之间的关系，来分析运输周转量对企业汽车运输成本和盈利的影响程度。

采用盈亏平衡分析法进行决策分析的前提，就是必须将汽车运输成本费用按照它与运输周转量及车辆行驶里程的关系分成两类。一类是固定成本，也称期间成本，在一定时期内该类成本的支出总额与运输周转量及车辆行驶里程的增减无关，基本上保持稳定不变；另一类是变动成本，又分为两类，即车公里变动成本和吨公里变动成本。

盈亏平衡分析法的基本作用是构造本量利三者关系的数量模型，并根据数量模型求解保本点运输周转量、保本点运输收入和预测目标固定成本与目标变动成本。在单位运价、运输收入均不含增值税金额的情况下，计算公式如下。

①保本点运输周转量的计算公式如下：

$$\text{保本点运输周转量}=\frac{\text{固定成本}}{\text{单位运价}\times(1-\text{增值税率})-\text{单位变动成本}}$$

其中：

$$\text{单位变动成本}=\text{车公里变动成本}\div\text{载运系数}+\text{吨公里变动成本}$$

②保本点运输收入的计算公式如下：

$$保本点运输收入=\frac{保本点变动成本+固定成本}{1-增值税率}$$

③目标固定成本的计算公式如下：

$$目标固定成本=目标运输收入\times边际收益率-目标利润$$

其中：

$$边际收益率=\frac{运输收入\times(1-增值税率)-变动成本}{运输收入}$$

④目标变动成本的计算公式如下：

$$目标变动成本=目标运输收入\times(1-增值税率)-目标固定成本-目标利润$$

(2) 运输成本分析。

① 运输成本计划执行情况的总体检查分析。在企业的经营管理中，为及时了解与分析运输成本的升降原因，以便对其进行重点控制，就必须对运输成本计划的执行情况进行检查。检查方法是将运输成本实际情况与其计划相比较，确定计划执行结果，并进行因素分析。具体可用以下公式分析计算：

单位成本比计划降低额＝计划单位成本－实际单位成本

单位成本计划完成程度＝实际单位成本÷计划单位成本

单位成本比计划降低率＝100%－单位成本计划完成程度

②车辆运输成本各成本项目费用水平变动分析，包括以下几个方面。

固定成本中各成本项目计算如表 4－1 所示。

表 4－1　固定成本中各成本项目计算

类别	影响因素	计算公式
工资	司机的人员数量	人员数量因素变动影响额＝（计划平均人数－实际平均人数）×计划人均工资
	平均工资	平均工资因素变动影响额＝（计划人均工资－实际人均工资）×实际平均人数
职工福利费	工资总额	工资总额因素变动影响额＝（计划工资总额－实际工资总额）×计划提取率
	提取率	提取率因素变动影响额＝（计划提取率－实际提取率）×实际工资总额

车公里变动成本中各成本项目降低额的分析。车公里变动成本项目包括燃料、轮胎、修理费、折旧、行车事故损失等项目，项目降低额的计算公式如下：

$$项目降低额=项目计划成本\times\frac{实际主车总车公里}{计划主车总车公里}-项目实际成本$$

吨公里变动成本总项目降低额的分析。本项目中仅有养路费及运输管理费，企业应缴纳的养路费和运输管理费，是按照运输收入总额和规定的费率计算的。由于该项费用与周转量成正比变动，因此只有当该项目的单位费率发生变动时，才可计算分析其降低额。企业可重点分析有无多交或错交养路费的情况。

2. 仓储成本控制

(1) 存货的订购点控制。订购点控制法是以固定订购点和订购批量为基础的一种存货控制方法。它以永续盘存制为基础，当库存低于或等于订购点时就提出订货计划，并且每次订购的数量是固定的。

实施订购点控制的关键是正确确定订购批量和订购点。订购批量一般采用经济订购批量。订购点的确定则取决于对交货时间的准确计算和对保险储备量的合理确定。

(2) 存货的定期控制。定期控制法是指以固定的订购周期为基础的一种库存控制方法。它采用定期盘点，按固定的时间间隔检查库存量，并随即提出订购批量计划，订购批量根据盘点时的实际库存量和下一个进货周期的预计需要量而定。

在定期库存控制中，关键问题在于正确确定检查周期，即订购周期。检查周期的长短对订购批量和库存水平有决定性的影响。订购周期是由预先规定的进货周期和备运时间长短所决定的。

合理确定保险储备量同样是实施定期控制的重要问题。在定期库存控制中，保险储备量不仅要用以应付交货期内需要量的变动，而且要用以应付整个进货周期内需要量的变动。因此，与定量控制相比，定期控制要求有更大的保险储备量。

定期采购量标准是指每次订购的最高限额，它由订购周期（供应间隔时间）平均耗用量、交货期平均耗用量与保险储备量构成。公式如下：

定期采购量＝供应间隔时间×每日平均耗用量＋交货期时间×每日平均耗用量＋保险储备量

(3) 存货的ABC分析控制法。ABC分析控制法的基本原理是“关键的是少数，次要的是多数”，根据各项存货在全部存货中重要程度的大小，将存货分为ABC三大类：A类存货数量较少，资金占用多，应重点实行管理；B类存货为一般存货，数量较多，资金占用一般，应实行常规管理；C类存货数量繁多，资金占用少，不必花费太多精力，一般凭经验管理即可。

3. 配送成本控制

配送采用标准成本控制法，其方法和步骤如下。

(1) 标准成本的制定。物流配送标准成本的制定要充分考虑各环节的实际情况。在发挥技术部门和财务部门的职能的同时，还应尽可能吸收负责执行标准的职工参加各项标准的制定，从而使所制定的标准符合实际配送的要求。

配送各环节标准成本可按直接材料、直接人工、制造费用等项目制定，用“标准消耗量×标准价格”的公式来确定，即从数量和价格两个角度分析“量差”和“价差”。

①直接材料标准成本的制定。

配送各环节直接材料标准成本＝直接材料标准数量×直接材料标准价格

②直接人工标准成本的制定。

配送某环节直接人工标准成本＝直接人工标准数量×直接人工标准价格

③制造费用标准成本的制定。

制造费用标准成本要考虑数量成本与费用率标准两个因素。制造费用标准分为固定性制造费用标准和变动性制造费用标准。费用率标准的计算公式如下：

固定性制造费用标准分配率＝固定性制造费用预算÷标准总工时

变动性制造费用标准分配率＝变动性制造费用预算÷标准总工时

根据制造费用用量与费用率标准，制造费用标准成本公式如下：

固定性制造费用标准成本＝固定性制造费用分配率×标准工时

变动性制造费用标准成本＝变动性制造费用分配率×标准工时

(2) 标准成本差异分析。标准成本差异是实际成本与标准成本之间的差额。实际成本低于标准成本的差异为节约差异，实际成本高于标准成本的差异为超支差异。

①直接材料的成本差异分析：直接材料的标准成本差异分析为直接数量差异和直接材料价格差异。

直接材料数量差异＝（实际用量－标准数量）×标准价格

直接材料价格差异＝（实际价格－标准价格）×实际用量

出现差异后要进行差异分析，并及时采取纠偏措施，找出事故责任人，进行调整。

②直接人工差异分析：直接人工差异分析分为直接人工效率差异和直接人工工资率差异分析。

直接人工效率差异＝（实际工时－标准工时）×标准工资率

直接人工工资率差异＝（实际工资率－标准工资率）×实际工时

③制造费用差异分析：制造费用差异是指制造费用的实际发生额与标准发生额之间的差异。可分为固定性制造费用差异分析和变动性制造费用差异分析。

变动性制造费用差异分析：

变动性制造费用耗用差异＝（实际分配率－标准分配率）×实际工时

变动性制造费用效率差异＝（实际工时－标准工时）×标准分配率

固定性制造费用差异分析：

固定性制造费用效率差异＝（实际工时－标准工时）×标准分配率

固定性制造费用能力差异＝固定性制造费用预算数－（实际工时×标准工时）

固定性制造费用耗用差异＝固定性制造费用实际发生额－固定性制造费用预算数

(五) 物流企业的战略成本治理

1. 传统物流治理方式不利于成本降低

在传统的物流治理方式下，物资的采购、制造、市场营销、配送等功能分割，物流成本的计算、治理与控制分块进行，无法对成本进行权衡和控制。具体而言：一是传统的物流成本治理目标仅集中于成本本身，片面地从降低成本乃至力求避免某些费用的发生入手进行成本的治理，是一个以企业内部价值耗费为基础的成本治理系统，过分追求“物流成本最小化”，可能引发成本治理措施和企业战略选择之间的矛盾；二是传统的成本治理方式主要依靠对企业内部物流活动的分析，为治理者提供成本信息，寻求降低成本的方法和措施，很少注重外部环境的变化，对企业外部价值链研究不够，是一个较为封闭的内部决策支持系统；三是传统的成本治理方式缺乏衡量的依据，随着物流企业必将面对更多变的市场环境和面临更大的生存风险，有些物流企业为取得较好的经营业绩，重业务发展忽视风险防范，在发展业务中缺乏必要的审慎，增大了风险防范的成本；四是传统成本治理方式缺乏控制能力，在成本信息交流、反馈以及监督评价中，传统的成本治理方式过分依靠现有成本会计提供的信息，重视有形成本动因，忽视无形成本动因，不能完整地反映新形势下物流企业的经营活动及战略思想。据此，提出战略成本治理思想。

2. 战略成本治理思想

战略成本治理思想是国外 20 世纪 90 年代发展起来的，用以提供企业战略治理作用的成本信息。战略成本治理关注成本治理的战略环境、战略规划、战略实施和战略业绩，成本治理目标服从于企业的战略方针，成本治理活动贯穿于战略治理各个环节，成本控制关注企业的长久竞争优势。

我国企业在长期的治理实践中，对成本治理理论进行了深入的研究、创新，积累了许多成本治理经验，但从战略层面上实施物流成本治理，还没有在实践中广泛应用。一方面，随着环境的变化，物流企业成本控制的重点将转向探究成本发生的原因；成本控制的范围不只在作业部门，还会涉及采购、储存等环节，甚至包含企业的供给商和分销商在内的整个供给链。另一方面，企业不应只满足降低成本，而是要从战略以及多视角全方位寻求并拓展成本控制的方法，实现成本治理的事前计划、事中控制、事后分析，体现猜测、计划、决策、控制、分析、考核全方位的治理模式。

3. 战略成本治理系统的组成

完整的战略成本治理系统应当包括战略成本猜测、战略成本决策、战略成本计划、战略成本控制和战略成本业绩评价 5 个子系统。

(1) 战略成本猜测是以企业历史成本资料、现实成本治理能力和未来竞争环境的变化为依据，利用现代猜测理论和技术，对企业某一特定战略下的成本水平进行合理的测算，确定出与其战略相对应的成本水平，借以评价战略的可行性，为战略成本决策服务。

（2）战略成本决策是在战略成本猜测的基础上，根据企业外部环境和内部条件的分析，在保证战略成本治理目标能够实现的各备选方案中，对物流成本较低的方案做出战略选择。

（3）战略成本计划是企业为实现较长时期的成本竞争目标，以战略成本决策为依据，对企业的成本治理目标和成本治理措施制定的一种长期成本规划，是未来成本活动的基本方向和衡量成本治理业绩的主要标准，其与物流企业的战略目标和战略规划紧密结合。

（4）战略成本控制是企业根据战略成本计划的要求，建立一套反映战略计划目标水平的实施标准，并对偏离战略成本控制标准的活动进行纠正，对不符合企业内外环境的战略成本计划进行调整，以保证战略成本治理目标顺利实现的动态治理过程。企业要按战略计划逐步逐层进行细化、分解和落实，从而建立起有助于控制战略实施的成本治理控制系统。

（5）战略成本业绩评价是企业战略的实施保证，假如没有绩效评价，就无法在企业所要实现的战略规划和所要采取的行动方式之间建立起一种互动关系，就无法引导治理者和员工采取正确的行动。

4. 战略成本治理系统的优势

与传统成本治理系统相比，战略成本治理系统具有以下四方面的优势。

（1）战略成本治理是把降低成本与建立企业核心竞争力共同作为成本治理的目标。战略思想下的成本治理需要配合企业为取得竞争优势所进行的战略选择，在企业战略许可的范围内，在实施企业战略的过程中引导企业走向成本最低化，使物流企业充分利用本企业的人、财、物等资源，达到优化治理。

（2）关注内外部环境的各种变化，关注与上下游企业之间的关系，把企业放在市场中统一考虑，既要考虑采购过程，又要考虑制造、营销与配送和售后服务环节，使物流企业更适应环境的变化，降低生存风险。

（3）战略成本治理重视提供全面多样的战略性成本信息，包括两个方面：外部环境的法律信息、经济信息、政治信息以及供给商、顾客、竞争对手的信息；企业内部经营中的不同战略计划下的各种成本信息。在资源限制条件下，通过成本治理提高资源的利用效率，使有限的经济资源创造出更多的价值，达到成本治理的中心目标，并承担降低全社会物流成本的社会责任。

（4）战略成本治理下的业绩评价体系，突破了传统的局限性，有助于培植企业长期竞争优势，为提高企业的经营治理水平打下坚实的基础。如何利用成本战略为企业赢得成本优势和竞争优势，是企业战略治理的重要内容，也是物流成本治理的中心内容。

5. 战略成本治理方法

企业需要建立一种能综合反映物流企业业绩状况、支持企业战略治理的综合经营业绩的物流成本评价体系。物流企业在战略实施过程中要制定出与企业竞争战略相适应的成本治理战略，并采用恰当的成本治理方法，为企业创造成本优势提供保障。

战略成本治理可以从价值链与成本动因等方面进行分析：价值链分析可以找出企业提高竞争优势的关键环节，同时也为企业实施成本控制建立基础；成本动因分析是从战略层面上分析引起成本发生和变动的原因。

企业要取得战略成本优势，必须控制其主要价值链活动的成本动因以及重新组合的价值链活动。在物流活动中实施作业成本治理法，可以了解物流价值链活动的成本动因，为物流实施流程再造、业绩评价等提供成本信息，也可为企业进一步改进成本控制和战略性规划与决策提供更为有利的依据和标准。

作业成本计算法是以作业为基础进行成本计算的方法。传统的成本计算方法是把费用按照人工费用、占地费用、设备费用、耗材费用等进行归集。而作业成本法着眼于成本发生的起因和后果，以作业流程为核心，以成本动因为基础，对所有作业活动进行跟踪动态反映。在作业成本计算法下，企业是一个为最终满足顾客需要而设计的一系列作业的集合体，是一个作业链—价值链。但是，在企业的作业链中，并不是所有的作业都能够创造价值。作业成本计算法的基本思想是以客户链为导向，以作业链—价值链为中心，对企业的作业流程进行重新再造；强调协调企业内外部顾客的关系，从企业整体出发，协调各部门、各环节的关系；企业物资供给、生产和销售等环节的各项作业形成连续、同步的“作业流程”；消除作业链中一切不增加价值作业，使企业处于持续改善状态，促进企业整体价值链的优化，确立企业竞争优势。虽然实施作业成本治理可以深入到企业的作业层次，对物流活动的运输、库存、包装、装卸、流通加工、配送、信息处理等多项作业环节分析、挖掘成本动因，寻找非增值作业，但它仍是一种内向型的治理，着重于执行性成本动因及作业领域的改善控制，仅能提高企业的内部效率，不能将成本治理扩大到企业的外部领域，更不能深入到企业战略层次的成本动因。在以顾客为服务导向的环境下，作业成本治理的内向性难以维持企业长久的竞争优势。而在作业成本治理中融入战略治理思想，就可以按照竞争形势的发展，随着企业作业流程流的变化在应用程序的操作上做出相应的调整，以提高成本信息的有用性、及时性和准确程度。不过要从投入和产出的对比关系中寻求总体效益最优，进行企业全过程的战略成本治理；要注重长期性和持久性，正确处理成本与环境、成本与竞争、成本与发展的关系；利用信息手段在整个供给链上降低企业的成本，而不是仅仅停留在企业内部。

以战略思想进行作业成本治理，应注重以下几个问题。

（1）根据企业的发展战略思想制定目标成本。这是战略成本治理最关键的因素。目标成本要保证企业确立竞争优势地位，假如企业采取成本领先战略，则目标成本应低于竞争对手的成本，使企业利用成本优势获得高于产业平均水平的收益；假如企业采取差异化竞争战略，则目标成本应与竞争对手持平或略高于竞争对手并满足顾客非凡需要，使企业利用物流服务的差异性获得超额收益。

(2) 在成本指标的分解上不但要将成本分解到物流功能上，而且要分解到具体的作业中，并运用作业成本的评价体系对目标作业成本的可行性进行分析与评价。

(3) 在成本动因的分析上：①找出基本价值链，然后将其分解为单独的价值作业。价值作业可分为两类：主要作业和支持作业。主要作业包括采购、保管、配送等；支持作业包括技术开发、质量治理、财务治理等。通过分析每种作业对企业相对成本贡献的大小识别出企业内部的不增值作业、低效率作业以便战略目标的实现。②进行成本动因分析。成本动因分为结构性成本动因、执行性成本动因。结构性成本动因是指决定组织基础经济结构的成本驱动因素，执行性成本动因是指与企业执行作业程序相关的成本驱动因素，要运用战略治理思想优化成本动因。

(4) 成本的控制与业绩考核。企业依据分解到作业层的目标成本，编制作业目标成本预算，对作业成本实施控制。物流企业内部控制重点在于作业层、控制层和决策层。作业层控制主要集中在运输与作业、采购治理、存货治理、配送治理四个环节；控制层控制主要涉及客户关系治理、财务治理环节；决策层控制主要集中在经营治理环节。每个环节都必须经过适当的授权批准，各个职能部门进行权限与责任的划分，建立规范的业务流程和检查控制标准。面对日益竞争的市场环境，物流企业要生存和发展只有用战略治理思想进行成本治理，才能保持长久的竞争力，才能获取更多的市场份额。在新的竞争环境下，对战略成本治理理论进行深入的分析研究，有助于完善现代物流企业成本治理的理论与方法体系，更好地服务于企业的战略治理，提高科学治理水平。

低成本战略在现代物流的具体应用

低成本战略在现代物流的具体应用主要有两种，分别为合理化战略和虚拟一体化战略。

(一) 合理化战略

现代物流的合理化是指根据现代物流的客观规律和特征，组织各个物流部门和物流环节根据不同情况采取措施，以最低的物流成本达到最佳的物流效果。现代物流合理化战略是从顾客的角度出发，按整个价值流确定供应、配送产品中所有必需的步骤和活动，创造无绕道、无等待、无回流的增值的活动流，及时创造由顾客需求拉动的价值，不断消除浪费、追求完善。也可以按照职能对物流系统中个别物流部门或环节的功能进行合理、科学的界定，引导并确定合适的服务对象和目标范围，在合适的场合和时间充分实现其功能，避免资源的闲置和浪费。比如，根据物流主体或服务对象的不同，应将各类配送中心的主要功能适当细化，专业性配送中心与综合性配送中心、区域性配送中心与集成性配送中心等应及时有效地实行组合，形成开放型、互通型的商业物流网络格局。

(二) 虚拟一体化战略

现代物流虚拟一体化战略是采用协议的形式，加强同行业和不同行业之间的合作，包括横向一体化、纵向一体化和综合一体化。其中，横向一体化物流是通过现代物流中各企业之间的配合，获得整体上的规模经济，从而提高物流效益。纵向一体化物流是以战略管理为导向，要求现代物流企业的管理人员从面向企业内部发展到面向企业同供应商以及用户的业务关系上。现代物流企业超越了现有组织结构界限，将提供产品和运输等服务的供应商以及用户纳入管理范围，作为管理的一项中心内容。综合一体化物流是现代物流虚拟一体化的第三种方式，它是横向一体化和纵向一体化的结合体。现代企业多方位的合作、纵横交错的关系、互相之间渗透使得物流综合一体化成为一种要求，而现代信息技术的应用则使纵向一体化的规模效益体现出来。现代物流企业之间通过虚拟联合，充分发挥各自企业的经济实力，从而为企业降低成本、实现低成本战略，并最终取得竞争优势。

二、差异化战略

（一）差异化战略的含义

所谓差异化战略，是指企业向顾客提供的产品或服务与其他竞争者相比独具特色、别具一格，从而使企业建立起独特竞争优势的一种战略。这种战略的核心是取得某种对顾客有价值的独特性。企业可以从很多的角度寻求差异化。例如，一种独特的口味（比萨饼）、一系列的特色（斯沃琪表）、可靠的服务（联邦捷运公司的隔夜快递业务）、及时提供备用零件（卡特皮勒公司保证向全球各地的任何一个客户提供48小时备用零件的送货和免费安装）、物超所值（麦当劳和沃尔玛）、工程设计和性能卓越（奔驰汽车）、名望和特异性（劳力士手表）、产品可靠性高（强生公司婴儿产品）、高质量的制造（本田汽车）、技术领导地位（索尼公司的新产品）、全系列的服务（海尔的星级服务）、居于同类产品线之高端的形象和声誉（里茨·卡尔顿旅馆业务）等。

最具吸引力的差异化方式是那些竞争对手模仿起来难度很大或代价高昂的方式。事实上，资源丰富的公司几乎能够及时地仿制任何一种产品或者特色与属性，这就是为什么持久的差异化优势通常要建立在独特的内部条件和核心能力的基础上的原因。差异化战略所要寻求的是持久的差异化优势，但这并不意味着企业可以忽视成本因素，只不过成本在此不是主要的战略目标而已。

（二）差异化战略的制定

尽管差异化是企业打造竞争优势的重要途径，但许多企业却囿于狭隘的观点，只从产品实体或营销方法上来实施差异化，从而影响战略的成功。以下为选择和制定差异化战略的基本框架。

1. 确定实际购买者，弄清企业价值链对买方价值链的影响

企业、机构或家庭并非实际购买者，实际购买者是买方实体中一个或多个具体的决策

人，他或他们将对使用标准进行解释并定义价值信号标准。因而企业首先要确定谁是实际购买者，进而弄清买方价值链。显然，除非企业提供的差异化对顾客有价值，否则它就不会成功。而要弄清什么对顾客有价值，必须从分析买方价值链入手。企业提供的产品或服务是买方价值链的一种外购投入。买方价值链决定企业的产品实际被使用的方式以及对买方活动的其他影响程度。工商企业或公共机构客户的价值链容易辨识，而个人消费者的价值链其实也可以辨识。它表现为一个家庭及其成员利用合适的产品或服务进行的一系列活动。前者的价值链反映了买方的战略和实施方法；后者的价值链反映了它的成员的习惯和需求。

一个成功实施差异化战略的企业，能够在分析买方价值链的基础上找到降低买方成本、提高买方效益的独特途径。获得这种独特途径的关键，是要找到企业价值链与用户价值链之间的种种联系，因为每一种联系都存在着差异化的可能机会。企业价值链对买方价值的直接或间接影响越多，形成差异化的机会就越多，在整体水平上取得难以模仿的差异化优势的可能性就越大。卡车制造商如果能找出自身价值链对买方价值链的所有影响，就可以通过改进自身价值链上的各种价值活动，来全面提升买方价值。例如，载重卡车的设计影响用户的载货能力和发运次数；卡车的减震性影响所运货物的质量和包装；卡车的能耗、易维修性、装卸的难易程度、服务、交货期、备件供应、信贷制度等均不同程度地影响用户的运营成本。可见，一个企业为其客户创造的价值是由该企业价值链与其客户价值链的相互联系决定的。

2. 确定买方的购买标准

对买方价值链的分析，提供了确定买方购买标准的基础。买方的购买标准有两种形式：使用标准和信号标准。使用标准包括产品的质量、功能、技术性能、价格和服务内容等；信号标准包括企业的信誉和形象、累积的广告效应、商标和包装、产品的外观和尺寸、从业时间、用户名单、市场份额、规模、财务稳定性、卖方职员的专业性以及外表和个性等。使用标准是用户衡量企业产品为自身创造价值大小的尺度；信号标准是显示使用标准的尺度。所以，满足使用标准的独特性可以创造买方的价值，而满足信号标准的独特性，将使这种价值得以实现。由于客户不会为他们所不知道的价值付款（虽然这种价值真实存在），所以企业实行差异化获得的溢价，既反映客户实际到手的价值，又反映客户对这种价值的觉察程度。一个交货价值中等但所发出的价值信号富有吸引力的企业，可能比一个交货价值高但发出的价值信号不那么具有吸引力的企业获得更高的溢价。因而强调使用标准而忽视信号标准，将会削弱客户对一个企业的价值了解；强调信号标准而忽视使用标准最终也将失败。因为使用标准才是买方价值的真正来源。为准确确定买方购买标准，企业应做好以下工作。

（1）明确购买决策人和对决策有影响的人的具体购买标准。

（2）明确描述使用标准并尽可能具体化、定量化。

（3）根据对买方价值链的分析，确定用户具体使用标准重要程度的排序。

（4）根据购买决策人对使用标准的理解方式，分析确定购买决策人的信号标准，据此进行价值信号及其表现方式的设计和选择。例如，如果可靠的交货期是一个关键的使用标准，则过去的交货记录和顾客赠送的锦旗及表扬信可能就是有效的价值信号。

3. 评估企业价值链中现有的和潜在的独特性来源

价值链的独特性是形成差异化的基础，企业应结合买方价值链和买方购买标准，对自身价值链做出全面评估，确定哪些价值活动能产生独特性，进而影响用户购买标准。

企业在分析现有价值活动独特性的来源时，还应注意发掘潜在的独特性来源。如采用新技术、新工艺、新材料、新的营销方式等增加独特性的可能，竞争对手价值活动现有独特性和潜在独特性的来源，都是确定企业差异化方向和程度的关键依据。

各种差异化驱动因素决定着整体差异化的水平和持久性，因而企业在研究价值链的独特性来源时，还必须分析各种差异化驱动因素的影响。

（三）差异化战略的战略利益、风险及误区

1. 战略利益

差异化战略的战略利益主要包括以下五点。

（1）建立起顾客对产品或服务的忠诚度。当产品或服务的价格发生变化时，差异化战略可为企业在同行业竞争中形成一个“隔离带”，免受竞争对手的侵害。

（2）顾客对商标的信赖和忠诚形成了强有力的行业进入障碍，增加了新加入者进入该行业的难度。

（3）差异化战略产生的高边际效益，增强了企业应对供应商讨价还价的能力。

（4）企业通过差异化战略减少了购买商的产品选择机会，降低了购买商对价格的敏感度。

（5）企业通过差异化战略建立起顾客对本产品的信赖，使得替代品无法在性能上与之匹敌。

2. 战略风险

这一战略的战略风险包括：

（1）面临实行低成本战略企业的威胁。如果顾客对某种差异化产品可觉察价值的评价，不足以使其认同该产品的高价格，这时低成本战略企业会轻而易举地击败使用差异化战略的企业。

（2）模仿者的威胁。竞争对手的模仿可缩小顾客感觉到的产品差异，这是随着行业成熟而产生的一种普遍现象。

（3）买方需要的差异化程度下降带来的威胁。当顾客变得更加精明时，他们降低了对产品或服务的差异化要求，转而选择价格较低的产品。

3. 实施误区

企业对差异化的一些误解和容易犯的一些错误，常常使企业陷入差异化战略的误区：

（1）价值的独特性。企业形成的差异化，在买方看来并不能降低他们的成本或者提高他们的利益。由于企业没有准确理解或者确认出买方认为有价值的差异化内容，结果导致差异化战略的失败。

（2）过度差异化。过度差异化使得产品的价格相对竞争对手的产品来说太高，或者差异化属性超出了买方需要。例如，产品质量和服务水平超过了用户需要，那么这个企业应对质量、服务适当，而价格更便宜的竞争对手的挑战就很脆弱。

（3）溢价过高。如果企业对差异化产品或服务定价过高，必然降低差异化对用户的价值，而使用户转向低价格的竞争对手。除非企业以一种适当的价格与用户分享所创造的价值，否则就可能失去客户。

（4）忽视价值信号的重要性。价值信号是买方辨识企业产品或服务价值的尺度。价值信号的存在源于买方知识的不完整性，因其不能完全辨识不同供应商之间的区别，因而价值信号非常重要。忽视价值信号无异于拒绝了买方对企业产品和服务价值的了解。

（5）重视产品而不重视整个价值链。一些企业仅仅从有形产品中寻找差异化机会，而忽视价值链的其他部分。事实上是整个价值链为差异化提供数量众多且持久的差异化基础。

（四）物流企业选择差异化战略的动因

1. 顾客差异化是差异化战略选择的外在依据

物流企业所拥有的最重要资产不是它的卡车、仓库、房子，而是它的顾客资源。顾客资源在激烈的市场竞争下变得越来越珍贵，顾客资源成为企业最宝贵的财富。获得顾客资源就有赖于顾客满意，提高顾客的满意度并把满意的顾客转变成为忠诚的顾客，最终通过留住顾客才有机会获取顾客的终身价值。因为企业的顾客具有差异性，不同的顾客具有不同的需求、偏好和财务状况等条件，不同的顾客对物流服务的满意期望值也各不相同，即使是同一顾客在不同的时间或不同的环境状况下也可能会有所不同。但是任何物流企业都不可能同时提供各种不同的服务，而让具有不同需求的顾客满意的。物流企业差异化战略在这里表现为，通过各个物流企业提供服务的差异化来使具有不同要求的顾客感到满意。例如，有的物流企业是以提供快速运输服务（如飞机）为专长，以小批量多频次快速运输，来满足对商品时效具有特殊关注的客户。有的物流企业专门提供低成本运输服务为专长，以大批量少频次的低成本运送，来满足某些对运输成本比较关注的客户。同样，有些物流企业可专业提供冷藏运输服务，或类似的特殊要求运输服务。还有的以专门地区的物流网络为专长提供服务，如以提供非洲地区物流服务为专长。顾客的需求是物流企业服务的方向，有差异化的顾客就有差异化的需求，差异化的需求就要提供差异化的服务，因此差异化顾客的客观存在，成为物流企业差异化战略选择的外在依据。

2. 组织的差异化是实施差异化战略选择的内在依据

每一个物流企业都会有其独到的竞争优势与竞争资源，同样也不可避免地会有它的短处和限制，这就构成了组织的差异化。比如有的物流企业有硬件上的优势，有自己的飞机或轮船等运输工具。有的有软件上的优势。如货运代理公司，这些公司虽然没有做第三方物流所需的硬件设备，但是他们有大量的客户资源。还有“网络优势型”的，如传统的邮政服务业拥有完善的网络，无论是公路、铁路、水运，还是航空都能使用。物流企业要想充分发挥自己的优势就必须综合考虑企业的优势、核心竞争力、所处产业的生命周期、竞争对手的状况、技术实力、财务能力和管理能力、外部环境等因素，只有这样才能做到扬长避短、自下而上的发展。如果大家都不顾自身条件的优势与限制，都盲目地以所谓迎合顾客需求提供各种服务，其结果必然是力量分散，服务质量下降，企业优势难以显现，难免会在竞争中被淘汰。物流企业能力上的差异化是实施差异化战略的内在依据，它决定了企业差异化的方向、范围与程度。

3. 价值创造是差异化战略选择的逻辑归宿

物流的核心功能是提供服务，服务则是为了更好地满足顾客的需求，是在满足顾客需求的同时给产品增加附加值。而对顾客价值大小的判断成为影响顾客购买决策中的重要因素。顾客价值就是顾客感知利得与感知利失的差额。感知利得是在产品购买和使用中产品的物理属性、服务属性、可获得的技术支持等；感知利失包括购买者在采购时所面临的全部成本，如购买价格、获得成本、运输、安装、订购、维护修理以及采购失败或质量不尽如人意的风险。企业可以通过增加顾客的感知利得或减少感知利失来实现顾客价值的提升。顾客价值的实质就是顾客对企业产品或服务满足各种需要的能力的评价。降低价格是使顾客减少感知利失的一个重要组成部分，而为顾客提供个性化的服务，按照顾客的需求来提供物流服务，是增加顾客的感知利得的有效途径。整个物流服务过程由许许多多的经营活动组成，这些活动构成了价值链。可以通过在运输、仓储和配送系统进行差异化改造而产生新的价值。通过利用不同的经营活动中的差异化，可以提升整个价值链的整体顾客价值。局部的差异化会积累成整体的差异化，在各个环节价值的细微增加，加总起来就可以使整体价值得到大幅提升。事实上，对那些直接与客户接触的人员进行小小的改进却对提高顾户价值起到重要影响，如在运输的集卡上标明所运产品的公司品牌、操作人员身穿客户公司的制服都将提高产品所蕴藏的无形资产的价值，增强消费者或潜在消费者对于产品的感知。总之，差异化战略的逻辑归宿即是以创造价值为导向，它要求尽可能多地为顾客通过提高感知利得和减少感知利失来创造更多的价值。

4. 市场竞争是差异化战略选择的重要驱动因素

以服务同质化为背景的价格大战，是导致无序竞争盲目发展的重要因素。物流企业选择差异化战略，不仅是为了满足市场和顾客的需要，也是提高企业自身竞争实力的重要途径，具有差异化战略的企业，在为各自不同的顾客群体提供差异化服务的同时，也在通过学习和积累锤炼企业的组织体制，构筑周边协作网络，从而提高服务水平和降低单位服务成本。可以说，物流企业差异化战略既是市场中顾客需求差异化的需要，也是物流企业自身培育核心竞争力和竞争优势的需要。

（五）物流企业差异化战略的形式

1. 物流服务差异化

物流服务的对象分属不同的行业，不同的行业就会有不同的服务要求，物流服务的差异化就是针对这种差别，在深入了解行业所需物流服务特点的基础上，专注于某个行业或某个环节的物流，做细、做精，形成品牌。虽然专注于某一行业表面上是限制了企业项目的拓展，但是可以从深度弥补广度的不足，通过运用多样化的服务手段，优化流程，推出行业特色服务、增值服务，赢得市场。

通常，物流企业可以通过提供送货、安装、顾客培训、咨询等服务实现服务的差异化。物流企业可以利用自身专长，为客户提供高水平的、“一对一”方式的物流服务，比如可以专门负责客户某区域的产品配送或承包客户某区域的公路运输服务。一部分物流企业也可以凭借其与现有客户之间结成的紧密合作关系，签订长期的战略合作协议，紧密围绕其主要客户开展物流业务，通过为客户提供量身定做的物流服务，实现其与客户企业的共同发展。

此外，提供增值服务也是不错的选择。将物流功能进行延伸，将各环节有机结合起来，实现便利、高效的物流运作，深入挖掘物流服务的潜在价值。

2. 员工素质差异化

物流是一个服务性的行业，从接到客户订单到接货、检验、分货、堆货、管货、拣货、分货、配货、出货、再到送货，每个环节都少不了人的作用。企业人员的工作态度、技能水平以及工作经验，与物流服务的及时率、准确率以及商品的完好率等有着直接的关系。物流企业人员素质的高低，直接关乎物流服务的质量，拥有高素质的员工，是中心物流企业打造核心竞争力的关键。

我国传统的大型国有物流企业，由于长期垄断经营，外部缺乏竞争，导致了工作效率长期低下和人员服务意识淡薄，难以让顾客满意。国外的巨型跨国物流企业在提供服务方面，由于文化和地域上的差异，也存在很大的隔阂，即使要实现本土化运营，那也需要一定的磨合时间。而我国现有的为数众多的物流企业一般都是从本地成长起来的，对于当地顾客的需求和当地的文化十分了解，在与顾客的沟通上也比其他企业更方便，这就给物流企业实现差异化发展提供了机会。

3. 品牌形象差异化

物流企业可以通过专注于某一行业，凭借其对这一行业的深入了解，以及对其业务领域内各个环节特点的充分把握，与大型物流企业展开错位竞争，推出高质量的独特物流服务，必然能赢得客户的信赖，树立良好的企业形象，拉开与其他企业之间的档次，最终形成自己独特的品牌形象。当然，企业在推行差异化战略的同时也必然会招致一些风险，比如可能会丧失部分客户、用户所需的服务差异的下降、大量模仿以及过度的差异化等。企业必须深入分析自身的优势及劣势，对外部环境作认真的审视，准确定位，制定适合自己的发展策略，借助差异化形成自己的核心竞争能力，进而与国际、国内大型物流企业共同分享市场。

目前，我国的物流企业众多，因为规模小，决定了其物流服务功能不健全、服务水平低下、信息化程度低、管理水平不高。但它们仍具备生存和发展的条件，且有大网络化物流公司无法比拟的成本低、高效率的经营优势，所以利用差异化的竞争策略，瞄准自己的目标市场，通过提供差异化的产品和服务，来整合优势物流企业资源，发挥它们的优势、改变它们的劣势，组成一个新型的物流服务网络，能够给物流需求方提供低成本、高效率、高服务的物流一体化服务。

物流企业差异化战略的典型案例——怡亚通供应链股份公司

深圳市怡亚通供应链股份有限公司原名“深圳市怡亚通商贸有限公司”，成立于1997年。怡亚通公司的创建者——周国辉先生在创办公司之前就充分认识到作为民营企业，自己企业所肩负的社会责任，通过对深圳物流市场的分析，制定出自己独特的差异化竞争战略。以信息化管理流程再造为突破口，努力向建设中国一流的供应链服务商的发展目标迈进。

20世纪90年代，国内IT产业方兴未艾。国外高新技术和高科技核心产品结合中国廉价劳动力和广阔市场，吸引了大量国外IT厂商来中国投资生产，形成了IT产品对出入境服务的强大需求，怡亚通就应运而生了。

1997—1999年是怡亚通的创业阶段，主要业务是代理客户办理简单的IT产品通关手续，怡亚通尽管规模小，但一开始就制定了企业差异化竞争战略的发展思路，针对IT产品的性质，花大量精力研究，整理各项业务流程，并坚持做专做细，不断提高运作效率和服务水平，为以后的发展打下了坚实的基础并积累了宝贵的经验。

21世纪之初的四年，是怡亚通发展壮大的阶段，怡亚通通过公司的差异化竞争战略的实施，不断努力走物流的高端市场——“IT物流”，通过创新变革、拓展市场赢得客户的信任。从最初单一的代理通关到“IT物流”运作，发展到现在的“专业供应链服务商”，正是怡亚通公司通过发挥自身的竞争优势，走差异化竞争之路，在深圳市众多中小型物流企业为自身生存发展迷惘徘徊相互厮杀正酣之际，抓住发展契机脱颖而出，通过创新实现自我超越。

怡亚通公司董事长周国辉先生曾对公司差异化竞争战略做过一个形象的比喻："我们面对市场就好比吃一桌酒席。先吃哪个菜，后吃哪个菜，首先要看哪个菜有营养、有味道，哪个菜自己喜欢吃、擅长吃、方便吃，不要吃得很艰苦，消化不了。"这一形象的比喻道出了物流企业差异化竞争战略的真谛——市场上的客户是具有异质性的，而每个企业由于自身的资源不尽相同，所形成的独特性也不一样，为了在市场上取得相对优势，企业就要充分发挥它最擅长的方面。

三、集中战略

（一）集中战略的定义

集中战略又称聚焦战略，严格意义上讲，集中战略不是一个独立的基本战略，它是低本战略与差异化战略在某个边界条件下的一种折中战略。这个边界条件就是企业的资源与能力约束。按迈克尔·波特的观点，成本领先战略和差别化战略都是雄霸天下之略，而集中战略则是窝居一隅之策。其中原因是，对一些企业而言，由于资源和能力的制约，它既无法成为成本领先者，也无法成为差别化者，而是介于其间。按波特的看法，这种介于两种基本战略之间的企业由于上不能差别化，下不能成本领先，因此也就不能获得这两种战略所能形成的竞争优势。波特将其看作失败的战略。波特同时指出，如果这种企业能够约束自己的经营领域，集中资源和能力于某一部分特殊的顾客群，或者是某个较小的地理范围，那么企业也可以在这样一个较小的目标市场上获得竞争优势。换言之，集中战略就是对选定的细分市场进行专业化服务的战略。在选定的细分市场中，集中战略既可以通过低成本，也可能通过专业性的差别化，或者是两者结合的方法来获取竞争优势。例如，通过低成本方法，集中战略者可以在细分市场上获得比成本领先战略者更强的竞争优势。如地区性的小水泥厂较之市场覆盖面较大的成本领先者，具有较强的低运输成本优势。集中战略者也可以通过选择某些难以发挥规模经济效应或经验曲线效应的产品，阻止成本领先者的侵蚀。

（二）产业细分与细分产业的选取

不同产业之间，结构有所差异。同样，一般情况下，产业的不同部分之间，结构也有所差异。产业细分就是基于这些差异将整个产业化整为零。为制定竞争战略而做的产业细分，其目的就是帮助企业选择结构上更适合企业发展的细分市场。

1. 产业细分的步骤

服务于竞争战略制定的产业细分，既要考虑市场的具体特点，又要考虑竞争的具体状况；既要力求考虑全面，又要努力分清主次。完整的产业细分过程，大体包括以下几个步骤。

(1) 辨识市场细分变量。市场细分变量，即导致顾客需求特点不同的相关因素。服务于工业用户的企业，其典型的市场细分变量有客户规模、客户地理分布、客户购买量、客户质量要求等。个人消费品生产企业，其典型的市场细分变量有顾客的年龄、性别、职业、收入、规模、居住地、文化背景等。

(2) 筛选市场细分变量。市场细分变量有多种，且其对顾客需求特点的影响程度不尽相同。筛选市场细分变量，就是剔除影响不大的细分变量，保留影响显著的细分变量。

(3) 选定市场细分变量的离散类别。工业客户的规模，可分为大与小，也可分为大、中、小。消费者的年龄，可分为老、中、青、幼，也可分为具体的年龄段，如10岁以下、10～20岁等。具体选取何种离散类别，应根据产品及顾客特点具体分析。

(4) 绘制与组合二维市场细分矩阵。绘制二维市场细分矩阵，即用二维矩阵来表示两个细分变量对市场的细分结果。组合二维市场细分矩阵，是在剔除不符合实际的细分市场的基础上，合并两个二维市场细分矩阵为一个矩阵。

2. 细分产业的选取

不同细分产业对企业的吸引力不同，企业应根据以下指标衡量和评价各细分产业，并最终选取欲进入的细分产业。

(1) 细分产业的市场规模与增长率。市场规模过小，难以消化企业的全部产出能力，会制约企业规模经济的取得。市场增长缓慢，不利于企业的长足发展，且竞争会日渐加剧。

(2) 细分产业的竞争状况。虽然细分产业的竞争也是来自五种竞争威胁，但在具体内容方面，与产业整体所面临的竞争有所不同。例如，细分产业的潜在进入者，不仅包括其他产业的企业，而且包括同一产业内部服务于其他细分市场的企业。所以，考察一个细分产业的竞争状况，既要关注整个产业的宏观特征，又要重视细分产业的微观特点。

(3) 企业的资源与能力。资源与能力，是一切竞争优势的来源与基础。企业之间，资源与能力的差别，决定了其竞争领域选取的差别。

(4) 细分产业间的关联。企业在两个以上细分产业竞争时，如果能共享某些价值活动，那么这些细分产业就是有关联的。例如，同一销售队伍，可以为不同的买方服务；同一生产系统，可以生产出不同规格的产品。细分产业之间的关联，能因规模经济的取得而降低成本或提高差别化，甚至是二者兼得。正确认识细分产业间的关联，不仅有利于企业现有竞争优势的获得，而且有利于将来竞争优势的寻求。

(三) 集中战略的风险

集中战略获取竞争优势的途径也是低成本或差异化，故与低成本战略或差异化战略相关的风险同样伴随着集中战略的两个实施方向（集中低成本和集中差异化）。

集中战略的特色是产业细分与细分产业选取，故集中战略在竞争领域选择方面易犯的错误，是集中战略所特有的风险。

1. 竞争领域过于宽广或过于狭小

过于宽广的竞争领域，无法淋漓尽致地体现集中战略的优势。另外，宽广的产业细分，为其他企业进行第二次细分留有余地。一旦其他企业成功地实现第二次细分，本企业将腹背受敌，受到大范围提供服务的企业和在更小范围内经营的竞争对手的同时攻击。

过于狭小的竞争领域，难以为企业提供广阔的发展空间。

2. 现有的产业细分失去合理性

技术会影响或改变产业细分模式。新技术，尤其是信息技术，为集中战略创造着机会和孕育着威胁。例如，信息技术提高了制造、后勤、销售及其他价值活动的灵活性，有利于目标集中企业降低成本或提高服务，但同时，也可能导致目标广泛的企业能够经济地向不同细分市场提供针对性的产品与服务。

顾客需求在不断变化。一旦顾客需求特点趋于一致，任何意义上的产业细分将意味着画蛇添足。成功的诀窍在于，认识到行将到来的分工，然后第一个建立起一种业务或一个企业，推出独立的品牌来传达理念。如果处理得当的话，集中火力就能够创造一个强有力的品牌。具体而言，企业不需要满足所有人，所以也不需要在设计、包装、定价和分销上折中。集中火力是一门艺术，要求企业精心选择自己的产品货类，并努力经营自己的货类。

（四）物流企业集中战略的实现

如果集中战略者选择专业性差别化方法，那么差别化战略的主要工具都可以应用到集中战略中来，所不同的是，集中战略者只服务于狭窄的细分市场，而差别化战略者要同时服务于较多的细分市场。由于集中战略的服务范围较小，集中战略者可以较之差别化战略者对所服务的细分市场的变化做出更为迅速的反应；也可能由于对顾客需要更多了解从而开发出更有针对性和更高质量的产品。实际上，绝大部分小企业都是从集中战略开始起步，只是并不一定都意识到了这一战略的意义，并采取更具战略导向的行动。对中国的企业而言，面对世界经济一体化大趋势，提高对集中战略的认识和运用能力具有非常重要的现实意义。集中战略的优势来源于集约资源集中于选定的细分市场，从而可以利用有限的资源为有限的顾客提供更为满意的服务，提高顾客忠诚度。

1. 确定现代物流的服务范围、服务对象

（1）依据企业自己的历史。每一个现代物流企业都有在一定的服务范围、服务对象实现自己目标、方针和取得成就的历史，现代物流企业在选择自己的服务范围、服务对象时必须考虑企业历史形成的特征。

（2）依据企业的内外环境。现代物流企业的内外环境形成了现代物流的主要机会和威胁，这在确定现代物流企业的服务范围、服务对象时不能不加以考虑。

（3）依据企业的资源。现代物流企业的资源是现代物流企业实现自己的经营目标的必需条件，同时它限制了企业其他经营目标的实现。

（4）依据企业的管理能力。现代物流企业服务范围、服务对象的选择和确定应当建立在现代物流企业的管理能力的基础上，管理基础好、管理能力强，现代物流企业就能在较广的范围内进行选择；企业管理基础差、管理能力弱，现代物流企业的选择范围也就比较窄。

2. 确定服务范围、服务对象时应当注意的问题

现代物流的经营应该被看成是一个满足物流需要的过程，而不是一个运输、包装、仓储的过程。现代物流企业确定自己的服务范围时，要激发员工的工作热情，使他们觉得自己是在为社会、为国家的物流需要做贡献。从顾客和市场的角度出发确定现代物流的服务范围和服务对象主要考虑：一是我们企业正在干什么，其目的是明确企业从事的业务；二是我们企业应该干什么，其目的是对市场、顾客进行准确的划分，清楚市场的前途所在，进行正确的服务范围、服务对象的选择。正确地分析企业本身的优势，然后确定最能发挥企业本身优势的服务范围、对象。

第二节　合作战略

一、供应链战略

（一）概念和分类

所谓供应链战略就是从企业战略的高度来对供应链进行全局性规划，它确定原材料的获取和运输、产品的制造或服务的提供，以及产品配送和售后服务的方式与特点。供应链战略突破了一般战略规划仅仅关注企业本身的局限，通过在整个供应链上进行规划，进而实现为企业获取竞争优势的目的。供应链战略管理所关注的重点不是企业向顾客提供的产品或服务本身给企业增加的竞争优势，而是产品或服务在企业内部和整个供应链中运动的流程所创造的市场价值给企业增加的竞争优势。

费希尔根据产品的需求模式将供应链战略划分为两类；有效性供应链战略和响应性供应链战略。

小贴士

费希尔按需求模式将产品分为两类，即功能性产品和创造性产品。功能性产品包括可以从大量零售店买到的主要商品，这些产品满足基本需求，需求稳定且可以预测，并且生

命周期长。但是，稳定性意味着竞争较激烈，进而导致利润较低；创新性产品指满足特定需求而生产的产品，企业在产品式样上或技术上进行创新以满足顾客的特殊需求。尽管创新性产品能使企业获得更高的利润，但是，创新性产品的新颖却使需求不可预测，而且产品的寿命周期一般较短。

有效性供应链战略是指能够以最低成本将原材料转化成零部件、半成品、成品，以及在供应链中的运输等的供应链战略。由于功能性产品的需求可以预测，生产该类产品的企业可以采取各种措施降低成本，在低成本的前提下妥善安排订单、完成生产和产品交付，使供应链存货最小化和生产效率最大化。因此，生产功能性产品的企业应该采用有效性供应链战略。

响应性供应链战略是强调快速对需求做出响应的供应链战略，所对应的产品是创新性产品。这是因为创新性产品所面临的市场是非常不确定的，产品的寿命周期也比较短，企业面临的重要问题是迅速把握需求的变化并能够及时对变化做出有效响应以适应需求的变化。

（二）我国供应链战略管理的现状及解决对策

通过产品需求划分供应链战略的方式为企业选择供应链战略提供了依据，但是在实践中，很多企业规划供应链战略和开展供应链战略管理时却存在种种问题。以下首先分析我国供应链战略管理存在的问题，然后提出有关实施供应链战略管理的对策。

1. 我国供应链战略管理存在的问题

（1）对供应链管理思想认识不足。由于供应链管理在我国还是一个比较新的概念，再加上我国企业原来的管理思想较落后，许多管理者对供应链管理的理解是片面的和错误的。很多管理者对横向一体化、业务外包等管理思想认识不够，还停留在原有大而全的纵向一体化管理思想上。有些管理者把供应链管理与物流管理、电子商务相混淆，还有一些管理者则把供应链管理理解为供应管理。实际上，物流管理只是供应链管理中的一个组成部分，而电子商务则是供应链管理过程中部分环节的电子化实现形式，供应链管理涵盖的范围很广，供应管理仅仅是其中一个环节。

（2）供应链战略没有得到足够的重视。很多企业仅仅是将供应链管理作为一种管理方法来看待，认为供应链管理是一个操作层上的问题，是对企业的生产和供应进行优化的方法而已。即使在国外的很多企业中，供应链战略也未得到足够的重视。德勤（Deloitte）管理咨询公司对北美制造企业供应链管理进行研究发现众多企业难以成功实施供应链管理的一个重要原因就在于这些企业没有正规的供应链战略。

（3）供应链战略与其他战略的匹配存在问题。供应链战略作为企业的一项职能战略，需要与企业的竞争战略以及其他职能战略密切配合，才能保证供应链管理的成功实施。但是在很多企业中，本来需要密切配合的不同战略之间却是孤立的。在制定供应链以及相关战略的过程中，没有能够从全局的角度系统地考虑战略制定问题，导致不同战略之间不匹配，在实施的过程中由于不匹配而难以发挥供应链管理的真正优势。

（4）供应链战略合作关系有待加强。建立战略性合作伙伴是供应链战略管理的重点，也是供应链管理的核心。供应链管理的关键就在于供应链各节点企业之间的联结和合作，以及相互之间在设计、生产、竞争策略等方面良好的协调。但是，很多国内企业与合作伙伴的关系还停留在旧模式下的合作关系之上，企业之间的关系还是一种不稳定、以价格作为唯一标准的买卖关系。供应链上不同企业之间稳定的、有效信息资源共享、共同制定相关决策、利益共享的战略合作伙伴关系还鲜有出现，企业之间的供应链战略合作关系有待建立和加强。

2. 实施供应链战略管理的对策

（1）正确认识供应链管理思想。企业在实施供应链战略之前必须建立正确的供应链管理思想，并以供应链管理思想来指导供应链战略规划和实施。供应链管理的基本管理思想主要包括："横向一体化"的管理思想，也就是集中资源建立核心竞争优势；非核心业务外包，与业务伙伴结成战略联盟关系；供应链企业形成一种合作性竞争关系；以顾客满意度作为目标的服务化管理；追求物流、信息流、资金流、工作流和组织流的集成；借助信息技术实现目标管理等。企业必须树立这些管理思想，并在供应链管理过程中认真贯彻这些思想，保证供应链管理的成功实施。

（2）从战略高度规划供应链管理。供应链管理不是一种单纯地对生产和供应进行优化的方法，而是需要从战略层上考虑的一个重要问题。供应链管理是对传统的企业内部各业务部门间以及企业之间的职能从整个供应链进行系统的、战略性的协调，目的是提高供应链以及每个企业的长期绩效。企业必须从战略上重视供应链管理，并对其进行战略上长远的规划。

（3）全面系统规划供应链及相关战略以实现战略匹配。企业在开展供应链管理时，需要从系统的观点出发，通过全面规划相关战略，以实现供应链战略、企业基本竞争战略以及其他职能战略之间的协调一致。首先，企业的供应链战略必须和企业竞争战略相互匹配。波特提出了三种基本竞争战略，即低成本战略、差异化战略和目标集聚战略。而企业供应链战略可以分成有效性供应链战略和响应性供应链战略。其中，有效性供应链战略需要与低成本竞争战略相匹配，而响应性供应链战略需要与差异化或者目标集聚的竞争战略相匹配。其次，供应链战略作为一种职能战略，需要与新产品开发战略以及市场营销等其他职能战略相互匹配。对于响应性供应链战略而言，新产品开发和营销战略都需要围绕提高反应能力来设计。新产品开发战略就需要使顾客和供应商及时参与新产品的设计和开发，提高企业的响应能力。市场营销战略就要求建立足够的零售网络、避免缺货、与客户进行良好的沟通、有效的广告和促销活动；对于有效性供应链战略而言，新产品开发和营销战略都要围绕降低成本来设计。新产品开发战略需要通过尽量采用标准件和通用件来降低成本。营销战略的目的则要求定位于在扩大市场占有率的基础上，尽量降低销售成本。

（4）建立供应链管理的战略支撑体系。国内企业在开展供应链管理的过程中，需要建立起供应链战略的支撑体系，以保证供应链战略的成功实施。所谓供应链管理的战略支撑体系指的是培育企业的核心竞争力、实施业务外包以及建立战略合作伙伴关系。

核心竞争力是企业供应链战略规划实施的基础和前提，企业在进行供应链管理时，必须了解自己的核心竞争力，并以此为基础来规划和构建供应链，而且在实施过程中集中有限资源不断培育核心竞争力；业务外包是供应链战略实现的有效途径。供应链管理的目的在于建立竞争优势，为了实现这一目的，必然要求在集中资源于核心业务的同时，开展业务外包。通过业务外包减少长期资本投资、合理利用资源以及有效平衡企业的关键能力，最终实现提高竞争优势的战略目的；战略合作伙伴关系是供应链战略成功的保证。供应链战略突破传统战略规划仅仅关注企业内部的局限，实现整个供应链价值最大化，这必然要求供应链各节点企业之间的联结和合作，以及相互之间在设计、生产、竞争策略等方面良好的协调，也就是建立战略合作伙伴关系。只有建立并不断培育战略合作伙伴关系，才能实现供应链战略的目标。

（三）供应链提升策略

企业通常的做法是，通过控制它们的各个作业部门的成本来实现供应链的增值，虽然它们所采取的方法不同，但是有一个共同点，就是仍然停留在传统的成本控制模式和运作管理的层面。20 世纪 80 年代至 90 年代，供应链管理工具主要包括物料资源计划、准时制生产、看板管理、持续改进、快速响应和全面质量管理。这些工具都很难达到实现供应链价值最大化和提高价值链水平的目的。也就是说，以成本为中心的供应链管理已经落后了。

竞争优势、电子商务、产品多样化、供应资源的多样化和日益提高的客户要求对现存的供应链模式提出更严酷的挑战。首先，企业必须认清怎样发掘供应链潜在的战略价值，继而确定供应链在企业价值最大化中所扮演的角色。

供应链对一家企业所产生的作用是巨大的、不可替代的。在完成连接企业、企业的产品、服务和顾客的整个供应链的过程中，即一个需求的“产生—满足”周期，供应链成本可能占到企业收入的一半或更多。在企业的经营战略中，供应链的主体作用不仅仅只是满足客户的需求这么简单。以战略价值的实现水平为标准，供应链的角色可以划分为五个阶段（五种状态），最低水平的供应链仅仅停留在运作管理层面——成本控制。在最高的层面，要求一家企业的价值链必须能够最大限度地实现战略性的价值，包括作业成本的控制、有效的资本运筹、风险管理并且实现收益。虽然每个角色都有截然不同的特征和内涵，但各个角色不是相互排斥的。

策略之一：稳定厂商阶段

稳定厂商是供应链上最低的战略价值贡献水平。在这个低水平的价值实现阶段，就像它和其他企业之间的供应链合作伙伴一样，外部环境对企业的影响不大。稳定厂商的角色存在于发展成熟的、变化慢的行业。例如，精制食盐制造行业，供应和需求都是均衡的。由于供应和需求是确定的，就大大减少了对预测的需要。由于整个供应链是确定的，如每个阶段要生产多少的产品是固定的，这种可预测性使得供应链对需求的变动反应不大。

流程规则、员工技能和技术重点都是为企业的长期运行而设计的，变化很少。以生产流程为例，由于规模生产，保持低成本并不需要进行有规律的过程重组，可预测性的需求使得对管理决策的要求也不高。同样，资产投资方向也非常具体明确。企业的管理费用和管理活动都可以减少到最低限度，需要对市场风险做出战略性转变的要求也不高。

策略之二：被动厂商角色

作为一个被动厂商，供应链角色在整个企业战略中的作用仍然很小。供应链通常通过对企业的销售和市场战略做出响应并支持，来满足需求。被动厂商的状态是非常不稳定的，若要保证高水平的服务，则需要不计成本的投入。除非一家企业在其他功能领域（如需求产生、生产创新等）或者其他的价值活动（如产品领导能力和客户亲密程度）等方面明显地优于别人，否则，作为一个响应型的供应商，企业要想长期生存是极其困难的。

策略之三：主动厂商阶段

从稳定厂商过渡到被动厂商，供应链仍然没有被提升到竞争的战略角度，或者说，仅仅意识到它的战略意义。供应链仍然是一个满足需求的角色，而不是带动需求。然而，作为一个有效的、集成的整体，现代供应链在满足需求的同时，也是一个低成本、提供优质客户服务的整合体，且不能各自为营。

内部实现集成的供应链流程寻求的是降低最终产品的总交付成本，而不是制造部门为提高自己的效率而牺牲物流或采购部门的效率。生产线经理、管理员等都具有并且理解绩效标准，这些标准明确了他们的行为怎么影响上游和下游的流程，他们的活动都以减少最终产品的总交付成本为准则。

很多企业把视线移向改进作业效率，而不注意资产成本方面的管理。技术的角色也发生变化。在它们降低总交付成本的努力中，很多企业把技术的获得看作供应链的首要任务，企业抱着降低劳动成本和改进生产能力及生产量的目的，不断地在新设备和自动化系统方面进行无谓的投资。

策略之四：有效的主动厂商阶段

从被动厂商向有效的主动厂商的转变才是一场真正的变革。制造和销售、市场部门的关系从结构上发生了根本的变化。供应链完全了解它所需要努力的方向，并且销售和市场功能被供应链视作一个组成部分。供应链必须能够循序渐进、按照既定目标自我完善，从而不断提高供应链的效率。

策略之五：收入边际利润驱动的厂商阶段

收入、边际利润驱动的厂商进一步促进供应链的变革。在满足需求和需求带动方面完成企业间的整合，实现了真正的供应链整合。在供应链的发展中，供应链真正被定位为企业间的合作战略，高层的战略方针包括对供应链的积极预测。例如个人电脑行业，按订单生产的供应链模式是边际利润驱动厂商的最好例子。

新的供应链战略建立在它与外部组织的交互作用的基础之上。企业资源规划系统达到与顾客和供应商以及其他结盟伙伴的双向的、即时的数据连接。真正的“拉动式”需求信息在组织间无缝传递，让供应合作伙伴达成一个共同的利润目标，并且完全实现预测、计划和补货程序的整合，达到提高库存透明度、连续补货甚至共同产品设计和分享技术知识的目的。此外，收入、成本、资产回报和收益性等方面的绩效评估也被提升到供应链层面。

技术的重点将放在信息系统的发展方面。和顾客、供应商和结盟伙伴实现即时的信息通信，无论是直接的，或者是由第三方提供的形式，它都将带来巨大的回报。

对于很多企业来说，供应链价值能够通过提升供应链的战略重要性来实现最大化。供应链必须实现从成本向价值目标观念的转变，企业领导者必须清楚这种转变的必要性。然而，仅仅是思想观念的转变是不够的，只有采取行动才能实现真正的供应链变革。组织结构、基础设施、作业流程和管理系统不仅仅局限于企业内部的供应链，而必须与客户、供应商和结盟伙伴进行整合。

物流企业供应链战略的典型案例——上海欣海报关有限公司

上海欣海报关有限公司（以下简称“欣海公司”）是上海市规模最大、最具有影响力的专业报关公司之一，是一家典型的外贸型物流企业。自 2008 年 8 月开始，公司的业务量开始逐步下滑，11 月以后，许多客户开始取消订单，业务下滑非常明显，12 月业务量仅为 2007 年 12 月的 58%。2009 年 1 月，欣海公司邀请了国内著名的某咨询公司帮助其进行供应链服务战略转型设计，提出了适合其向供应链服务转型的发展战略，具体来说，就是围绕业务拓展、客户发展、能力培育、网络化构建、人力资源管理、业务规范化运营、风险控制七个重点方面开展工作。

首先，欣海公司在业务拓展中提出要突破传统的报关报检业务，大力发展新兴的供应链服务，并强调利用服务创新，拓展新的客户和新的业务，因此，服务创新战略是该公司首先强调的战略。其次，公司在能力培育重点上，提出要大力增强企业在综合物流业务、供应链业务方面的信息系统设计与对接能力，建立了供应链业务管理平台，强调了信息化战略的重要性，出台了相应的操作方案。作为信息化战略的必要支撑，业务运作规范化与流程规范化控制工作也是强调的重点，因此，信息化战略在欣海公司融入供应链服务的战略转型中发挥了非常重要的作用。再次，从能力培育重点和网络发展重点两个方面来看，该公司还强调了资源整合战略的意义并提出在运输资源、仓储资源和全国网络化资源三个方面的物流运作资源整合方案。资源整合战略是欣海公司摆脱原先仅有报关业务的单一能力缺陷，实现了能力多元化发展的重要战略。最后，公司发展的第七个重点为风险管理控制，提出要突出加强对企业运营风险的控制工作，做到规范合同评审制度，加强客户资信评定，尽量减少自营，增加代理，缩短进出口收付汇期限，降低汇兑损失，谨慎开展加工贸易代理以及杜绝自身差错引发的风险等。这说明该公司在发展战略中特别强调了金融危机下风险管理战略的必要性，提出了风险管理控制的重点。

二、战略联盟

(一) 战略联盟概述

1. 战略联盟的定义

战略联盟作为企业组织关系的制度创新，已成为企业重新组合资源、培育和提升市场竞争能力的重要手段。它是指两个或两个以上的企业，为实现某种共同的战略目标或联盟竞争优势，在自愿、互信、互利、互补的基础上，通过协议或股权参与等策略的实施而结成的一种企业联合体或相互依存的企业网络。战略联盟是各企业在追求长期竞争优势过程中为达到阶段性企业目标而与其他企业的结盟，通过相互交换互补性资源形成合力优势，共同对付强大的竞争者。企业战略联盟多为长期性联合与竞合，而联盟各方仍旧保持着原有企业管理的独立性和完全自主的经营权。企业战略联盟形成的外在条件主要是世界经济的全球化、区域经济的一体化、科学技术的飞速发展。不同行业的战略联盟具有不同的动机，其内在动因主要有实现战略目标、提升各自核心竞争力、开拓国际市场、获得规模经济、防止过度竞争和降低经营风险等。

2. 战略联盟的特点

目前，网络或组织已成为企业组织发展的一种趋势，战略联盟具备网络组织的特点。

(1) 边界模糊。战略联盟并不像传统的企业具有明确的层级和边界，而是一种“你中有我，我中有你”的局面。

(2) 关系松散。战略联盟主要是契约式或联结起来的，因此合作各方之间的关系十分松散，兼具了市场机制与行政管理的特点，合作各方主要通过协商的方式解决各种问题。

(3) 机动灵活。战略联盟组建过程也十分简单，无须大量附加投资。而且合作者之间关系十分松散，战略联盟存在时间不长，解散十分方便；所以战略联盟在适应变化的环境时可迅速将其解散。

(4) 运作高效。合作各方将核心资源加入到联盟中来，联盟的各方面都是一流的；在这种条件下，联盟可以高效运作，完成一些企业很难完成的任务。

3. 战略联盟的类型

战略联盟的类型如表 4 - 2 所示。

表 4 - 2　　战略联盟的类型

研究的视角	类型
治理结构	股权式联盟（合资、相互持股）、契约式联盟（生产、研发、销售等环节）
价值链	横向联盟、纵向联盟、混合联盟
合作的正式程度	实体联盟、虚拟联盟

小贴士

实体联盟是指主要靠股权、合作协议等具有法律效力的契约约束组成的联盟。虚拟联盟是指不涉及所有权的和以法律作约束力的、彼此相互依存的联盟关系。维系虚拟联盟主要是靠对行业法规的塑造、对知识产权的控制以及对产品或技术标准的掌握和控制实现的，通过这些“软约束”协调联盟各方的产品和服务。

4. 战略联盟的形式

(1) 合资企业。这种合作性经营活动，是由两个或多个独立组织为了实现战略目标而组建的一个独立经营实体，并且分配好所有权、运营责任、财务风险以及对每个成员的回报，而各组织仍保留各自原来的身份和自主权。合资企业是最常见的战略联盟形式。组建合资企业是一种将合作伙伴的不同优势暂时组合起来以得到对双方都有价值的结果的一种方法，比如说需要一方的技术和另一方的营销渠道，就可以组建合资企业。合资企业的缺点包括丧失控制权、利润较低、与合作伙伴有可能发生冲突、可能把技术优势转移给合作伙伴。合资企业一般都是暂时的，特别是有些企业把它视为改变竞争劣势的出路，直到自己在合作关系中取得长期主导权，这正是合资企业失败率高的部分原因。然而，研究表明，如果合作双方在合资企业中拥有平等的所有权，在取得成果的过程中相互依赖，合资企业就更容易成功。

(2) 研发协议。为了某种新产品或新技术，合作各方签订一个联发协议；汇集各方的优势，大大提高了成功的可能性，加快了开发速度，各方共担开发费用，降低了各方开发费用与风险。

(3) 定牌生产。如果一方拥有品牌知名度，但生产力不足，另一方则有剩余生产能力，则另一方可以为对方定牌生产。一方可充分利用闲置生产能力，获取一定利益，对于拥有品牌的另一方，还可以降低投资或购并所生产的风险。

(4) 特许经营。通过特许的方式组成战略联盟，其中一方具有重要无形资产，可以与其他各方签署特许协议，允许其使用自身品牌、专利或专用技术，从而形成一种战略联盟。拥有方不仅可获取收益，还可利用规模优势加强无形资产的维护，受许可方当然利于扩大销售、获取收益。当企业商标或品牌非常有名，而企业又没有足够资金支持直接进入另一国家时，特许经营是一种特别有效的战略。但是，接受许可企业也许会发展出足够的能力，从而成为发出许可企业的竞争对手。因此，一个企业绝不应该将自己的独特能力许可出去，即使是为了获取某些短期的优势也不行。

(5) 相互持股。合作各方为加强相互联系而持有对方一定数量的股份，这种战略联盟中各方的关系相对更加紧密，而双方的人员、资产无须合并。

(6) 共同服务协议。处于相似产业的相似企业之间的伙伴关系，它们共享资源以获得某一项如果单独开发（如获取先进技术）代价非常高昂的利益。

（7）价值链伙伴关系。一个企业或事业部为了共同利益而与关键供应商或分销商形成一种长期协议。随着外包的发展，这种战略联盟形式变得极为流行。这种关系不仅仅能给买方企业带来好处，研究表明，缔结长期关系的供应商比那些签订多个短期合同的供应商能够获得更大的利润。

（二）战略联盟的战略优势

1. 创造规模经济

小企业因为远未达到规模经济，与大企业比较，其生产成本就会高些。这些未达到规模经济的小企业通过构建联盟，扩大规模，就能产生协同效应，即“1＋1＞2”效应，提高企业的效率，降低成本，增加利润，以追求企业的长远发展。

2. 实现企业优势互补，形成综合优势

企业各有所长，这些企业如果构建联盟，可以把分散的优势组合起来，形成综合优势，也就可以在各方面、各部分之间取长补短，实现互补效应。

3. 可以有效占领新市场

企业进入新的产业要克服产业壁垒，企业进入新市场也同样要越过壁垒。通过企业间的联盟合作进入新市场，就可以有效克服这种壁垒。

4. 有利于处理专业化和多样化的生产关系

企业通过纵向联合的合作竞争，有利于组织专业化的协作和稳定供给。如丰田公司只负责主要部件的生产和整车的组装，减少了许多交易的中间环节，节约了交易费用，提高了经济效益。而通过兼并实行联盟战略，从事多样化经营，则有利于企业寻求成长机会，避免经营风险。

（三）企业战略联盟的风险

战略联盟是一项复杂多变的系统工程，存在联盟体的多重性、成员的多元性、地域上的无国界性和组织上的非永久性等诸多不确定因素。虽然战略联盟有可能为所有合作伙伴创造一个双赢的机会，但其失败率却一直居高不下。因而，在乐观地看到由于战略联盟的成功带来收益的同时，有必要冷静地思考战略联盟存在的风险，采取合适的措施及策略加以防范。

所谓战略联盟风险，是指由于战略联盟内部系统、外部环境的不确定性、复杂性而导致合作联盟的成员企业发生损失的可能性。联盟的组织结构和组织关系在本质上是不稳定的，这些不稳定很可能是导致联盟失败的主要原因，具体体现在以下七个方面。

1. 联盟企业间战略目标的变化

企业建立战略联盟的目的是实现其各自战略目标。企业内外部环境的变化，有时会影

响到企业的战略经营目标，导致战略联盟企业各自的战略目标出现新的差异。当有些企业借助初期的联盟获得了技术和资金，或者掌握了在目标市场开展营销的知识之后，认为本企业已经没有继续联盟的经济必要时，则会甩掉联盟企业，为了新的战略目标去寻找新的经营机会。

2. 联盟企业合作动机及目的不同

企业联盟产生的动因很多，有的是为了采用外部资源并积极创造条件以实现内外资源的优势相长，提升自身的竞争力；有的是为了避免单个企业研究开发的风险；有的是为了通过与大企业合作扩大市场份额，提高利润率等。具有防御动机的联盟成员，合作性不高；具有追随动机的联盟成员合作性最高；具有维持动机的联盟成员一直保持着观望；具有重组动机的联盟成员想通过联盟达到重组或兼并的目的，因此，合作的积极性最低。由于联盟企业合作动机的多样性决定了联盟目标的不确定性，最终必然导致联盟的失败。

3. 战略联盟伙伴的选择不当

选择合适的战略联盟伙伴是联盟顺利发展的首要条件。如果联盟伙伴选择不好，必定不能达到企业联盟的目标，甚至还会给联盟各方造成损失。美国布兹·艾伦·汉密尔顿顾问公司 1997 年对 500 多家企业的首席执行官（CEO）就有关企业联盟失败的原因展开调查，95%以上的 CEO 认为选错联盟伙伴是联盟失败的首要原因。研究结果显示，70%战略联盟的失败与伙伴相关。

4. 联盟方案的不完备

在方案签订时，联盟企业应该对方案实施进行充分的利弊分析，特别是对有可能出现的问题作周密研究。这些问题中，一部分是在联盟签订时可以预见的，但是对于可能出现的问题没有制订对应的配套措施；另一部分是在方案制订时，双方对实施联盟可能出现的问题没有考虑全面，也不可能对这些问题制订相应的配套措施，一旦这些问题出现，联盟企业都应对不及，进而导致联盟的失败。

5. 联盟组织管理不善

实施联盟增加了组织管理的难度，使联盟管理受到了管理滞后的严重束缚。战略联盟会在实施过程中受到扭曲或削弱，其成功很大程度上取决于对联盟企业的管理水平。企业联盟是一种网络式的松散组织，其内部存在市场和行政的双重机制，因此对于单一企业而言，其管理的难度更大。由于联盟各方的利益和冲突不能以行政方式解决，客观上要求联盟各企业一方面要保持相对的独立性；另一方面要建立和运行一个科学的管理系统来维持组织的正常运作，并发挥联盟的功效。这使得联盟组织和管理都很困难，给协调和控制过程中带来了很大的不确定性，增加了联盟失败的可能性。

6. 联盟各方的收益不对称

联盟所取得的利益一般根据合作协议有一定的分配结构，其中一部分可以共享，其他部分则不能共享。战略联盟失败最根本的原因之一是成员企业间的共同利益难以得到长期保证，合作过程中往往由于短期行为导致联盟关系的瓦解。一方面，各联盟成员为追求共同利益的极大化，通过联盟形成利益共同体的协同关系；另一方面，各联盟成员又为追求自身利益的最大化而进行相互竞争。联盟成员企业的个人利益和联盟的共同利益之间的关系即成员企业往往错误地将其短期收益看得高于企业未来竞争优势，因而造成联盟基础的不稳定。

企业经营的根本目的在于使企业利润最大化、保证股东的投资回报；而建立联盟的动因是取人之长、补己之短，发挥协同效应。由于联盟双方的增值结构总是不对称的，联盟双方的收益结构有一部分是共享的，其他部分则是独立的。共享收益可能与独立收益之间存在此消彼长的关系，这时双方便有牺牲共同利益而让独立部分最大化的动机，从而造成联盟双方关系的紧张，导致联盟失败。

7. 联盟企业间的文化差异

当两个或两个以上具有不同文化背景的企业进行联盟时，便会产生一定程度的文化冲突。一般而言，各个企业都有着各自的企业文化特点，存在一定的差异性。在结成联盟企业时，如果彼此之间文化差异较大，且不能有效整合沟通时，便会导致企业组织、员工在理念和行为上的意见分歧和冲突。当这种文化冲突无法协调时，有的企业可能退出联盟，最终以联盟的失败和解体而告终。

此外，由于多重联盟导致的公司间纷繁复杂的网络关系，使企业与彼此利益有冲突的企业寻求联盟，增加了联盟内部的不协调和矛盾；由于政治因素及宏观环境的影响，使许多联盟因所谓的“国家安全”而受到限制甚至解散。

（四）企业战略联盟的风险防范策略

由以上分析可知，企业间战略联盟的失败存在多方面的原因。因此采取适当的措施来加强联盟企业间的联系，避免战略联盟的失败显得尤为重要。

1. 企业首先应该更新竞争观念，高度重视战略联盟的真实内涵

战略联盟必须明确联盟的内涵及有效的运作策略，并能认识到战略联盟存在的潜在问题。战略联盟有两个判定标准：①战略联盟的目的，首先是战略性的；②战略联盟通过联盟来达到其战略目的。战略联盟的判定标准要求，要使一种合作关系成为战略联盟，其目的必须是为了追求公司的一个或多个战略目的或目标。战略联盟可能会给公司在战术上、运作上和财务上带来好处，但其首要目的是为公司战略服务。

2. 慎重选择合作伙伴

选择合适联盟伙伴是战略联盟成功最为关键的一步。因此，企业管理者理性地认识和评估潜在合作伙伴是完全必要的。可利用 SWOT 法分析评测可供选择的企业在价值链上的优劣势，从中找到符合自己要求的匹配企业。在评估潜在的合作伙伴时，应考虑以下几

种因素：互补性、相容性、双赢性、整合性、一致性、潜在伙伴的综合实力对等性。

在对待合作伙伴的态度上：

（1）一家企业能否从战略联盟中获益，取决于它向战略伙伴学习的能力。

（2）企业所有的工作人员都应该了解合作伙伴的长处和短处。

（3）好的合作伙伴不会为了自己的目的而机会主义地利用自己的合作伙伴。

此外，还可以从自己现有的合作伙伴中寻找，即从现有客户中选择有以下优点的合作对象：

（1）对对方企业的能力、商业理念和企业文化有比较清楚的了解。

（2）人际关系纽带已经建立。

（3）以前相互往来的经历为两家企业能否友好相处提供了有力证据。

（4）合作双方对将要组建的联盟企业的业务都很熟悉。

3. 选择合适的联盟形式

战略联盟的方式很多，从不同参与程度或紧密程度高低而言，从低到高排列，有许可证转让、研究开发伙伴关系、合资企业、股权参与等。在选择战略联盟方式时，通常有一个从低程度参与向高程度参与发展的过程。从联盟各方所处业务性质不同，又可分为横向联盟方式、纵向联盟方式和混合联盟方式。战略联盟方式的选择应有一定的策略或机智性。采用何种方式，必须依据企业的战略目标，还应考虑达到目标的可行性。为了保护企业自身的权益，避免重要资源的流失，企业要根据自己所拥有的谈判筹码来决定合作方式。

4. 建立合理的组织关系，设计良好的管理机制

战略联盟是一种网络式的组织结构，在战略联盟设计之初应针对合作的情况，确定合理的组织关系，对联盟各方的责、权、利进行明确的界定，防止由于组织不合理而影响其正常运作。战略联盟一般比较适用虚拟管理，应特别重视协作效应，并强调给合作各方都带来效益。

5. 加强联盟内的相互信任

战略联盟内的相互信任之所以重要，首先，是因为战略联盟所面对的双重不确定性环境。信任能确保成员企业以共同都能接受的行为对这些未知环境做出相应的反应。其次，信任能降低可觉察到的有可能产生的损失，减弱或消除机会主义的动机和行为，使成员企业能有效共享整合优势。加强联盟内的相互信任，比事先预测、依靠权威，或进行谈判等手段可更快、更经济地减少联盟内部的复杂性和不确定性，并能因此改善联盟的绩效。

6. 加强联盟企业间的沟通，实现多层次的整合

联盟各方应有意识地通过多层次的多种联系保证交流、沟通、协调和控制，实现以下五个方面的整合：一是实现高层领导者之间持续接触，实现联盟的战略整合；二是使中层

经理人员或专家们一起制订联盟行动的计划，实现联盟的战术整合；三是联盟应为工作人员及时提供信息、资源和人力等完成任务所必需的要素，促进联盟在用语和技术标准上达成一致，实现操作整合；四是合作者之间只有建立融洽的人际关系，才能保证联盟的正常运转，实现联盟的人际关系整合；五是不同的企业在文化层面上往往有各自的特点，只有实现联盟的文化整合，才能保证战略的顺利实施。

7. 建立合理的退出机制

作为防范，在缔结战略联盟之前，企业就必须准备好撤退战略。如企业在发现联盟已经和自己的发展战略相冲突或与盟友的发展战略相矛盾时，战略联盟的优势已经不存在或已存在潜在的风险时，应立即停止联盟的实施。当联盟产生无法避免的风险导致联盟关系破灭时，合适的退出机制是减少退出成本的关键。联盟关系破灭大多是能力强的一方兼并或收购能力弱的另一方。因此，联盟企业首先应该明确自己所处的角色，建立自身的风险预警系统，规划可能出现的结果。测算企业退出联盟的代价，以免在联盟突然终止时措手不及。

物流企业战略联盟的典型案例——重庆长安民生物流公司

重庆长安民生物流公司是民生实业、美集物流和重庆长安汽车集团3家公司合资成立的。民生实业集团目前已发展成为中国最大的民营航运企业集团，拥有江、海船舶100多艘，集装箱及商品车运输专用车100辆，是为汽车制造企业提供物流服务的理想公司。美集物流运输公司是新加坡东方海皇集团旗下的控股子公司，在全球供应链管理方面处于领先地位。而长安汽车集团（以下简称“长安集团”）曾在2010年国际汽车制造商协会(OICA)发布的全球汽车企业销量排行中，以168万辆的自主产量，跻身中国汽车企业第1位，全球车企第13位。

民生实业集团作为民营航运企业，服务质量高，信誉度好，技术力量雄厚，综合实力较强，具备较为完善的国内和国际运输网络，长江干流航运上的领导地位，制度建设已有一定的基础，因此只有找到货源，才能充分发挥民生资源的效用。美集物流拥有陆上运输资源、先进管理经验和IT管理系统，但对地方政策不熟悉，在国内需要寻找销售渠道。长安集团则想通过寻求输送汽车产品的渠道来降低物流成本，集中有限的资源到汽车制造核心竞争力上。

民生实业集团、美集物流和长安集团为了实现公司各自的战略意图，在保持相对独立的法人地位基础上，相互之间选择对方作为合作伙伴，组建了战略联盟——重庆长安民生物流公司。2001年8月，长安集团选择与民生实业结盟，建成合资企业——长安民生，共同在现代物流领域迈出了决定性的第一步。美集物流看中长安集团在汽车制造业上的优势和民生实业在长江干流航运上的领导地位，选择入股长安民生物流公司，成为长安民生物流企业的结盟伙伴。美集加盟后的新长安民生抓住西部大开发、西南地区物流业大发展的机遇，集中各股东的优势，整合分散的物流资源，为客户解决物流过程中的各种问题，极大地提高了自身的竞争优势，如在西南地区，长安、万友集团在仓储、公路、铁路运输方面的资源优势可为客户提供操作平台；在海运方面，美集物流公司的兄弟公司——美国总统轮船公司可提供远洋运输支持；而在近海及长江干流上，则有民生实业集团的海运船舶、大型汽车滚装船、集装箱船和足够数量的杂货船舶、商品车运输专用车等运输力量。同时美集在物流方面的先进管理经验和管理系统是新长安民生可以积极借鉴的。

三、供应链战略联盟

（一）供应链战略联盟的概念

供应链战略联盟是指在同一条供应链中企业之间形成的合作伙伴关系，它们的资源、能力和核心竞争力都能结合在一起使用，从而获得企业在设计、制造、产品或服务提供上的共同利益。因此，供应链战略联盟的形成是以供应链战略伙伴关系为基础，每个成员企业都在各自的优势领域为联盟贡献自己的核心能力，相互联合起来实现优势互补、风险共担和利益共享。在全球化的时代，独当一面不再是实力的象征。一方面，每个企业都不能忽视战略联盟，否则就有在竞争中被淘汰的危险；另一方面，那些积极主动地寻求合作伙伴的企业可以更好地拓宽业务范围，扩大客户群，发现新的合作渠道，从其他公司的优势中获益，以及充分利用合作伙伴的品牌。这样一来，价值链中的每个环节都分别由效率最高的合作伙伴来完成，可以实现各个环节对价值链增值的最大贡献。相应地，价值链上各节点企业也实现了最大限度的增值，从而达到“共赢”的协同效应。

小贴士

这里需要注意的是供应链战略联盟和供应链是两个不同的概念，供应链战略联盟是一种企业之间的关系状态，而供应链则是供应链上的节点企业为规定各自的行为所采取的一种组织形式。供应链战略联盟体现了一种基于企业核心竞争力的战略资源整合思想。

（二）供应链战略联盟的特点

供应链战略联盟具有以下特点：

（1）目标性。供应链战略联盟都是围绕着一个共同的目标而建立的。

（2）虚拟性。它不具备实体形态，而是依靠网络实现信息共享。

（3）独立性。联盟中的每个企业都是独立实体，相互间不存在隶属关系。

（4）互补性。成员企业间都拥有自身的核心竞争力，优势互补产生协同效应。

（5）共赢性。强强联合产生高于独立行动所获得的收益。

（6）复杂性。联盟中的各个企业既竞争也合作，因竞争而合作，靠合作来竞争，合作与竞争并存，从而增加了管理协调的难度。

(7) 风险性。供应链战略联盟蕴含着一定的风险，包括联盟管理和合作风险、投资与战略“套牢”风险、技术与知识产权风险等。

(三) 企业缔结供应链战略联盟应注意的问题

随着全球经济一体化的不断演进，企业的发展越来越离不开联盟，联盟是发展企业核心竞争力的有效途径，但并非所有的联盟组织都能向增进企业核心竞争力的方向发展。供应链战略联盟有成功的机会，也有失败的风险，对于处于经济开放条件下的企业来说，为了获得持续的竞争优势和保持在市场中的有利地位，必须把握建立供应链战略联盟应该注意的问题及影响联盟成功的关键因素，构建新的创造和发展的基础，使供应链战略联盟向良性方向发展。

1. 慎重选择合适的合作伙伴

由于战略联盟中成员企业之间关系相对松散，市场和行政双重机制同时起作用，战略联盟的成败取决于企业之间真诚的合作，所以要选择有真正合作诚意的伙伴。相同、相近的价值观会尽可能消除信息不对称所产生的影响，战略资源具有互补性、产品线完整性等是选择合作伙伴首要考虑的问题。同时，还要考虑合作伙伴的产品和市场立足点是否能够对公司自己的产品和顾客形成有益的补充。供应链战略联盟最终是通过不同企业优势互补及资源整合达到“1+1>2”的效果，这就要求合作伙伴最好各自具备某种竞争优势，而且这种优势应当能在一段时间内保持稳定，并具有较强的发展潜力。此外，确定协调一致的目标是保证战略联盟持续成功的重要条件之一，但事实上，联盟伙伴之间的战略目标差距是存在的，这就要求联盟伙伴进行协调，寻求缩短目标距离的途径和利益契合点，并在此基础上建立相对紧密的战略合作伙伴关系，把供应链战略联盟作为促进和优化供应链竞争实力的长期谋划。

2. 选择适宜的联盟方式和联盟机构

供应链战略联盟的方式有很多，包括供应和购买协定、市场或销售协定，提供技术服务协定、管理合同等。无论采取何种形式，都必须根据企业的战略目标，依照企业利润产生的源头，规划符合企业内在发展规律的联盟机构，且联盟机构必须独立且强有力。这里需要注意的是，为了保护企业自身的权益，供应链战略联盟必须步步为营，以避免重要资源的损失。合作是有限度的，企业不应该做出战略性妥协。战略联盟是一个不断讨价还价的过程，合作各方真正关心的内容可能超出法律协议的范围。成功的企业要经常告诫各个层次的员工哪些技能和技术不能向合作伙伴透露，并监视合作伙伴需要什么和得到了什么。

3. 注重联盟企业间的沟通与协作，加强彼此的信任基础

战略联盟可以给企业带来竞争优势，实现企业战略目标，却非常难以管理。在建立和

运营过程中有很多复杂问题和困难。因此。实施战略联盟并提高成功可能性必须有一种联盟合作思维方式及合作意识，要使所有与战略联盟形成及运作有关的人员都清楚地理解和意识到联盟能给企业带来的利益和风险，并且加强联盟成员之间的沟通与协作，在整体战略及企业文化方面达成共识。在供应链战略联盟中，不同文化产生的摩擦和纠纷是不可避免的，尤其是在国际联盟中，以各民族传统文化为根基的企业文化难免会有碰撞和冲突。如果企业管理者不能及时进行信息沟通，解决跨文化融合的难点问题，供应链战略联盟就难以取得长期稳定的发展，企业核心竞争力也难以扩展。因此，联盟伙伴之间应当具备对文化差异的充分理解态度和灵活协调能力，彼此相互信任、忠诚守信，从而为联盟的长久生存和成员企业的共同发展打下坚实的基础。

4. 要建立完善的信息沟通网络

信息在供应链战略联盟体内迅速传递和处理是供应链战略联盟成功的重要前提，也是企业核心竞争力的重要构成之一。供应链战略联盟企业必须通过积极有效的沟通，尽可能保持本企业发展目标与联盟目标的高度一致，使供应链战略联盟能够对瞬息万变的市场环境做出快速有效的响应，充分把握市场机会，完成供应链战略联盟的任务。总之，在建立战略联盟过程中，一定要达成以下共识，即合作是以不同形式开展的竞争，也就是合作中的竞争和竞争中的合作；尽管参与合作的各方竞争目标不同，但战略目标却可能是相同的，应该相互允许在共同从事的业务中共同发展；融洽并不是合作成功的最重要标志，偶尔的冲突是合作中存在互惠互利、优势互补的最好证明；合作是有限度的，企业不应该做出战略性妥协；向合作伙伴学习是最重要的任务。

（四）我国企业建立供应链战略联盟的建议

在分析影响供应链战略联盟的关键因素基础上，结合目前我国企业供应链战略联盟存在诸如企业缺乏核心竞争力和信用机制不完善、联盟成员间的利益与责任难以协调、企业信息化程度不高、组织管理难度加大、组织文化和战略目标缺乏融通点，导致供应链战略联盟名存实亡、企业学习能力欠缺等问题，提出我国企业建立供应链战略联盟应特别重视的几点。

1. 愿景和目标的一致性

建立长期战略目标和“共享愿景”，杜绝合作中的短期行为，长期战略目标一致是确保联盟稳定的关键因素。

2. 联盟伙伴选择的匹配性

如果联盟双方的规模和实力相当，就能实现联盟的稳定性。

3. 分享管理控制权

供应链战略联盟优势企业因为技术与资金上的优势、管理经验丰富，往往把握联盟中几个关键性位置，掌握联盟实际管理控制权。劣势企业在联盟治理结构中占据不利的位置，并不能将自己的联盟目标付诸实施，导致其积极性减弱，影响联盟的整体效益。积极推进管理信息化，是减少管理滞后现象、避免管理冲突的有效途径。

4. 联盟企业文化融合

联盟伙伴之间应该具备一种对文化差异理解的态度、灵活地协调文化差异的能力、向对方长处学习的热情和相互信任及强烈的责任感等。特有的企业文化与联盟伙伴的文化具有一致性、兼容性，才能相异、相交、相合以至趋同，并在趋同过程中创新、构建外向发展企业文化，这对于供应链战略联盟的稳定、发展具有推动作用。

5. 保持自身的核心竞争力

拥有核心竞争力是企业加入联盟的巨大优势，所以联盟企业在合作过程中，一定要保持这种优势，时刻防范合作伙伴的机会主义行为对自身的伤害。

6. 增强风险防范

建立风险控制机制和监督预警机制，定期或不定期对联盟伙伴和结盟利益展开动态监测和评估，对联盟过程中可能出现的各种风险及时预警并有效控制。所以，对中国企业建立供应链战略联盟来说，特别要注意收益的对称性和风险的分担。

7. 建立学习型组织

在供应链战略联盟中，通过互补和协同效应实现外部知识的内部化和整体知识的优化整合，从而增强组织柔性，并带来更大的动态竞争优势。

8. 提高企业的信用

企业应该以诚信为本，建立自我可信任的形象，在市场交易中保持较高的市场信誉，这样就可以获得更多合作伙伴的青睐和信任。这对企业加入联盟后提高其在联盟中的地位有很大的帮助。

企业供应链战略联盟的典型案例——大成集团

长春大成集团是由香港大成公司投资的，主营产品是农副产品和饲料。目前已经是上市公司，市值约为200亿元。大成集团的管理水平居国内领先地位，在发展历程中大成集团根据自身的战略方向和目标，重视供应链战略联盟，提高企业核心竞争力，不断开拓市场，不仅是中国第一，也是亚洲排名第一的玉米深加工企业。大成集团的玉米供应链战略联盟主要有以下经验。

第一，与上下游企业合作。大成集团的上游企业是原料供应商，主要由玉米购销企业、经纪人和农户构成。大成集团将玉米种植、生产、加工、销售集中起来，实现以玉米为主的、一体化的园区。大成集团下游企业众多，其中，大成集团与可口可乐公司组成战略联盟，合作开发聚酯树脂，用于瓶装可口可乐；与海天集团组成战略联盟，研发新型植物环保融雪剂、不饱和聚酯树脂等。

第二，股权收购。1999 年大成集团转让大成淀粉开发有限公司 50%的股份给长春北方五环实业股份有限公司。大成淀粉开发公司是一个中外合资企业，大成集团占有其中 50%的股权，这次股权转让也充分发挥了玉米的优势。2011 年大成糖业收购大成生化的长春成玉米开发有限公司，同时为母公司和子公司带来利润的增加。

第三，合资。2001 年，大成集团与世界一流的玉米深加工企业——美国嘉吉公司组建战略联盟，合资成立大成嘉吉公司。两大公司的战略联盟提升了大成集团在国际玉米市场上的地位，给大成集团带来了技术优势，节约了研发成本，同时拓展了大成集团的市场，引领大成集团迈向国际市场，与世界接轨。

第四，注重供应链的合作关系和合作绩效。一个公司发展壮大的程度有限，而一个产业的快速发展能带动供应链的所有环节，实现资源最优化。由于需要研发、仓储、物流等一系列配套产业，大成集团的发展也带动了相关产业。对于供应链上的其他中小企业及相关产业，大成集团与之签订长期合同（或建立企业间战略联盟），由此衍生出的玉米经济给供应链的各个环节带来了巨大的经济利益。

思考题

一、名词解释

1. 低成本战略
2. 差异化战略
3. 响应性供应链战略
4. 战略联盟

二、单项选择题

1. 以下不属于定期采购量标准构成的是（　　）。

A. 订购周期平均耗用量　　B. 交货期平均耗用量
C. 保险储备量　　D. 日均耗用量

2. 差异化战略选择的外在依据是（　　）。

A. 顾客差异化　　B. 组织差异化　　C. 价值创造　　D. 市场竞争

3. 聚焦战略的风险不包括（　　）。

A. 竞争领域过于宽广　　B. 竞争领域过于狭小
C. 技术与知识产权风险　　D. 技术会影响或改变产业细分模式

4. 有效性供应链战略是指能够以（　　）将原材料转化成零部件、半成品、成品，以及在供应链中的运输等的供应链战略。

A. 最短时间　　B. 最低成本　　C. 最低库存　　D. 以上均不正确

5. 以下属于战略联盟特点的是（　　）。

A. 边界明确　　B. 关系紧密　　C. 机动灵活　　D. 效率低

三、多项选择题

1. 成本领先战略的优点包括（　　）。

A. 价格优势　　B. 能够承受原材料的涨价

C. 竞争对手不易模仿　　D. 受新技术冲击小

2. 物流企业差异化战略的三种基本形式为（　　）。

A. 物流价格差异化　　B. 物流服务差异化

C. 员工素质差异化　　D. 品牌形象差异化

3. 费希尔按需求模式将产品分为两类，分别为（　　）。

A. 应急性产品　　B. 功能性产品　　C. 创造性产品　　D. 服务性产品

4. 我国供应链战略管理存在的问题包括（　　）。

A. 对供应链管理思想认识不足　　B. 供应链战略没有得到足够的重视

C. 供应链战略与其他战略的匹配存在问题　　D. 供应链战略合作关系有待加强

5. 供应链联盟的特点包括（　　）。

A. 目标性　　B. 实体性　　C. 互补性　　D. 风险性

四、简述题

1. 差异化战略的实施误区包括哪些？

2. 产业细分的步骤包括哪些？

3. 企业缔结供应链战略联盟应注意哪些问题？

五、论述题

论述物流企业进行战略联盟的风险，并提出相应的防范措施。

六、案例分析

案例分析 1

格兰仕的物流经营战略

广东格兰仕（集团）公司（以下简称“格兰仕”）是一家以微波炉、空调为主导产业，以小家电为辅助产业的全球化家电生产企业，其前身是广东顺德桂洲羽绒厂，创始人是梁庆德。在经历了 20 多年的发展后，格兰仕在全球家电市场取得了辉煌业绩。

一、发展战略

在中国现有国情下，只有找到一条能充分发挥比较竞争优势的道路，企业才能在竞争中立于不败之地。丰富而廉价的劳动力国的优势资源，决定了中国在生产制造方面具有很大的空间。

（一）成本领先战略

格兰仕是在世界大企业的产业升级中寻找自己的位置，其比较优势在于成本领先，其中最主要的是劳动力成本优势和规模优势。依靠成本领先战略（劳动力生产成本低），通过协作分工、专业化生产，将自己变成专业化的全球加工制造中心。但格兰仕并不是单纯地依赖规模经济，而是综合利用规模经济和管理上的高效率。

格兰仕通过引入竞争机制、增强与其他企业的合作、减少管理层次、塑造企业文化等措施来降低内部的交易成本，提高劳动效率。平均来说，其管理费用只有同类企业的一半左右，而其工人的劳动生产率要比同类企业高50%以上。因此，即使企业规模一样，格兰仕通过严格的内部管理措施，也使其产品成本比同类企业低5%～10%。格兰仕通过与相关企业建立长期的合作关系，降低了相互间的交易成本。

（二）专注核心业务，实现持续发展

格兰仕一直坚持基于核心业务的持续发展战略。核心业务是企业持续增长的基础，是建立在最具优势的产品、市场、销售、技术基础上的。在企业核心业务得到不断强化的前提下扩展到相关业务领域，使企业能在较长的一段时期内销售和利润同时增长，实现资本拥有者的价值，从而实现企业的持续发展。

格兰仕进入了制冷行业以后，通过统一的品牌策略提高空调器产品系列和原有的微波炉产品系列之间的关联度，一方面有效地控制了企业的生态维度，另一方面也进一步支持和强化了微波炉核心产品的市场地位。

（三）差异化营销，走向全球市场

差异化营销从核心产品和相关产品两个方面考虑。核心产品微波炉的市场领导者地位已经确立，其差异化营销重点放在新技术开发、新市场开发和品牌忠诚度提升上，而相关产品空调器尚处于市场开发阶段，其差异化营销重点放在鲜明的产品特色、快速渗透的价格策略和高起点的品牌建设上。

格兰仕在微波炉产品上使用的降价策略与其他家电产品在使用降价策略时是不同的，格兰仕是在质量管理、服务管理和成本控制的基础上实施的主动战略，一方面提高微波炉行业进入的门槛，减少竞争者；另一方面扩大市场空间、消化产能、充分发挥企业资源利用的效益。

营销战略的目的是要打开国内乃至国际市场，格兰仕主要分四步走：

第一，培育市场。通过赠送小家电多样性使用图书、在报刊上开辟专栏等方式，培育中国的市场。

第二，启动市场。通过建立全国性的营销网络，主要是与各地代理商合作，共同启动市场。

第三，占领市场。在微波炉市场上主要通过价格战方式，而在电饭煲市场上，则通过多年的赠送活动来占领市场。

第四，巩固市场。通过不断推出新产品，针对不同的市场需求推出合适的产品来实现。还有，通过提高产品服务质量和水平来巩固市场。例如，格兰仕推出的“四心级”服务（为顾客诚心、精心，让顾客安心、放心），“三大纪律、八项注意”的规范服务，一地购物、全国维修的跨区域服务等，都是格兰仕巩固市场的重要策略。

（四）开放式战略同盟，国际化贴牌生产

有效地利用并整合企业内外部资源，是一个企业能否做大做强的关键。中国的企业重组与整合，不再只是弱者或亏损者的专利行为了，而成为了强者更强的有力武器，成为中国企业跨入国际市场大门的"金钥匙"。格兰仕则在这方面是中国企业的楷模。

(1) 供应商方面：格兰仕开放式的全球采购，吸引了众多一流的上游供应商与之结成战略同盟，整合资源，共担成本风险。

(2) 经销商方面：坚定不移地向优势商家倾斜。格兰仕厂家将奖励集中在年底发放，就是要将有限的资源真正向那些主推格兰仕的A级优秀的经销商倾斜，对那些只顾眼前利益、忠诚度差、营销能力又差的客户，要进行降级处理。

无论在国内还是在国外，格兰仕的销售都是通过经销商来完成的，在格兰仕看来，自己组建销售队伍相当不划算，而格兰仕的强项在于制造方面挖掘潜力。

当格兰仕微波炉在国内市场占到70%以上份额后，企业开始将战略重心移至海外。在过去几年中，格兰仕充分利用欧、美、日、韩等家电制造十分发达的跨国公司产业专业的机会，利用格兰仕的劳动力优势、体制优势、服务优势、文化优势，与全球众多跨国公司在技术、管理、装备、网络、品牌等方面进行全球性的优势整合，形成一个全球大工业化生产、全球大流通、全球大配套的专业化分工协作的产业链，称为"高级OEM"（贴牌生产）。

为适应国际化经营的战略需要，格兰仕集团自1998年开始聘请全世界著名的咨询公司——安达信公司（Andersen）为财务顾问，具体制定和实施格兰仕的财务战略。以Andersen公司的实力和经验，可以推断，格兰仕集团的财务战略对其竞争战略、总体战略的实现将会起到巨大的作用。

二、小结

格兰仕通过自身努力，用自己的比较优势整合了全球制造资源，在全球大生产、大流通、大配套的产业链中，将自己定位于大生产制造环节之中，使其成为微波炉、空调的世界工厂。格兰仕之所以成功，不仅仅是因为它导入和消化了外国先进技术和学习世界优秀企业的经营管理，更重要的是结合中国实际，探寻出一条适合中国企业发展的管理道路。

格兰仕的竞争优势主要在于成本领先战略，体现在高质量、低成本、交付期准时等方面。格兰仕素有"价格屠夫"和"中国狼"之称，它在微波炉市场上频频以"价格武器"清理门户，令不少竞争者望而却步，从而牢牢占据了国内近70%的市场份额，全球35%的市场。2002年，即中国加入WTO的第一年，格兰仕又率先在国内发起空调价格战，其近20款主打机型全面降价，欲将空调生产发展成为继微波炉之后的第二个世界级生产制造中心。

现在格兰仕已成为微波炉的代名词，更加成为"物美价廉"的符号。激烈的市场竞争会不断鞭策它努力向前发展，只要整个团队齐心协力，全情投入，同心同德，建立一个强大的工商联盟体，格兰仕的未来一定会更加美好！

讨论题

1. 格兰仕公司运用了哪些物流经营战略？
2. 格兰仕公司是如何运用这些物流战略的？
3. 格兰仕公司运用的物流经营战略为公司带了哪些好处？

案例分析 2

宁夏烟草的物流低成本运作

卷烟配送中心作为银川烟草的重要组成部分，义不容辞地承担着创新的责任，并在创新中获得了实实在在的收益。其在卷烟配送实践中的思路和方法在提高仓储储量、提高分拣效率、降低运营成本、减轻人员劳动强度等方面取得了明显的效益。这些思路和方法主要体现在以下几点。

一、创新码垛方式、调整横梁货架、提高仓储利用率

银川本部配送中心是于 2003 年 12 月正式落成的，占地面积 5000 平方米，仓储采用的是较为先进的立体式横梁货架，共设有 144 个货架、储位 767 个，库容能力按照当时银川三区销量设计，最大储量 4000 箱，但实际只能容纳 3600 箱。取消县级法人资格后，县级公司库存全部划归分公司，仓库容量小成了制约实现“一库制”管理的瓶颈。

如何在有限的仓库资源条件下，实现仓库的增容，是其改造的前提。前期有两套方案，一是重新选址，建设一个可以满足全市统一后的配送中心；二是在原有库房基础上，拆除库房顶棚，加高货架。由于资金投入成本过高，最终放弃了这两套方案。

经过反复琢磨，反复试验，通过改变现有的码盘方式，将原来的卷烟平式码放改为立式码放，同样每盘码放 28 件，立式码放竟然比原来的平式码放平均高度缩小近 12 厘米。有了前期高度测算的依据后，在充分考虑安全、货架高度，以及现有电动叉车最大提升高度 4.9 米这些不变的硬件因素后，统一调整了仓库横梁货架的位置，将原来每组投影板码放 78 件的平式码放，改为每组投影板码放 86 件的立式码放。这样一来，每个货架的一二层共增加了 8 件，仓库现有的 255 个投影板在原有的基础上可以增加 2040 件的储量。同时将仓储管理软件中一、二层储位的上限也相应调整到 28 件，便于系统同步管理。

通过调整横梁货架，改变码垛方式，在现有的场地条件下，没有花费一分资金投入，将仓库容量提高到 4400 箱，增加了 10%，为网建“整体推进、全面提升”，实现“一库制”管理创造了有利条件。

二、立足现有场地，整合分拣资源，实现全市统一电子化分拣

分拣电子化是“整体推进、全面提升”的一项重要指标。如何在有限资源条件下，实现全市的统一电子化分拣到户，是银川烟草分拣改造的难点。配送中心分拣区总面积 800

平方米，其中分拣线占地面积约为 300 平方米，原有的两条分拣线采用并排布局，空间资源没有被充分的挖掘和利用。同时原有两条分拣线是按照银川三区销量能力设计的，若要实现全市的统一电子化分拣，就必须新增一条分拣线，而现有的场地资源已不能布局 3 条 4 个工位的分拣线。为了破解这一难题，其对现有两条分拣线进行改造，经过反复研究测算，将储配部分拣办公室、仓储办公室拆除，进行地面维修，将仓库与分拣合并为一个系统控制室，考虑到公司的品牌集中度不断提高，将原来可分拣 104 个品牌规格的 4 个工位，减少到可分拣 78 个品牌规格的 3 个工位。同时新增一条分拣线，并创新在 3 条分拣线后设置一个可容纳 300 箱的卷烟预留周转区，形成了东西一条直线的合理布局。考虑到分拣线减少到 3 个工位后，公司实际销售的品牌规格可能会大于 78 个，按照其需求，上海欧康公司完善了分拣软件功能，增加了虚拟分拣储位，由最后一个验货工位实施分拣，同时为提高周转箱的装载量，分拣系统又增加了特型规格卷烟线下分拣功能。

通过有效整合分拣资源，产生的实际效果如下。

(1) 在有限资源条件下，分拣线由 4 个工位变为 3 个工位，使新增一条分拣线成为可能，为"整体推进、全面提升"实现全市统一电子化分拣奠定了基础。

(2) 3 个工位的分拣线投资为 27 万元，较原来 4 个工位的分拣线 34 万元相比，节约 7 万元。

(3) 实行 3 个工位的分拣线后，每条分拣线减少一名配货员，提高了人员的实务劳产率。

(4) 增加了分拣线虚拟储位和特型规格卷烟线下分拣功能，解决了分拣过程中实际困难，提高了分拣效率和周转箱装载率。

(5) 分拣线后设置了一个 300 箱的预留区，使仓储的整体容量提高到 4700 箱，减轻了库容不足的压力。

三、运用自动拼箱技术，提高分拣配送工作效率

自实施半自动电子标签分拣以来，物流分拣实行的是一户一码，一个周转箱一个标签。例如，当一个客户订购 26 条或 27 条卷烟，每个周转箱装满为 25 条，那么在分拣过程中会产生大量的零散条数的卷烟，而这些零散卷烟即使是 1 条卷烟，也要打印一个标签，占用一个周转箱，分拣过程中也必须经过 3 个工位分拣和复检等工序，这种状况在客观上造成了物流资源的浪费。同时，每天送货员和司机在装车过程中都需要花近 20 分钟进行手工捆绑，尽可能地提高车载量，既浪费了时间和人力，又浪费了随之使用的粘胶带，无形中增加了卷烟损耗。

针对以上情况，结合自身实际，银川烟草提出了拼箱设计思路，定义了拼箱的数量(15 条以下)、标记、操作步骤及使用方法。为了稳妥起见，首先在小范围内选择了三条送货线路进行测试。由于拼箱卷烟与周转箱卷烟是分装的，分拣线的工作效率是提高了，但却给送货工作带来了巨大的难度，送货时要从整车中找出对应的拼箱卷烟，操作异常烦

琐，严重影响送货的工作效率，第一次拼箱以失败告终。

第一次拼箱测试失败后，经过反复研究，充分考虑送货环节的工作效率，以送货路线顺序为主线，将拼箱卷烟融合于路顺中，每张电子标签用“■”“★”符号和数字编号表示周转箱与拼箱的对应关系，操作简单明了，送货员根据订单上的拼箱标记直接按路线顺序取货，大大提高了工作效率。

通过应用拼箱技术，取得了以下显著效益。

(1) 节约了周转箱的使用。配送中心通过实施分拣拼箱技术，周转箱的使用量由原来的平均2100个/天，减少到目前平均1800个/天，意味着每天分拣员少分拣300个周转箱，分拣员的日工作量大幅度减少。

(2) 节省了计算机耗材费用。配送中心每月主要费用开支是分拣的打印纸、色带、标签纸、碳带等计算机耗材。实施拼箱后，主要减少了标签纸、碳带的使用量。未使用拼箱前，标签纸使用量约为3.7卷/天，碳带约为1.2卷/天；使用拼箱后，标签纸使用量约为3卷/天，碳带约为1卷/天；每天节约耗材费用＝（标签纸节约量×单价）＋（碳带节约量×单价）＝（0.7卷×85元）＋（0.2卷×135元）＝86.5元，按每月22工作日计算，预计一年可节约计算机耗材费用22836元。

(3) 提高了物流周转箱的装载率。实施拼箱后，周转箱的平均装载量由原来的19条/箱，提高到23条/箱，接近于满载，单个周转箱装载率由原来的76%提高到现在的92%，周转箱的利用率、车辆实际装载率大幅度提高。

(4) 解决了送货员手工拼箱烦琐程序。未实施拼箱前，送货员与储配部交接时，将15条左右的零散卷烟用胶带捆绑的方式手工拼箱，同时交接完毕后空周转箱清点烦琐。实施后以上问题得到妥善解决，省去了部分胶带的使用费用，使装车时间缩短了近20分钟。

(5) 提高了工作效率。分拣自动化程度进一步提高，分拣线每天平均少分拣300个周转箱，相当于3条送货线路的周转箱数。未使用拼箱前，每个分拣员每小时分拣量是1194条，使用自动拼箱技术以后，核算每个分拣员每小时分拣卷烟1266条，每人工作效率比改造前提高了6.03%，缩短了工作时间，为分拣职工能够基本实现正常下班奠定了基础。

(6) 节约了场地资源。分拣线每天平均少使用300个周转箱，既减少了周转箱的损耗，又节约了有限的场地资源。

配送中心目前所应用的拼箱方法在上海欧康全国的分拣系统中尚属首例，具有较强的实用性，自动拼箱技术自正式启用以来，取得了显著的成效，分拣和配送的工作效率因此得到很大程度的提高，节省一定的费用开支，为全市统一的电子化分拣夯实了基础。

讨论题

1. 文中运用了什么方式在提高了仓储储量的同时降低了物流成本？
2. 文中的低成本战略为宁夏烟草公司带来的优势和瓶颈有哪些？

第五章　物流职能战略

学习目标

- 了解选址的基本因素、营销战略的内容、新型库存战略内涵等。
- 领会共同配送的含义和策略。
- 定义并描述物流产品战略、物流渠道战略、采购战略、配送战略。
- 掌握运输合理化的策略、营销战略策略和配送战略策略。

物流战略是指为寻求物流的可持续发展，就物流发展目标以及达成目标的途径与手段而制定的长远性、全局性的规划与谋略。在必要的时间配送必要量、必要商品的多频度少量运输或JIT运输这种高水准的物流服务将逐渐普及，并成为物流经营的一种标准。十几年来，不断延续的环境变化和新型营销体制的确立已成为物流企业在战略上不断求新、求变，追求竞争优势的压力和动力。首先是货主物流需求不断向高度化方向发展，经营环境和新型营销体制对战略的影响除了需求方面的因素外，供给方面也有相当大的作用，这主要表现在从事物流经营的企业之间竞争日益激烈。在这一背景下，企业该如何根据自身的经营特点适时、有效地开展物流战略成为企业谋求长远发展的重大课题。其中，物流职能战略是其重要组成部分，涉及物流的各职能领域，包括选址战略、营销战略、采购战略、库存战略、配送战略等。

第一节　选址战略

设施选址是一种物流供应链活动，在众多的组织中，它已从一个战术决策发展到具有极其重要战略意义的决策。本节讨论设施选址，即配送中心、仓库和生产设施的地点，以增进物流的效果和效率。为了达到这个目的，研究了影响设施选址的一般因素，然后对设施再选址即设施关闭进行了分析。

一、确定设施数量

在设施选址初期，常被忽略的一个问题就是公司所要运行的设备总量。与其询问“我们到底应该在哪里选址”这样的问题，不如考虑一下工厂中最适宜的设备数量。尽管确实需要附加设施，但公司几年来的一般趋势是：尽量减少配送系统的设备数量。

几乎没有什么公司，在第一天开张，第二天便需要大规模的生产和配送。配送和生产设施是按需要一点点增加的，即当公司的服务绩效因现有设施所限而低于“可接受”水平时，才需要增加配送和生产设施。例如，如果现有设施在两天内无法为几家零售商持续地供应货物，就可能需要增加一个配送中心。

由于涉及大量的分析方法，并要对配送系统中现有设备的互补关系进行分析，因此确定设备数量的分析程序大多采用计算机处理。例如，分析一个已经拥有 250 个商店和 5 个配送中心的公司是否需要增加或者迁移一个配送中心，是一个很有挑战性的问题。每一个配送中心为一定数量的零售店服务，同时作为备份为其他配送中心服务，对这些因素的考虑会使决策变得愈加复杂。此外，针对不同层次的消费者所期望得到的服务来进行敏感性分析，会产生完全不同的理想设施选址结果。

有几种软件可以帮助企业同时斟酌物流网络中设施的数量及其选址。从某种角度来讲，这些评价只考虑到选址的一个因素（从一个城市或城市群到这个国家的多数居民点要多长时间），但这些软件在显示改变设施数量会如何影响到特定居民点的转运时间方面，仍是有价值的。以我国为例，仓库从 2 个增加到 5 个，可以帮助公司提前一天到达居民点；仓库从 5 个增加到 10 个，能节省不到半天的提前期。

二、影响设施选址的一般因素

投入不同市场等待销售的有形产品，是原材料、零部件和劳动力的组合，这种组合随产品不同而不同。因此，原材料、零部件、劳动力和市场都影响着制造设施、加工设施和装配设施的选址。仓储、配送中心和越库设施为产品的配送提供方便，同时它们的选址也受到工厂设施选址的影响，因为它们要搬运工厂的产品，要为产品的市场服务。

下面我们将讨论制造、加工、装配以及沿供应链的配送设施的选址问题。每个相关因素的相对重要性都随设施类型、所要处理的产品、产量以及地理位置的变化而变化。尽管下部分的讨论是针对单一设施的，但是决策的过程则涉及设施的组合，在这种情况下应该考虑到不同设施间的相互关系。

（一）自然资源

制作产品的材料直接（如采矿业或渔业）或间接（如农产品）从土地或海洋而来。在某些情况下，这些资源可能远离原材料或它们的产品被消费的地方。如果材料必须在收集地和需求地之间的某个位置被加工，它们失重或是增重的特性，对于设施选址则显得尤为重要。

在加工过程中不失去重量的材料，被称为纯材料。对于这类材料，加工点可选择在邻近原材料产地或市场的任何地区。在加工过程中，材料失去了相当大的重量，则被称为失重产品。对于这类产品，加工地点应选择在临近开采或收获的地点，这样可避免不必要的运输费用。如果原材料在加工过程中增加重量，则被称为增重产品。对这类产品，加工地点应靠近市场。从甜菜中提取的糖，就是一种失重产品，而瓶装软饮料则是增重产品的代表。

历史上，自然资源与设施选址的关系主要围绕着自然资源怎样融入到产品生产中去。近年来，关于自然资源与设施选址的讨论越来越以环境因素为中心。一方面，要考虑到各种各样的污染，如空气污染、噪声污染和水污染；另一方面，要考虑到非生产过程中对自然资源的保护。

此外，发展中国家在设施选址（尤其是制造工厂）和环境因素考虑方面常常面临两难选择。对与制造业工厂有关的环保法规的数量和范围加以限制，将有利于发展中国家的经济增长和生活水平提高。然而，如果这么做，一个国家的自然资源将不可逆转地受到严重毁坏，更不要说对它的公民健康带来潜在威胁。

（二）人口特征——商品市场

人口既是商品的市场，也是潜在的劳动力资源。尤其是考虑到顾客服务时，它会对消费品公司将在哪里设立它们的配送设施起到至关重要的作用。事实上，会有多家媒体争相报道在某一地区新建了一个配送设施，这样公司才能更好地为当前和潜在客户服务。

消费品的设计者很重视当前和潜在客户的特征。不仅设计者们所感兴趣的人口数量在发生变化，人口特征也在发生变化——尤其是那些会影响消费习惯的特征。人口数量与人口特征对选址有重大影响：如中国和印度非常吸引消费者产品市场的原因是这两个国家占了全球几乎 1/3 的人口；提到人口特征，人类寿命的延长会提高对与健康有关的产品（如处方药物）的需求。

为了更多地了解人口数量和人口特征，一些国家进行了详细研究和调查，一般十年一次。尽管所采用的调查方式和收集到的信息种类因国家而不同，但是调查结果会为配送设计者提供有价值的资料，例如哪里的人口在增长，以什么样的速率在增长等。例如，一份 2000—2005 年美国所作的调查显示，2000—2005 年总人口将增长 10%，但是人口增长在不同的州可能一致。在美国的东北部，估计人口会增长 4%，西部则会增长 14%。

（三）人口特征——劳动力

劳动力是制造、加工、装配、配送选址的首要考虑因素。公司与很多劳动力特征紧密相连；包括：可获劳动力的多少、失业率、年龄结构、技能和教育、普遍工资率以及加入或可能加入工会的规模等。这些劳动力特征相辅相成而非独立存在。例如，劳动力的年龄与普遍工资率是正比例关系；失业率越高，相应的工资越低。

供应链越来越全球化，所以劳动力的工资率是决定选址的重要因素。例如，2004 年制造业公司每小时的薪水（包括利润）显示：美国平均薪水 23.17 美元；日本 21.90 美元；德国 34.05 美元。相比之下，中国台湾每小时的薪水是 5.97 美元，墨西哥 2.50 美元。

因此，对一家公司来说，雇用 9 个墨西哥工人和雇用 1 个美国工人的薪水支出几乎一样。这种工资差别至少部分说明了出口加工区为何仅仅在美墨边境南部如此盛行。这类工厂出现于 20 世纪 60 年代中期，为墨西哥工人提供了充足的就业机会，而且只要所有的商品是从墨西哥出口的，它们就可以保证生产的是低成本的免税产品。在 21 世纪的前几年，很多出口加工区倒闭，部分原因是公司在工资更低的国家，如中国、危地马拉建立生产工厂。然而，从 2004 年起，出口加工区开始回潮，这类工厂主要生产快速投入市场的制造产品，如高科技产品。

（四）税收和补贴

尽管劳动力因素对于选址很重要，但税收也是不可小觑的问题，尤其是涉及仓储设施时。公司的仓储设施及存货是税收机构收税的首要来源。从社区的角度来讲，仓储设施是非常具有吸引力的，因为它们在增加税收的同时，只需要较少的市政服务。

不同地区的税收政策不同，组织应该采纳专家的意见来决定一个地区的实际税收需求。即便不同地区的税收看似相同，在征税的形式上也会有所差异，比如会对征税财产估计或强制征税。一些地区急于吸引外资，会在开始几年正式或非正式地放宽税收政策。没有一个税收清单是完整的；部分税收清单包括销售税、房地产税、公司所得税、企业特许经营税、燃油税、事业补贴税、社会保险税和开采税。

物流人员和供应链管理者对库存税更感兴趣。库存税类似于个人上缴的个人财产税，一般情况下，库存税根据在评估日期存货的价值来征收。毫无疑问，物流管理者希望他们的存货在评估日期越来越少，因此商家会在评估日期来临之前，对存货进行大甩卖。

（五）运输因素

运输因素，如运输可获性和运输成本，是设施选址的重要决策因素，这是因为运输往往代表着物流总成本的大部分。

运输可获性指可用作服务设施的运输模式的数量（模式间竞争）以及每种运输模式的承运人数量（模式内竞争）。对运输可获性的评价可能取决于所关注的设施类型。例如，一家制造厂可能同时需要铁路运输（运输原料）和汽车运输（运送制成品），而配送中心仅需要汽车运输。

一般情况下，竞争无论是模式间竞争、模式内竞争还是两者都有，都会为潜在用户提供成本效益和服务效益。有限的竞争往往会导致运输成本提高，用户只能被动接受服务，因此，糟糕的选址只会增加运输成本，影响客户服务。

地理上，中心设施的选址常常取决于运输成本和服务因素。关于运输成本，设施集中可以缩短运送距离，因此会降低运输成本。

(六) 邻近主要供应商

很多公司将邻近主要供应商视为设施选址的重要考虑因素。一般情况下，“邻近”使得交货更加快捷、协调。公司考虑的主要因素是基于及时理念（Just - In - Time Philosophy），该理念提倡没有或很少过量库存。例如，2006 年，本田汽车公司声称要在印第安纳州建立一家新的制造厂，主要原因就是本田现有的汽车供应商到达该工厂仅需要半天时间。

邻近主要供应商，是供应园区发展的催化剂。供应园区这一概念由欧洲的汽车制造商和供应商提出，并迅速传播到包括北美在内的各大洲。有了供应园区，主要供应商更加邻近汽车装配工厂，这样有利于降低运输成本和存货持有成本。举一个例子，为福特发动机公司芝加哥装配工厂服务的供应园区可为每辆车节省运输成本 50 美元。

(七) 贸易格局

生产消费品的公司，按照人口变化来对它们的配送系统定位，相应地，工业品市场也随之变化。如同对人口数据的研究一样，可以对商品流数据的一般信息来源进行研究。通过研究，可以判断原材料和半成品在流动过程中所发生的变化。这类数据的可获性和质量因国而异，由于收集信息的方法不同，不同国家之间很难作比较。

贸易协定的发展和执行对于贸易格局产生了深远的影响。比如，美国、加拿大、墨西哥隶属北美自由贸易区。长期以来，加拿大一直是美国最大的贸易伙伴，自北美自由贸易协议生效后，墨西哥成为美国的第三大贸易伙伴。从物流的角度来讲，这促进了产品的南北转运，同时，南北贯穿于墨西哥、加拿大之间的 35 条洲际走廊变成了配送生长的有利环境。俄克拉荷马州的俄克拉荷马市和得克萨斯州的达拉斯市成为 35 条洲际走廊沿线的特殊区域，因为近几年来，这两个州经历了配送设施建设雨后春笋般的发展。同时，贸易格局也受到了欧盟组织成员国的影响。欧盟成员国之间贸易壁垒实质性的消除，使得很多公司由在很多国家建设配送设施，变更为只拥有一两家配送设施。当欧盟由 14 个国家组成时，比荷卢经济联盟国家（比利时、荷兰、卢森堡）凭借其中心位置及强大的运输基础设施，成为服务于欧盟其他成员国的得天独厚的配送设施选址之地。然而，2004 年，10 个中欧和东欧国家加入欧盟以后，捷克共和国由于其相对中心的地理位置，一跃成为新的生产和配送中心。

与此同时，从长期来看，全球变暖可能带来沿北线的新的贸易路线，其影响可能是亚欧贸易流改变、欧洲地区内贸易转移、北极货运交通增多和苏伊士运河货运量大幅下降。贸易政策会很大程度地影响全球贸易和物流业的未来。

(八) 生活质量

一个在影响选址方面显得越来越重要的因素是生活质量因素。尽管为生活质量因素列一个标准化的清单很难，但这样可以将非商业因素加入到工厂选址或配送设施选址的考虑之中。

将生活质量因素作为影响选址的重要因素有以下原因。①员工住得舒心，也自然会快乐、忠诚地工作，这样员工离职就会相应减少，进而减少不满意的顾客；②目前在国内或国际上，有很多公司都在进行人才争夺，然而不理想的地理位置阻碍了它们的招聘进程；③随着对企业关系的重视程度逐步提高，供应商和顾客很可能会参观工厂设施，所以地理位置吸引人的工厂，必然会受到青睐。

（九）在国外选址

当一个公司打算在国外选址时，生活质量因素就会显得尤为重要。举一个例子，尽管迪拜在一年中有 6 个月气温会达到华氏 120 度，但是对来自西欧和北美的企业领导者来说，它仍然是他们在波斯地区的首选城市。这是因为，从生活质量角度考虑，迪拜拥有高档的酒店、世界级的机场、充足而又可以支付得起费用的住房、低税率、低犯罪率、大型购物中心，以及一流的学校。

除了生活质量因素，一家公司如果打算在国外建立一家工厂、办公室或配送中心，还应该考虑到其他因素。这些因素大部分和政府有关，或是涉及相关的法律体系、政治稳定性、官僚作风、腐败、保护主义、私有化、征用以及条约和贸易协定。

同时，我们还应该注意到文化、习俗、节日、语言和语言的多样性、教育程度以及信仰方面的差异。币值波动和货币贬值也会造成雇佣外派人员所花费的成本的不断变化。东道国的税法以及汇回利润的能力，会限制公司使用这些从东道国所获得利润的能力。

从国际角度来讲，有些劳动力是流动性的（移民），他们为了寻找工作而从一个国家转移到另一个国家。由于他们自己国家的经济条件差，移民工人甘愿做一些低收入的粗活。这些工人随着工作而奔波于各个国家，将部分收入邮寄回家。

三、设施搬迁和设施关闭

本节关于设施选址，有两个特别的案例，一个涉及设施搬迁，另一个涉及设施关闭。设施搬迁与企业成长有关，而设施关闭则与企业收缩有关。更确切地说，当一家企业决定在现有设施内不再继续它的业务，并将这些业务转移到另一设施以便更好地为供应商或顾客服务时，就发生了设施搬迁；相反，当一个公司决定停止现有地点的业务是因为这些业务不再需要或者被其他设施兼并时，就发生了设施关闭。

一起设施搬迁的一个普遍原因是由于企业业务量的大幅度增加，该业务在现有地点缺乏发展空间。在美国，设施搬迁一般体现为，工厂和仓库设施由拥挤的中心地区搬迁至更有吸引力的郊外。中心城区昂贵的土地成本和拥挤，使企业难以（或不可能）扩张，因此，运输公司往往会青睐城郊，因为城郊不那么拥挤，不会影响装货和交付。

理论上，搬迁决策涉及新老地点的优缺点比较。尽管这不可避免地包括定量比较，但公司也应当考虑到搬迁对人力资源所造成的潜在后果，它是难以量化的。

企业还应该注意到，无论之前计划得多么完备，设施搬迁都是很麻烦的，至少搬迁小故障会增加物流成本，并减损客户服务。例如，从老工厂向新工厂转移设备、器材、供应品，这些都需要花费比预期长的时间。此外，新建厂房、仓库的缺点只会在使用之后才会暴露出来。

设施关闭的出现可能有很多原因，比如通过合并和收购减少冗余、提高供应链效率、计划失败、营业额不足等。尽管设施关闭由企业导向决定，但是关闭个别工厂也非易事。比如，工会合同就会禁止或限制设施关闭。同时，还应该考虑关闭后对员工产生的影响：他们不仅失去了工作和工资，也可能丧失自尊。尽管令人不快，雇主也应在整个关闭过程中使员工了解情况。设施关闭不当，会对一个公司造成大量的相当不利的公众影响，使本来就不乐观的局面更加恶化。

企业物流配送中心选址典型案例——沃尔玛

物流配送中心一般设立在100多家零售店的中央位置。这使得一个配送中心可以满足100多个周边城市的销售网点的需求；另外运输半径既比较短又比较均匀，基本上是以320千米为一个商圈建立一个配送中心。

沃尔玛各分店的订单信息通过公司的高速通信网络传递到配送中心，配送中心整合后正式向供应商订货。供应商可以把商品直接送到订货的商店，也可以送到配送中心。有人这样形容沃尔玛的配送中心：这些巨型建筑的平均面积超过11万平方米，相当于24个足球场那么大；里面装着人们所能想象到的各种各样的商品，从牙膏到电视机，从卫生巾到玩具，应有尽有，商品种类超过8万种。沃尔玛在美国拥有62个以上的配送中心，服务着4000多家商场。

第二节　营销战略

物流产品作为一种服务产品，在营销过程中也可以采取各种营销战略。本节就物流营销的产品战略、定价战略、渠道战略、促销战略以及公共关系战略这五个方面加以说明。

一、物流产品战略

在有形产品的市场营销过程中，产品的概念比较容易把握，因为产品是实实在在的、有形的实体，其大小、款式、功能等都由企业事先设计好了，客户所购买到的也正是企业所提供的。而物流产品的情形则有着很大不同。由于物流产品大都是无形的、不可感知的，客户购买服务的过程实质上是感知服务的过程。

物流产品通常包括两部分：一部分是物流需求者的物流产品，提供服务的物流企业必须考虑这些产品的性质、特征、生命周期、分类，以及重量、体积、形状等；另一部分是服务于产品的服务过程。对于物流企业来说，其所提供的产品一般是一种服务，是一种无形的产品，物流企业通常通过使用车辆、船舶、飞机等交通工具和仓库等储藏工具及各种基础设施和信息资源等为货主提供各种服务，满足其所需要的位移效用和利益。

（一）物流产品组合战略

产品组合是指一个企业运营的全部产品或服务的结构，即各种产品及产品项目的有机组成方式。产品组合战略就是根据企业的目标，对产品组合的宽度、深度及关联程度进行组合决策。对于物流企业来说，由于其提供的是服务产品，产品的组合战略包括下列几种。

1. 包装组合战略

物流服务的包装组合应该与物流需求者的心理一致，一般包括三个部分：①首要包装，产品的直接包装；②次要包装，保护首要包装的包装物；③装运包装，为了便于运输、存储、识别某些产品的外包装。

2. 运输方式组合战略

运输方式组合即综合使用两种或多种运输方式。当不同运输方式所伴随的成本发生变化时，物流企业应该重新分析其选择的运输方式，并设计新的运输方式组合满足客户需求。

3. 装卸方式组合战略

装卸方式组合依据装卸方式的分类而定。按装卸搬运所使用的物流设施分，可以分为仓库装卸、铁路装卸、港口装卸、汽车装卸、飞机装卸等；按照装卸搬运的机械作业方式，可以分为吊上吊下方式、叉上叉下方式、滚上滚下方式、移上移下方式、散装散卸方式等。装卸方式组合就是依据货物种类和性质、客户要求等选择两种或多种装卸方式。

4. 库存与仓储组合战略

库存与仓储组合是物流企业的增值服务内容。库存与仓储组合战略是使用两种或多种库存点决策、订货量决策以及适当数目的仓库。

（二）物流产品品牌战略

品牌是一个名称、术语、标记、符号、图案，或者是这些因素的组合，其目的是借以识别销售者所出卖的产品与服务，并使之与竞争者的产品与服务相区别。物流服务品牌用于识别物流服务产品的某种特定的标志，通常由某种名称、标记、图案或其他识别符号所构成。物流服务品牌由于依附于特定的物流服务产品或物流企业而存在，通常它就是这种物流服务产品或物流企业的象征。而品牌化就是物流企业为其产品或服务规定品牌名称、品牌标志，并向政府有关主管部门注册登记的一切业务活动。

1. 品牌化决策

世界各国的大多数产品或服务都有规定的品牌。品牌化虽然会增加企业成本费用，但它在使卖主得到收益的同时，还能给买主带来一些利益。

2. “家族”品牌决策

企业除决定其大部或全部产品都使用自己的品牌名称，还要决定其产品是分别使用不同的品牌名称，还是使用同一个或几个品牌名称。中国邮政物流配送服务使用的品牌策略是统一的家族品牌名称，不另给物流配送服务公司启用新的商标。邮政具有良好的社会声誉，可以带动物流配送服务发展，可以显示企业的实力，提高企业的威望，在用户心目中树立企业形象。同时，邮政的社会声誉，有利于物流配送服务尽快进入物流配送市场，获得用户的信任。

3. 品牌扩展决策

品牌扩展决策是指企业利用已成功品牌名称的声誉来推出改良产品或新产品，企业采取这种战略，可以节省宣传接受新产品的费用，使新产品能顺利打入市场。

4. 品牌重新定位决策

某一个品牌在市场上的最初定位即使很好，随着时间的推移和市场环境的变化，如竞争对手推出有竞争力的品牌，冲击了本企业产品的市场占有率，或者是有些顾客的偏好发生了变化等，这些都需要企业重新定位。

（三）新产品开发战略

所谓企业的新产品开发，实质上是企业推出上述不同内涵与外延的新的产品的一种组合。对大多数公司来说，新产品开发的真正含义是改进现有产品，而非创造全新的产品。物流新产品的含义要比科技开发中新产品的含义广泛。新型的物流产品或物流服务创新包括以下类型：完全创新产品、进入新市场的产品、产品线扩展、革新产品、形式变化产品。

为了提高新产品开发的成功率，必须建立科学的新产品开发管理程序。不同行业的生产条件与产品项目不同，管理程序也有所差异，但一般企业研制开发新产品的步骤如图5-1所示。

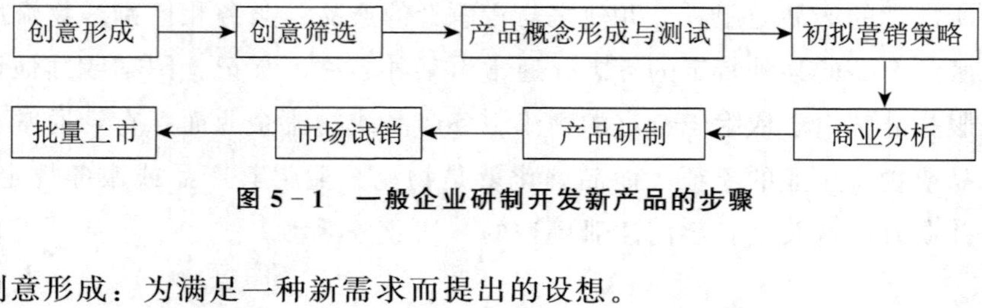

图5-1　一般企业研制开发新产品的步骤

（1）创意形成：为满足一种新需求而提出的设想。

（2）创意筛选：选出那些符合本企业发展目标和长远利益，并与企业资源相协调的产品构思，剔除那些可行性或获利较少的产品构思。

（3）产品概念形成与测试：将新产品构思发展成更具体、明确的产品概念，并对其进行定位，以了解同类产品的竞争状况，优选最佳的产品概念。

（4）初拟营销战略：制订把这种产品引入市场的初步市场营销计划，并在未来的发展阶段中不断完善。

（5）商业分析：进行经济效益分析，即对新产品概念从财务上进一步判断它是否符合企业目标，包括预测销售额和推算成本与利润。

（6）产品研制：把经过商业分析的新产品概念交送给研发部门或技术部门，生产出产品模型或样品，同时进行包装和品牌的设计。

（7）市场试销：在大笔投资全面推广之前对产品进行试销售，以获得产品营销的实际经验，发现潜在的问题。

（8）批量上市：新产品试销成功后，正式批量生产，全面推向市场。

物流企业开发新产品的原因如下。

（1）保持竞争力的需要。

（2）在物流服务产品组合中弃旧换新，剔除不合时宜及营业额锐减的物流服务产品。

（3）利用超额生产能力，例如多余的仓储能力、运输能力等。

（4）抵消季节性波动。

（5）降低风险。

（6）探索新机会。

（四）物流产品包装战略

包装不但对于物品的存储、装卸、保管等过程中的各种冲击、震动、颠簸、压缩、摩擦等外力的破坏作用有很大的保护作用，而且还能给物流企业带来巨大的增值服务效益。对物流企业而言，可以考虑以下几种包装战略。

1. 统一包装

物流企业对自己经营的产品（包括运载工具、基础设施和一线营运人员的着装等）采用统一的包装模式，即在颜色、图案、造型等方面具有类似特征，使人一看就明白是某个物流公司的产品。这种战略既可以节省包装设计的费用，也可以壮大物流企业声誉，提升企业形象。

2. 分档包装

为了满足顾客不同的购买能力或不同的购买目的，物流企业对同一种产品采用不同档次的包装。

3. 附赠品包装

物流企业通过向顾客赠送小礼品，以联络顾客感情，扩大产品销售。

4. 改变包装

根据市场的变化，物流企业重新改变包装设计以适应新市场的需要，用来吸引顾客。

(五) 产品生命周期战略

产品生命周期是指一种产品通过市场开发，从投入市场经营（销售）到最后被市场淘汰为止的全部过程。产品生命周期指的是产品的市场寿命，而不是使用寿命。产品生命周期一般有四个不同的阶段：投入期、成长期、成熟期、衰退期。

1. 产品投入期的战略

投入期始于新产品首次进入市场。产品投入需要时间，销售量的增长往往比较缓慢。由于销售量低，分销和促销费用高，因此利润很低，促销费用很高，产品价格往往较高。在这个阶段，物流企业可采取以下营销战略。

（1）迅速建立完善的揽货网络和货物集散体系。

（2）完善各种装备技术和信息技术，保证物流服务的正常运行。

（3）建立完善的服务体系，树立良好的企业信誉。

（4）加大宣传力度，向公众介绍产品特色。

2. 产品成长期的战略

如果新产品能满足市场的需要，它就会进入成长期，销售额就会迅速攀升，企业就会得到高额利润。与此同时，竞争者也开始进入市场，它们还可能推出新的产品特色，市场将会因此扩展。竞争者的增加使销售网点增多，整个市场的销售额骤然增加。价格水平可能保持不变或有所下降。公司的促销费用维持不变或有所升高，以适应竞争的需要，并继续培育市场。

在这个时期，企业可以通过以下几种战略来尽可能长期地维持市场的快速增长。

（1）高产品质量并增加新的产品特色和式样。

（2）进入新的细分市场。

（3）进入新的分销渠道，进一步完善货物集疏运系统，稳定货源。

（4）将某种广告的诉求目标从建立对产品的认知转向建立对产品的信任上并推动购买。

（5）在适当的时候降低价格，以吸引更多的消费者。

3. 产品成熟期的战略

产品的销售增长在某一个点上开始转向缓慢时，该产品就进入了成熟期。这时销售额增长缓慢，产品供给超过需求，生产过剩使得竞争更趋激烈。竞争者开始降价，并展开大规模的广告和促销攻势。价格战和巨额广告投入通常成为竞争的基本手段。在这种情况下，弱小的竞争者逐渐被淘汰出局，产业内最终只剩下那些有实力的竞争者。此时企业就要不断地对目标市场、产品和营销组合予以调整。

（1）调整市场。管理人员要寻找新的使用者，强化揽货，寻找新的细分市场，寻找能增加当前顾客使用量的途径。产品管理人员也可以将品牌重新定位，以便吸引更大的和增长更快的细分市场。

（2）调整产品。产品管理人员也可以改变产品的特性、质量、特色或风格，以便能吸引新的使用者和刺激人们购买更多的产品。

（3）调整营销组合。产品管理人员可以改变一个或多个营销组合元素来努力增加销售量。如可以通过降低价格来吸引新的使用者、拉拢竞争对手的顾客、发动更强大的广告攻势、向顾客提供新的服务等。

4. 产品衰退期的战略

大多数产品和品牌的销售量最终都会下降，当然导致销售量下降的原因很多，包括技术进步和竞争的激化等。随着销售量的下降和利润的减少，有些企业便从市场上撤出，而留在市场中的那些企业也会减少产品的供给量。衰退期的营销战略主要有以下几点。

（1）调整运输线路结构和密度，减少衰退的航次、车次、航班。

（2）停开已经衰退而且亏损严重的运输线路营运。

（3）维持最低数量的运力，满足市场上尚存的少部分物流服务的需要。

（4）积极推出新的物流服务项目。

企业物流产品战略典型案例——顺丰速运

顺丰速运作为国内最具实力的快递公司，多年来取得的成绩有目共睹。尽管如此，顺丰速运高于同行的服务价格，也让很多消费者望而却步。如今，顺丰速运推出了价格更加优惠的顺丰特惠服务，在首重打折、续重优惠的情况下，此项产品有了充足的竞争力，也让更多的人可以有机会体验顺丰速运的优质服务。

综观当今市场，网络购物市场才是国内市场速运业务的最大份额。如今，顺丰速运推出顺丰特惠业务，将大大降低配送费用，进军“草根”业务。相对于顺丰速运更高端的高价格带来更高速的配送服务来说，如今的电子商务领域中，有着更为亲民价格的“草根”业务才是主流。

顺丰速运这次推出的价格更优惠的配送服务，让其可以赢得更多的市场份额，顺丰特惠就是针对消费者非紧急物品寄递需求推出的经济型快件服务，价格更加优惠，配送时间方面比顺丰标快慢 1 天以上，同时可满足客户更为广泛的托寄物需求。对比顺丰标快，顺丰特惠首重优惠 4～6 元，续重低至 5～7 折。

顺丰速运为不断满足市场的需求，在大中华地区（包括港、澳、台地区）建立起了庞大的信息采集、市场开发、物流配送、快件收派等业务机构，建立起服务客户的全国性网络，同时也积极拓展国际件服务。

顺丰速运承诺消费者，价格的降低不会影响到服务质量，顺丰特惠将延续顺丰“收一派二”的标准，即上门服务时效为收件1小时、派件2小时；选用该产品的用户也将享受顺丰速运航空件所包含的增值配套服务。顺丰速运的工作人员告诉记者，本次推出的“顺丰特惠”是整合了四日件、港澳经济快件等陆运而建立起的庞大的信息采集、市场开发、物流配送、快件收派等业务机构，建立起服务客户的全国性网络，也积极拓展国际件服务。同时，针对客户非紧急物品寄递需求推出了经济型快件服务。

该项服务的推出，相比于顺丰速运的普通快递服务，在配送时间上只是略慢一些，但对于平时上网购物、对于配送时间并没有特殊需求的普通消费者，完全可以选择顺丰特惠的服务。与很多快递公司相比，还是有着时间上的优势，而价格基本可以持平。

很多人在心中将顺丰速运的高价配送服务定位为“高端”快递服务。尽管这不是一个贬义词，却也暴露了其价格方面的劣势。顺丰速运推出的特惠服务，让更多的人可以选择顺丰速运，以更加实惠的价格，来体验顺丰速运的高质量服务。这项服务的推出，在速运市场中竞争力十足，将会进一步抢占市场份额！

二、物流定价战略

（一）物流定价的影响因素

企业进行产品定价时会受多种因素影响：

（1）定价目标。包括利润最大化目标、提高市场占有率目标、预期投资收益率目标、应对竞争目标和产品质量领先目标。

（2）产品成本。由固定成本、变动成本、边际成本、机会成本组成。

（3）市场和需求状况。需求对价格的影响比较明显，主要表现为需求的价格弹性，即因价格变动而引起的需求量的变动率，它反映了需求量对价格变动的敏感程度。一般来说，需求量与价格之间呈负相关，价格越高，需求量就越少。

（4）竞争状况。如果企业的产品与竞争品的差异性较小，市场竞争就会比较激烈，企业制定价格的自主性也相对较小；如果企业的产品与竞争品相比有明显的差异，就可以根据实际情况决定价格的高低。

（二）物流定价方法

1. 定价程序

一般来说，企业的定价程序包括以下几个步骤。

（1）选择定价目标。

（2）预测需求量。

（3）估算成本。

（4）预测竞争者的反应。

（5）选择定价方法。

（6）制定具体价格。

2. 定价方法

（1）成本导向定价法：主要以产品成本作为定价的基本依据的定价方法。

（2）需求导向定价法：依据消费者对产品价值的理解和需求来定价。

（3）竞争导向定价法：以市场上同类竞争品的价格为定价依据，根据本企业的营销目的，如增加销售额、提高市场占有率等，来制定价格。

3. 物流定价技巧

（1）折扣定价法：企业按照一定的定价方法制定出基本价格后，根据交易对象、数量、时间、方式和条件的不同，给予买方一定的价格折扣或折让而形成的实际售价，常用的折扣方式有数量折扣、现金折扣、季节折扣、代理折扣。

（2）新产品定价法：在新产品投放市场时，有三种定价技巧。其一，在产品生命周期的初期阶段把产品价格定得较高，以赚取最大的利润；其二，以低价投放新产品，使新产品迅速在市场上广泛渗透，获得最高的销售量和最大的市场占有率；其三，同时兼顾厂商、中间商和消费者的利益，采用适中的价格。

（3）心理定价法：就是适应消费者不同心理而采取的定价技巧。

（4）产品组合定价法：当企业为一组相关产品定价时，必须全面考虑，兼顾产品大类中各相关产品的价格，通过一系列产品单价的制定，使整个产品组合取得整体利润最高的效果。

（5）差别定价法：为了适应货主、货物、运输路线等方面的差异，物流企业可以修改基本价格，实行差别定价。主要有货主差别定价、货物差别定价和运输显露差别定价。

三、物流渠道战略

（一）物流分销渠道的类型

分销渠道是促使产品或服务顺利地被使用或消费的一整套相互依存的组织。具体来说，是指产品或服务从生产者向消费者转移的过程中，取得这种产品或服务的所有权或帮助所有权转移的所有企业和个人。

物流企业从事的活动主要是将物品从接受地向目的地进行有效转移。分销渠道的实质是帮助商品或服务从生产者向消费者转移的中间人。物流企业的分销渠道主要包括运输企业、货主、仓库、货运战场以及各种中间商和代理商等。销售渠道按是否有中间环节和中间环节的多少，可以划分为四种类型。

（1）零层渠道：制造商直接把产品或服务卖给消费者。传统的零层分销渠道是上门推销，但是随着科技的发展，特别是社会信息化程度的提高，也出现了很多新的零层分销渠道方式，如电话直销、电视直销、网络直销等。尤其是互联网的普及应用和电子商务的快速发展，物流企业进行网上直销已经成为一种具有广阔发展前景的直销形态。

（2）一层渠道：在买方和卖方之间，只有一层中间环节。通常在消费者市场是零售商，在产业市场是代理商或专业批发商。

（3）二层渠道：在买卖双方之间，存在两个商业中介机构。在消费者市场，一般是批发商和零售商；在产业市场，通常是代理商和工业批发商。

（4）三层渠道：在买卖双方之间，存在三个商业中介机构。这种渠道多用于消费者市场，有时大批发商不直接面向小型零售店，即在大批发商和零售商之间还有两个批发环节。

（二）物流分销渠道的设计

物流企业在进行分销渠道的设计时，必须要全面考虑产品、顾客、厂商控制渠道的愿望与能力以及竞争等影响因素，在此基础上进行营销渠道的设计。

1. 确定营销渠道模式

就是确定渠道的长度。物流企业在选择分销渠道时，不仅要求保证货物及时送到目的地，而且要求选择的分销渠道要顺畅、效率高、成本低、能取得最佳的经济效益。因此，企业在选择分销渠道时，必须先决定采取什么类型的营销渠道，其中主要是决定是否需要通过中间商，如果需要的话，要确定通过的中间商属于什么类型和规模等。

2. 确定中间商的数目

主要解决的问题是每个渠道层次使用多少数目的中间商，确定中间商的数目就是确定渠道的宽度。这一决策在很大程度上取决于物流企业产品本身的特点、市场容量和需求量的大小等因素。

3. 明确渠道成员的权利与义务

物流企业确定了渠道的长度与宽度之后，需要进一步规定渠道成员彼此的权利和义务，协议主要涉及价格政策、销售条件、地区权利以及每一方应为对方提供的服务及应尽的责任和义务。

（三）物流分销渠道的管理

分销渠道的管理主要包括对渠道成员（中间商）的选择、激励、评估以及对渠道必要的调整四个方面。

1. 选择渠道成员

物流企业的声誉及产品知名度的差异，会对中间商产生不同的吸引力，对于那些具有良好声誉的物流企业来说，吸引大量的中间商是比较容易的事情，但如何从中选择出优秀的中间商是一个重要的问题。选择渠道成员的主要标准有中间商的经验、市场销售及盈利率、市场声誉、偿付能力、合作态度以及未来的潜在成长能力等。

2. 激励渠道成员

物流企业对其选择出来的渠道成员必须采取适当的激励措施，以使其能尽职完成销售任务。为了有效激励渠道成员，物流企业首先要了解中间商的需求和目标，然后才能与中间商密切合作，通过给予中间商合理的让利额度、价格政策、销售奖励等手段，鼓励中间商积极经营。

3. 评价渠道成员

物流企业必须遵循一定的标准，定期检查和衡量中间商的销售业绩，对渠道的经济效益进行评估。评价的内容一般有销售额完成情况、平均库存水平、交货时间、售后服务以及与本企业的合作状况等。

4. 调整分销渠道

物流企业要根据对渠道成员的评价结果，增减部分分销渠道成员或分销渠道，以达到渠道整体最优。

四、物流促销战略

促销就是指卖方向买方传达产品或服务的信息，帮助消费者认识产品和服务的特点和性能，吸引消费者注意，引起消费者的购买欲望，促进产品和服务从卖方向买方转移的过程。一般而言，促销的基本战略有人员推销和非人员推销两大类，非人员推销使用的基本方法是广告、营业推广和公共关系。物流促销可以根据自身企业和产品的特点，借鉴这些基本战略。

（一）人员推销战略

人员推销是企业推销人员运用一定的销售技术和手段，直接向消费者推销产品或服务的一种促销活动，是一种最直接的推销方式。

1. 人员推销的形式

（1）登门推销。由推销人员携带产品的样品、说明书和订单等走访潜在顾客，推销商品。

（2）柜台推销。企业挑选某个何时的地点设置规定柜台或门市，由营业员接待前来的顾客，推销产品。

（3）会议推销。利用各种会议，如订货会、交易会、展览会、物资交流会等，向与会人员宣传和介绍产品，开展推销活动。

2. 人员推销的战略

（1）试探性战略。这种战略是在不了解顾客的情况下，推销人员运用刺激性手段引发顾客产生购买行为的战略。推销人员首先要用推销语言引起顾客兴趣，然后通过渗透性交谈观察顾客的反应，了解顾客的真实需要，随后根据顾客的反应采取行之有效的对策，进一步刺激顾客的购买欲望，诱发顾客的购买动机，引导顾客产生购买行为。

(2) 针对性战略。这是推销人员了解顾客某些情况的时候采用的战略。推销人员根据已经掌握的部分顾客的信息，有针对性地对顾客进行宣传、介绍，引发顾客的兴趣和好感，从而达到成交的目的。

(3) 诱导性战略。即推销人员运用推销技巧和语言，激起顾客某种需求，促使顾客发生购买行为。此种战略要求推销人员能审时度势，唤起顾客的需求，然后借机介绍和推销产品，以满足顾客的需求。

(二) 广告促销战略

广告是用支付价款的方式，对观念、商品或服务的呈现或促进，包括使用报纸、期刊、广告牌、电影、电视、网络等作为广告媒体。

1. 广告的市场营销功能

(1) 信息沟通作用。

(2) 广告的说服作用。

(3) 鼓励中间商经营、开拓新市场的作用。

(4) 广泛介绍新产品的作用。

(5) 树立企业形象的作用。

2. 广告管理系统

广告管理系统就是企业在总体营销战略的指导下，对企业的广告活动进行一系列的规划和控制的总和，包括确定广告机会与任务、确定目标、选择广告媒体、广告制作、评估与检查广告媒体等程序。

(1) 确定广告机会与任务。

(2) 确定广告目标。确定广告的机会和任务后，就要围绕广告的中心任务收集、分析和整理各种资料，包括企业内部资料和外部资料，来制订恰当的广告目标。下表列出了企业制订广告目标所需要的资料。

企业制订广告目标所需要的资料

内部资料	销售量统计	不同时期、地区、渠道和竞争者的销售量等
	产品市场状况统计	市场占有率、知名度、购买动机统计等
	广告统计	不同商品、地区、媒体等广告统计
外部资料	市场经济动态、企业发展动态、需求预测分析、竞争者的广告战略	

（3）选择广告媒体。正确选择广告媒体，一般要考虑以下影响因素：产品的性质、消费者接触媒体的习惯、媒体的传播范围、媒体的影响力、媒体的费用。

（4）制作广告。

（5）广告效果的评估与检查。

（三）营业推广战略

1. 营业推广的特点

营业推广方式在一定程度上可以发挥招徕客户的作用，有刺激客户购买的作用；营业推广都是通过一定的奖励、优惠方式进行，可以实现刺激和诱导顾客购买的目的；营业推广是一种短期刺激购买的推广方式，所以效果也是短期的，时间过长，客户会认为是变相降价，从而失去推广效力。

2. 营业推广的方式

常用的营业推广方式有两大类。一是以消费者为对象的推广方式，具体方式有赠送免费服务、折扣券、减价销售、各种奖励券、展销会等，目的是鼓励现有客户大量重复购买、争取潜在消费者、吸引竞争对手的客户等；二是以中间商为对象的营业推广方式，如在销售地点举办展销会、购买数量折扣、协作广告等，目的是鼓励中间商大量购买、大量销售。

3. 营业推广的计划过程

企业在运用营业推广方式进行促销时，一般要做出以下三方面决策。一是确定营业推广的目标。一种产品的营业推广目标，取决于该产品在特定时期的整体营销目标，而具体的营业推广目标，又因不同的目标市场而异。二是选择营业推广的方式。为了更好地实现营业推广目标，应有针对性地选择不同的营业推广方式。因为不同的营业推广方式针对不同特性的市场，其效果有很大的差异，同时还要考虑营业推广的成本与效果等因素，以做出正确选择。三是营业推广方案的制订与实施，主要包括确定推广的范围、奖励的规模、推广的期限以及推广预算等。

企业物流促销战略典型案例——德邦物流

德邦物流始创于1996年9月，是以客户为中心，覆盖零担、快递、整车、仓储供应链等多元业务的综合性物流供应商。自成立以来，德邦致力凭借坚实的网络基础、强大的人才储备、深刻的市场洞悉，为跨行业的客户创造多元、灵活、高效的物流选择，让物流赋予企业更大的商业价值，赋予消费者更卓越的体验。德邦始终紧随客户需求而持续创新，坚持标准化运营、搭建优选线路，优化运力成本，为客户提供快速高效、便捷及时、安全可靠的服务。德邦秉承“承载信任，助力成功”服务理念，重品牌、讲诚信，以每年60％的发展速度在中国物流行业迅速崛起。截至2015年9月，公司已开设5600多家标准化的门店，服务网络遍及全国，自有营运车辆9600余台，全国转运中心总面积超过121万平方米。德邦物流志在成为中国人首选的国内物流运营商，公司以"为中国提速"为使命，凭借一流水准的服务体系和持续完善的营业网络，竭诚为广大客户提供快速、安全、专业的服务！

德邦物流公司主要从事国内物流仓储、运输和结算为一体的第三方物流服务。公司拥有广大的信息网和先进的Internet（互联网）物流管理体系，运输各种货物、仓储装备配置优良，已建成一支高素质、专业化且具有多年仓储、配送、运输、操作经验的现代化物流队伍，可根据客户具体特色，设计谋划"个性化"物流配送计划，并提供全过程、全方位、全天候的综合物流计划。不仅提供各地域、各类型客户需求的信息交递平台，而且还提供从生产、销售到市场的信息网络服务。

德邦物流目前的促销战略主要有以下几点。

1. 人员推销

德邦快递公司每年都会招聘一些高校应届毕业大学生进行实习，通过对员工素质的培养，建立一支高效的推销队伍，进行直接的人员推销，在高素质队伍的建设中，积极建立品牌形象推广渠道，直接与需求企业沟通对话，取得更多的市场信赖和市场占有率。

2. 网站促销

德邦快递公司自建网站，除了发布公司简介、业务介绍等信息外，还将开辟栏目来满足网络用户对德邦快递物流公司文化资源的访问需求，通过吸引众多厂商对公司网站的访问起到宣传公司品牌及业务的营销效用，提高公司及物流业务的知名度、美誉度、忠诚度等。其开设的栏目有网上服务、产品推荐、动态新闻、人力资源等，突出德邦快递公司网站所独有的信息资源。

3. 广告促销

德邦快递物流公司的广告措施包括两个方面：一是品牌标志创建；二是广告促销。比如：印刷媒体，包括报纸、期刊等；视听媒体如网络广告、电视广告等；户外媒体则有广告牌、招牌等；邮寄媒体如宣传单等。

五、公共关系战略

（一）公共关系的概念和特征

公共关系是指物流企业从事市场营销活动中正确处理企业与社会公众的关系，以便树立企业的良好形象，从而促进产品销售的一种活动。其基本特征表现为：公共关系是一定社会组织与其相关的社会公众之间的相互关系；公共关系的目标是为企业广结良缘，在社会公众中创造良好的企业形象和社会声誉；公共关系的活动以真诚合作、平等互利、共同发展为基本原则；公共关系是一种信息沟通，是创造"人和"的艺术；公共关系是一种长期的活动，着手于平时努力，着眼于长久打算。物流企业公共关系是指物流企业为处理好与社会公众的关系，促进公众对企业的认识、理解及支持，树立良好的企业形象，提高企业的知名度与美誉度，而进行的现代管理活动。物流企业公共关系的特点：从公共关系目标来看，公共关系应注重长期效应；从公共关系的对象来看，公共关系注重双向沟通；从公共关系的手段看，公共关系注重简介促销。

（二）公共关系的作用

公共关系是门“内求团结，外求发展”的经营管理艺术，是一项与企业生存发展休戚相关的事业，其作用主要表现在以下几个基本方面。

（1）收集信息，检测环境。企业公共关系需要采集的信息包括以下几个方面：产品形象信息、企业形象信息、企业内部公众信息，以及来自外界的有关社会经济信息，比如投资者意向、竞争者的动态、顾客的需求变化和国内外经济、政治、科技等方面的重大变化。

（2）咨询建议，决策参考。公共关系的这一职能是利用所收集到的各种信息，进行综合分析，考察企业的决策和行为在公众中产生的效应及影响程度，预测企业决策和行为与公众可能意向之间的吻合程度，并及时、准确地向企业决策者进行咨询，提出合理可行的建议。

（3）舆论宣传，创造气氛。这一职能是指公共关系作为企业的形象代表，将企业的有关信息及时、准确、有效地传递给特定的公众对象，为企业树立良好的形象创造有利的舆论条件。

（4）交往沟通，协调关系。企业是一个开放的系统，不仅内部各要素需要相互联系、相互作用，而且需要与系统外部环境进行各种交往和沟通。企业不仅要协调与外界的关系，还要协调企业与企业成员之间、内部各部门之间的关系等，要使企业成员与企业之间达成理解和共鸣，增强凝聚力。

（5）引导教育，社会服务。公共关系具有教育和服务的职能，是指通过广泛、细致、耐心的劝服性教育和优惠性、赞助性服务，诱导公众对企业产生好感。

（三）公共关系的活动方式

公共关系的活动方式是指以一定的公关目标和任务为核心，将若干种公共媒介与方法有机结合起来，形成一整套具有特定公关职能的工作方法系统。按照公共关系的功能不同，公共关系的活动方式可分为五种。

（1）宣传性公关。即运用报纸、杂志、广播、电视等传播媒介，采用撰写新闻稿、报告等形式，向社会各界传播企业有关信息，创造有利的社会舆论。

（2）征询性公关。即通过开办各种咨询业务、制定调查问卷、进行民意测验、设立热线服务等方式，建立起有效的信息网络，再将获取的信息进行分析研究，为经营管理决策提供依据，为社会公众服务。

(3) 交际性公关。即通过语言、文字的沟通，为企业建立多方关系，巩固传播效果，可采用宴会、座谈会、专访等形式。

(4) 服务性公关。即通过各种实惠性服务，以行动获取公众的了解、信任和好评，实现既有利于促销又有利于树立和维护企业形象与声誉的活动。

(5) 社会性公关。即通过赞助文化、教育、体育、卫生、环保等公用事业，支持社区福利事业，参与国家、社区重大社会活动等形式来塑造企业的社会形象，提高企业的社会知名度。

(四) 公共关系的工作程序

首先，是进行公共关系调查，通过调查了解和掌握社会公众对企业决策与行为的意见，可以基本确定企业的形象和地位，为企业监测环境提供判断条件，为企业制订合理决策提供科学依据。其次，是制订公共关系计划。制订公共关系计划要以公共关系调查为前提，依据一定的原则，确定公共关系工作的目标，并制订科学合理的工作方案。再次，是公共关系的实施。为确保公共关系的实施效果最佳，正确地选择公共关系和确定公共关系的活动方式是非常必要的。最后，是公共关系检测。依据社会公众的评价，检测公共关系计划的实施效果，在肯定成绩的同时，发现新问题，为制订和不断调整企业的公共关系目标、公共关系战略提供重要依据，也为使企业的公共关系成为有计划的持续性工作提供必要的保证。

第三节　采购与库存战略

一、采购战略

良好的采购战略可以有效提高采购质量和采购效率。从不同方面着手可制订出多种不同的采购策略。本部分将介绍其中较为主要的采购品种、供应商管理以及进货策略。

(一) 采购品种策略

1. 采购物品的分类

1983年克拉利奇 (Kraljic) 提出了采购物品分类模块。它主要基于两个因素：一是采购物品对本公司的重要性 (利润影响)，主要指该采购物品对公司的生产、质量、供应、成本以及产品等影响的大小；二是供应风险，主要指短期、长期供应保障能力、供应商数量、供应竞争激烈程度、自制可能性大小等。依据不同采购物品的重要性及供应风险，可将其分为战略采购物品 (或战略项目)、瓶颈采购物品 (或瓶颈项目)、集中采购物品 (或杠杆项目) 以及正常采购物品 (或非关键项目)，如图5-2所示。

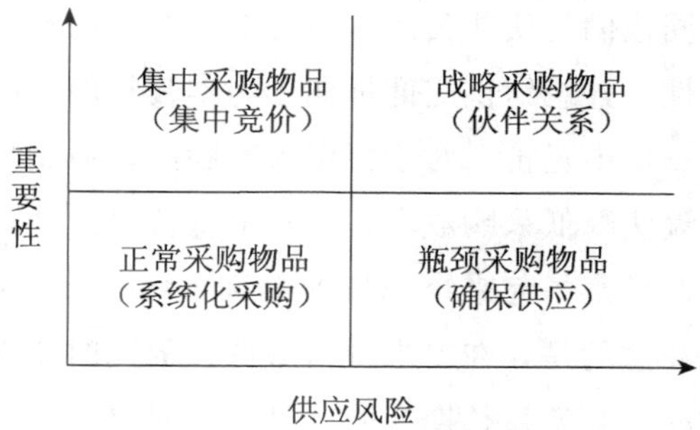

图 5－2　采购物品分类及其策略

（1）战略采购物品。是指价值比例高、产品需求大、重要程度高、保证供应率要求严格，同时又只能依靠个别供应商供应的物品。如汽车制造厂需要采购的发动机和变速器、电视机厂需要采购的彩色显像管等。

（2）瓶颈采购物品。是指价值比例虽然不高，但供应保证程度难以预测的物品。如油漆厂用的色粉、食品行业需要的维生素等。

（3）集中采购物品。是指那些价值比例较高，但很容易从供应商处购得的物品。如化工、钢铁、包装等原材料。

（4）正常采购物品。包括如办公用品、维修备件、标准件以及其他价值低、有大量供应商的物品。

2. 采购物品的 80/20 规则

企业采购物品的数量很大，品种规格繁多，如果不管主要次要，不分需要量大小、单价高低，都采用统一管理模式，给予同等的注意，不但会造成采购人员工作千头万绪、忙乱不堪，而且由于精力分散，效果也不会好，甚至有些重要的资源紧缺的物品会因得不到足够的重视而发生缺货，致使生产、供应中断。因此，在采购工作中要抓重点，通过解决重点而带动一般，往往会收到事半功倍的效果。

采购物品的 80/20 规则，即重要的少数和次要的多数的原则。通常包含两层含义：一是通常数量或种类为 80％的采购物品只占有 20％的价值（次要的多数）；而剩下 20％的物品数量或种类则占有 80％的价值（重要的少数）；二是在采购总量或总品种中有 50％的物品数量的价值在 2％以下。80/20 的特性为采购物品策略的制订提供了有益的启示，即采购工作的重点应放在价值占 80％而数量只占 20％的物品上，这些物品即为采购物品分类模块中的战略采购物品和集中采购物品。

3. 采购物品分类策略

由于数量仅为 20％的战略采购物品和集中采购物品占据了采购价值的 80％，它们的采购成本控制与降低对公司的整体成本影响就显得十分重要。

（1）战略采购物品——建立长期合作伙伴关系。对于战略采购物品，首要的策略是要找到可靠的供应商并发展同他们的伙伴关系，通过双方的共同努力去改进产品质量、降低产品成本、提高交货可靠性，并组织供应商早期参与本公司的产品开发。

(2) 集中采购物品——集中竞价。对于集中采购物品，由于供应充足，产品的通用性强，其主要着眼点是想方设法降低采购成本，追求最低价格。通常可采用两种做法，一是将不同时期或不同单位的产品集中起来统一与供应商谈判；二是采用招标的方式组织不同的供应商参与竞价。需要注意的是，在追求价格最低化的同时要保证物品质量和供应的可靠性，一般情况下这类物品不宜签订长期合同，且采购时要密切关注供应市场的价格走向与趋势。

(3) 瓶颈采购物品——确保供应。瓶颈采购物品的策略主要是要求供应商确保产品供应，必要时甚至可以提高一些价格或增加一些成本，采购行为是通过风险分析制订应急计划，同时与其供应商改善关系（最好建立伙伴关系），以确保供应及时。

(4) 正常采购物品——系统化采购。正常采购物品仅占价值的20%以下，在采购管理不善的情况下采购人员往往会花费大量的时间和精力投入。因此这些物品的采购策略是要提高工作效率，采用程序化、规范化、系统化的作业方式等。主要措施有：提高物品的标准化、通用化程序以减少物品种类；减少供应商数量；采用计算机系统，程序化作业以减少开单、发单、跟单、跟发票等工作时间，提高工作的准确性及效率。

(二) 供应商管理策略

为了保证与供应商合作期间日常物资供应工作的正常进行，要采取一系列的措施对供应商进行管理，这样，一方面要努力发挥供应商的积极性和主动性、互动性，努力处理好自己所承担的物资供应工作，保证本企业的生产经营活动正常进行；另一方面要防止供应商企业的不轨行为，预防一切对企业、对社会的不确定性损失。

1. 控制供应商的策略

(1) 完全竞争控制。完全竞争控制是通过采购企业对其上游供应商的控制，来引起供应商之间的竞争。通常，这种竞争近乎是完全竞争，它可以提高产品的质量、服务质量并且降低购买价格。运用竞争来驾驭供应商的做法类似于“招标”，只不过从内容和形式上都更加灵活。例如，在几个供应量比较大的品种中，每个品种可以实行AB角制或ABC角制。所谓AB角制，就是一个品种设两个供应商，一个A角，作为主供应商，承担50%～80%的供应量，一个B角，作为副供应商，承担20%～50%的供应量。在运行过程中，对供应商的运作过程进行结构评分，一个季度或半年一次评比，如果主供应商的月平均分数比副供应商的月平均分数低10%以上，就可以把主供应商降级成副供应商，同时将副供应商升级成主供应商。ABC角制则实行三个角色的制度，原理与AB角制一样，同样也是一种激励和控制的方式。通过完全竞争控制来实现对供应商的管理是行之有效的，也是企业采购管理中不可忽视的。但这种策略有一定的限制性，即一般只在买方垄断的市场上是可行的。

(2) 合约控制。合约控制是指采购企业通过与供应商进行谈判、协商，根据双方的利益达成某种一致，并由双方签署框架协议。它的目的是使双方在今后的具体购销活动中能更好地履行各自的权利和义务，基于该合同产生的一切买卖行为都要以框架协议的规定为准。这种方式的特点可以概括为：供需双方的关系比完全竞争控制密切，但又不像股权控制与管理输出控制那样紧密，更像是一种比较松散的合作。现在很多大型企业都采用此方式进行供应商的管理。

(3) 股权控制。市场竞争的激烈使得采购企业日趋与其供应商建立一种比较密切的伙伴关系，从而达到对供应商控制的目的。同时作为供应商也希望能够与需求方企业进行较长期的合作，以实现稳定销售及发展。在这种情况下，购销双方就可以通过协商的方式互相购买对方的股份进行股权交换。在此过程中，双方需要在权利和义务上相互做出承诺和保证。此后还要在信息、技术、数据和人员等方面进行交换，以实现对对方的监督和控制。这个过程操作起来相当烦琐和复杂。因为合作的决策需要深思熟虑和长期、细致的调查研究后才能确定。股权交换关系到企业今后的发展，所以在实施这种方法的前期、中期及晚期都必须进行严谨决策和认真分析，保证合作的成功。

(4) 管理输出控制。管理输出控制往往与股权控制并存。我们知道，在股权控制中，合作的企业之间存在着相互融合、交换和帮助，这就构成了股权合作的实质。近年来，由于企业间的合作与并购的快速发展，参股日益增加，人们对于企业合作有了新的认识，开始由企业产权控制走向企业管理控制，并慢慢演变为管理输出控制。管理输出控制，是在股权控制或其他形式合作的企业之间，通过向对方企业输出管理人员，进行技术和管理支持，实现对对方企业状况的掌握和信息的了解，这实际上为企业之间的实质性合作提供了一个载体或媒介。此方式使得合作企业双方的关系更为密切，降低了双方的交易成本，达到对采购物流控制的目的。

(5) 供应商激励机制。要保持长期的供需合作伙伴关系，对供应商的激励是非常重要的，没有有效的激励机制，就不可能维持良好的供应关系。这种供应商控制方法日益被现代企业管理者所接受，尤其在供应链管理思想出现以后，它得到了快速的发展和广泛的应用。

2. 防止供应商控制的策略

(1) 全球采购。全球采购可以打破供应商的垄断行为，为企业寻找到最佳的供应商。当采购企业得到许多供应商的竞价时，例如有 50 家供应商，企业只需要 3 家，这时就很有把握找到最佳供应商。

(2) 再找一家供应商。独家供应有两种情况：一是 Single Source，即供应商不止一家，但仅向其中一家采购；二是 Sole Source，即仅此一家。在 Single Source 的情况下，只要“化整为零”变成多家供应，就能造成卖方竞争。例如，日本本田公司长期奉行双重供给的原则。本田认为，这样既可以降低由于依赖一家关键供应商所带来的风险，又可以在供应商之间保留一定程度的竞争性对立，从而达到既改善质量又降低成本的目的。

(3) 增强相互依赖性。多给供应商一点业务，这样就提高了供应商对采购企业的依赖性。

(4) 更好地掌握信息。要清楚了解供应商对采购企业的依赖程度，以便控制供应商。例如，有家公司所需的原材料只有一家货源，但其了解到本企业在供应商仅有的三家客户中是采购量最大的一家，供应商离不开本企业，结果公司在要求降价时供应商做出了相当大的让步。

(5) 利用供应商的垄断形象。一些企业为自己所处的垄断地位惴惴不安。在受到指责利用垄断地位时，它们都会极力辩解，即使一点点不利宣传的暗示也会让其坐卧不宁。

(6) 注意业务经营的总成本。当供应商知道企业没有其他供应源时，可能会咬定价格不放，此时采购企业可以说服供应商在其他非价格条件上做出让步。采购企业应注意交易中的每个环节都要加以利用，总成本的每个因素都可能使企业节约费用。节约成本的机会可能存在于以下几个方面。①送货：洽谈适合采购企业的送货数量和次数，降低仓储和货运成本。②延长保修期：保修期从首次使用产品的时间算起。③付款条件：只要放宽正常的付款条件，都会带来节约。若立即付款则要求给予一定折扣。

(7) 一次性采购。如果采购企业预计所采购产品的价格可能上涨时，一次性采购方可行。根据相关的支出和库存成本，权衡一下将来价格上涨的幅度，与营销部门紧密合作，获得准确的需求数量，进行一次性采购。

(8) 协商长期合同。企业长期需要某种产品时，可考虑订立长期合同。一定要保证持续供应和价格的控制，采取措施预先确立产品的最大需求量以及需求增加的时机。

(9) 与其他用户联手。与其他具有同样需求的公司联合采购，由一方代表所有用户采购会惠及各方。

(三) 进货策略

1. 选择进货渠道策略

(1) 直接缩短渠道策略。采购企业能向生产厂商进货的尽量向生产厂商进货；能减少中间环节的尽量减少中间环节，以降低采购成本。

(2) 定向稳定渠道策略。对于企业要经常采购的物品，应建立稳定采购渠道，以保证货源和质量的稳定性，节约差旅费，维持企业的正常生产经营活动。

(3) 多渠道策略。企业在采购时为了保证货源，除了有主渠道外，还可有辅助渠道，以应付突发性的需求，降低采购风险。

2. 进货方式策略

(1) 进货方式。采购进货有三种方式：自提进货、供应商送货、委托外包进货。①自提进货，就是在供应商的仓库里交货，交货以后的进货过程全部由采购者负责管理；②供应商送货，这是一种最简单轻松的采购进货管理方式，它基本省去了整个进货管理环节，把整个进货管理的任务以及进货途中的风险都转移给了供应商，只剩下一个入库验收环节；③委托外包进货，就是把进货管理的任务和进货途中的风险都转移给第三方物流公司，它有利于发挥第三方物流公司的自主处理、联合处理和系统化处理的能力，提高了物流运作效率、降低了物流运作成本。

（2）进货方式选择策略。①对于进货难度和风险大的进货任务，首选是委托第三方物流公司进货方式，其次是选择供应商送货方式，一般最好不选用户自提进货方式。委托第三方物流公司进货，既可以充分利用第三方物流公司的专业化优势、资源优势、技术优势提高进货效率、提高进货质量、降低进货成本，又可以减轻供应商进货上的工作量和进货风险，对各方都有利。②对于进货难度小和风险小的进货任务，首选是供应商送货进货方式。例如同城进货、短距离进货，可以发挥这种方式环节最少、效率最高、最节省采购商工作量、最大地降低采购商进货风险的长处，是一种最好的进货方式。当然也可以选择采购商自提进货方式，这种方式也效率高、费用省，但是这个时候进货途中的风险就落到了采购商的身上。

企业物流采购战略典型案例——宜家

除中国宜家的价格表现略为偏高外，在全球其他市场，宜家一直以优质低价的形象出现，这得益于宜家经济的采购策略。

一、以规模采购获得低成本

宜家在为产品选择供货商时，从整体上考虑总体成本最低。即计算产品运抵各中央仓库的成本作为基准，再根据每个销售区域的潜在销售量来选择供货商，同时参考质量、生产能力等其他因素。由于宜家绝大部分的销售额来自欧洲和美国，所以一般只参考产品运抵欧洲和美国中央仓库的成本。

宜家在全球拥有近2000家供货商（其中包括宜家自有的工厂），供应商将各种材料由世界各地运抵宜家全球的中央仓库，然后从中央仓库运往各个商场进行销售。这种全球大批量集体采购方式可以取得较低的价格，挤压竞争者的生存空间。

同宜家的大批量相比，拷贝者无法以相同的低价获得原材料，产品要定位低于宜家的价格，只有偷工减料或者是降低生产费用，然而降低生产费用的空间不会太大，因为宜家供货厂家由于订单的数量大，其单位生产费用、管理费用已经相当低了，且宜家在价格上所加的销售费用、管理费用也不会太高。如果没有足够的利润空间，拷贝也就没有了原动力，偷工减料的产品也无法长期同宜家竞争。

二、因地制宜改变采购通路保持竞争优势

宜家亚太地区的中央仓库设在马来西亚，所有前往中国商场的产品必须先运往马来西亚。这种采购方式大大降低了宜家总体的成本。但是对于中国来说，成本较高。特别是对于家具这类体积较大的商品来说，运费在整个成本中会达到 30%，直接影响到最终的定价。

随着亚洲市场特别是中国市场所占的比重不断扩大，宜家正在把越来越多的产品或者是产品的部分量放在亚洲地区生产，这将大大降低运费对成本的影响。目前，宜家正在实施零售选择计划，即由中国商场选择几个品种，再由中国的供货商进行生产，然后直接运往商店的计划。例如，尼克折叠椅原先由泰国生产，运往马来西亚后再转运中国。采购价相当于人民币 34 元一把，但运抵中国后成本已达到 66 元一把。再加上商场的运营成本，最后定价为 99 元一把。年销售额仅为每年 1 万多把。实施这项计划后，中国的采购价为人民币 30 元一把，运抵商店的成本增至 34 元一把，商场的零售价定为 59 元一把，比以前低了 40 元，年销售量猛增至 12 万把。

随着中国房地产热潮的高温不退，家居用品市场的竞争也日趋激烈，宜家在产品设计、营销方法以及品牌上已经和其他竞争对手形成了足够的差异，但是这种壁垒能否足以抵挡其他家居用品商的猛烈进攻，价格仍然是主要因素。降低采购成本后，宜家显然正在针对目标消费群体，加大本土采购力度，继续降低成本价格，把宜家在全球的降价优势发挥出来，再加上其特有的体验营销、服务营销等多种营销手法的综合运用，有助于其与众多竞争对手区别开来，从而取得竞争优势。

二、库存战略

（一）准时制（JIT）

如果将 JIT 与生产管理、库存管理联系起来，意为“准时到货”。JIT 管理方法是由日本丰田公司在 20 世纪 70 年代后期成功应用而成为举世闻名的先进管理体系。到 1989 年为止，日本的制造业已经广泛地应用不同程度的 JIT 管理体系；美国的工业企业已有约 40%以上使用该方法。JIT 管理体系的合理应用已经成为那些具有世界领先地位的企业成功的关键因素之一。

1. JIT 生产系统的目标

JIT 最终目标是一个平衡系统，即一个贯穿整个系统的平滑、迅速的物料流。在这种思想的主导下，生产过程将在尽可能短的时间内，以尽可能最佳的方式利用资源。总目标实现程度取决于几个特定配套目标的完成程度。

（1）消除中断。中断通过扰乱流经整个系统的平滑产品流而对系统产生负面影响，因此应予以消除。引起中断的原因很多，有质量低劣、设备故障、进度安排改变、送货延迟等。所有这些原因都应该尽可能地消除掉，只有这样才能减少系统必须面对的不确定性。

（2）使系统具备柔性。柔性系统是一种灵活、足以进行多种产品生产的系统。通常以日为计时单位，控制产出水平的变化，同时仍然保持平衡的生产速度。它能够使整个系统更好地面对某些不确定因素。

(3) 减少换产时间与生产提前期。换产时间与生产提前期延长了整个生产过程，对产品价值却没有任何增值作用。另外，较长的换产时间和较长的生产提前期还会对系统的柔性产生负面影响。因此，减少换产时间与生产提前期非常重要，是不断改进的目标之一。

(4) 存货最小化。存货是对资源的闲置，占用空间还增加系统成本，应该尽可能地使它最小化。

(5) 消除浪费。在JIT理念中，浪费包括过量生产、等候时间、不必要的运输、存货、加工废品、低效工作方法、产品缺陷等。这些浪费的存在说明改进是可能的，此外，可由以上浪费指出不断改进的潜在目标。

2. JIT生产系统的主要方法

(1) 看板管理。准时化生产的概念是按市场的需求安排生产，生产的产品应能马上销掉，强调准时。反之，如果没有准确的需求，就不能生产。传统的做法是，为了保证后面工序有活干，在前面的工序准备了较多的库存，不管后工序需要与否，前工序按计划生产，然后送往后工序。显然，这违背了准时化生产的原则，看板管理方法按照准时化生产的概念把后工序看成用户，只有当后工序提出需求时，前工序才允许生产，看板充当了传递指令的角色。这样使用看板管理才有可能控制准时化生产的生产进度，才能实现对作业计划做随时性的微调。

看板就是一种记载着生产信息的卡片。有两种用途的看板："取货看板"和"生产看板"。"取货看板"起着取货指令的作用，接到"取货看板"就应该按看板上的数量立即发货；同样的道理，"生产看板"起着生产指令的作用，上面标有前工序应该生产的数量，当前工序接到后工序发来的"生产看板"，即命令它立即生产卡片上规定数量的零件。

看板的形式可以是多种多样的，只要能表示清楚指令内容就行。在实际使用中，有的工序之间采用某种专用容器作为"看板"，甚至用发出某种打击声作为"看板"。在实际的生产过程中，不同的场合采取不同的看板发送方式，有单板方式和双板方式，看板流程不尽相同。如果在一条生产线上生产多种产品，要为不同产品设计不同的看板，生产时，根据需求发出某种产品的看板。具体方式可以多种多样，但实行的原则是一致的：①不见看板不发料，按看板规定的数量发料，看板跟着零件走；②按看板规定数量生产，当生产多品种时，必须按看板送来的次序生产；③不合格品不准送往后工序；④看板使用的张数要逐步减少。

(2) 零库存管理。库存在生产中起着重要的作用，为了保证过程不中断，往往设立了许多在制品库存。准时化生产不允许有较大库存。库存量大占用资金多，沉积起来的库存游离出了资金的流动过程，不能增值，又降低了资金利用率，是一种浪费；库存物品需要仓库和保管人员，库存量大、品种多时，库存管理变成一项十分复杂的工作，以致建立自动化高架仓库，如果没有库存，就少了这笔费用，所以这也是一种浪费；如果过早地生产一些零件存放在仓库，一旦市场不需要这些产品，这些库存物品就成了废料。

准时化生产认为过量库存掩盖了许多管理不善的问题，通过减少库存去发现问题、解决问题，可以提高管理水平。例如，因质量管理不善，过量的废品影响生产进度，以增加库存的办法可以应付过去，但掩盖了质量管理上的问题；因设备故障影响生产，也用增加库存的办法去应付，库存掩盖了设备管理上的问题。传统的生产管理观点强调设备不能停，以确保生产不能间断，应付种种影响生产的因素只靠增加库存一条措施，所以系统效率是比较低的。准时化生产主张减少库存，最好降到零。当然，要达到零库存的理想状态是不可能的，但零库存管理的目的是：通过降低库存，发现管理中存在的问题，然后解决这些暴露出来的问题，使生产系统得到改善；再进一步减少库存，再发现新的问题，再解决，这样使生产系统得到进一步改善。改进的过程是没有完结的，是一种不断提高的循环过程。零库存管理体现出准时化生产追求尽善尽美的管理思想。

3. 实施 JIT 的关键

建立 JIT 管理系统需要一段很长的时间，它需要企业文化和管理方式发生巨大的变革，这并不是轻易就能完成的。然而，采用 JIT 管理系统的企业将获得巨大的收益，提高市场的竞争力，获得生存。以下是建立 JIT 管理体系时应重视的几个方面。

(1) 实行全面质量管理。全面质量管理主要包括建立质量保证体系：在资源方面，重视原材料和外购件的质量保证，慎重选择供应厂商；在设计方面，运用 JIT 管理体系要求设计的产品具有很强的柔性。一些高科技的企业成功地把 JIT 和柔性制造系统 (FMS) 结合在一起，采用标准件降低 JIT 生产系统的复杂度；在人员上，强调人的工作质量和对产品质量的责任感；在加工过程中，重视质量过程控制。只有在全面质量管理的作用下，才能在 JIT 系统的每个环节上把好质量关，使之尽力做到“零缺陷”，才能实现“零库存”。

(2) 企业全员参与管理。为了实现不间断地提高产品质量和生产效率，企业需要建立一支经过交叉岗位训练和一专多能的职工队伍。按产品分类的生产原则重新组织起来，形成若干个班组，各班组的职工应对本部门原材料、产品质量负责。同时，企业还要改革劳动、人事和分配制度，形成一种激励机制和不断创新的工作氛围。

(3) 控制生产准备耗费和储存成本。通过引进先进的机器设备，实现计算机的控制与操作，可使生产准备阶段所耗时间变得最短，从而使准备耗费大幅度下降。选择几个可靠的供应商，且与它们建立长期的订购关系，采购业务仅通过传真或电话的方式进行，从而大量缩减采购费用。选定信誉较好的供应商，要求它们能按时、按量及按质将材料运到，因此企业的库存可以压到最低，由此储存成本也降低到最低水平。

(4) 利用看板管理法保证生产管理过程物流畅通。看板管理是一种需求拉动型生产管理方式，与供应推动型管理方式相区别。在传统工业中，按生产加工顺序，批量生产。但准时化生产逐级发出生产指令，每一次指令只生产零件装满限量的容器，绝无积压和拖延。这种需求拉动型的生产管理，有效形成紧密联系的生产链和快节奏生产时间计划，减少了在制品的库存和相应的搬运、计量、记录等工作量。

（5）系统的不断改善。JIT 系统是一个需要不断改进完善的过程。理想的 JIT 系统的最高目标是“零机器调整时间”“零缺陷”“零库存”“零设备故障”，因而 JIT 是一个永不停止的过程。

4. 应用 JIT 的收益

JIT 的运用会给企业带来许多收益，它不仅局限于对存货管理效率的提高——节省存货资金的占用，仓库空间的占用，以及与之相关的保管人员的减少等，还包括由于流动资金的占用而减少的借款利息支出，或者企业用这笔资金进行其他投资所获得的回报，降低其机会成本。最关键的收益是实现了 JIT 所追求的目标，即消除企业生产经营全过程中所有无价值增值的活动和耗费，最终结果是生产成本大幅度下降，劳动生产率提高，产品质量改善，顾客需求得到更好更快满足。

（二）供应商管理库存（VMI）

1. 供应商管理库存的概念

供应商管理库存技术不同于常规物流方式：不是买方，而是由供应商管理买方的库存——供应商决定什么时间补货和补多少货，这是一种降低物流成本和压缩库存的供应链管理技术。针对不同的商品，供应商管理库存技术关注以最有效率的方法补货，供应商利用数据库和信息处理技术，保证实时监测商品库存水平、预测商品流量，从而有效确定什么时间补货以及补多少，并避免断货。

2. 供应商管理库存的模型

（1）从供应商角度，VMI 模型中的信息共享包括：①从分销商获得库存水平信息；②从分销商获得销售预测信息；③在合适的时刻生成补货单；④将发货信息通知分销商；⑤从分销商取得销售报告；⑥将发票派送给分销商。

（2）供应商管理库存技术的作业步骤如下。

第一步：供应商接收最新的库存信息，信息通常以 EDI 方式传输。同时，供应商还需要一份近期销售预测报告，从而确定什么时候补多少货。

第二步：供应商生成计划补货单。VMI 技术的要点之一就是，供应商（不是分销商）负责补货单。

第三步：应该补货时，供应商向分销商派送补货通知。通常，通知也采用电子数据传输方式，分销商准备收货。

第四步：按部就班地实施常规的送货、收货和存货工作。

（3）战略伙伴间的框架协议。供应商管理库存技术在实施中主要依据双方签订的协议。为了保证实施成功，合作双方都需要明确各自的责任，观念上达成一致的目标。如库存放在哪里，什么时候支付，是否要管理费，要花费多少等问题都要明确，并且体现在框架协议中。

3. VMI 主要的好处

（1）供应商受益。①通过销售点（POS）数据透明化，简化了配送预测工作；②结合当前存货情况，使促销工作易于实施；③减少分销商的订货偏差，减少退货；④需求拉动透明化、提高配送效率——以有效补货避免缺货；⑤有效的预测使生产商能更好地安排生产计划。

（2）分销商和消费者受益。①提高了供货速度；②减少了缺货；③降低了库存；④将计划和订货工作转移给供应商，降低了运营费用；⑤在恰当的时间，适量补货——提升了总体物流绩效；⑥供应商更专注地提升物流服务水平。

（3）共同的利益。①通过计算机互联通信，减少了数据差错；②提高了整体供应链处理速度；③从各自角度，各方更专注于提供更优质的用户服务，避免缺货，使所有供应链成员受益；④真正意义上的供应链合作伙伴关系得以确立；⑤长期利益包括，更有效的促销运作、更有效的新品导入和增加终端销售量等。

（三）联合库存管理（JMI）

1. 联合库存管理思想

联合库存管理是解决供应链系统中由于各节点企业的相互独立库存运作模式导致的需求放大现象，提高供应链的同步化程度的一种有效方法。它强调双方同时参与，共同制订库存计划，使供应链过程中的每个库存管理者（供应商、制造商、分销商）都从相互之间的协调性考虑，保持供应链相邻的两个节点之间的库存管理者对需求的预期保持一致，从而消除了需求变异放大现象。任何相邻节点需求的确定都是供需双方协调的结果，库存管理不再是各自为政的独立运作过程，而是供需连接的纽带和协调中心。与 VMI 相比，JMI 是一种供应链集成化运作的决策代理模式，它把用户的库存决策权代理给供应商，由供应商代理分销商或批发商行使库存决策的权力。联合库存管理则是一种风险分担的库存管理模式。

2. 联合库存管理实施方法

为了发挥联合库存管理的作用，供需双方应从合作的精神出发，建立供需协调管理的机制，明确各自的目标和责任，建立合作沟通的渠道，为供应链的联合库存管理提供有效的机制，没有一个协调的管理机制，就不可能进行有效的联合库存管理。建立供需协调管理机制，要从以下几个方面着手。

（1）建立共同合作目标。要建立联合库存管理模式，首先供需双方必须本着互惠互利的原则，建立共同的合作目标。为此，要理解供需双方在市场目标中的共同之处和冲突点，通过协商形成共同的目标，如用户满意度、利润的共同增长和风险的减少等。

（2）建立联合库存的协调控制方法。联合库存管理中心担负着协调供需双方利益的角色，起协调控制器的作用。因此需要对库存优化的方法进行明确确定。这些内容包括库存如何在多个需求商之间调节与分配，库存的最大量和最低库存水平、安全库存的确定，需求的预测等。

（3）建立一种信息沟通的渠道或系统信息共享。为了提高整个供应链需求信息的一致性和稳定性，减少由于多重预测导致的需求信息扭曲，应增加供应链各方对需求信息获得的及时性和透明性。为此应建立一种信息沟通的渠道或系统，以保证需求信息在供应链中的畅通和准确性。要将条码技术、扫描技术、POS 系统和 EDI 集成起来，并且要充分利用互联网的优势，在供需双方之间建立一个畅通的信息沟通桥梁和联系纽带。

（4）协调中心的库存管理对利益的合理分配、激励机制的有效运行具有重要作用，必须建立一种公平的利益分配制度，并对参与协调库存管理中心的各个企业（供应商、制造商、分销商或批发商）进行有效的激励，防止机会主义行为，增加协作性和协调性。

（四）联合规划、预测和补货管理（CPFR）

1. CPFR 的概念及特点

CPFR 是 20 世纪 90 年代末开发出来的一种协同的供应链库存管理技术，通过它应用一系列覆盖整个供应链合作过程的处理和技术模型，共同管理业务流程和共享信息，来改善零售商和供应商的伙伴关系，提高预测的准确度，最终达到提高客户满意度的目的。

CPFR 具有以下三条指导性原则。

（1）合作伙伴框架结构和运作过程以消费者为中心，面向供应链进行运作。

（2）合作伙伴共同开发单一、共享的消费者需求预测系统，该系统驱动整个供应链计划。

（3）合作伙伴均承诺共享预测并在消除供应过程约束方面共担风险。

CPFR 针对各合作伙伴的不同战略、投资能力、市场信息来源，构建一个方案组，根据关键业务的能力，来决定主持核心业务活动的企业，合作伙伴可选用多种方案实现其业务过程。零售商和制造商从不同的角度收集不同层次的数据，通过反复交换数据和业务情报，改善制订需求计划的能力，最后得到基于 POS 的消费者需求的单一共享计划。该计划可以作为零售商和制造商制订与产品有关的所有内部计划活动的基础，实现供应链集成。

2. 基于 CPFR 的供应链体系结构

图 5－3 所示的是基于 CPFR 的供应链体系结构。它分为以下四个职责层。

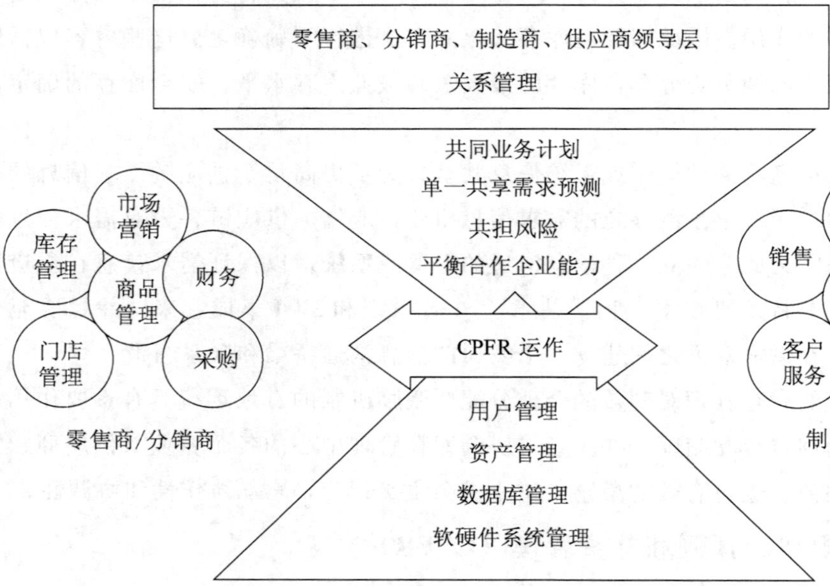

图 5-3　基于 CPFR 的供应链体系结构

(1) 决策层。主要负责管理合作企业领导层，包括企业联盟的目标和战略的制定、跨企业的业务过程的建立、企业联盟的信息交换和共同决策。

(2) 运作层。主要负责合作业务的运作，包括制订共同业务计划、单一共享需求预测、共担风险和平衡合作企业能力。

(3) 内部管理层。主要负责企业内部的运作和管理，主要包括商品（或分类）管理、库存管理、门店管理、后勤、客户服务、市场营销、制造、销售和采购等。

(4) 系统管理层。主要负责供应链运作的支撑系统和环境管理及维护，如用户管理、资产管理等。

3. 基于 CPFR 的供应链合作关系

根据 CPFR 的概念和基于 CPFR 的供应链体系结构，建立一种基于 CPFR 的供应链合作关系，如图 5-4 所示。CPFR 服务器用于 CPFR 共同业务处理，由供应链的核心企业管理和维护。每个合作伙伴通过 Internet 与 CPFR 服务器连接，使供应链中较小的公司也能加入 CPFR 系统进行工作，且不必承受开发和维护系统的负担，同时，还便于合作伙伴采用统一的标准和技术。

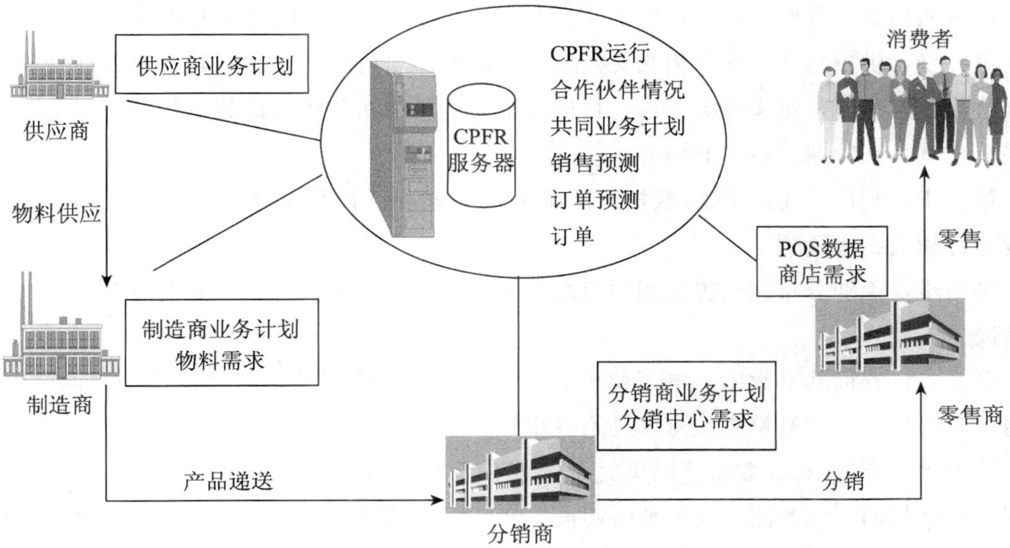

图 5－4　基于 CPFR 的供应链合作关系

合作伙伴根据分销商业务计划、制造商业务计划和供应商业务计划，达成合作伙伴协议，创建共同业务计划，它们是整个 CPFR 活动的基础。零售商对来自本店多个 POS 的每种商品的销售量进行实时汇总，形成与消费者直接相关的动态 POS 数据，结合 POS 数据和本店存货情况形成商店需求，并将这些信息提供给 CPFR 服务器。分销商对来自多个零售商的商品需求进行分类和合计，形成分销中心（DC）数据，结合库存信息形成分销中心需求，提供给 CPFR 服务器。CPFR 服务器基于共同业务计划和例外准则，利用 POS 数据、DC 数据和事件数据等，形成单一的销售预测。首先，事件是指对销售预测或订单预测有影响的事件，如促销、降价、库存控制策略或工厂关闭等。其次，基于共同业务计划、例外准则和价值评估，利用单一的销售预测、POS 数据、供应链现有库存及分布信息、库存战略、季节性信息、事件数据、产品历史需求和发运数据、产品利用率数据，以及项目管理简况数据等，形成单一的订单预测。最后，预测实际订单，下达给制造商，制造商生成物料需求给物料供应商。整个供应链进行物料供应、产品生产、递送、分销和零售的过程。上述运作过程的所有数据将存入 CPFR 数据库，作为今后过程的数据资源和历史数据。

4. 基于 CPFR 的供应链运作过程

基于 CPFR 的供应链运作过程分为 3 个阶段共 9 个步骤。第一个阶段为计划，包括第一步和第二步；第二个阶段为预测，包括第三步至第八步；第三个阶段为补货，包括第九步。

具体步骤为：

第一步：建立供应链合作伙伴关系的指南和规则，共同达成一个通用业务协议，包括合作的全面认识、合作目标、机密协议、资源授权、合作伙伴的任务和成绩的检测。

第二步：供应链合作伙伴相互交换战略和业务计划信息，以发展联合业务计划。建立合作伙伴关系战略，定义分类任务、目标和策略，并建立合作项目的项目管理简况，如订单最小批量、交货期、订单间隔等。

第三步：利用零售商 POS 数据、因果关系信息和已计划事件信息，创建一个支持共同业务计划的销售预测。

第四步：识别分布在销售预测约束之外的项目，每个项目的例外准则需在第一步中得到认同。

第五步：查询共享数据、电子邮件、电话、交谈、会议等，解决销售预测例外情况，并将产生的变化提交给销售预测（见第三步）。

第六步：合并 POS 数据、因果关系信息和库存策略，产生一个支持共享销售预测和共同业务计划的订单预测，提出分时间段的实际需求数量，并通过产品及接收地点反映库存目标。

第七步：识别分布在订单预测约束之外的项目。

第八步：查询共享数据、电子邮件、电话、交谈、会议等，调查研究订单预测例外情况，并将产生的变化提交给订单预测（见第六步）。

第九步：将订单预测转换为承诺订单，订单可由制造厂或零售商、分销商依靠能力、系统和资源来完成。

企业物流库存战略典型案例——一汽大众

一汽大众实现“零库存”的方法可分为以下几类。

1. 进货的“零库存”处理流程

一汽大众的零部件的送货形式有三种。

第一种是电子看板，即公司每月把生产信息用扫描的方式通过电脑网络传递送到各供货厂，对方根据这一信息安排自己的生产，然后公司按照生产情况发出供货信息，对方则马上用自备车辆将零部件送到公司各车间的入口处，再由入口处分配到车间的工位上。

第二种是“准时化”，即公司按整车顺序把配货单传送到供货厂，对方也按顺序装货直接把零部件送到工位上，从而取消了中间仓库环节。

第三种是批量进货，供货厂每月对于那些不影响大局又没有变化的小零部件分批量地送 1～2 次。

2. 在制品的“零库存”管理

公司很注重在制品的“零库存”管理，在该公司流行着这样一句话：“在制品是万恶之源。”用以形容大量库存带来的种种弊端。在生产初期，捷达车的品种比较单一，颜色也只有蓝、白、红三种。公司的生产全靠大量的库存来保证。随着市场需求的日益多样化，传统的生产组织方式面临着严峻挑战。

在整车车间，生产线上每辆车的车身上都贴着一张生产指令表，零部件的种类及装配顺序一目了然。计划部门控装车顺序通过电脑网络向各供货厂下计划，供货厂按照顺序生产、装货，生产线上的工人按顺序组装，一伸手拿到的零部件保证就是他正在操作的车上的。物流管理就这样使原本复杂的生产变成了简单而高效率的“傻子工程”。令人称奇的是，整车车间的一条生产线过去仅生产一种车型，其生产现场尚且拥挤不堪，如今在一条生产线同时组装 2～3 种车型的混流生产线，却不仅做到了及时、准确，而且生产现场比原先节约了近 10％。

3. 实现“无纸化办公”

随着物流控制系统的逐步完善，电脑网络由控制实物流、信息流延伸到公司的决策、生产、销售、财务核算等各个领域中，使公司的管理步入了科学化、透明化。公司已实现了“无纸化办公”，各部门之间均通过电子邮件联系。

第四节　配送战略

一、配送模式

（一）配送模式概述

配送模式不是一个新问题，自从配送产生以来，人们就不断地研究如何才能将物品高效地送达需求方，于是，产生了许多种不同的配送模式。本节将对目前国内的配送模式做一个简单归纳。

1. 自营配送

自营配送模式是指企业配送的各个环节都由自身筹建并组织管理。首先结合各下游用户的货物需求规模以及布局网点等多项环境，选择适当的地点出资建立一个或几个配送中心，再由本企业对整个配送过程进行经营管理（包括从采购到最终的送达）。需要指出的是，这里的重点并不在于“出资建立”，而在于整个过程的管理体系，如进货存货技术、拣货分货工艺、配货送货技术以及配送中心的管理体制、人员构成等。在这种模式中，由于企业对整个配送业务直接进行管理，所以最大的优势是企业拥有对配送系统运作过程的有效控制权，并以此提升该系统对企业服务顾客的专用性，最大限度地满足下游客户的需求。第一，企业可以通过内部权力控制商品配送活动，而不必就货物配送的佣金问题进行谈判，提高了配送服务效率，减少了交易费用；第二，能够控制或避免竞争对手对同一商品配送系统（尤其是优质的商品配送系统）的利用，保障企业对顾客服务的优先地位；第三，配送系统能够与企业的营销活动以及即时需求密切配合，从而减少交易时间，提高企业的市场感召力、竞争力和品牌价值。

自营配送的主要缺陷在于投资巨大和管理上的困难。由于配送业务完全由企业经营，企业就必须抽出一大部分资金进行建设和营运，无论是上层管理人员对下层员工积极性和创造性的调动，还是对各项业务的精确掌握和管理，都需要管理力量的投入。如果企业的实力或者规模达不到，就很难发挥出规模经济的优势，造成管理成本增加。

目前，企业自营配送主要是一些传统的大型制造企业或批发零售企业或有雄厚资金实力和较大业务规模的公司，自行建立适应业务需要的畅通、高效的配送系统，自己经营配送业务。例如京东物流。

2. 第三方配送

采用第三方物流配送模式，是指企业自身不拥有任何配送资源，配送业务从备货、理货到最终的送货全部由交易双方以外的第三方公司承担。这里“第三方公司”又分为两种：一种是专门的物流公司；另一种是具有强大配送功能的其他企业，如连锁企业等。采用这种配送模式，对企业对社会都有诸多好处。

(1) 节约投资，降低物流成本，减少浪费。日益激烈的市场竞争使企业难以成为业务上面面俱到的专家，企业利用外部资源，委托第三方承担配送业务，就可以省下建设和营运配送活动的巨额费用，去经营发展企业自身的核心业务和其他业务，促进本企业的成长。

(2) 提高配送技术的灵活性。只有具备丰富的专业知识、深谙物流中的问题、以物流为核心业务的企业才能投入10%的力量进行技术创新，并能以更快速、更具成本有效性的方式满足客户的需求。

(3) 提升企业形象。第三方企业的利润并非源于其经营的配送活动如运输、储存等费用的直接收入，而是来源于企业共同在物流领域创造的新价值，所以，第三方企业与企业更多的是战略伙伴。为实现“双赢”的结果，第三方企业会处处为企业着想，如透明化供应链、缩短交货期、制订高效物流方案等，这都为企业在竞争中树立形象、取得收益创造了有利条件。

(4) 有利于实现物流现代化。物流配送的联合、社会化，使人、财、物更为集中的使用，能够有效地提高先进设备利用率，发展物流技术，推动物流现代化的进程。虽然以上诸多优势显而易见，但是在建立这种商流与物流分属模式的时候仍存在一些需要重点考虑的因素。比如，企业应如何通过第三方公司满足客户的个性化要求。由于第三方的介入，阻断了企业与客户的信息通道，客户的要求、想法、建议等难以反馈到企业，于是给企业提供增值服务带来了困难。另外如费用、退货、部分代收款、双方衔接等问题都是这种模式的不利因素。不过第三方物流的优势是显而易见的，目前，越来越多的商家意识到第三方配送的优越性并开始采用这种方式。美国通用汽车公司委托专业物流企业潘世奇物流公司（Penske Logistics）和第三方物流企业莱德物流公司（Ryder）为它提供第三方物流。海尔集团由于其先进的物流系统，目前已经向其他厂商提供大量第三方的物流服务；美国的联邦快递（FedEx）、英国的英运物流集团（Exel）以及我国的宝供物流有限公司，都是专业第三方物流公司的典型代表，承担多方企业的商品配送服务。

3. 共同配送

详细内容见本节二。

（二）几种物流配送模式的比较选择

企业在进行物流配送决策时应根据自己的需要和资源条件，综合考虑多种因素，慎重选择物流配送模式，以提高企业的市场竞争力。

1. 物流配送模式选择应考虑的因素

企业在选择物流配送模式时，应综合考虑多种因素。

（1）物流系统总成本。中小企业在选择自营物流还是第三方物流或其他方式时，必须核算物流系统总成本的情况，加以论证。

（2）企业的规模和实力。企业应根据自身人员、资金和管理资源的情况，将有限的资源用于核心业务，有多余的资源再考虑物流管理。

（3）企业对物流的管理能力。中小企业处理物流的能力相对较低，适宜采用第三方物流，反之，可自营物流。

（4）产品自身的流通特点。对于大宗工业品或鲜活产品，应利用相对固定的专业物流服务供应商和短渠道物流；对产品线单一的或为大企业做配套的中小企业，可在龙头企业统一下自营物流，对于技术性较强的物流服务，如口岸物流服务，中小企业应采用委托代理的方法。

2. 物流配送模式选择的步骤

物流配送模式的选择一般取决于两个因素的平衡：一是物流对企业成功的关键程度；二是企业物流管理的能力。具体可以按照以下这几个步骤开展。

（1）对公司的物流配送成本进行一次彻底审计，找出物流成本所在，是销售问题还是物流系统运作本身的问题。

（2）根据审计结果，发现企业物流配送能力和业务需求之间的差距，建立物流运作的绩效考核机制，确认改进的方向。

（3）评估现有物流配送模式，结合企业物流改进方向制订物流配送模式或模式组合。

（4）评估选择物流提供商。

（5）和物流配送提供商签订基于客户服务的一揽子协议，用量化的指标来进行考评。

在物流模式选择的过程中，需要企业根据自身物流系统目标多方评估和比较，并与物流服务提供商进行沟通和协商。

3. 几种物流模式的比较

基于前面讨论的几种物流配送模式，现将各种配送模式的优缺点和适用范围归纳如下。

(1) 自营配送。自营配送系统的优势在于，企业采用自建物流系统，自营配送，有利于企业供应、生产和销售的一体化作业，系统化程度相对较高。企业为建立配送体系的投资规模将会大大增加，在企业配送规模较小时，配送的成本和费用也相对较高。自营配送一般使用规模相对较大的企业，物流对企业的成功重要度很高，且企业本身处理物流的能力也高，企业对物流控制力强，或产品线单一的企业。同时也适用于那些为大企业做配套服务的中小企业。

(2) 第三方物流配送。选择第三方物流配送使企业将有限的资源集中用于发展主业，可以使企业实现资源的优化配置，减少用于物流业务方面的车辆、仓库和人力的投入，将有限的人力、财力集中于核心业务；从事物流外包业务运作的第三方物流企业利用规模经营的专业优势和成本优势，通过提高各环节能力的利用率，实现费用节省，使企业能从分离费用中获益；同时第三方物流服务提供者借助精心策划的物流计划和适时的运送手段，最大限度地加速库存商品周转，减少库存，为企业降低经营风险。第三方物流提供者利用完备的设施和训练有素的员工对整个供应链实现完全的控制，帮助顾客改进服务，树立自己的品牌形象。同时制造企业也可以借助于第三方物流企业的品牌形象，提升自己的企业形象。同时有助于降低管理难度，提升管理效率。

但是，企业采用第三方物流配送服务方式，容易出现不能直接控制物流职能，不能保证供货的准确和及时，不能保证顾客服务的质量和维护与顾客的长期关系等情况，同时企业将放弃对物流专业技术的开发等。与第三方物流提供商合作的模式通常适用于那些物流水平对企业成功的重要度高，企业处理物流的能力相对较低的企业。同时一些专业性强、技术性要求较高的物流配送服务也适于选择第三方物流。

(3) 共同配送方式。对企业来讲，共同配送方式有利于达到配送作业的经济规模，提高物流作业的效率，降低企业的运营成本，可以实现小批量、多批次的物流配送要求，收货方也可统一进行验货，从而提高物流服务水平。不需投入大量的资金设备、土地、人力等，可以节省企业的资源；企业可集中精力经营核心业务，促进业务的成长；扩大市场范围，消除原有封闭性的销售网络，共建共存共荣的环境。从社会角度来看，实现共同配送可减少社会车流总量，改善交通状况，集中化处理，节省物流处理空间和人力资源，实现社会资源的共享和有效利用；可整合制造业、批发业、零售业等，健全商业渠道。另外，共同配送涉及很多细节问题，实施过程中会出现一些困难点。例如，商品种类的不同对配送的要求会不一样，共同配送存在一定难度。各个企业的规模、客户、经营意识等方面存在差距，往往很难协调，另外还有费用分摊，商业信息安全等方面的考虑。共同配送适用于拥有一定的先进设备，并且设备能被各企业共同利用，能提供一定功能服务的中小企业，或物流企业与中小型的连锁企业的合作，或运输企业和家电连锁店联手合作等。关于共同配送的详细定义和类型，下面专门进行阐述。

二、共同配送策略

（一）共同配送的定义

共同配送是配送的一种形式，与此相对应的是集中配送。集中配送是由专门从事配送业务的配送中心对多家用户进行配送。此类配送中心规模大、专业性强。共同配送是由多家配送中心或由多家企业把现有的物流资源加以联合共同来完成配送任务的配送方式，是一种资源整合的形式。

（二）共同配送的类型

按照配送的主体，共同配送可以分为以下几种类型。

（1）物流企业的共同配送。目前，物流企业对以不同行业为对象建立共同物流十分积极，这种共同配送由提供配送的物流业者，或以它们组建的新公司或合作机构作为主体进行合作，克服个别配送的效率低下等问题。合作业务范围也有所扩大，除承担物流作业外，还兼有采购和批发的职能，有时是一种配销。

（2）以货主为主体的协同配送。以有配送需要的厂家、批发商、零售商以及由它们组建的新公司或合作机构作为主体进行合作，解决个别配送的效率低下问题。

（3）厂家联合批发商或供应商与连锁总店进行共同配送。①不同厂家和不同批发商按区域进行共同配送，每个批发商只负责特定区域的商品配送，在这些区域除配送自己经营的批发商品外，还负责在这一区域配送其他批发商的商品，在其他区域，别的批发商同时也为他提供同样服务。②众多厂商通过配送中心的共同配送向众多的连锁总店配送商品，每个厂商都将要配置给各连锁店的商品先配送到配送中心，再由配送中心为各连锁商进行共同配送。

按照配送的产业基础，共同配送可以划分为：以同产业共同配送或者不同产业共同配送为基础的横向共同配送，以流通渠道各环节间共同配送为基础的纵向共同配送。

（1）横向共同配送。所谓横向共同配送，是指同产业或不同产业的企业之间就配送达成协议共同运营的机制。就产业内部而言，不同的企业之间为了有效地开展物流服务，降低高额物流成本，有必要进行相互之间的沟通，通过配送中心，使企业之间的物流管理协调配合，以共同实现规模效益。这种产业内部横向共同配送表现为两种形式：①承认并保留各企业原有的配送中心，通过配送中心间的沟通或联合，实行商品的集中配送和处理；②各企业放弃自建配送中心，通过共同配送中心的建立，来实现物流管理的效率。由于企业间的竞争关系突出，这种形式的物流在第三方物流产生之前，市场中并不常见，效果并不明显。比较而言，不同产业间进行的物流合作，更容易被企业所接受。因为这些企业分属于不同的产业，不存在直接的竞争替代性，因而既能保证物流集中处理的规模性，又能有效地维护各企业的利益以及促进经营战略的有效实施。

同产业共同配送是指处于相同产业的生产或者经营企业，为了提高物流效率，通过配送中心或者物流中心集中配送货物的一种方式。这种配送方式最大的优势在于能够提高企业间配送运输的效率，减少企业对固定资产的投资（配送中心、运输工具等），能够更大限度地降低成本。当然，这种配送方式也存在缺陷，由于运送业务共同化是在同行业开展的，本身同行业的企业间存在竞争，而共同配送又要求配送信息公开化，各企业有关经营的商业机密可能泄露，对企业各种战略的制定极为不利。同产业共同配送在各国发展比较缓慢。

不同产业共同配送是将不同产业的企业生产经营的商品集中起来，通过配送中心或者物流中心向客户输送的配送方式。由于不同产业共同配送克服了同产业共同配送的缺点，在保证降低成本的同时，充分发挥各产业的优势。但是，不同产业共同配送往往难于界定各产业的配送成本的分担，费用计算烦琐，不完善的费用计算体系有时会导致各企业的成本分摊不均。

(2) 纵向共同配送。所谓纵向共同配送，是指处于流通渠道上下游的企业相互协调、相互合作，为实现共同利益链接而成的共同配送系统。其主要形式有供应商与生产商之间的物流协作，生产商与批发商之间的物流协作和批发商与零售商之间的物流协作。

生产商与批发商之间的物流协作可根据二者之间的力量对比，分为生产商主导型的物流管理系统和批发商主导型的共同配送系统。在生产商力量较强的产业，为强化批发物流机能或实现批发中心的效率化，多由生产商自设批发中心，代行批发功能，或利用自己的信息网络，对批发企业多频度、小单位配送服务给予支援。批发商与零售商之间的物流协作也有不同的主导类型。

当零售商力量强大时，往往建立自己的物流中心，批发商经销的商品必须经该中心再向各商场或店铺进行配送。这种零售商主导型的物流中心，多见于大型的百货商店、购物中心及目前发展势头迅猛的巨型超市。而对于中小型零售企业而言，则通常借助于实力雄厚的批发商所建立的物流中心，实现销售商品的即时配送。

(三) 共同配送的作用和实施

共同配送是经长期的发展和探索优化出的一种追求合理化配送的配送形式，也是美国、日本等一些发达国家采用较广泛、影响面较大的一种先进的物流方式。它对提高物流效率、降低物流成本具有重要意义。

单个或分散的配送中心由于自身业务的局限，必然造成人、财、物资源的闲置与浪费。为了实现其自身的最大经济效益，必须通过逐步实现共同化、社会化的方式以求得规模化、集约化所带来的更大的经济效益。共同化、社会化的配送中心不仅可以实现相关配送中心的共同合作，使信息资源共享，而且可以使以信息流为基础的物流和配送更趋合理化并产生相应的社会与经济效益。共同化与社会化的配送中心不仅可以共享同业中先进的管理模式和方法，促进企业效益的提高，而且还能在加强合作、共同强化管理、不断提高管理水平的同时，共享科学管理带来的成果。

因此，共同配送理念的实现，主要有下述几个优点。

（1）从微观角度而言，企业可以得到以下几方面的好处。①达到配送作业的经济规模，提高物流作业的效率，降低企业营运成本；不需投入大量资金、设备、土地、人力等，可以节省企业的资源。②企业可以集中精力经营核心业务，有利于企业的成长与扩张；扩大市场范围，消除原有封闭性的销售网络。在共同配送合作中，实现企业间横向的集约联合，可实现资源互用，效益共享之功效。③提高企业的配送水平。一般情况下，可用物流量来衡量物流企业的生产能力，限制物流量的因素较多，除构成物流系统的各个环节之外，物流管理方面也是不可忽视的因素。如果一个企业单独运作，若在某一环节上受阻，系统将受极大影响，甚至不能运行，直接影响到物流量；如某企业各环节都较强，就是装卸跟不上，显然物流量要受到影响，而采用共同化管理，可以借助加盟的其他企业的装卸力量弥补这个不足，通过统一调度，提高车辆的装载率，减少和避免空驶，使运输成本下降，并使物流量不受影响或少受影响。加盟企业可以共用广告宣传，同享广告的宣传效果，扩大企业影响，提高了该企业的生产能力。

物流配送的共同化和社会化，还使企业间优势互补。如某个业主货源缺乏，可由加盟的其他业主提供，使客户真正享受全方位的快捷服务，客观上起到了提高服务水平的作用。

（2）从整个社会的角度来讲，实现共同配送主要有以下好处。减少社会车流总量，减少闹市卸货妨碍交通的现象，改善交通运输状况；通过集中化处理，有效提高车辆的装载率，节省物流处理空间和人力资源，提升商业物流环境进而改善整体社会生活品质。它将克服部门分割、地区保护等妨碍宏观物流活动的现象，有效合理地利用国有或地区（集团）的物流设施与设备，做到物尽其用。同时，因减少城市交通堵塞和环境污染，极大降低宏观物流的总成本，缩短流通时间等所带来的社会效益也十分显著。

总而言之，共同配送可以最大限度地提高人力、物资、资金、时间等物流资源的使用效率（降低成本），取得最大效益（提高服务）。还可以去除多余的交错运输，并取得缓解交通、保护环境等社会效益。

共同配送是物流配送发展的总体趋势。当然，共同配送涉及很多具体的细节问题，在实施过程中难免会出现一些困难点。首先，各企业生产式经营的商品不同，有日用百货、食品、酒类饮料、药品、服装乃至厨房用品、卫生洁具等，林林总总，不一而足。不同的商品特点不同，对配送的要求也不一样，给共同配送带来一定的难度。其次，各企业的规模、商圈、客户、经营意识等方面也存在差距，往往很难协调一致。还有费用的分摊、泄露商业机密的担忧等。

建立共同配送的组织体系是实现共同配送的前提，需要参与企业进行必要的业务与利益调整，以及借助外部的技术指导。

制订共同配送的目标应以参加企业为中心，需要注意以下几个方面：①研究包括竞争对手在内的物流情况；②先期不要急于进行设备投资的工作；③明确物流设施的建设周期并制订相应计划，尽可能得到供货商、零售企业和物流企业的参与和支持；④改正原来的经营管理习惯，减少浪费；⑤明确配送共同化所带来的问题，使参加企业相互了解各方的物流状况等。制订共同配送目标时需要有各个企业的代表参加，特别是懂得物流的专业人员的参与，共同研究解决理想化和现实的差距这个课题。共同配送的公司或部门大多是由各方或各类人员组成的，其人员的协调和管理以及业务的开展需要高水平的管理人员，可以通过招聘或培养等方式获得共同配送管理方面的专业化人才。

思考题

一、名词解释

1. 准时制

2. 供应商管理库存

3. 合约控制

4. 战略采购物品

5. 零层渠道

6. 公共关系

二、单项选择题

1.（　　）是一个名称、术语、标记、符号、图案，或者是这些因素的组合，其目的是借以识别销售者所出卖的产品与服务，并使之与竞争者的产品与服务相区别。

A. 品牌　　B. 质量　　C. 营销　　D. 产品

2.（　　）是主要以产品成本作为定价的基本依据的定价方法。

A. 需求导向法　　B. 成本导向法　　C. 竞争导向法　　D. 市场导向法

3.（　　）是门“内求团结，外求发展”的经营管理艺术，是一项与企业生存发展休戚相关的事业。

A. 竞争关系　　B. 行政关系　　C. 公共关系　　D. 科学管理

4. 对于（　　）采购物品，由于供应充足，产品的通用性强，其主要着眼点是想方设法降低采购成本，追求最低价格。

A. 正常　　B. 瓶颈　　C. 战略　　D. 集中

5.（　　）是由专门从事配送业务的配送中心对多家用户进行配送。此类配送中心规模大、专业性强。

A. 集中配送　　B. 共同配送　　C. 分批配送　　D. 自营配送

三、多项选择题

1. 下列因素中，会影响制造设施、加工设施和装配设施选址的有（　　）。

A. 原材料　　B. 零部件　　C. 劳动力　　D. 市场

2. 产品成本由（　　）构成。

A. 固定成本　　B. 变动成本　　C. 边际成本　　D. 机会成本

3. 随着科技的发展，特别是社会信息化程度的提高，出现了很多新的零层分销渠道方式，如（　　）。

A. 报纸广告　　B. 电话直销　　C. 电视直销　　D. 网络直销

4. 理想的 JIT 系统的最高目标是（　　），JIT 是一个永不停止的过程。

A. 零机器调整时间　　B. 零缺陷　　C. 零库存　　D. 零设备故障

5. 企业在选择物流配送模式时，应综合考虑的因素有（　　）。

A. 物流系统总成本　　B. 企业的规模和实力

C. 企业对物流的管理能力　　D. 产品自身的流通特点

四、简述题

1. 简述影响设施选址的一般因素。

2. 简述共同配送的类型。

3. 简述物流公共关系战略。

4. 简述实施 JIT 的关键。

五、论述题

1. 影响制造设施选址与影响配送设施选址的因素有何不同？

2. 分析物流营销战略的主要内容和实施策略。

3. 企业为了降低配送成本所采取的配送战略有哪些？

4. 物流企业的职能战略之间是怎样协调运作的？

六、案例分析

雅芳的多元化配送模式

雅芳公司的多元化销售模式使其销售业绩持续攀升。但是，雅芳产品从各地分公司到专卖店、专柜的过程中，却常常发生问题。

究其原因，雅芳公司发现是经销商的满意度发生了偏移，而这种偏移主要是由于物流不畅导致的。雅芳公司规定经销商必须到各地分公司取货，但由于经销商分布很广，在取货时，有的经销商常常要坐一整天车才能到达分公司仓库，有些没车的经销商拿到货物后还要租车运回、自行装卸，这给它们造成了很大困难。

不仅经销商感到吃力，雅芳公司也感到运作成本太高。雅芳采用这种方式通过长途陆运或空运将货物从广州工厂运到各地分公司的仓库，然后通知经销商到各分公司提货，要配合这种物流模式，雅芳在中国的 75 家分公司就要建 75 个大大小小的仓库，分散的库存导致信息的不畅通，雅芳销售额流失巨大。加上多个环节操作使雅芳不得不投入大量的人力成本，这种消耗大、速度慢、管理难的物流模式严重阻碍了雅芳的发展。

为了解决这一问题，2001 年年初，雅芳公司决心重组在中国的供应链体系。

经过将近一年的考察、研究，雅芳公司最终拿出了一套“直达配送”的物流解决方案。雅芳在北京、上海、广州、重庆、沈阳、郑州、西安、武汉等城市共设立了8个物流中心，取消了原来在各分公司设立的几十个大大小小的仓库。雅芳生产出的货物直接运输到8个物流中心，各地经销商、专卖店通过上网直接向雅芳总部订购货物，然后由总部将这些订货信息发到所分管的物流中心，物流中心据此将经销商所订货物分拣出来整理好，在规定的时间内送到经销商手中。

这其中涉及的运输、仓库管理、配送服务，雅芳全部交给专业的第三方物流（3PL）企业去打理。

“直达配送”项目确定以后，雅芳公司还通过招标方式选择了中国邮政物流和大通国际运输为公司提供3PL服务。

2002年3月，雅芳首先与大通国际运输在广州试点，随后又逐步覆盖广东省的其他城市，再到福建、广西、海南。2002年5月，中国邮政物流开始为雅芳提供以北京为中心的华北地区直达配送业务，并逐步渗透到东北、西南等地。中邮物流重组了雅芳产品销售物流体系，并与雅芳实现了信息系统对接，还开通了网上代收货款服务。到目前为止，共速达与心盟物流也都成为雅芳的3PL提供商。

另外，在中国邮政物流与雅芳公司前期成功合作的基础上，国家邮政总局委托重庆市邮政管理局为雅芳产品在重庆市的指定专卖店、分公司所属专柜、经销商管理专柜进行“门对门”的产品配送服务，重庆市邮政管理局指定邮区中心局全面负责并实施雅芳产品在“重庆分拨中心”的配送任务。这不仅仅是一次为邮政企业创造经济效益的绝好机会，也是邮政物流一次难得的锻炼机遇。邮区中心局精心策划，周密安排，出台了一系列雅芳产品运输、配送、仓储及服务方案：改造整修1100平方米仓储库房，提供特殊产品恒温保存空间；选派经验丰富、业务素质好的司押人员担负配送任务；制订多种配送流程方案支持雅芳配送时限等。

邮区中心局在运输、仓储、配送、信息服务和资金收付结算等物流环节均制定了科学、完善的操作规程和监管制度，确保在每个环节注入“精益意识”，以优质服务和良好信誉打造精益物流品牌。在雅芳一体化物流体系中，该局还指定专人负责网上数据信息管理，实现了数据信息管理的网络化。经过3个多月的初期运作，雅芳产品配送服务得到了国家邮政总局的肯定和雅芳公司的认可，配送准时率99%，物品完好率100%，信息反馈率98%，客户满意率99%，均达到国家邮政总局的要求。

目前，雅芳产品配送业务已辐射至四川省和贵州省，重庆邮政作为西南地区雅芳产品配送分拨中心的服务范围已覆盖川、黔、渝两省一市。近期，雅芳产品配送将辐射至云南，从而实现重庆邮政一体化物流向西南地区的顺利延伸。

可以说，大通国际运输和中国邮政物流已为雅芳公司提供了包括干线运输、仓储、配送、退货处理、信息服务、代收货款等多项服务，雅芳的供应链开始变得紧凑起来。重新调整物流系统给雅芳公司带来的最明显的变化是：过去 70 多家分公司仓库减少为 8 个区域分拨中心后，物流操作人员由过去的 600 人减少到 182 人，降低了物流成本和物流资产占用。

在配送时间上，实行直达配送前，如果厦门的一家经销商要货，必须先通过雅芳厦门分公司订货，由分公司统计好各经销商的订单后给总部下订单，再由广州工厂将货物运到厦门分公司，分公司通知经销商自提。这样的过程通常需要 5～10 天。而实行直达配送以后，从经销商上网订货到送达只需要 2～3 天时间，降低了缺货损失。

事实上，在将物流外包到物流公司以后，雅芳开始专注于企业产品的生产和销售方面的业务，各分公司也从过去的烦琐事务当中摆脱出来，专注于市场开拓，一年间产品销售量平均提高了 45%，北京地区达到 70%，市场份额不断扩大。通过雅芳物流转换的成功，可以看出物流对于企业，尤其是对于跨国企业的重要性。

讨论题

1. 雅芳公司运用什么物流战略？
2. 这些物流战略为公司带来的利益有哪些？
3. 雅芳公司如何进行供应链体系的重组？

第六章　物流发展战略

学习目标

・了解物流企业多元化的经营方式、第四方物流模式、从物流一体化到供应链管理等。

・领会专业化战略、多元化战略、一体化战略、全球化战略的内涵等。

・描述专业化战略的途径、多元化战略的发展模式、一体化战略的形式、全球化战略的主要因素等。

・掌握全球物流组织与管理、物流一体化战略的实施等。

企业在从事生产时可以选择适当的发展战略，物流企业或企业物流在经营时也同样需要在物流战略方面做出选择。物流发展战略是物流的整体战略，包含物流发展过程中的专业化、多元化、一体化和全球化等战略形势。不同的物流发展战略有不同的特色，但都能给企业带来一定优势，使企业在经营过程中合理地利用有限资源，降低成本，更好地满足客户需求。本章介绍专业化、多元化、一体化和全球化这几个物流发展战略。

第一节　专业化战略

一、物流专业化概述

经济全球化加速了社会分工的步伐。国内物流企业正面临着纷繁复杂的市场定位选择。在知识、信息、创造力快速更新的情况下，或许守住自己的一方土地并在此基础上精耕细作，才是企业最为明智的选择。社会分工是导致物流专业化分工的关键。

物流专业化本身蕴含着两方面的含义：一是物流管理作为企业一个专业部门独立地存在着并承担专门的职能，随着企业的发展和企业内部物流需求的增加，企业内部的物流部门可能从企业中剥离出去成为社会化的专业物流企业；二是在社会经济领域中，出现了专业化的物流企业，提供着各种不同的物流服务，并进一步演变成为服务专业化的物流企业。

多数传统型的物流企业自己建仓库、办车队，在“万事不求人”的同时大大增加了成本。目前，国外企业的进入加剧了国内物流市场的竞争，如果国内物流企业不改变自身运作模式，必然会受挫。所以发展物流的专业化是当务之急。

从目前国内物流业的发展态势来说，专业化物流将从以下几个方面产生：一是新兴的物流企业，近几年在沿海发达地区出现了一些比较专业的物流企业，因为处于起步阶段，大多规模很小，竞争实力尚有限；二是传统储运企业的扩展，其中一些具有规模和实力的，经过体制、设施、管理等方面的创新改造，转变为现代意义上的物流企业；三是其他相关行业的转型，如中国邮政在邮电分营以后，为了寻找新的获利点，已经把现代物流业作为今后发展的一个重要方向。

二、物流企业专业化竞争的基本方式

一个行业一般要经过初创期、成长期、成熟期和衰退期四个阶段。一般而言，处于行业新兴期的企业，大多采取专业化战略，集中资源，扩大规模。物流市场的竞争，在未来若干年内，很难有企业在高端市场与外资全面抗衡。在混乱的竞争当中，物流企业的专业化设计主要应当考虑所从事的物流业务的核心能力，并根据这个能力来考虑业务的专业化问题。物流企业专业化经营的基本方式可以根据企业自身情况分为以下几种方式。

（一）成本领先方式

成本领先强调以低单位成本价格为用户提供准确、及时的物流服务，其目标是成为其产业中的低成本者。物流企业采用成本领先方式时应具备这样一些优势：持续的资本投资和良好的融资能力；能够大规模地从事物流活动；对工人有严格的纪律和行为规范；低成本的物流网络系统；结构和责任分明的组织；严格以定量目标为基础的激励制度；严格的成本控制和经常、详细的控制报告。

由某一传统领域的全国性国有企业演变成的物流企业有条件采用成本领先方式。除了具有资金、设施方面的优势外，它们大多是全国性的公司，地方有许多子公司。如果能够克服子公司独立核算所导致的配合、协调困难的这个主要问题，是可以实现成本领先的。

这种协调需要物流基础设施的建设，尤其是计算机网络和信息技术的支撑。将原本分离的物流、商流、信息流和采购、运输、仓储、代理、配送等环节联系起来，形成一条完整的供应链。将现代物流构筑在先进网络信息技术平台上，加快与电子商务的融合，力求通过网络平台和信息技术将制造商与供应商，母公司与子公司联结起来，实现对物流各个环节的实时跟踪、有效控制和全程管理，达到资源管理和信息共用。

采用成本领先战略的企业有很多，比如戴尔公司（Dell）的微机销售，尽管标榜消费者个人定制，但本质上还是成本领先策略。即在同等质量前提下，Dell 能保证其成本最低。在成本控制上，Dell 的模式最成功的不是控制制造成本，而是采购和物流的成本。国内京东在这方面的成功也是同样的模式。

(二)特色经营方式

所谓特色经营方式就是物流企业力求在产业内独树一帜，选择许多客户重视的一种或多种服务，并赋予其独特的地位以满足顾客的要求。

物流企业应该具备这样一些条件：敏锐地鉴别创造性的能力；独特的业务组合；协作精神；重视主观评价的创新精神，而不仅仅是以定量指标为基础的激励制度；轻松愉快的工作环境和独特的企业文化。企业若想吸引高技能人才，可以考虑采用这种经营方式。

我国新兴的内资跨区域物流企业的定位一般都比较高，专业化程度强，很多新兴物流企业都采取了非资产型的第三方物流代理模式。在这种情况下，这类物流企业可以根据目标顾客的需求开展增值服务，为顾客提供个性化的物流服务。以顾客为中心是出自以物流观念为基础的价值和应用思想。物流体系没有另外的目标，其运行就是为了服务于顾客，存在的唯一目的也是为顾客创造价值。世界级企业的优势也在于此，它们利用自己快捷而富有弹性的物流系统，去迎合处于不断变化中的顾客需求。比如美国的全球领先物流公司IDC物流公司（IDC Logistics）以其个性化物流服务占据了市场的制高点，根据客户的具体情况与不同需求，IDC Logistics可以制订出有针对性的物流流程及目标，并通过全方位的贴心咨询和服务提供真正意义上的第三方物流。

(三)确定重点市场的经营方式

物流企业选择产业内一个或一组细分市场，为它们服务而不为其他细分市场服务。这种经营方式要求物流企业有一种自我约束能力；企业的实力不足以在更广的范围内开展业务；企业能够以更高的效率、更好的效果为某一狭窄的目标市场服务，在该范围内超过竞争对手。由传统运输公司或仓储公司演变的区域性物流企业在依托原来的仓储系统，并拥有自己车队的情况下，凭借熟悉外部环境和拥有物流网络的优势为本地区提供基本的物流服务和部分增值服务。但要逐步改变物流设施相对陈旧这个问题，并不断采用先进的管理方法和提高对物流服务的认识。

在选择一个或一组细分市场时，企业要做的是对自身进行战略定位，比如春秋航空从筹建伊始就将自己的发展战略定位于以观光度假游客和中低收入商务客为主，力求将航空旅行从豪华、奢侈型为主转变为大众、经济型为主，这样的定位使春秋航空更加明确了自己的发展目标。

三、我国第三方物流企业专业化的实现途径

目前，我国的物流企业无论是盈利能力还是市场占有份额都相当有限，致使绝大部分物流企业，特别是第三方物流企业举步维艰。因此非常有必要梳理一下我国物流业的发展思路。我国第三方物流企业与欧美发达国家第三方物流企业有着不同的企业形态。典型意义上的第三方物流是能按照需求方的要求对物流过程进行组织、实施的第三方。

虽然我国的第三方物流市场的需求已经出现，但是现在的第三方物流企业的存在形式与运作很不规范。如何科学地运作？怎样进行适当的市场定位？我国的第三方物流企业应该借鉴欧美日发达国家的物流发展经验，实现我国现代物流的专业化发展。

（一）有效利用咨询公司的引导作用

在国际上，物流业已经是一个比较成熟的行业。而中国的物流业还处于转型期，处理不当，很可能会走弯路。对于中国的物流业来说，物流咨询公司就可以起到很好的引导作用。随着社会对物流业的要求越来越高，物流咨询公司显得越来越重要。物流咨询公司的出现，也标志着物流业向高水平、专业化方向迈进了很大的一步。物流咨询公司不进行具体的物流运作，主要是为物流企业进行一些项目的策划，同时，对一些新投资者提供专业的咨询服务。物流咨询公司是中国物流业向专业化发展的重要铺垫，它大大提高了物流业的专业门槛。随着中国物流市场的日渐成熟，将有更多大型的物流项目剥离给第三方物流，对物流专业知识要求越来越高。通过物流咨询公司的帮助，可以使企业在短时间内提升专业化水准。

（二）鼓励第三方物流向专业化、社会化发展

鼓励第三方物流向专业化、社会化发展，提高物流企业的专业化、社会化水平，延伸服务领域，建立功能齐全、布局合理、层次鲜明的综合物流体系已是全球物流业发展潮流所在，也是我国物流业发展的重要方向。第三方物流企业应综合应用现代信息技术，从顾客需求出发，开展第三方物流流程重新设计，注重综合集成管理，重视联运代理的组织功能，在物流服务项目、组织结构、运行机制、服务规范质量等方面技术创新，突出有吸引力的新物流服务项目。

（三）加快产权制度改革，促进专业化

我国现有的第三方物流企业多数是从国有仓储、运输企业转型而来，或多或少带有计划经济的痕迹，难以适应国际市场的激烈竞争。因此，必须建立股权多元化的股份制企业和完善的法人治理结构，理顺权益关系，实现政企分开、所有权和经营权分离，保证企业按市场规则运作，向现代物流业转化。特别是规模较大的企业，更有必要进行内部整合，优化内部资源配置。

（四）以信息技术应用为核心，实现物流技术的专业化

信息化与否是衡量现代物流企业的重要标志之一，许多跨国物流企业都拥有“一流三网”，即订单信息流、全球供应链资源网络、全球用户资源网络和计算机信息网络。借助信息技术，企业能够整合业务流程，能够融入客户的生产经营过程，建立一种“效率式交易”的管理与生产模式。企业要双管齐下抓网络建设。一方面，要根据实际情况建立有形网络，若企业规模大、业务多，可自建经营网点；若仅有零星业务，可考虑与其他物流企

业合作，共建和共用网点；还可以与大客户合资或合作，共建网点；另一方面，要建立信息网络，通过互联网、管理信息系统、电子数据交换技术（EDI）等信息技术实现物流企业和客户共享资源，对物流各环节进行实时跟踪、有效控制与全程管理，形成相互依赖的市场共生关系。

（五）强化增值服务，发展延后物流，在操作上实现物流专业化

根据物流业的发展趋势，那些既拥有大量物流设施、健全网络，又具有强大的全程物流设计能力的综合型公司发展空间最大，只有这些企业能把信息技术和实施能力融为一体，提供“一站式”的整体物流解决方案。因此，我国物流企业在提供基本物流服务的同时，要根据市场需求，不断细分市场，拓展业务范围，以客户增效为己任，发展增值物流服务，广泛开展加工、配送、货代等业务，甚至还可提供包括物流策略和流程解决方案、搭建信息平台等服务，用专业化服务满足个性化需求，提高服务质量，发展战略伙伴关系。

（六）重视物流人才培养，为物流专业化储备人才资源

企业的竞争结根结底是人才的竞争。我们与物流发达国家的差距，不仅仅是在装备、技术、资金上的差距，更重要的是观念和知识上的差距。只有物流从业人员素质不断提高，不断学习与应用先进技术、方法，才能构建适合我国国情的第三方物流业。要解决目前专业物流人才缺乏的问题，较好的办法是加强物流企业与科研院所的合作，使理论研究和实际应用相结合，加快物流专业技术人才和管理人才的培养，造就一大批熟悉物流运作规律并有开拓精神的人才队伍。物流企业在重视少数专业人才和管理人才培养的同时，还要重视多数员工的物流知识和业务培训，提高企业的整体素质。

企业运用第三方物流典型案例——上海通用汽车

上海通用汽车是中国目前最大的一个合资企业，是上海汽车集团公司与美国通用汽车公司合资的企业，他们的生产线上基本上做到了零库存。他们是如何外包的？

外包要做到生产零部件JIT直送工位，准点供应。因为汽车制造行业比较特殊，它的零部件比较多，品种规格都比较复杂。如果自己去做采购物流，要费很多的时间。这种外包就是把原材料直接送到生产线上去的一种外包制度。中远按照通用汽车要求的时间准点供应。

门到门运输配送使零部件库存放于途中。运输的门到门有很大的优势。第一，包装的成本可以大幅度下降，因为从供应商的仓库门到用户的仓库门，装一次卸一次就可以了，这比铁路运输要先进得多。第二，除了包装成本以外，库存可以放在运输途中，就是算好时间，货物就准时送到，货物在流通的过程中进行一些调控。

生产线的旁边设立“再配送中心”。货物到位后两个小时以内就用掉了，那么它在这两个小时里就起了一个缓冲的作用，就是传统所说的安全库存。如果没有“再配送中心”，

货物在生产线上流动的时候就没有根据地，就会比较混乱，它能起到集中管理的作用。

每隔两小时“自动”补货到位/蓄水池活水。“自动”补货到位在时间上控制的非常严格，因为这是跟库存量有关系的，库存在流动的过程中加以掌控，动态的管理能够达到降低成本、提高效益的目的。所以再配送中心其实起一个蓄水池的作用，而且这个蓄水池里面的水一定是活水，就是这一头流进来那一头就流出去，一直在流。

中远是很专业的第三方物流公司，通过这样一种强强联合，建立一个战略合作伙伴的关系。这种模式在国内的制造型企业，尤其是做零库存的生产企业，是比较实用的。

第二节　多元化战略

一、多元化战略的概述

（一）多元化战略的含义

多元化战略又称多样化、多角化战略（Diversification Strategy）。在我国，多种经营、多元化经营等概念与多元化概念相近。多元化是指企业的产品或服务跨一个以上产业的经营方式或成长行为。从本质上讲，多元化有静态和动态两种含义，前者指一种企业的经营业务分布于多个产业，强调的是一种经营方式；后者指的是企业从单一产业进入新的产业的行为，是一种成长行为。

（二）多元化战略的类型

多元化战略是企业寻求在不同产业中发展的产业组合战略，是重要的企业战略之一。它是企业一种常见的经营形态，并且呈日益增强的趋势。

目前有关多元化的形式划分不一。罗蒙特根据主业收入占全部收入的比例，把企业的经营结构分为以下几类。

（1）单一型：主业收入占全部收入的95%以上。

（2）集中控制型：主业收入占全部收入的70%～95%。

（3）相关多元化型：主业收入不到全部收入的70%，但各经营领域相关。

（4）无关多元化型：主业收入不到全部收入的70%，且各经营领域无关。

由于多元化是一种涉足多产业的成长，因此体现为企业经营结构的发展变化。目前，比较普遍的划分是按照企业涉及的各业务之间的相互关系不同，将企业多元化经营分为相关多元化和无关多元化两种。

相关多元化战略是指企业进入与现有的业务在价值链上拥有战略匹配关系的新业务。战略匹配存在于价值链非常相似、能为企业带来战略机会的不同经营业务之间，这些方面包括：分享技术，对共同的供应商形成更强的讨价还价的能力，联合生产零件和配件；分享共同的销售力量，使用同样的销售机构和同样的批发商或零售商，售后服务的联合；共同使用一个知名商标，将有竞争性的和有价值的技术秘诀或生产能力从一种业务转移到另一种业务；合并相似的价值链活动以获得更低的成本。根据上述价值链中的战略匹配性，一个企业可以下列方式开展相关多样化战略。

（1）进入能够共享销售队伍、广告、品牌和销售机构的经营领域。

（2）进入在技术或专有技能方面密切相关的领域；或将技术秘诀和专有技能从一个经营领域转移到另一种新业务中。

（3）将组织的品牌名称和在顾客中建立起来的信誉转移到一种新的产品或服务中去。

（4）开拓非常有助于增强企业目前经营地位的新业务。

无关多元化战略，又称非相关多元化战略，是指企业增加与现有的产品或服务、技术或市场都没有直接或间接联系的新产品或服务。

二、物流企业多元化的经营方式

（一）产品多元化

众所周知，物流企业提供的基本服务主要有以下八类：运输、储存、装卸、搬运、包装、流通加工、配送、信息处理。传统的运输、仓储、搬运等物流服务由于供过于求已经是无利可图了。物流企业只有不断地开发新的增值服务才能带来一定的利润，以促进企业的发展。产品多元化，也就是在提供基本服务的前提下，尽可能多地提供增值服务，提供一体化供应链物流管理服务。

随着竞争越来越激烈，越来越多的企业为了更专注地发展自己的核心竞争力，都倾向于把非核心的业务外包来降低成本，提高企业自身的竞争能力。这对于专业物流企业是天大的喜事，使它们有更大的生存和发展的空间。同时，由于大量业务的外包，对物流企业所能提供的增值服务的种类和质量都提出了更高的要求。只有那些能提供符合委托人要求的、令委托人满意的增值服务的物流企业才能在竞争激烈的物流市场中生存。从另一角度来看，作为专业的物流企业，为了能拓展自身的生存空间，必须提高增值服务的服务质量和增加增值服务的种类来吸引更多的制造和销售企业放心地将其非核心业务委托给自己。提供的增值服务越多、越好，委托人对物流企业的依赖程度就越大，彼此之间的联盟就越紧密、越稳定。从某种意义上说，一个物流企业所能提供的增值服务的多寡与好坏决定了这个企业的生存与发展。所以，物流企业应该不断地提供利润所在的增值服务的质量，因为物流的增值服务其实是物流服务个性化发展的一种体现，它满足不同客户的特殊要求。物流企业通过产品多元化来获得高于物流行业平均利润上的超额利润，从而进一步地推动物流企业的发展。

（二）区域多元化

当物流企业发展到一定程度的时候，区域多元化是其成长与扩大的最佳选择。区域多元化战略是企业战略的地区选择，由于不同地区企业可获得信息不同，市场大小和市场潜力不同，市场的竞争环境不同，生产要素的价格不同，企业可发挥的竞争优势不同，物流企业发展到一定阶段的时候必须采取区域多元化的战略。

中国加入WTO后，经济不断发展，铁路、公路、水路网络不断建设发展，中国各地的特产都能在短时间内运送到全国各地。随着电子商务的应用和国际贸易的不断深入，许多公司的全球化发展战略不再遥不可及。因此，多数公司认识到了这一点，充分地抓住了这一机会，调整自己的发展战略。它们的区域目标不断地扩大，由刚开始的一个地区，到中国的某个区域直至整个中国，以致好多公司采取了全球化的发展战略。因此，这些公司对为他们提供物流服务的物流公司就提出了区域多元化的要求。这些物流公司必须调整自身的发展才能满足委托公司的要求，进一步促进企业自身的成长。反过来说，中国的部分物流企业为特定的企业提供专业化服务的同时积累了很多的经验，拥有了部分剩余资源，接受服务的企业的需求已经无法使物流企业的资源得到最广泛的应用。在这种前提下，物流企业采取区域多元化的发展战略是必然的选择，只有通过采取区域多元化的发展战略才能够满足客户和自身发展的需要。

中国大环境下的区域多元化发展战略主要有以下两种方式：一是省内区域向国内区域的多元化发展战略；二是国内区域向世界区域的多元化发展战略。

（三）客户多元化

物流企业如果要充分实施其多元化发展战略，必须实现客户多元化。在我国物流市场上客户有多种类型。物流企业为了多元化发展应该拓宽自身的服务对象进行客户多元化的经营。我国客户按照行业来分的话有制药行业、汽车行业、快速消费品行业、家用电器行业、图书行业、建材等行业的客户；按照国籍来分的话主要可分为中国客户和外国客户，其中外国客户又可以分为美国客户、英国客户、德国客户、法国客户等。随着我国改革开放的进一步深入、国际贸易的广泛推行，外国客户会越来越多。物流企业应该在为本地客户提供服务的同时，也争取更多的外国客户来赚取更多的利润。物流企业在为现有的固定客户提供专业化物流服务的前提下，可以对其现有的核心能力进行迅速复制，以使自身能够为更多的客户提供高质量的服务，通过客户的多元化来实现其多元化的发展战略。

（四）资金多元化

物流企业需要投入大量的资金来实现多元化经营，但是目前我国多数物流企业根本没有足够的资金来为多元化进行投资。与此同时，也有部分比较富裕的人群有一定量的闲置资金，他们希望通过投资来实现现有资产的增值。这样物流企业就可以把这部分人的资金吸引进来，来解决多元化发展道路上的资金不足问题。资本的多元化有利于促进现代物流企业及其制度的建立和完善。因此，资金多元化也是物流企业多元化发展的一个方向。通过投资主体的多元化来为多元化经营奠定一定的基础。

三、物流企业多元化发展的模式

(一) 供应链物流模式

供应链物流是物流企业多元化发展的第一种模式，它是用系统的观点通过对供应链中的物流活动进行设计、规划、控制与优化，以寻求建立供、产、销类企业以及客户间的战略合作伙伴关系，最大限度地减少内耗与浪费，实现供应链整体效率的最优化并保证供应链中的成员取得相应的绩效和效益，来满足客户需求的整个管理过程。它覆盖了从供应商的供应商到用户的用户的全过程，强调的是通过改善企业内部和企业间的关系对供应链上所有活动进行集成管理以获得持续稳定的竞争优势。一方面，现代企业生产方式从大批量生产转向精细的准时化生产，需要包括采购和供应在内的物流都跟着转变运作方式，实行准时供应和准时采购等；另一方面，顾客需求的瞬时化，要求企业能以最快速度把产品送到用户手中，所以要提高企业快速响应市场的能力。所有这一切，都要求物流企业能够提供全方位的物流服务，这一模式可以起到如下作用。

1. 创造用户价值，降低用户成本

国内一些企业已经充分认识到加强物流管理是提高企业效益的有效途径，开始建立现代物流管理体系，并已见成效。例如海尔空调事业部采用先进的计算机系统管理现代物流中心仓库，库管人员从原来的 389 名减少到 49 名，管理费用大大降低，仅此一项每年就可节约费用 1200 万元。

2. 协调制造活动

提高企业敏捷性快速响应已成为物流发展的动力之一。在需求方对速度的要求越来越高的情况下，通过供应链物流多元化即优化配送中心、物流中心网络、重新设计适合企业的流通渠道，以此来减少物流环节，简化物流过程，提高物流系统的快速响应能力。

3. 提供增值物流服务

通过提供增值物流服务来实现其多元化。物流服务向上可以延伸到市场调查与预测、采购及订单处理；向下可以延伸到配送、物流咨询、物流方案的选择与规划、库存控制决策建议、贷款回收与结算、教育与培训、物流系统设计与规划方案的制作等。

4. 提供信息反馈，协调供需矛盾

物流服务商可以根据物流中心的商品进货、出货信息来预测未来一段时间内的商品进出库量，进而预测市场对商品的需求，从而指导订货，协调供需之间的矛盾。

(二) 虚拟物流模式

虚拟物流模式是通过建立虚拟物流企业来实现多元化经营的模式，即一些具有自主权的物流服务企业，由某个核心企业领导组成动态联盟来实现其多元化经营的模式。其中核心企业担任组建、管理联盟的责任，整个联盟内的物流服务企业按照统一的标准和业务流程，协同完成一项或多项物流业务，实现共享信息、共享库存、共享物流服务能力，形成规模经济，节约物流资源，达到社会效益最大化。美国著名的麦片和甜品制造商通用磨坊（General Mills）食品公司的经验表明，通过物流联盟方式，可以使供应链运行更有效率，将年销售率提高一个百分点，年物流成本降低 6%，而且供应链管理水平的提高还能够减少包装费用的支出。由此可见，基于网络技术的虚拟物流企业能够给企业和社会带来好处，这种方式将成为未来物流运作的发展方向。

虚拟物流模式的实质是通过信息技术的广泛应用，突破物流企业的有形界限来延伸企业的功能。这种模式中的物流企业之间是契约化的关系，它们之间有着互异的文化背景和行为方式，它们代表各自组织为虚拟物流企业联盟提供具有互补性的优势资源。它们为顾客提供专业的物流服务，从物流设计、物流操作过程、物流技术工具、物流实施到物流管理各个环节的多元化服务。这些企业组织形式呈扁平状。这种模式灵活多变，当市场出现机会时，虚拟物流企业开始组建，形成并运作；但市场机会消失时，虚拟模式就可以解散。

虚拟物流模式是物流行业，特别是中小物流服务企业未来的发展趋势。构建虚拟物流企业需要政府、专业物流服务企业、中介服务企业、信息技术企业等多方参与。目前，中国发展虚拟物流企业的主要问题在于物流企业的信息化程度低、组织结构和治理机制不完善，在伙伴选择上还需要更具有操作性的模型方法。

（三）电子商务物流模式

物流企业通过电子商务的模式，不仅可以突破地域的限制，采取先进的手段，实现多元化的经营而且可以为客户提供便捷、廉价的服务。电子商务物流，就是信息化、现代化、社会化的物流。也就是说，物流企业采用网络化的计算机技术和现代化的硬件设备、软件系统等先进的管理手段，针对社会需求严格地、守信用地按用户的订货要求，进行一系列分类、编码、整理、分工、配货等理货工作，定时、定点、定员地交给没有范围限度的各类用户，满足其对商品的需求。

客户对电子商务物流的要求是在正确的时间，以正确的方式，将正确的货物，送达正确的地点和正确的客户（5R 服务）。这一句话的要求看似简单，实际上却包含了物流企业背后大量的工作。对于 B2B 或 B2C 模式的电子商务企业来说，客户遍及国内甚至世界各地，地理位置分散，订货量相对较小，个性化需求较高，这要求物流企业有着遍布各地区的运输配送网络，有着强大的仓储能力和库存管理能力，并对在途货物和在库货物进行实时的状态跟踪。事实上，国外的快递业巨头联合包裹速递服务公司（UPS）在电子商务物流经营方面有着丰富的经验，例如在线书店亚马逊（Amazon）的所有物流业务全部外包给 UPS，由 UPS 负责其在全美乃至全球的物流配送，亚马逊书店本身只有部分仓储业务由自身经营。

(四) 国际贸易物流模式

国际贸易物流模式是指通过为国际贸易商提供物流服务来达到自己多元化经营的模式。国际贸易物流是指原材料、在制品、半制品和制成品在国与国之间的流动和转移,也就是发生在不同国家间的物流。国际物流是国内物流的延伸和进一步扩展,是跨国界的、流通范围扩大了的物的流通。国际贸易物流的实质是按照国际分工协作的原则,依照国际惯例,利用国际化的物流网、物流设施和物流技术,实现货物在国际间的流动和交换,以促进区域经济的发展和世界资源优化的配置。国际贸易物流是国际贸易的一个必然组成部分,各国之间的相互贸易最终都将通过国际贸易物流来实现。

国际贸易物流的总目标是选择最佳的方式和路径,以最低的费用和最小的风险,保质、保量、适时的将货物从某国的供方运到另一国的需方,使国际贸易物流系统整体效益最大。国际贸易物流过程需要贸易中间人(即专门从事商品使用价值转移活动的业务机构或者代理人)来完成,如国际货物的运输是通过国际货物运输服务公司(代理货物的出口运输)、报关行、出口商贸易公司、出口打包公司和进口经纪人等。他们主要是接受企业的委托,代理与货物有关的各项业务。这主要是因为在国际物流系统中,很少有企业能够依靠自身力量办理和完成这些复杂的进出口货物的各项工作。

整个国际贸易物流过程涉及多个方面,包括货代、铁路承运人、公路承运人、远洋承运人、堆场、货运站、码头、海关、银行、商检等。传统上是由货主或者多式联运承运人负责总的运输协调,实时向货主通报货物状态。货物在分段运输中是由分段承运人组织和监控的,从而形成多种信息流。在整个运输过程中,运输链的信息很容易受到攻击,如果一个参与者即实际承运人未能及时发送正确的信息,整个链的完成时间将会延长,质量也会下降。另外,上游和下游参与者之间业务过程的不可视,延长了货物衔接时间。国际贸易物流信息平台支持基于 Web 的通信和信息传递。在整个国际贸易物流流程中,各物流企业和监管部门通过集成平台获取信息、交换信息,取得信息流和物流的同步性,实现物流信息的共享,加快物流信息的利用效率,提高各物流企业的运作效率,缩短整个流程的运转时间。船公司、船代、货代、场站、车队、码头等物流企业,为用户提供灵活、准确、高效的信息支持和业务操作电子化服务。通过对国际贸易物流流程的改进和优化,并将改进的各个物流流程应用于集成平台中,提高整个物流过程的运转效率。通过运输企业间的信息平台和企业内部的信息网络,加速信息的流通。Web 技术深刻影响了企业间及企业内部的组织结构,提高了贸易的效率。

(五) 第四方物流模式

第四方物流(Fourth Party Logistics,4PL)是供应链的集成商,它对公司内部和具有互补性服务的供应商所拥有的不同资源、能力和技术进行整合和管理,提供一整套供应链解决方案。4PL 并不针对物流过程中的某些具体操作环节,它只对整个供应链物流过程提供解决方案，4PL的核心能力在于对物流系统的规划管理和优化设计，其提供者往往是独立于传统物流系统各个环节的与物流系统无直接利益关系的“第四方”。4PL能最大限度地整合物流资源，实现物流整体运作成本的持续降低。依靠业内最优秀的3PL服务商、物流和供应链技术服务商、管理咨询公司为客户提供包括采购、仓储、制造、供应网络管理、分销渠道、客户服务等一系列的解决方案，满足了物流一体化、系统化的要求，实现了快速度、高质量、低成本的物流服务。4PL是供应链运作的基础。供应链的运作是物流、信息流和资金流的有机结合。4PL通过对企业所处供应链的整个系统进行深入分析后，提出一整套的供应链物流解决方案。4PL服务商可通过对物流运作的流程再造，使整个物流系统的流程更合理、效率更高，从而使低成本、高质量的产品运送服务得以实现。

第四方物流大多是在第三方物流充分发展的基础上产生的。从国外经验来看，一般来说，第四方物流的构成主体包括主要委托客户企业、第三方物流公司、咨询公司、IT公司等。这些企业由于长期从事供应链管理，完全具有相应的管理能力和知识并具备部分综合协调管理的经验，所以这些企业可以发展成为第四方物流企业。

通过以上分析，可以了解到物流企业选择多元化有以下四个方向：产品多元化、地域多元化、客户多元化和投资多元化。采取多元化的模式有供应链物流模式、国际贸易物流模式、虚拟物流模式、电子商务物流模式和第四方物流模式。这些方向和模式之间并不是孤立的，他们之间互相影响，互相促进。物流企业可以根据自身的特点来选择其发展方向和采取的模式。

企业物流多元化战略典型案例——恒大集团

1997—2000年恒大初创，正值亚洲金融风暴，恒大地产集团逆市出击，占得了先机，公司进入高速发展的轨道。到了2001年，恒大地产集团着力于有效整合资源，规范开发流程，支持未来发展，抓管理促效益，陆续开发一系列精品楼盘。2003年首度跻身中国企业500强、中国房地产企业10强。之后，恒大着力实施立足广州，布局全国，全方位拓展产业发展空间的经营战略，为企业未来的快速发展奠定了坚实基础。2012年，恒大步入稳定增长期，房产销售情况良好，手中握有较大的现金流，董事局主席许家印提出要拓展商业、酒店产业，探讨体育、文化产业的多元化战略目标。

对于文化产业领域，恒大集团斥资10亿元人民币在北京成立恒大文化产业集团，下设恒大电影公司、恒大经纪公司、恒大发行公司、恒大唱片公司、恒大院线公司以及恒大动漫公司六大版块，共同搭建起文化娱乐全产业链的运营框架，优化整合影视、音乐、文化资源，将内容与渠道融合，互助发展。商业地产方面，恒大则是提出了打造旅游综合体这一规划，同时继续扩张其酒店业务，加快酒店建设与投资。至于体育产业，恒大更是雄心勃勃，继出资1亿元人民币买断广州俱乐部全部股权入主足球后，又先后将触角伸向了排球和羽毛球。借助广州恒大勇夺亚冠的契机，恒大自有品牌恒大冰泉全新上市，标志着恒大发力健康产业，全面进军高端矿泉水市场，入主食品产业。如今，恒大多元化的格局已经基本形成，给恒大带来的收益也十分明显。

仅论足球一项，广州恒大夺得亚冠冠军成为中国足球历史上第一支问鼎亚冠冠军的球队。借着社会各界“空前的关注”，恒大地产趁热打铁在全国推出了多个地产项目，并迅速取得了良好的效果，一些持币观望的客户也终于“情定”恒大。投资足球，相当于是在较为广阔的空间做广告，利用“眼球经济”恒大得到了巨大的品牌认知度、企业形象的提升，也使得恒大集团的其他产业随之增长。拿恒大地产来说，根据其往年年报，2009 年恒大入主广州足球俱乐部之前，其合约销售金额为 303 亿元，2012 年这一数字增加到 923 亿元，2013 年则更是有望冲击千亿元销售目标。借助足球对于其品牌推广，恒大地产实现了其从区域性到全国性地产公司的突围。足球对于恒大的驱动作用不言而喻，而且，在国内的环境下，也有着其特有意义。

第三节　一体化战略

一、一体化战略的概念

一体化战略是指为了满足客户的愿望和需求，以物流系统为核心，有效地运用所必需的各种有效资源，用较低的成本协调商品或服务的生产网络，从而实现对整个物质循环运动的管理，因此也被称为物流一体化。在物流一体化发展过程中，由于它包含的内容、功能、范围都在发生着变化，其概念也是在发生变化的。物流一体化发展到今天，正在向物流网络一体化的阶段发展。

实际上，物流一体化是物流业发展的高级和成熟的阶段。物流一体化的基本特征是：物流业高度发达，物流系统完善，物流业成为社会生产链的领导者和协调者，能够为社会提供全方位的物流服务。物流一体化的实质是将原材料、半成品和产成品的生产、供应、销售结合成有机整体，实现流通与生产的纽带关系。其目标是应用系统科学的方法充分考虑整个物流过程的各种环境因素，对商品的实物活动过程进行整体规划和运行，实现整个系统的最优化。

二、一体化战略的特点

首先，物流一体化是以顾客为中心、以满足顾客服务为导向的服务性过程。从物流一体化的发展可以看出，物流一体化的发展动因主要源于市场的竞争，也就是对顾客需要的满足。上述定义将服务物流包括在概念中，这是物流一体化概念的重要发展。

其次，物流管理范围进一步扩展。物流一体化的概念包括供应商和用户的物流管理功能，强调物流整体系统的优化，其中回收物流属于物流一体化崭新的重要内容。管理范围的扩大是物流一体化概念的另一个重要扩展。

最后，物流一体化的概念吸收了循环物流的思想，强调废弃物流的管理。从宏观上看，本书提出的物流一体化概念是对生产、分配、交换和消费整个社会生产和再生产过程中物流的抽象和总结，它反映了可持续发展的物流观。

三、一体化战略的意义

基于前面提出的物流一体化的基本概念，物流一体化在物流实践中具有重大的现实意义。

第一，物流一体化可以降低企业物流成本。①物流活动往往是企业中劳动最密集的活动之一。物流一体化可以使开发可行的方法替代原有的劳动密集型作业成为可能。它在降低人工成本方面有非常明显的经济意义。②就物流成本来说，运输成本和库存保管成本在物流成本中占据绝大部分比例。通过物流一体化可以实现对供应链上物流资源的整合，对其进行统一管理、统一行动，降低整个供应链的成本，提高企业的竞争力。③在物流的外部一体化管理中，发生交易关系的企业建立起长期稳固的关系，能在一定程度上减少谈判和履约费用。

第二，有利于提高整个物流系统的运作效率和顾客服务水平。①物流一体化管理使整个产供销系统生产经营成本降低，产品得以以较低的价位销售给顾客，带给顾客较高的满意度。物流一体化管理为灵活、快速、优质的物流服务提供了保障。②通过对物流系统的构成要素统一管理，如采购、运输、配送、储存、包装、订单处理、库存控制等，更有效地提高整个系统的运作效率。

第三，易于形成协同竞争、共同发展的价值观，有利于强化核心竞争力。在快速多变的市场竞争中，单个企业依靠自己的资源进行自我调整的速度很难赶上市场变化的速度，因而企业必须将有限的资源集中在核心业务上、强化自身的核心能力，而将自身不具备核心能力的业务以合同的形式外包或以战略联盟等合作的形式交由外部组织承担。通过与外部组织共享信息、共担风险、共享收益将核心能力加以整合集成，从而以供应链的核心竞争力赢得竞争优势。

第四，物流一体化不仅可以优化社会资源的配制，而且还可以优化社会的整体经济运行环境，使市场真正活跃起来，使宏观调控更加有效和畅通。物流一体化把生产与流通合成为经济利益共同体，可扭转生产行业与流通行业的利益对立状况，形成生产与流通的相互协调、自觉合作的利益机制，从经济利益上激发商品流通部门参与生产的积极性，使整个社会的经济运行环境得到优化。

四、一体化战略形式

物流一体化是通过竞争来实现的，它体现了竞争的活力，可以达到资源的优化组合，以提高整个社会的经济效益。因此，在企业还有增长潜力和空间时，实行物流一体化战略是十分必要的。其主要形式有以下几种。

(一) 纵向一体化

20 世纪 90 年代以来，随着全球制造、敏捷制造、虚拟制造等先进制造模式的出现和市场竞争环境的快速变化，以及以动态联盟为特征的新的企业组织形式的出现，使原有的企业生产组织和资源配置方式发生了质的变化，企业的生存必须更多地利用外部资源。

1. 含义

纵向一体化（又称垂直一体化)，一般是指上游供应商与下游客户之间在所有权上纵向合并。以前人们认为这是一种理想的组织模式，但现在企业则是更注重发挥其核心业务功能，即它们所擅长的、具有明显优势的业务，其他属于“资源外购”，即从企业外部采购。这时，作为被弱化的环节，相应的企业可以从其他同行企业退出本市场而获得较大的生存空间，以及利用规模经济等方式来解决；也可以同时将本企业定义在不同供应链上，使企业同时利用不同的供应链带来多个局部利益。这样也就产生了物流的横向一体化。

2. 垂直一体化物流的内涵

(1) 垂直一体化物流以战略为管理导向，要求企业的物流运作管理人员从面向企业内部发展转变为面向企业同供货商以及用户的业务关系上。企业将超越现有的组织机构界限，将提供产品或运输服务等的供货商和用户纳入管理范围，作为物流运作管理的一项中心内容。

(2) 垂直一体化物流的关键是依靠从原材料到供货商和用户的合作关系，形成一种联合力量，以赢得竞争；而雄厚的物流技术基础、先进的管理方法和通信技术又使这一设想成为现实，并在此基础上继续发展。

(3) 随着垂直一体化物流的深入发展，在企业经营集团化和国际化的背景下，形成了比较完整的供应链理论。

(4) 供应链是指涉及将产品或服务提供给最终消费者的所有环节的企业所构成的上、下游产业一体化体系。供应链管理强调核心企业与相关企业的协作关系，通过信息共享、技术扩散、资源优化配置高效的价值链激励机制等方法体现经营一体化。

(5) 供应链是对垂直一体化的延伸，是从系统观点出发，通过对从原料、半成品和成品的生产、供应、销售直到最终消费者的整个过程中的物流与资金流、信息流的协调，以满足顾客的需要。竞争优势来源于以价值链为联系的各个相关企业增值能力的总和。

(6) 社会再生产过程是一个生产、流通和消费相应依存、相互渗透的过程。商品生产者与分销商之间在价值的产生和实现上是相互依存的；而在利益分配上又是相互矛盾的。在买方市场中，最终的竞争并不是表现为企业与企业之间的竞争；而是表现在供应链之间的竞争，于是便出现了跨组织的全面物流合作。

(7) 垂直一体化物流关系不只是制造商和上游供应商、制造商和下游的分销商的关系，其目标是将整个供应链实现顾客服务的高水平与低成本，进而赢得竞争优势。

(8) 扩大了原有物流系统，延长了传统垂直一体化物流的长度，而且超越了物流本身，充分考虑整个物流过程及影响此过程的各种环境因素，向着物流、信息流、资金流等各个方向同时发展，形成一套相对独立而完整的体系。

3. 纵向一体化的形式

(1) 后向一体化。生产制造企业向后控制供应商，使供应和生产一体化，实现供产结合。

(2) 前向一体化。企业向前控制分销系统，如批发商、代理商、零售商，实现产销结合。

4. 实施纵向一体化的目的

推行“纵向一体化”的目的，是加强核心企业对原材料供应、产品制造、分销和销售全过程的控制，使企业能在市场竞争中掌握主动，从而增加各个业务活动阶段的利润。在市场环境相对稳定的条件下，采用“纵向一体化”战略是有效的。

但是，在高科技迅速发展、市场竞争日益激烈、顾客需求不断变化的今天，“纵向一体化”战略已逐渐显示出其无法快速敏捷地响应市场机会的薄弱之处。显然，采用“纵向一体化”战略的企业要想对其他配套企业拥有管理权，要么自己投资，要么出资控股，不论采取哪一种方式，都要承受过重的投资负担和过长的建设周期带来的风险，而又由于企业什么都想管住，不得不从事自己并不擅长的业务活动，使得许多管理人员往往将宝贵的精力、时间和资源花在辅助性职能部门的管理工作上，而难以顾及关键性业务的管理工作。

5. 实施纵向一体化的优势

(1) 带来经济性。采取这种战略后，企业将外部市场活动内部化有如下的经济性：内部控制和协调的经济性、信息的经济性（信息的获得非常关键）、节约交易成本的经济性、稳定关系的经济性。

(2) 有助于开拓技术。在某些情况下，纵向一体化提供了进一步熟悉上游或下游经营相关技术的机会。这种技术信息对基础经营技术的开拓与发展非常重要。如许多领域内的零部件制造企业发展前向一体化体系，就可以了解零部件是如何进行装配的技术信息。

(3) 确保供给和需求。纵向一体化能够确保企业在产品供应紧缺时得到充足的供应，或在总需求很低时能有一个畅通的产品输出渠道。也就是说，纵向一体化能减少上下游企业随意中止交易的不确定性。当然，在交易的过程中，内部转让价格必须与市场接轨。

(4) 削弱供应商或顾客的价格谈判能力。如果一个企业与其供应商或顾客做生意时，供应商和顾客有较强的价格谈判能力，且企业的投资收益超过了资本的机会成本，那么，即使这不会带来其他的益处，企业也值得去做。因为纵向一体化削弱了对手的价格谈判能力，这不仅会降低采购成本（后向一体化），或者提高价格（前向一体化），还可以通过减少谈判的投入而提高效益。

（5）提高差异化能力。纵向一体化可以通过在管理层控制的范围内提供一系列额外价值，来改进本企业区别于其他企业的差异化能力。例如，云南玉溪烟厂为了保证生产出高质量的香烟，对周围各县的烟农进行扶持，使他们专为该烟厂提供高质量的烟草；葡萄酒厂拥有自己的葡萄产地也是一种一体化的例证。同样，有些企业在销售自己技术复杂的产品时，也需要拥有自己的销售网点，以便提供标准的售后服务。

（6）提高进入壁垒。企业实行一体化战略，特别是纵向一体化战略，可以使关键的投入资源和销售渠道控制在自己的手中，从而使行业的新进入者望而却步，防止竞争对手进入本企业的经营领域。企业通过实施一体化战略，不仅保护了自己原有的经营范围，而且扩大了经营业务，同时还限制了所在行业的竞争程度，使企业的定价有了更大的自主权，从而获得较大的利润。例如IBM公司就是采用纵向一体化的典型。该公司生产微机的微处理器和记忆晶片、设计和组装微机、生产微机所需要的软件，并直接销售最终产品给用户。IBM采用纵向一体化的理由是：该公司生产的许多微机零部件和软件都有专利，只有在公司内部生产，竞争对手才不能获得这些专利，从而形成进入障碍。

（7）进入高回报产业。企业现在利用的供应商或经销商有较高的利润，这意味着它们经营的领域属于十分值得进入的产业。在这种情况下，企业通过纵向一体化，可以提高其总资产回报率，并可以制定更有竞争力的价格。

（8）防止被排斥。如果竞争者们是纵向一体化企业，一体化就具有防御的意义。因为竞争者的广泛一体化能够占有许多供应资源或者拥有许多称心的顾客或零售机会。因此，为了防御的目的，企业应该实施纵向一体化战略，否则面临着被排斥的处境。

6. 纵向一体化的局限性

（1）带来风险。纵向一体化会提高企业在行业中的投资，提高退出壁垒，从而增加商业风险（行业低迷时该怎么办），有时甚至还会使企业不能将其资源调往更有价值的地方。因为纵向一体化企业对于设施的投资成本很大，一旦放弃这些设施会造成很大损失，所以纵向一体化的企业对新技术的采用常比非一体化企业要慢一些。

（2）代价昂贵。纵向一体化迫使企业依赖自己的场内活动而不是外部的供应源，而这样做所付出的代价可能随时间的推移而变得比外部寻源还昂贵。产生这种情况的原因有很多。例如，纵向一体化可能切断来自供应商及客户的技术流动。如果企业不实施一体化战略，供应商经常愿意在研究、工程等方面积极支持企业。再如，纵向一体化意味着通过固定关系来进行购买和销售，上游单位的经营激励可能会因为是在内部销售而使竞争有所减弱。反过来，在一体化企业内部某个单位购买产品时，企业不会像与外部供应商做生意时那样激烈地讨价还价。因此，内部交易会减弱员工降低成本、改进技术的积极性。

（3）不利于平衡。纵向一体化有一个在价值链的各个阶段平衡生产能力的问题。价值链上各个活动最有效的生产运作规模可能不大一样，这就使得完全一体化很不容易达到。对于某项活动来说，如果它的内部能力不足以供应下一个阶段，差值部分就需要从外部购买。如果内部能力过剩，就必须为过剩部分寻找顾客，如果生产了副产品，就必须进行处理。

(4) 需要不同的技能和管理能力。尽管存在一个纵向关系，但是在供应链的不同环节可能需要不同的关键成功因子，企业可能在结构、技术和管理上各有所不同。熟悉如何管理这样一个具有不同特点的企业是纵向一体化的主要成本。例如，很多制造企业会发现，投入大量的时间和资本来开发专有机能和特许经营技能以便前向一体化进入零售货批发领域，并不是总如他们想象的那样能够给他们的核心业务增值，而且拥有和运作批发、零售网络会带来很多棘手的问题。

(5) 延长了时间。后向一体化进入零配件的生产可能会降低企业的生产灵活性，延长对设计和模型进行变化的时间，延长企业将新产品推向市场的时间。如果一家企业必须经常改变产品的设计和模具以适应购买者的偏好，它们通常发展后向一体化，即进入零配件的生产领域，因为这样做必须经常改模和重新改进设计，必须花费时间来实施和协调由此所带来的变化。从外部购买零配件通常比自己制造便宜一些、简单一些，使企业能够更加灵活、快捷地调节自己的产品以满足购买者的需求偏好。世界上绝大部分汽车制造商虽然拥有自动化的技术和生产线，但他们还是认为，从质量、成本以及设计灵活性的角度来讲，不自己生产而从专业制造商那里购买零配件会获得更多的利益。

（二）横向一体化

横向一体化（又称水平一体化）物流，是指通过同一行业中多个企业在物流方面的合作而获得规模经济效益和物流效率。例如，不同的企业可以用同样的装运方式进行不同类型商品的共同运输。当物流范围相近，而某个时间内物流量较少时，几个企业分别进行物流操作显然不经济。于是就出现了一个企业在装运本企业商品的同时，也装运其他企业商品的物流现象。从企业经济效益上看，它降低了企业物流成本；从社会效益来看，它减少了社会物流过程的重复劳动。显然，不同商品的物流过程不仅在空间上是矛盾的，而且在时间上也是有差异的。这些矛盾和差异的解决，就要依靠掌握大量物流需求和物流供应信息的信息中心。此外，实现横向一体化的另一个重要条件，就是要有大量的企业参与，并且有大量的商品存在，这时企业间的合作才能提高物流效益。当然，产品配送方式的集成化和标准化等问题也是不能忽视的。

（三）网络一体化

物流网络是纵向一体化物流与横向一体化物流的综合体。当一体化物流每个环节同时又是其他一体化物流系统的组成部分时，以物流为联系的企业关系就会形成一个网络关系。这是一个开放的系统，企业可自由加入或退出，尤其在业务最忙的季节，最有可能利用到这个系统。因为，在业务繁忙的季节，生产企业原有供应链的物流体系仍然存在，同时还必须增强业务外包，这样以物流企业为节点的物流网络就显得尤为重要。物流网络能发挥规模经济作用的条件就是一体化、标准化、模块化。实现物流网络首先要有一批优势物流企业率先与生产企业结成共享市场的合作伙伴，把过去那种直接分享利润的联合发展成优势联盟，共享市场，进而分享更大份额的利润。同时，优势物流企业要与中小型物流企业结成开拓市场的合作伙伴，利用相对稳定和完整的营销体系，帮助生产企业开拓销售市场。这样，物流网络就成为一个生产企业和物流企业多方位、纵横交叉、互相渗透的协作有机体。而且，由于先进信息技术的应用，当加入物流网络的企业增多时，物流网络的规模效益就会显现出来，这也促使了社会分工的深化，“第三方物流”的发展也就有了动因，整个社会的物流成本会由此大幅度下降。

五、供应链一体化

影响物流能力的各要素应作为整体来研究，通过对物流过程系统的、广泛的分析，确定企业物流战略，利用适当的技术手段设计物流计划，整合企业的物流供应链流程（纵向一体化）和各物流环节本身内在的依存关系（横向一体化），以及由此形成的物流网络，实现物流成本的最小化。总体说来，物流一体化还必须经过纵向一体化向供应链一体化转变。

供应链一体化战略认为，通过简单协调供应链中独立企业的物流作业，就能得到和纵向一体化一样的利益，这种合作与协调被哈佛大学的哈蒙德教授称作渠道的“虚拟”一体化。一个真正一体化的供应链不仅仅是降低成本，也为公司及其供应链伙伴与股东创造价值。要想使物流一体化战略达到供应链一体化水平，就必须做到以下两点。

（一）信息集成

信息集成是更为广泛的供应链一体化的基础，涉及供应链成员之间的信息和知识的共享。他们共享需求信息、交货情况、生产能力计划、生产进度、促销计划、需求预测和装运进度等，同时成员间还协调预测和补充供货等。公司若要协调他们的物料、信息、资金的流动，必须随时掌握那些反映其真实的供应链情况的信息。

（二）协调和组织

随着信息和知识的共享，供应链成员进一步朝着一体化方向发展。协调涉及决策权、工作和资源向处于最适宜地位的供应链成员转移。在协调决策权转移时，应当注意成员不仅需要以信息集成为基础，也需要高度的信任和配合，一个供应链成员有时可能在决策制定上比另一成员处于更好的位置，那么这个决策就应当委托有利位置的成员，这种协调对提高整个供应链的效率非常重要。

只有实现整个供应链的一体化管理，才能彻底消除库存、降低成本，对客户需求做出快速响应，使整条供应链的总利润最大化。这是一体化的更高境界，是真正意义上的一体化。

第四节　全球化战略

一、物流全球化的背景

在过去的20年里，贸易自由化、全球资本市场的成长和统合以及信息和通信技术进步创造出了一个正在增长的全球市场，即原来分割型的国家和区域市场正在逐渐演变成一个统一的全球市场。与市场全球化相对应，企业间的竞争也在全球范围内展开，企业在世界市场上的竞争地位决定它在国内市场上的竞争地位已成为一种普遍的现象。一个企业如果要获得竞争优势，必须在全球范围内分配利用资源，开展经营活动。这样，随着市场的全球化和竞争的全球化，全球跨国企业也相应诞生。全球跨国企业为了实现竞争优势和增加盈利、在全球范围分配利用资源，必须协调其生产和流通活动，通过全球化的采购、制造、配送等活动来追求规模经济效应，在挖掘现有市场的同时，开拓新市场，努力减少成本、扩大销售，实现企业的生存和发展。

二、全球化战略的概述

（一）定义

全球化战略是指企业为了适应经营规模的扩大和国际化经营的需要，在全球范围内配置资源，通过采购、生产、营销的全球化实现资源的最佳利用，发挥最大的规模效益的战略。

（二）全球物流的特征

1. 全球物流交货周期长

企业全球化的特征之一是企业从规模经济的角度出发，把生产活动按专业分工集中于少数几个地点，这种生产的集中化和专业化与市场（包括供应市场和销售市场）的全球化和分散化之间存在矛盾，这种矛盾直接反映在全球物流交货周期上。在海运条件下，全球物流运输距离远、需要花费大量时间，装卸报关等其他的全球物流活动也需要花费时间，这使得全球物流交货周期的时间较长。

全球物流交货周期长往往造成两个后果：一是增加物流过程中的库存投资，占用大量资金；二是在迅速满足顾客需要方向存在困难。有些企业为了能迅速满足顾客需要，往往预先在销售地准备大量的安全库存作为缓冲。这虽然能及时满足各地顾客的需求，但需要储存的商品量大，要占用大量的资金，而且存在因顾客需要变化使得库存商品失去原来价值的风险。有些企业为了节约成本，以牺牲及时满足顾客服务为代价，采用长时间的交货周期来作为缓冲。目前被普通接受的方法是在生产厂家和顾客之间建立一个中间库存来平衡成本和及时服务的关系。

2. 集装与分装灵活组合

在全球物流活动中，把货物从工厂运送到消费者手中存在多种运送方式。不同类型企业或者同一企业的不同产品或不同的营销渠道的运送方式往往是不同的。全球物流活动中运送方式的多样性是全球物流的一个特征。企业在全球物流活动中具体采用哪种运送方式需要根据多种因素来做决策，把不同企业的不同产品运送给不同顾客时常用的运送方式有以下四种类型。

(1) 在每一个企业内按最终顾客的不同对货物进行分类集装，以整箱货运送方式从企业直接运送给最终顾客。

(2) 在供应地物流中心对来自不同厂家的货物按最终顾客进行分类集装，以整箱货运送方式从物流中心直接运送给最终顾客。

(3) 在每一个企业内把不同顾客的货物（每个顾客的货物都不足一个集装箱批量）进行集装，以拼箱货运送方式从企业运送到消费地物流中心（或中间物流中心），在消费地物流中心对集装箱货物进行开箱分装，再将货物分送给不同的最终顾客。

(4) 在供应地物流中心把不同顾客的来自不同厂家的货物（每个顾客的货物都不足一个集装箱批量）进行集装，以拼箱货运送方式从供应地物流中心运送到消费地物流中心，在消费地物流中心对集装箱货物进行开箱分装，把货物分送给不同的最终顾客。

相对来说，第 1 种、第 2 种运送方式下一次运送批量大，因此能降低单位运输成本，但是会增加库存成本和降低顾客服务水平。第 3 种、第 4 种运送方式的一次运送批量小，能减少库存成本，通过频繁运送来提高顾客服务水平，但是会增加运输成本。

3. 多种运输方式的选择和组合

全球物流运输方式有海洋运输、铁路运输、航空运输、公路卡车运输以及由这些运输手段组合而成的全球复合运输方式等，全球运输方式的选择和组合不仅关系到全球物流交货周期的长短，还关系到全球物流总成本的大小，运输方式选择和组合的多样性是全球物流的一个特征。

全球物流运输活动中，由于门到门的运输方式越来越受到货主的欢迎，使能满足这种要求的国际复合运输方式得到快速发展，逐渐成为全球物流运输方式的主流。全球复合运输是指按照复合运输合同，以至少两种不同的运输方式，由复合运输经营企业将货物从一国境内接受货物的地点运往另一国境内指定的交付货物地点的运输形态。全球复合运输方式的目的是追求整个物流系统的效率化和缩短运输时间，中国远洋运输公司、美国联邦快递公司（Federal Express）、德国敦豪航空货运公司（DHL）、日本邮船公司等世界有名的运输公司在向货主提供门到门运输服务方面走在前列。

在企业的全球物流活动中，运输管理的功能应该拓展为包含整个物流过程中的运输管理，以及从发货开始到收货人收到货物为止的整个运输交货周期管理。

4. 当地增值的中间产品运输方式

前面已经谈到，全球化企业的生产集中化和专业化能降低生产成本，而市场的全球化和分散化却增加企业的物流成本，同时企业难以满足当地消费者的特定需要。为了在这两方面取得平衡，领先的全球化企业采取了当地增值的中间产品运输这种新型的全球物流作业方式。这些企业通过重新评价审查其整个价值链来寻找机会，使产品的最后组装加工作业尽可能在靠近消费地的地方进行。这样，企业只要运送中间产品到当地，通过当地工厂组装加工成能满足当地市场需求的产品。当地工厂组装加工能够带来的优势包括当地化、提供不同产品的选择、当地语言包装、实现零部件等的集中库存、在当地市场产品可以直接向顾客运送等。当地增值的中间产品运输方式不仅能实现较低的成本，还能在维持较低的库存水平上满足当地市场的需求，当地增值的中间产品运输方式是全球物流的一个新型特征。

5. 趋向现代化

由于各种信息平台、EDI、事务处理系统（TPS）、管理信息系统（MIS）、决策支持系统（DSS）、POS、GIS、GPS、智能交通运输系统（ITS）等信息处理和条码技术、射频识别技术在物流中的广泛运用，大大增加了运输、保管、装卸搬运、包装、流通加工、配送等物流环节的功能，使物流与商流、资金流、信息流融为一体，提升了生产、流通和消费的综合效益，恰似给物流安上了一对腾飞的翅膀，实现了物流跨越式发展，尤其是在全球物流发展的态势下，现代化技术的发展给物流注入了关键的动力。

（1）自动化信息技术处理系统带来了流通管理技术的革命。现代流通技术的发展，使生产和流通部门有可能建立起完整的情报信息系统，电子计算机在物流的许多环节中获得了广泛应用。

（2）自动销售机的应用和普及是销售革命的首要标志。销售业务的自动化，大大提高了订货、供货效率，电子计算机在销售业务中的应用，显示了现代化商业的极大优越性。同时，现代通信技术的发展、电视的普及，使得函购订货、电话订货、电视订货也迅速发展起来。

（3）集装箱带来了包装盒运输技术的革命。集装箱运输本身就能保管货物，它使过去那种包装、装卸、保管、运送分割的状态，趋向综合化，发挥了流通的综合功能。

（4）自动化立体仓库的发展是“物流革命的宠儿”。由于电子计算机、光电计数器和识别装置等新技术在库存管理中的应用，使得货物的分类、计量、计价、入库、出库、包装、配送等正在实现无人自动化控制。而自动化立体仓库是执行上述多种机能的综合体。

它的出现改变了过去仓库单纯保管的旧观念，而正在发展成为物品中转、配送、储运、销售和信息咨询等多方面的服务中心，这种大型流通中心可以说是现代物流的缩影。

6. 国际跨国物流企业蓬勃发展

在国际化大生产、国际资本大流动、国际贸易大发展、全球经济一体化日益进展的新经济格局中，迫切要求国际物流走向全球化经营。近年来国际跨国物流企业，如美国总统轮船和联邦快递、丹麦马士基、日本通运和佐川急便、德国西门子等都在角逐世界物流市场，与它们供应链中的生产企业结伴进入各国物流领域。这些大型跨国物流公司，由原来的雄踞国际海、陆、空运输市场，进而深入各国参与物流基础设施和物流枢纽建设，一步步完善了国际物流网络框架和主干线与支线的衔接，通过融资、贷款、援助、合资、合作等种种形式把游资投入到了世界各地最关键的物流环节，如港口、码头、公路、物流园区、集装箱终端，促进了全球物流大循环，把现代物流推向了全球化发展的新时代。

三、物流全球化的风险和挑战

(一) 风险

第一，全球市场消费者的需要并不是完全相同的，不同的消费层和不同国家的消费者的需要往往是不同的。这就要求企业必须克服传统的“从内向外”的思考方式（即对成本和效率的重视大于对顾客服务的重视，提高企业内部的作业效率优先于满足顾客的需要，这样往往造成许多企业只提供单一的产品或服务来满足顾客的需要），建立新型的“从外向内”的思考方式（即通过收集、分析消费者的需要信息，进行市场细分确定企业的目标顾客层，以差别化的产品和服务来满足这些顾客，同时控制成本和效率）。

第二，企业经营的全球化使得全球供应链的物流活动变得复杂和频繁，这可能导致巨大的物流成本，因此协调和整合全球供应链的物流活动十分重要。许多寻求获得成本竞争优势的跨国企业在进行全球化经营时着重于通过其全球范围内同进行生产工厂的集中配置和规模经济效果来降低生产成本。但是现实的问题是，在全球经营中成本的降低不仅取决于生产成本，还包括平衡全球供应链的其他成本项目，如采购成本、库存成本和运输成本等。全球集中生产和采购能降低生产成本、采购成本甚至库存成本，但是增加了运输成本，因此，需要对这些因素进行折中平衡工作。

第三，语言文化不确定性。国际交易过程中语言能力尤其重要，能否掌握目标市场语言、理解目标市场的语言习惯是一个重要因素。文化的不同在时间概念和合同状态中多有体现，行业规则在各个国家也有所不同，因此了解和接受他国的、尤其是物流领域的商业规则尤为重要，雇用东道国工作人员有利于解决此类潜在问题。

第四，政治风险。政治稳定性对跨国公司来说特别重要。现代世界迅速变革，复杂性日增。政府透明度、国际/国内安全水平等都影响了政府活动，这些政府活动也给公司的跨国经营带来了风险和不确定性。比如，如果两个邻国存在敌意，那么国家之间的贸易就可能会遇到阻碍。恐怖主义也是一个关键因素，美国对伊战争和“9·11”恐怖袭击影响的不仅是世界政治和军事格局，还有世界经济环境。不仅对跨国公司本身，恐怖袭击对他们的供应商、消费者、运输提供者及其他相关各方都有很大的破坏性。

第五，宏观经济风险。政府政策也应该被视为不确定性的来源之一。对一个跨国公司而言，对目标国相关法律法规的不熟悉可能最终导致商业失败。同时，通货膨胀率、失业率、汇率等一些宏观经济因素也是应该考虑的重要内容。汇率在国际物流中扮演了相当重要的角色，由于汇率与公司独特的组织结构相联系，因此汇率带来的不确定性在各个公司的表现不尽相同。为了有效应对此类问题，公司首先应该基于尽量准确的汇率预期调整生产、库存、运输和消费者服务。在突发的急剧汇率波动之下，运用全球外汇市场来弥补损失，或者对原材料供应商、运输提供者等进行全球调整以降低必要成本。

（二）挑战

第一，国际物流企业规避外汇风险。研究和制定规避汇率风险已经成为国际物流公司的当务之急，一般来说，国际物流公司汇率风险大部分都产生于对海外的结算上，虽然有些国内客户为了减少自己承担的汇率风险，也要求物流公司用美元结算，但是这类风险还是比较小的一部分，物流公司可以采用相应的策略来进行规避。

第二，国际物流运输具有长途、情况复杂多变、时间性强的特点，如何保证货物的正常运输是物流全球化发展中的一个挑战。运输过程中各部分的衔接以及运输过程中物流信息的实时监控，都使国际物流中涉及的物流技术面临着考验。目前，现代物流的发展已经趋向于现代化，信息化技术的应用会为国际物流业的发展增添信心。

第三，售后服务。跨境电商售后服务难题让消费者望而却步。目前跨境电商大多重视产品的销售过程，而忽视了售后服务，甚至存在缺失。由于涉及跨境通关和物流，换货后的商品很难有顺畅的通道返回国内。物流等种种费用要消费者承担，出现退货费用严重超出货品价值的现象，各国之间法律存在差异，一旦产生纠纷，消费者维权难度非常大。

第四，建立和完善国际物流相关法律法规。在经济全球化发展的助力下，物流的全球化发展势头也十分迅猛，越来越多的企业加入到竞争中来，使得行业竞争日益激烈，如何维护公平竞争环境，进一步完善维护公众利益的机制是物流全球化发展的又一挑战。

物流运作的全球化既是经济全球化的必然要求，也是物流企业实现客户服务全球化的必要条件。但要真正实现物流全球化运作还要经历艰难的历程，还有待企业、政府、学术界和有关组织的共同努力。

四、全球物流的功能和基本活动

全球物流具有克服时间和空间的阻隔以及克服国界阻隔的功能，虽然国内物流也具有克服时间和空间的阻隔的功能，但是全球物流需要克服的时间和空间阻隔比国内物流大得多。全球物流是保证企业全球经营能否成功的关键因素之一，相对于国内经营来说，物流在全球经营中的作用和承担的责任要大得多。

全球物流活动的构成除了包含与国内物流一样的运输、保管、包装、装卸、流通加工和信息等克服时间和空间阻隔的活动之外，还有全球物流所特有的报关（包含检查、检疫等活动）和相关文书单据制成等克服国界阻隔的活动。下面详细介绍全球物流的基本活动和特点。

（一）运输活动

全球物流中的运输活动与国内物流中的运输活动的最大差异在于前者的运输距离长，而且运输方式多样。例如，海尔集团采取“三个三分之一的经营战略”，即三分之一国内生产国内销售，三分之一国内生产海外销售，三分之一海外生产海外销售。海尔通过代理商或自营渠道将 Haier 品牌的产品销售到世界各地，并且在北美、欧洲和东南亚设立了生产基地。这样海尔的全球物流活动包括从生产地点到销售地点的销售物流和海外生产基地的原材料、零部件的采购物流，无疑这些物流活动的运输距离是很长的。另外，我国的国内物流运输主要采用公路、铁路和水运的形式，而全球物流运输不仅采用公路、铁路的方式，还采用海运和空运的形式，其中海运是全球物流运输中最普遍的方式，空运是近年来全球物流运输中发展很快的方式。海运的特点是运输时间较长但运输费用低、运量大。空运的特点是迅速及时但运费贵，一般适合于附加价值高且要求及时交货服务的商品。

（二）保管和流通加工

由于全球物流保管活动中存在办理进出口手续、海港码头装卸转运货物等作业，与国内物流的保管活动比较起来，全球物流的保管活动所花时间要多。另外，为了适应当地的标准和满足销售商的要求，需要商品检验、分类、小包装作业、贴商品价格标签等流通加工活动。

（三）包装

由于全球物流运输距离长、运量大、运输过程中货物堆积存放、多次装卸，因此在运输过程中货物损伤的可能性大。在全球物流活动中包装活动非常重要，集装箱的出现为全球物流活动提供了安全便利的包装方式。

像德国等许多国家从环境保护的角度出发对包装废弃物制定了非常严格的规定限制。在向这些国家出口时，必须使用符合当地标准的包装材料和注意包装废弃物的回收利用。另外为了提高运输装卸和统计检验等作业效率，需要在包装物品上贴付物流条码标签。

（四）装卸

装卸活动是随运输保管加工等活动而发生的物流活动，全球物流的装卸活动由于集装箱的广泛应用而变得有效率和便利。以标准化的集装箱装卸为前提，港口码头装卸货备的标准化和大型化、装卸作业的效率化成为可能。

（五）信息

全球物流活动中信息量和信息来源相对于国内物流活动来说更大和更广。从企业内部角度来看，企业需要把分布在世界各地的生产、销售、物流等子公司连接起来，建立全球零部件采购信息系统、全球制造销售物流信息系统，同时需要与其全球供应链中的合作伙伴建立物流信息系统、分享信息。从企业外部角度来看，许多国家为了促进海外投资、方便全球贸易，建立了综合的报关信息系统。这种综合报关信息系统把与报关活动有关的货主企业、运输企业、物流服务企业、银行保险企业、商品检验部门、关税仓库、海关等部门紧密地联系在一起，提高报关速度和全球物流活动的效率。

（六）报关和相关文书单据制成

全球物流活动的展开必然涉及报关活动。这是全球物流活动区别于国内物流活动的明显特征。海关是一个国家主权的象征，它主要从事征收关税和取缔违法物品和行为的活动。随着市场的全球化、竞争的全球化和企业的全球化，要求海关能提供高效迅速的报关作业，建立综合报关信息系统和改进海关作业程序是实现这一目标的有效方法。

五、全球物流组织和管理

（一）全球物流组织的设计原则

当企业将其供应链向国际延伸时，这些企业会面临一个如何设计管理它们的全球物流组织的问题。实际上，对于全球企业来说，在计划和执行企业的全球物流战略时，一直面临一个如何才能实现总部的全球性决策和各地的当地决策之间有效平衡的问题。虽然由于不同的市场环境、不同的行业特点、不同的企业背景，使得任何人都不可能找到一个对所有企业都有效的解决方法，但是在解决这一问题时应遵守以下四个原则。

第一，制定全球物流经营战略，集中管理和协调企业的全球物流活动以便实现在全球范围内的成本最优化。

第二，顾客服务的管理和控制当地化，以便满足当地市场的特定需要，获得和维持竞争优势。

第三，积极采取外部采购或外部委托的经营方式成为一种经营趋势，企业必须利用外部委托方式来加强在全球范围的合作。

第四，建立全球物流信息系统是同时实现全球物流成本最优化和满足当地顾客需要这两个目标的前提条件。

（二）全球物流组织结构和控制

为了有效地组织全球物流活动，同时实现成本最小、服务最大的目标，必须建立一个集中决策和相互协作的全球物流组织。例如，由于各国基础设施的差异、外汇汇率的变动、运输距离的长短等因素的存在，在全球什么地方设立制造工厂、装配工厂、物流仓库、营销据点、货物运输据点、货物集装据点的选址决策关系到全球物流的效率高低、效益大小。另外，选址决策还对厂房设备等固定资产的投资、对企业的收益和竞争力有长期影响，因此。企业必须全盘统筹考虑、集中决策。

全球化企业的物流组织结构一般由具有综合计划协调功能的物流管理总部、事业部或生产工厂所属的物流部门和海外分厂的物流部门组成。各个层次的物流职责划分如下。

1. 物流管理总部

(1) 制定和实施企业的物流政策、物流战略计划和物流教育计划，指导、协商和协调各个事业部的物流活动等。

(2) 收集、整理积累有关国际运输、物流系统、仓库管理、信息系统等方面的专门知识和技术，负责在企业内部介绍和推荐应用。收集、整理、分析有关全球物流运输状况、全球物流设施、全球物流运输的运输方式、价格费用等方面的信息情报、设计效率高经济性好的全球物流运送方式。

(3) 国际贸易手续和规则，各国报关手续和规则等的指导和商谈。

(4) 与世界各国的主要物流组织保持联系，建立全球物流网络，负责与全球供应链各个参与方物流部门的联系和协调。

2. 事业部所属物流部门

负责管理、协调不同产品种类划分的物流活动。

3. 工厂所属的物流部门

负责全球采购的原材料进厂物流、对应及时生产方式的厂内物流、产品从工厂向世界各国销售的流通物流，即统合工厂的采购、生产、流通中发生的物流活动。

4. 海外分厂的物流部门

海外分厂物流部门负责所在国的所有有关物流的活动，有关产品、原材料等进出口的物流活动。具体来说有如下几点。

(1) 制订和执行各自国内的物流计划。与物流管理总部和其他海外分厂的物流部门沟通联络。

(2) 制成和管理国际贸易等方面需要的文件单据。

(3) 安排货物的运输方式。

(4) 国际运输货物的检查和验收、投保。

(5) 与当地政府、公共部门、承运企业构建良好的关系。

(三) 顾客服务管理

各国市场有各自的特点和特定的市场需要，因此，在企业的全球经营战略指导下，由海外分厂制订当地市场的营销策略和物流策略，是实现满足当地消费者的需要并提高顾客服务水平的最佳方法。顾客服务管理包括顾客服务需要的管理和顾客服务结果的控制，而且其管理范围已扩展到整个订货实现过程（即从订货到送贷）。虽然订货实现系统是一个全球性的、集中管理的系统，但并没有削弱当地顾客服务管理的重要性，反而对当地顾客服务管理提出了更高要求：顾客订货的获得和商品的配送都是由当地的部门来完成的，消费者的多样化、个性化需要要求当地部门尽量实现多品种小批量、多频度的配送作业。

（四）外部委托和合作伙伴

当前，全球经营活动的一个最大的变化是外部委托方式的兴起。企业外部委托的范围也从原材料、零部件的采购发展到市场调查、营销渠道、物流等服务作业。外部委托经营方式是企业把经营资源集中用于价值链中具有竞争优势的业务（即核心经营能力），对于其他的活动则采取外购或外部委托，以便提高企业竞争力和收益率的经营方式。向企业提供委托服务的单位称为第三方。第三方向企业提供外部服务以便使企业集中于核心经营能力，因此第三方在企业控制成本和提高服务水平方面扮演重要的角色。企业利用第三方提供外部委托服务，实际上也与第三方结成了合作伙伴关系。在全球经营活动中，利用第三方服务的企业需求正在迅速增加。

在物流领域，外部委托的业务范围从原来的运输业务和仓库保管业务扩展到材料采购、订货接受处理、库存管理、信息系统等几乎所有的物流领域。对于企业来说，通过物流活动的外部委托，可以把原来作为固定费用的经营资源转化为变动费用，可以用较低的成本获得优质的服务，还可以减少对物流活动的管理，节省管理费用。对于物流业者来说，可以长期扩大物流业务、提高物流设备和人力资源的利用效率，反过来又可以把物流规模扩大所带来的规模经济效益返还给顾客。

制定外部委托战略、管理和控制与第三方组成合作网络需要企业总部和其海外分公司共同参与和协作。一般的原则是战略决策由企业总部集中进行，而管理和控制供应商的日常业务、与物流伙伴的日常业务联系最好分散在所在国当地进行。

（五）全球物流信息

全球物流管理实质上是全球信息流管理，企业通过信息系统对原材料、零部件、半成品、成品等的复杂流程进行管理控制和协调，通过信息系统获得整个供应链的材料流、库存和市场需要的信息。如果企业没有能力通过供应链获得最终市场的信息，没有能力获得实际的需求信息，没有能力管理及时库存补充作业，那么该企业注定是要依赖大量库存进行经营活动，信息流中的时间滞后可直接看成是库存的发生。今天，信息代替库存好像成了一句老生常谈的话，实际上，它仍然是企业追求的主要目标。

全球物流系统与国内物流系统比较，不但范围更广而且内容更加复杂。对全球物流活动单纯采取当地分散管理或单纯采取总部集中管理的组织管理方法是不可取的，企业在进行全球物流活功时既要考虑到物流全球化需要集中管理协调的一面，又要考虑到各地在产品规格、市场特点、文化习俗等方面的差异需要当地分散管理的一面，在全球集中管理和当地分散管理中取得平衡。成功企业的经验是“全球思考，当地行动”，或者说是“全球协调，当地管理”。

企业物流全球化发展典型案例——中远海运集团

据2016年12月的《航运交易公报》报道，在近两年的航运企业整合重组中，必然绕不开的例子就是原中远与中海两家集团的重组。重组而成的中远海运集团，承担着更大的作用和更多的责任。中远海运集团董事长许立荣表示，重组后的中远海运集团不仅将目光聚焦在中国航运市场，面对当前全球经济和航运市场发生的重大变化，更希望深度参与全球竞争，改变全球航运格局。这也是两家集团重组的最大目标。

重组而成的中远海运集团确立了全球化战略目标，即四个优先发展的产业战略。

第一，优先发展班轮运输。从航运角度来看，班轮运输最具规模化、全球化。许立荣表示，班轮运输必须实现全球航线覆盖，才能获得回报，所以必须全球布局。优先发展班轮运输也是从全球化、规模化、提高盈利能力的角度去思考。许立荣强调，传统思维上，往往将中远海运集团停留在以中国本土市场为出发点，但实际上，现在是全球化经济和全球市场，中远海运集团目前的努力方向就是向第三方运输市场开拓，向新兴市场，特别是经济成长速度较快的地区战略倾斜。“所以我们希望下一步将会在南美、非洲、中美洲、印度市场增加竞争能力。”

第二，优先发展航运金融产业。许立荣表示，航运是一个资金密集型产业，中远海运集团整体运力规模目前位列世界第一，资金需求非常大，所以正在努力发展航运金融产业。目前，中远海运集团已成为大型船舶金融租赁企业，同时打造两个金融控股平台——位于中国香港的中远海运金融控股平台和中远海运发展（原中海集运）。许立荣透露，除了金融租赁外，中远海运集团还要购买银行，成立保险公司，同时对证券和金融资产进行管理，特别是对未来的船舶不良资产进行管理。可以说，中远海运集团的金融产业将全球化布局。

第三，布局全球综合物流。许立荣表示，中远海运集团已完成综合物流的“十三五”规划，将打造航运两端的延伸产品，与航运完全“一体化”，真正体现全天候、全方位、全过程物流运送方案和解决方案。目前，物流板块已完成初步整合，正在加大对物流基础设施的投资，如仓储、拖车、物流工业园区、冷链。通过全球物流发展战略，将进一步加强与航运产业整体的密切度。

第四，依靠“一带一路”倡议实施全球码头收购。许立荣表示，航运与码头是唇齿相依的关系，中远海运集团可以依靠码头和港口发展航运，同时可以通过码头和港口的固定回报支持航运的发展。全球班轮运输的集中度未来会越来越高，无论是联盟，还是合作方，都会首选自己的港口码头，这给全球公共码头带来一定压力，但也给班轮公司或者联盟提供了一个全球收购的好时机。2016年以来，中远海运集团连续收购海外港口资产，如希腊、荷兰、新加坡、阿联酋的一些主要港口。“今年的成效非常明显，这些港口与码头的合作，将进一步提升中远海运集团全球影响力和全球布局，与全球航运能够保持非常默契，从而形成真正的全球‘一体化’布局。”

思考题

一、名词解释

1. 物流专业化

2. 多元化战略

3. 供应链物流

4. 物流一体化

5. 全球化战略

二、单项选择题

1. 1956 年宜家开始试用平板包装，这个举动当初只是为了节约运输空间，而今天却成为了宜家竞争优势的一个构成部分。宜家这是采用了（　　）。

A. 服务差异化战略　　B. 产品差异化战略

C. 人事差异化战略　　D. 形象差异化战略

2. 福耀玻璃（主营汽车玻璃的上市公司）决策者拟考虑同心多元化作为进一步发展的方向，以下哪些方向可以作为可考虑的发展方向？（　　）

A. 发展建筑玻璃产品　　B. 发展汽车发动机产品

C. 购并汽车配套企业　　D. 发展其他汽车配件产品

3. “把鸡蛋放在一只篮子里的做法”是（　　）的形象表述。

A. 集中化战略　　B. 一体化战略

C. 差异化战略　　D. 多元化战略

4. 一家从事牙膏、牙刷生产经营的企业，只专注于宾馆酒店的销售。这种战略是（　　）。

A. 市场专业化　　B. 产品专业化

C. 选择专业化　　D. 单一市场集中化

5. 百事可乐把自己的目标顾客定位在年轻人，并通过低价，从而把可口可乐的市场份额硬生生地抢夺了一部分过来。百事可乐所采取的战略类型是（　　）。

A. 差异集中化　　B. 低成本集中化

C. 成本路线战略　　D. 差异化战略

三、多项选择题

1. 物流企业专业化竞争的基本方式有（　　）。

A. 成本领先方式　　B. 特色经营方式

C. 确定重点市场的经营方式　　D. 市场渗透

2. 一家企业对其外部环境和内部环境进行了分析，得出的结论是外部环境将以威胁为主，企业在各个竞争对手中占有较强的优势，你认为该企业可以选择的战略有（　　）。

A. 多元化　　B. 市场渗透　　C. 一体化　　D. 转向

3. 物流一体化的战略形式有（　　）。

A. 纵向一体化　　B. 横向一体化　　C. 网络一体化　　D. 供应链一体化

4. 全球物流的功能有（　　）。

A. 运输和装卸　　B. 保管和流通加工　　C. 包装　　D. 信息

四、简述题

1. 企业采取成本领先方式进行专业化竞争时，会面临什么样的风险？

2. 企业为什么要采取特色经营的方式？

3. 不同行业的物流企业应采取什么样的竞争战略？

4. 处于市场领先地位的物流企业应采取怎样的方法保持竞争优势？

五、论述题

影响物流全球化的因素是什么？

六、案例分析

高露洁的全球供应链管理

高露洁公司作为一家知名的跨国公司，以其正确的发展策略为业内称道。为综合管理其供应链，该公司于1999年11月建立了高露洁全球供应链管理系统，希望通过该系统，进一步完善全球供应链管理，提升对客户的服务水平。

1. 建立全球供应链管理系统

在全球供应链管理系统中，高露洁确定了3个主要的供应链战略。一是推出供应商管理库存（VMI）项目，大幅削减库存和循环时间；二是实施跨边界资源计划，将地域性模式拓展为全球性模式，这种转变可以提高企业的预测能力，减少非盈利股份，凝聚资产，平衡公司的全球业务；三是实施与下游企业的协同计划，来管理供应链中的市场需求，协调各项活动。

高露洁公司根据VMI系统提供的每日消费需求与库存信息，对各消费者中心进行补充。目前VMI系统的重点在北美，北美的VMI系统管理来自5个工厂40%的集装箱，包括40个分销中心和12个消费区。VMI系统由mySAP SCM供应网络支持，mySAP供应链管理（mySAP SCM）使高露洁可以更加准确地掌握供给与需求信息。每天，来自消费分销中心的库存量和需求信息都会传递到mySAP SCM系统，对需要补充的订单数进行统计，有效降低了成品库存。

2. 实现全球化资源利用

高露洁的跨地域资源利用系统，将客户需求和全球资源信息整合在一起，使以前的月度预测发展成为每周的订货补充。在这一新型商业模式中，供应商直接负责对高露洁分销中心的资源补充。新的周补给制度是由客户的订单流量来驱动的，通过高露洁在世界各地的分销中心直接传递给供应商，补给要求也是根据高露洁销售机构提供的需求信息来计算的。

此外，高露洁的CBS商业控制程序由mySAP SCM系统支持，根据每日需求信号和库存量对补货订单进行计算，使供需更加平衡，使供给更加适应特殊订单的要求，同时减少了不准确预测信息产生的影响，进而降低了成品库存、减少了补充订单的次数、提高了企业内部补充和用户订单中的在产订单和已完成订单的达成率。通过使用功能强大的补货系统，高露洁还提高了订单的实现率和资金使用率。灵活、有效的产品补充系统加快了总部前往分销中心的物流进程，而且企业的运输成本并没有增加。

3. 做好需求规划与绩效确认

高露洁（美国）采用的mySAP.com需求规划系统的功能和mySAP SCM系统的协同引擎，能够向供应商传达公司的需求信息，并在供应链网络中制订协调计划。mySAP SCM系统能够计算出基本需求，相应增加因市场推广带来的业务增长。对市场推广带来的额外需求增长的管理独立于基本需求管理之外，是进行生产、产品后整理和分销的重要依据。这种协同引擎通过最新计划信息的交流、偶然事件的管理、对预测准确性等功能测试的跟踪等，对市场推广带来的需求增长进行协同管理。

高露洁供应链战略的3个主要组成部分由mySAP.com的实时集成模式支持，股票、订单和其他市场指数都能及时在客户、企业内部ERP系统和mySAP SCM系统之间更新。供应链信息的顺畅，可以使公司获得更准确、更及时的数据信息，进而为决策提供依据。

通过采用供应链管理系统，高露洁提高了市场竞争力，在全球业务拓展和市场推广中更具优势。同时，公司通过协同加强了与全球客户的联系，进一步降低了成本。此外，公司还通过电子商务进一步加强了企业内部整合，密切了与合作伙伴和客户的关系。

高露洁全球信息技术总监Esat Sezer（伊萨特·赛泽尔）先生说："对高露洁来说，mySAP SCM具有的强大功能对全球供应链改进过程十分关键。mySAP SCM在3个最重要的前沿领域均有相应的解决方案，它使高露洁能够掌握公司全球范围内的后勤数据，使我们能够通过高级数理规划函数优化业务运营，并为我们和我们的顾客、合作者开展协作提供了一个平台。mySAP SCM使我们在全球运作的供应链管理中真正走向完美。"

4. 坚持可持续发展

面对已经取得的成绩，高露洁并没有停止前进的脚步，而是不断加大对供应链管理系统的研究与应用力度，确保企业的可持续发展。除在全球范围内使用VMI、跨地域资源利用系统（CBS）和协同引擎外，高露洁正与思爱普（SAP）一起在mySAP SCM系统内开发可重复制造功能和各种进度细分功能。这一研究成功后，仅用一张物料订单（BOM）就可以完成整个生产过程的往复运作，使原料需求更加灵活，生产更适应短期需求变化。同时，高露洁还支持对与mySAP SCM相关供需波动计算法则的研究，以实现企业的重复性生产。由于在以推广为主的商业环境中，供需情况会随时变化，第三方供应商在高露洁业务中的地位日益重要，高露洁希望使用 mySAP SCM 系统的协同引擎加强与这些供应商的联系，并计划采用 mySAP SCM 系统的运输规划和进度规划功能来优化运输网，降低运输成本。此外，高露洁还将通过参加各种能够提供协同需求、盈利、后勤计划等方面交流的消费品行业市场，与客户和合作伙伴进行多元化的合作。

目前，高露洁已经通过全球供应链管理系统实现了很多目标，如提高可视供应链、规划循环的速度，通过全球化资源利用、成本降低、改善客户服务等，实现更为有效的资本利用。

讨论题

1. 高露洁公司如何制订和实施全球供应链管理的？全球供应链管理给公司带来的好处有哪些？

2. VMI 是什么？怎么样为公司实现低库存的？

第七章　物流战略制定

学习目标

· 熟悉物流战略制定的基本步骤、物流战略管理的目标和物流战略规划领域。

· 掌握物流战略的概念、类型及选择，几种重要类型的物流战略概念及其主要特征、物流战略控制的步骤与方法、物流战略进行规划的基本内容。

物流战略制定是物流战略管理的关键环节。战略制定是公司为了更有效地管理环境中的机会与威胁，根据自身优势和劣势开发的长期规划。它包括确定公司使命、明确可达到的目标、形成战略、制定政策指南。它始于形势分析：在有外部威胁和内部弱势的情况下，找到外部机会与内部优势之间的战略匹配的过程。本章内容侧重于战略制定的方法和技术，而有关物流战略制定的某些内容已在前面相关章节中阐述。

第一节　物流战略 SWOT 分析

SWOT 分析法是一种常见的战略分析方法，其主要是将与研究对象密切相关的各种主要内部优势因素（Strengths）、劣势因素（Weakness）、外部机会因素（Opportunities）和威胁因素（Threats），通过调研等方法罗列出来，并依照一定的次序按矩阵形式排列起来，然后运用系统分析的思想，将这些似乎独立的因素相互匹配起来进行综合分析，从中得出一系列相应的结论。运用该方法，有利于人们对组织或企业所处情景进行全面、系统、准确的研究，有助于人们制定发展战略和计划，以及与之相应的发展计划或对策。SWOT 分析法注重三个要素：目标、外部环境、内部条件。在制定物流战略时，SWOT 分析法同样是一种常见的基本方法。一个企业在物流战略方面的优势或劣势可能体现在区位、技术、资金、业务、规模、服务、人才、文化等诸多方面，而涉及物流战略方面的外部机会或威胁可能包括宏观经济政策、相关法律法规、物流需求状况、物流政策、物流基础设施建设、设备技术水平、信息技术发展、相关产业发展、同业竞争等。当然，机会与威胁对于物流战略制定都是相对的。在不同的时期、不同的市场位置，企业的机会与威胁是不断转换的，企业需要根据环境的变换不定期进行重新评估，以使得自身的物流战略能够与环境处于动态的平衡和协调之中。

影响物流战略制定的机会和威胁因素有很多，那么如何去评价和判断这些机会和威胁因素各自对物流战略的影响程度呢？目前比较成熟可操作的方法是引入战略因素分析总结表，包括采用外部因素分析总结（EFAS）矩阵和内部因素分析总结（IFAS）矩阵。EFAS 的主要思路是：分析企业所处的内、外部环境的各战略影响因素的优劣强弱情况和企业应对内、外环境的整体能力，然后对企业内、外部环境的各个战略影响因素，分别按其在环境因素中的重要程度从大到小进行排序，经计算得出各因素的权重。同时，利用专家们针对企业的实际情况，对比标杆企业的基准值，依据行业当前对该因素的应对方式的优劣，为企业内、外部影响因素的现有能力进行评价和 5 分制打分，目的在于较直观地反映企业的竞争能力。同样，IFAS 是组织内部因素分析的一种方法，采用通行的观点，把内部因素分为优势和劣势两类，并且按照这些因素对企业重要性，来分析企业管理层响应这些因素的优劣。

根据第二章中的 EFAS 和 IFAS 表，一方面对影响物流战略的外部因素进行总结分析，从中寻找较为重要的机会因素和威胁因素；另一方面对影响物流战略的内部因素进行总结分析，从中寻找到较为重要的优势因素和劣势因素，最终得到 SWOT 矩阵分析表，并组合出不同的战略备选方案，如表 7－1 所示。

表 7－1　　　　物流战略 SWOT 分析

内部因素 战略备选方案 外部因素		优势（S）	劣势（W）
		1 2 ⋮ n	1 2 ⋮ n
机会（O）	1 2 ⋮ n	SO 战略	WO 战略
		1 2 ⋮ n	1 2 ⋮ n
威胁（T）	1 2 ⋮ n	ST 战略	WT 战略
		1 2 ⋮ n	1 2 ⋮ n

第二节　企业物流战略生成与识别

一、物流战略使命与目标的评价

企业战略包括企业目标和使命、内外环境分析以及实现这些目标的具体行动方案。企业在形成自己的战略时，首先要确定其所承担的使命和所确定的目标，从而为企业战略的制定提供基础性的依据。企业的战略目标是企业战略的主要内容，是指企业在一定时期内，执行其使命并通过实施特定的战略而想得到的预期成果。它明确了企业的发展方向，体现了企业的具体期望，表明了企业的行动纲领。战略目标是战略实施的指挥系统，它将企业的资源集中起来，高效协调，优化配置。明确的企业目标对企业战略的成功至关重要。彼得·德鲁克表示，企业只有具备了明确的使命和目标，才可能制定明确的和现实的战略。

物流战略目标是对企业物流战略经营活动预期取得主要成果的期望值，是物流企业在一定时期内，根据其外部环境变化条件和内部条件的可能，为完成使命所预期达到的成果。物流战略目标与企业物流管理的目标是一致的，在保证物流服务水平的前提下，实现物流成本的最低化。物流战略目标主要表现在四个方面：一是维持企业长期物流供应的稳定性、低成本、高效率；二是为企业产品谋求良好的竞争优势提供支持；三是对环境的变化为企业整体战略提供预警和功能范围内的应变力；四是以企业整体战略为目标追求与生产销售系统的协调性。

物流战略目标对物流战略基本要点的设计与选择有重要的指导作用，是物流战略规划中各种专项策略制定的基本依据。对于物流战略规划来说，要达到的目标主要包括以下几点。①降低运营成本，是指在保持一定的客户服务水平的条件下，尽量将系统总成本降到最低。例如，在不同的仓库选址、库存决策方案中进行选择或在不同的运输方式中进行选择，以形成最佳战略。②减少资金占用，战略的实施目标是使系统的总投资最小化，其根本出发点是投资回报最大化。例如，为避免进行仓储而直接将产品送达客户，放弃自有仓库选择公共仓库，选择适时供给而不采用储备库存的办法，或者利用社会物流管理等。③提高客户服务水平，主要是指提高客户得到所定购产品的速度和可靠程度。尽管提高客户服务水平会大幅度提高成本，但是所带来收入的增加可能会超过成本的增长。

传统上，很多企业的物流战略思想认为成本和效率比客户服务重要。因而优先考虑的是企业内部运作的管理，而不是顾客要求。这种思想使得很多企业为降低服务成本，提供相同的产品和服务给所有层次的顾客。然而，新型物流管理的观点与其有本质的不同。任何企业不可能使所有细分市场的顾客都得到满意。问题是如何在提供多样化产品和服务满足多样化顾客需求的同时又能控制住成本以提高效率。关键在于企业的服务和成本要根据不同细分市场要求的顾客服务水平和企业提供必要服务的效率而有所不同，即服务水平随顾客要求而变化。针对不同的顾客、不同的产品提供不同的服务，从而保证实现“理想的”而不一定是最低的服务成本。

实现战略目标是十分关键的问题。一般来说，战略目标的实现途径有两条：做大做强、做强做大。前一条途径是在企业规模做大的基础上做强，即首先迅速占领市场、做大规模，然后加强企业内功的修炼，将企业做强；后一条途径与之相反，在企业做强的基础上做大。前者的劣势在于：企业在做大后，风险难以控制；后者的劣势是企业可能错过良好的发展机遇。对于第三方物流企业而言，普遍面临着这样的两难问题，即如何把握目前国内物流发展的良好机遇，又能将自身的发展风险控制到最低程度，将企业做强。而对于非物流企业而言，物流战略作为企业的一种职能战略，是为其整体竞争战略服务的。因此，其使命和目标必须服从于企业整体竞争战略的使命与目标。

二、基于IE矩阵物流战略取向分析

(一) 基于战略地位评估矩阵的物流战略取向分析

战略制定是指制定战略规划或长期规划，涉及企业使命、目标、战略和政策的形成。企业战略制定始于形势（SWOT）分析：在有外部威胁和内部弱势的情况下，找到外部的机会和内部优势之间的战略匹配的过程。常常与SWOT分析模型配套使用的是战略地位评估矩阵，企业应该按照自身在战略评估中所处的不同象限，以及不同象限所代表的不同企业类型，选择适合自身发展的总体经营战略类型。战略地位评估矩阵如图7-1所示。

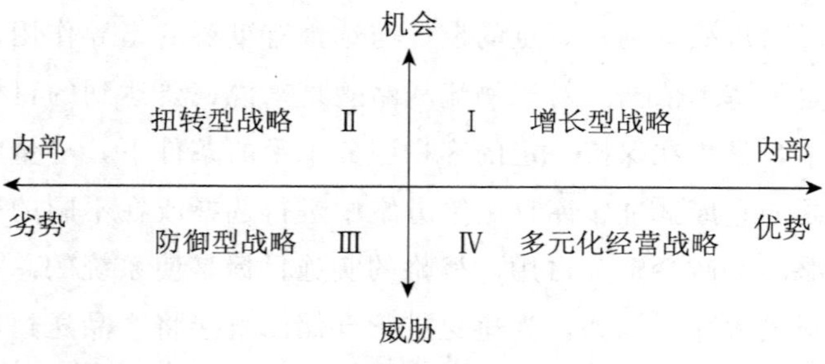

图7-1 战略地位评估矩阵

处于第Ⅰ象限的企业，具有较大的内部优势和足够多的外部机会。这种类型的企业应该采用增长型战略，依靠内部优势，充分利用外部机会。增长战略分为集中于单一产品或服务的增长战略、集中多元化经营的增长战略、垂直一体化的增长战略三种战略方案。

处于第Ⅱ象限的企业，在面临巨大的外部机会的同时，却受到内部劣势的限制。这种类型的企业应当采用扭转型战略，在寻求方法弥补和消除内部劣势的同时，最大限度地利用外部环境所带来的机会。扭转型战略分为维持战略、收割战略两种战略方案。

处于第Ⅲ象限的企业，内部存在着劣势，外部也面临着巨大威胁。这种类型的企业应当采取比较保守的防御型战略，以避开威胁并逐步消除劣势。防御型战略分为紧缩战略、退出战略和清算战略三种战略方案。

处于第Ⅳ象限的企业，虽然内部具有强大的优势，但外部面临着一定威胁。这种类型的企业应当采取多元化经营战略，充分利用内部优势，通过多种经营分散环境威胁带来的风险。多元化经营战略分为横向多元化、混合多元化和联合多元化三种战略方案。

以一家电子商务物流企业B为例说明如何应用战略地位评估矩阵。B物流企业位于A省，隶属于中国网通，是当地规模最大的物流配送运营企业。主营业务包括电子商务呼叫中心、数据业务、互联网业务、物流配送业务。B物流企业通过对自身所处的竞争环境的分析，对优势、劣势、机会、威胁进行了概括，如表7－2所示。

表7－2　　B物流企业SWOT分析总结

	优势（S）	劣势（W）
内部环境	1. B物流企业是本地区最先进、最大的物流企业，客户量大，品牌知名度高 2. 拥有比较完善、可控性强的纵向组织物流营销系统 3. 技术基础好 4. 员工敬业精神强，荣获“省级单位”称号	1. 历史包袱沉重，需要供养的退休人员多，在职冗员多 2. 早期遗留下来的以及企业不断改组过程中累积的不良资产多 3. 员工紧迫感、危机感不足，市场观念淡薄 4. 营销方式不够灵活，物流营销网络体系不太健全 5. 在主营物流业务方面，缺乏自主定价权
	机会（O）	威胁（T）
外部环境	1. A省物流业务发展迅速，在全国位居前列 2. 企业地区GDP连年以两位数的速度增长，人们的可支配收入飞速增长 3. 企业地区物流业增长高于当地的GDP增长 4. 当地政府出台了加快物流业发展的政策 5. 随着人均收入的提高，物流配送需求日益增加 6. 随着物流新技术的发展，电子商务物流信息宽带数据等业务在大中型企业有可观的潜在需求	1. 当地竞争对手依托中国物流的品牌、技术资源、资金优势和邮政网络，利用价格优势，采用低价竞争策略，大量抢占企业固定物流业务，尤其是大客户 2. 竞争对手依托信息技术，大力建设物流信息网络，发展物流信息平台，对高端用户有很大的吸引力 3. 竞争对手依托更先进的物流配送网络体系发展JIT配送，吸引了高端客户

B物流企业建立战略地位评估矩阵，通过对照分析，进行SO、ST、WO、WT组合，从而提出了可供选择的多种组合战略方案，其组合战略方案如图7－2所示。

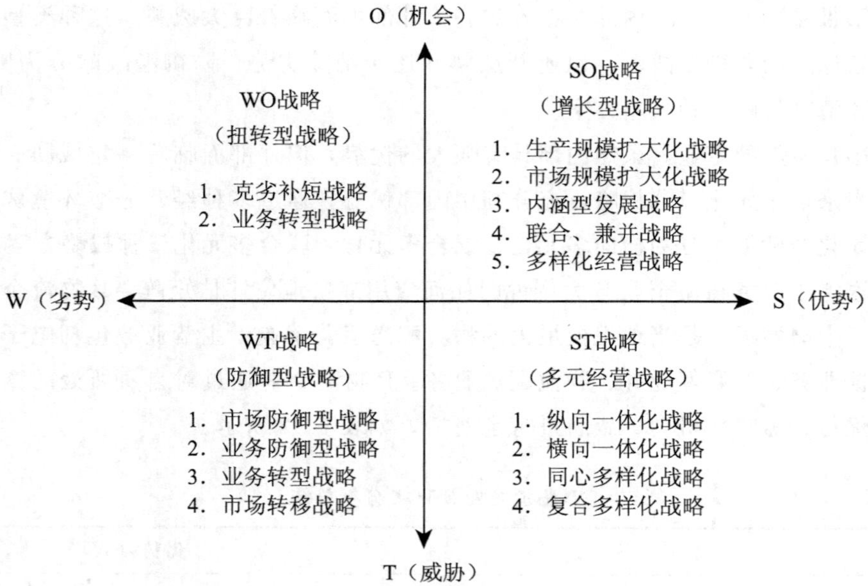

图 7-2　B 物流企业基于 SWOT 分析的战略方案选择

SO 战略的主要目的是发挥企业内部优势而利用企业外部机会。所有的管理者都希望自己的企业处于这样一种状况，即可以利用自己的内部优势去抓住和利用外部趋势与事件所提供的机会。

WO 战略的目标是通过利用外部机会弥补内部弱点。适用于这一战略的基本情况是：存在一些外部机会，但企业有一些内部的弱点妨碍它利用这些外部机会。

ST 战略是利用本企业的优势回避或减少外部威胁的影响，这并不意味着一个很有优势的企业在前进中总要遇到威胁，但在很多产业中，竞争公司模仿本企业的计划、创新及专利产品对企业构成一种巨大威胁。

WT 战略是一种旨在减少内部弱点同时回避外部环境威胁的防御性战略。一个面对大量外部威胁同时有着众多弱点的企业的确处于不安全和不确定的境地。实际上，这样的企业正面临着被并购、宣告破产或结业清算的风险，因而不得不为自己的生存而奋斗。WT 战略基本上是防守性的，主要是为了使劣势最小化以躲避威胁。

从以上实例可以看出，战略地位评估矩阵的主要优点是简便、实用和有效，主要特点是通过对照，把企业外部环境中的机会和威胁、企业内部环境中的优势和劣势，联系起来进行综合分析，有利于开拓思路，正确地制定经营战略。

（二）基于 IE 矩阵的物流战略取向分析

SWOT 中战略地位评估矩阵虽然简便实效，但 SWOT 分析中不采用权重反映战略因素的优先序列，运用模糊的词语和词组，因素分析与战略实施间没有逻辑联系。运用 EFAS 表和 IFAS 表，目的就是应对 SWOT 分析的不足，它们一起使用就构成了一套强大而又清晰明了的战略分析工具。在 EFAS 表和 IFAS 表中列出了总共几十个内部和外部因素，这些因素都用于制定战略就太多了。因此有必要把 EFAS 表和 IFAS 表中权重比较高的因素拿出来汇总制定战略因素分析总结（SFAS）矩阵，如表 7－3 所示。

表 7－3　战略因素分析总结（SFAS）矩阵

战略因素（从 EFAS 中选择最重要的机会、威胁，从 IFAS 中选择最重要的优势和劣势）	权重	评分（1～5 分）	加权分	耐久性			说明
				短期（1 年内）	中期（1～3 年）	长期（3 年以上）	
总计	1						

然后，根据此前的 EFAS 矩阵和 IFAS 矩阵，借鉴内外部战略因素规划矩阵法（IE），将外部战略要素综合评价值 E 按 $1\leqslant E<2$、$2\leqslant E<3$、$3\leqslant E\leqslant 4$ 划分为三个区间，将内部战略要素综合评价值 I 按 $1\leqslant I<2.33$、$2.33\leqslant I<3.67$、$3.67\leqslant I\leqslant 5$ 划分为三个区间，由此形成九个区域；提出九个不同区域应各自选择的发展战略取向，由此形成企业物流发展战略取向定位矩阵，如图 7－3 所示。其中：对于（I，E）落在 IE 矩阵右上角区域中的企业，可采取扩张战略；对于（I，E）落在 IE 矩阵中间区域内的企业，可以采取维持战略；对于（I，E）落在 IE 矩阵左下角区域中的企业，可以采取防御战略。

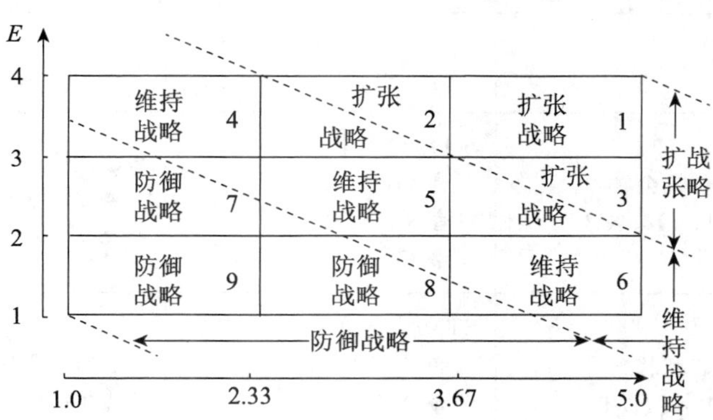

图 7－3　企业物流发展战略取向定位矩阵

三、基于 TOWS 矩阵的物流战略备选方案识别

TOWS 矩阵是帮助管理者制定 SO 战略、WO 战略、ST 战略和 WT 战略的重要匹配工具。通过环境中的机会和威胁分析，并依据企业本身的优势和劣势，从它们的组合中可以找出企业的成长方向，从而选定战略类型。

以这四类战略因素的具体组合为基础，制作 TOWS 矩阵，为产生一系列可能的战略提供参考。TOWS 矩阵的构建过程是：①列出企业的关键外部机会；②列出企业的关键外部威胁；③列出企业的关键内部优势；④列出企业的关键内部弱点；⑤将内部优势与外部机会相匹配，产生可行的 SO 战略，如表 7-4 示例；⑥将内部优势与外部威胁相匹配，产生可行的 ST 战略；⑦将内部弱点与外部机会相匹配，产生可行的 WO 战略；⑧将内部弱点与外部威胁相匹配，产生可行的 WT 战略。以表 7-4 为例，最终形成的 TOWS 矩阵如表 7-5 所示。

表 7-4　　优势（S）与机会（O）匹配关系示例

优势（S） 机会（O）	1	2	3	4	5	6
1	＋	＋				＋
2	＋		＋			
3		＋				
4	＋	＋	＋		＋	＋
5	＋		＋			
6	＋				＋	

注：匹配关系中＋ 组合说明相关存在。

表 7-5　　TOWS 矩阵

<table>
<tr><td></td><td colspan="3">内部环境：资源和能力</td></tr>
<tr><td rowspan="3">外部环境</td><td></td><td>优势
S1、S2、S3</td><td>劣势
W1、W2、W3</td></tr>
<tr><td>机会
O1、O2、O3</td><td>SO 组合方案：
◆ O1 S1S2
◆ O2 S1S3
◆ O3 S2</td><td>WO 组合方案：
◆ O1 W1
◆ O2W2 W3</td></tr>
<tr><td>威胁
T1、T2、T3</td><td>ST 组合方案：
◆ T1T2 S1S3
◆ T2T3 S1S2
◆ T3 S1</td><td>WT 组合方案：
◆T2 W1（关注）</td></tr>
</table>

四、物流战略类型与定位选择

物流战略的基本内容包括：物流战略目标、物流战略类型、物流战略态势，以及物流战略措施和物流战略步骤等。物流战略目标是由整个物流系统的使命所引导的，可在一定时期内实现的量化的目标；物流战略优势是指某个物流系统能够在战略上形成的有利形势和地位，是其相对于其他物流系统的优势所在；物流战略态势是指物流系统的服务能力、营销能力、市场规模在当前市场上的有效方位及沿战略逻辑过程的不断演变过程和推进趋势。

其中物流战略目标、物流战略类型和物流战略定位又称为物流战略的基本要点。前面阐述了物流战略使命与目标，本节主要分析物流战略类型和物流战略定位问题。

（一）物流战略类型

现代市场营销理论根据企业在市场上的竞争地位，把企业分为三种类型：市场领先者、市场挑战者、市场跟随者。由于竞争者在产业中所处的地位不同决定了所选择的竞争战略的差异。市场领先者为了保持市场第一地位，以市场规模扩大、市场份额增加及市场份额维持为目标，可选择防御型竞争战略。市场挑战者为了争取市场第一地位，不断地向主导者发起进攻。因此，进攻型战略是市场挑战者采取的最常用的战略。市场跟随者则为了取得市场的收益率，避免与市场主导者发生激烈竞争，与主导者保持“自觉共处”状态，一般采取适应或跟随竞争战略。典型的企业物流战略是，企业应在整体竞争战略框架下，结合竞争来源分析，选择最适合本企业的物流战略类型。

1. 最低成本战略

最低成本战略是追求物流系统的固定成本与可变成本最低的战略。实施成本最低战略必须将目标确定为满足较为集中的客户需求，向客户集中的地区提供快速服务，通过储运资源和库存政策的合理搭配物流成本达到最小化。一般来说，物流系统的基本服务能力受到系统中仓库的数目、工作周期、运营速度或协调性、安全库存政策等诸多因素的影响，为满足客户的基本需求，要按照有效库存和系统目标对物流系统进行整合，以求在成本最低的条件下达到最佳的服务水平。

2. 最优服务战略

最优服务战略是物流系统的有效性和运输绩效最高，服务水平最佳的战略。实施服务最优战略必须充分利用服务设施，认真规划线路布局，尽量缩短运输的时间，为客户提供最优的服务。当然提供最优服务的同时也必须能够得到与之相适应的收益，否则，这种战略就得不偿失。同时，什么是最优的服务对不同的客户来说也是不同的，这就要求企业必须认真分析客户的需求，针对客户的不同需求进行差别化的优质服务，从而构筑起企业的差别竞争优势。

3. 最高利润战略

最高利润战略是物流系统的利润达到最大化的战略。该战略是大多数物流系统希望通过战略规划达到的最终目标。利润最大化就是物流以利润为中心，以盈利为目的，大多数的企业却很难做到这一点，物流仅仅是为了满足企业需要，并不能带来巨大利润，某些企业本身不具有物流资源，却难找到合适的物流合作伙伴，那么物流经营有可能就是企业的费用中心。

4. 最强竞争力战略

最强竞争力战略是力争达到整体竞争力最强，寻求最大的竞争优势的战略。这种优势可以采用针对性的服务改进和合理的市场定位两种方法来获得。①要使竞争力增强，必须保证为客户创造价值，如果发现有重要的客户没有得到卓越的服务，就必须改进服务水平或增加服务能力来适应这些客户；②获得竞争优势的另一种方法是确立更加合理的市场定位，提供企业个性化的定制服务。

5. 资产占用最少战略

资产占用最少战略是整个物流系统占用的资产达到最少的战略。这种战略的好处是降低物流系统的风险，增加总体的灵活性，更有利于企业将优质资产开展主业经营。资产占用最少，与低成本还有本质的区别，有可能外包物流更多，物流成本反而会高。

(二) 物流战略定位

企业的物流战略制定是一个较长的过程，普遍认为其中的关键和难点在于企业如何确定最优或是最符合当前竞争战略的物流客户服务水平，这也是物流战略定位所要解决的主要问题。物流客户服务水平不仅与企业的物流成本有密切的关系（随着物流服务水平的提高，物流成本将会加速增长），同时物流服务水平的高低将对销售收入带来积极或消极的影响，因此，确定物流服务水平实际上是物流成本与销售收入的均衡问题。企业确定物流战略定位时，如果能得到物流服务水平与物流成本、物流服务水平与销售收入的函数关系，根据利润最大化原则来确定的物流服务水平是最理想的，但实际上物流服务水平的变化对销售收入的影响很难量化，因此在绝大部分情况下，物流战略定位可以按照以下步骤来进行。

1. 设定标杆

这是最为关键的一个步骤，即企业应根据前面的竞争分析预先选定一个合适的物流服务水平。这一物流服务水平可以是本行业的平均服务水平，也可以是主要竞争对手的物流服务水平。选择过程中所要遵循的原则就是不要对所有产品提供相同的物流服务水平，而是要根据企业的产品及所处的市场竞争地位分别进行选择。例如某企业生产两种不同产品A和B，A产品的市场份额相对比较稳定，而B产品由于刚进入市场，面临的市场竞争比较激烈，企业确定基准时，A 产品可选择平均服务水平，而 B 产品可能就要以主要竞争对手的服务水平作为基准。

2. 设计系统

企业物流系统所能提供的实际服务水平最终要由运输、仓储、设施等各个环节来决定，而这些成本彼此间呈现出相互冲突的现象，孤立考虑单个环节的成本，极有可能导致整体的次优，因此必须采用总成本最低的原则来设计物流系统。例如，运输服务方式的选择过程中，运输服务的直接成本与由承运人的不同运输服务水平对物流渠道内库存水平的影响带来的间接成本之间必然会相互冲突，运输费率最低或运输服务水平最高的运输服务并不一定是最佳选择，最优的经济方案必须是总成本最低的方案。

3. 敏感性分析

前面所确定的基准物流水平，并不是最优的服务水平，因此有必要通过改变系统设计中的那些与服务水平有关的环节，来分析销售收入和相关物流成本的增加额，直到找到利润最高的服务水平为止。例如，通过改变运输方式、变动安全库存量、修订设施据点等来改变物流系统的服务水平，并考察销售收入增加额能否抵消系统所增加的物流成本，最终做出是否提高服务水平的决策。

UPS 的 SWOT 分析如表 7-6 所示。

表 7-6　　UPS 的 SWOT 分析

内部环境	优势（S） 1. 良好的财务状况 2. 完善的人力资源培养机制 3. 高效的技术信息系统支持 4. 提供全面服务的优势 5. 强大的运输能力	劣势（W） 1. 定价相对偏高：与服务质量相比，国内客户更加关注价格，这就使得 UPS 在国内激烈的竞争中容易失去很多客户 2. 市场本土化进程相对缓慢
外部环境	机遇（O） 1. 近年来中国国民经济快速，未来中国快递市场空间巨大 2. 由于中国国内经济拉动强劲，城市化进程加速，特别是中国二三线城市发展迅速，这为 UPS 开拓中国市场提供了契机 3. 电子商务等个性服务需求层次丰富，大型国有民营企业对跨地区业务管理和合作的需求，将促使国内快件包裹迅速增加 4. 基础设施建设的发展 5. 中国消费者对快递的品牌认知度加深	威胁（T） 1. 本土政策的负面影响：受到中国邮政法的限制 2. 国际竞争对手 FedEx 的存在 3. 来自中国邮政的激烈竞争 4. 中国物流人才市场的紧缺 5. 来自国内供应商的压力 6. 多家商业航空公司已开始用本土优势进入中国国内快递市场

第三节　战略方案评价与选择

一、物流战略与竞争战略的吻合

(一) 不同竞争战略下物流战略的特征

企业的竞争战略定义了企业企图通过其产品和服务来满足的一组顾客需求。根据波特的价值链理论，为了执行竞争战略，从生产运作、市场营销到服务，以及财务、会计、信息、人事等辅助职能都要发挥作用，每个职能部门必须制定各自相应的战略。

作为重要的职能战略，物流战略也要与竞争战略相适应。表 7－7 列出了物流战略的基本特征及其与低成本战略和差异化战略的关系。从表中可以看出，如果企业实行总低成本战略，就要求在物流战略选择上以低成本为目标，保持低的库存水平和成本，采用大批量配送策略，在供应商的选择上主要考虑成本，而时间可能不是其最主要的考虑因素。如果选择差异化战略，物流就要围绕顾客要求进行，满足顾客的个性化需求。

表 7－7　　物流战略的特征及其与低成本战略和差异化战略的关系

	低成本战略	差异化战略
主要目标	低成本下满足	满足顾客特定要求
库存特征	最小化库存以降低成本	保持较高的缓冲库存满足顾客要求
运输特征	尽可能大批量以降低运输成本	顾客要求
时间特征	不增加成本的前提下缩短提前期	顾客要求
物流信息特征	稳定可靠、成本低廉	准确、及时
采购特征	以成本为导向	基于顾客要求
运作过程特征	精细、高效	模块化、规模定制

(二) 实现物流战略与竞争战略的吻合

企业的所有职能都会对企业的价值链的成功与否产生影响，任何企业要获得成功，物流战略作为重要的职能战略必须与竞争战略相吻合。战略吻合（strategic fit）意味着竞争战略和物流战略具有相同的目标，竞争战略所要满足的客户目标和物流战略所要建立的物流能力之间要保持一致。

要做到这一点，有三个基本步骤。①确定基本竞争战略：企业必须通过分析企业外部环境的机会和威胁，以及内部资源的优势和劣势，确定企业的基本竞争战略。②理解企业物流系统：物流战略类型很多，每一种都被设计来执行不同的任务，企业必须懂得自己的物流系统将被设计来完成什么样的工作。③实现战略吻合：如果物流系统运作结果与期望的顾客需求之间存在不吻合，企业需要重构物流战略来支持竞争战略，或是更改其竞争战略。

1. 确定企业的基本竞争战略

一般而言，有四种可用的竞争战略供企业选择，为了形象地表述，可以通过竞争战略谱来描述。如图 7－4 所示，它列举了一些典型企业采取的竞争战略。不同的企业竞争战略有各自的适用条件，实现物流战略和竞争战略吻合的第一步是确定竞争战略，并找出其在竞争战略谱上的位置。

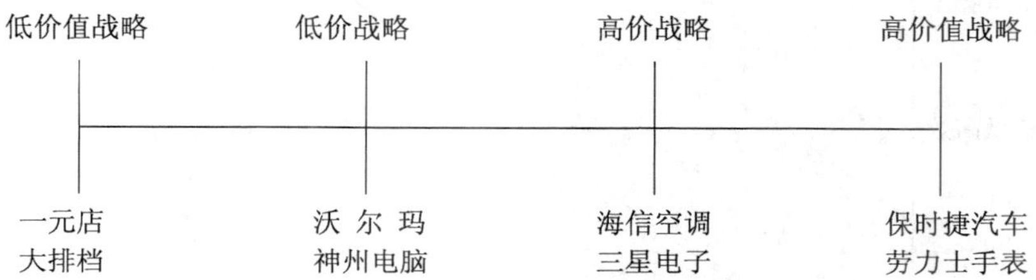

图 7－4　竞争战略谱

2. 理解企业物流系统

企业可以建立各种类型的物流系统，它们与顾客需求一样具备许多不同的特征，一般可以用效率和响应力这两个衡量指标来描述这些区别。响应力概括了物流系统的能力：满足大范围变化需求的能力、在较短提前期内提供多样性产品的能力、产品的创新能力和提供高服务水平的能力。这些能力越高，就代表着物流系统的响应力越强。但要提高物流系统的能力，就可能要增加成本。对所有的企业，定位其物流系统的响应能力都是它的一项关键战略选择。如果用效率这一指标来表示成本，成本越低代表效率越高。那么对应于不同市场定位，物流系统定位在专注于响应和专注于效率的两个极端之间。物流战略和竞争战略吻合的第二步是理解物流系统并在响应谱上对其进行定位，如图 7－5 所示。

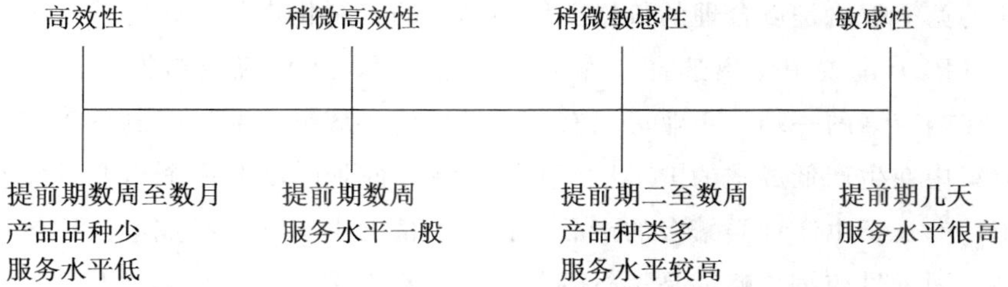

图 7－5　响应谱

3. 实现战略吻合

前者已经分析了企业的基本竞争战略和企业物流特性，接下来要考虑的是如何使物流系统很好地适合竞争战略所瞄准的顾客需求。如果以竞争战略谱作为横轴，以响应谱作为纵轴，则图中的一点代表响应和企业竞争战略的一种结合。这样一来，实现战略吻合的问题就变成找出图中战略吻合区，如图 7－6 所示。

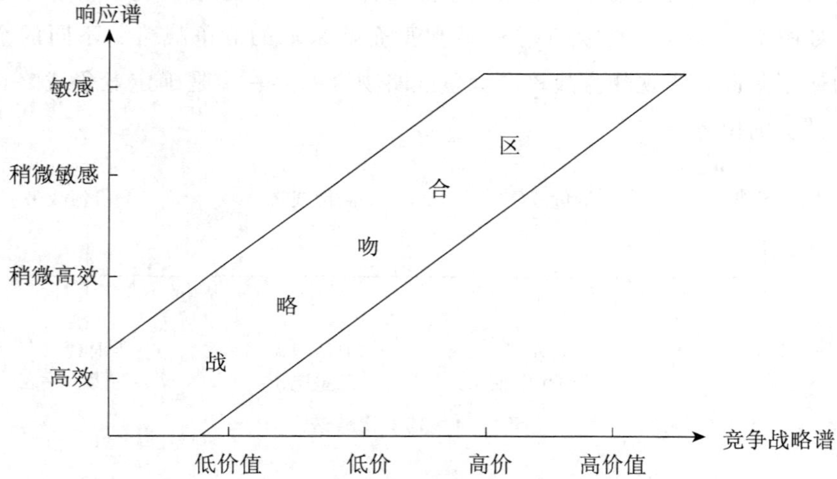

图 7－6　战略吻合区

以掌上电脑为例，其需求具有高度的隐性需求不确定性。如果企业采用高效的物流，则明显地不符合其竞争需求；反过来，如果采用敏感性高的物流战略，就能较好地符合其竞争需求。再考虑日用品供应，日用品的隐性需求不确定性较小，价格是消费的主要驱动，生产企业必须采用高效的物流战略以降低成本。

为了实现战略吻合，企业价值链中所有职能战略都必须支持企业的竞争战略。物流战略的职能层战略，如库存策略、提前期策略、采购策略和运输策略，都必须与物流系统的响应能力相协调。高响应能力的物流系统，其所有职能策略都要专注于提高响应能力；而高效率物流系统的所有职能策略都要专注于降低成本以提高效率。以 Dell（戴尔）计算机为例。Dell 的竞争战略是以合理的价格提供多品种的客制化产品，顾客能从上千种可能的个人计算机（PC）配置中做出选择。作为 PC 制造商，在物流战略方面，可以有多种选择。例如，在响应谱的一端，企业可以有一个有效的供应链，通过限制种类和利用规模经济，把能力集中在生产低成本的 PC 上。在另一端，企业可以有一个高度柔性和快速响应的物流系统，专长于生产种类繁多的产品。在这种情况下，其产品成本会比效率供应链中的成本更高。两种供应链战略都是可行的，然而却都不吻合 Dell 的竞争战略，一个强调柔性和响应并且成本不是非常高的物流战略才会与 Dell 提供大量客户化产品的低价竞争战略更好地吻合。实现物流战略和竞争战略的吻合，是一项较为困难的工作。以上只考虑了单一产品或单一服务，瞄准单一顾客段的情形，实际情况要更为复杂。多产品、多顾客段、产品生命周期等对物流战略和竞争战略都会产生很大的影响，并为实现战略吻合增加复杂度。

二、物流战略选择决策

从前面的讨论可以看出，不同的业务流程、价值链，不同的战略环境与战略导向，要求有不同的物流战略与之相适应；不同的物流战略对企业竞争优势的形成又有不同的影响。因此，为充分发挥物流战略的作用和竞争优势，必须对物流战略做出谨慎的选择。

现代企业运作的主要目标是 TQCSRP（时间、质量、成本、服务、柔性、方便性），不同的运作重点就会有不同的竞争战略，从而有不同的物流战略选择。常用的物流战略包括以下几种：基于时间的物流战略、基于成本的物流战略、基于服务的物流战略、第三方物流战略、绿色物流战略与逆向物流战略等。每种物流战略都有其不同的目的、战略重点、使用条件和风险。企业选择不同的物流战略可以培育不同的竞争优势。表 7－8 列举了一些物流战略的运作目标及其适用的竞争战略。

表 7－8　　物流战略的运作目标及其适用的竞争战略

物流战略	关注焦点	适用的竞争战略
基于成本的物流战略	成本	低成本战略
基于服务的物流战略	服务	差异化战略
准时制物流战略	时间	低成本战略
快速响应物流战略	时间	差异化战略
第三方物流战略	成本、服务	低成本、差异化

（一）基于成本和服务的物流战略

1. 成本主导战略——精益物流战略

精益物流（Lean Logistics）起源于精益制造（Lean Manufacturing）的概念。精益思想的核心就是以较少的人力、设备，较短的时间和较小的场地创造出尽可能多的价值，同时尽可能减少各种各样的浪费。精益物流是精益思想在物流管理中的应用，在这种机制下，通过对企业系统的设计和管理，对原材料、在制品和制成品在整个供应链运作中的流动状况进行控制和实现定位精益物流是一种典型的基于成本的物流战略。

精益物流适用于价格需求弹性系数大的普通产品，产品价格是客户购买的主要动因，并且除了价格变动较大的情况下，需求是稳定可预测的。企业产品的种类一般较少，产品生命周期长。

（1）精益物流系统的特点。

精益物流战略指导下建立的精益物流系统具有以下特点。

第一，低成本的物流系统。精益物流系统通过合理配置基本资源，以需定产，充分合理地运用优势和实力；通过电子化的信息流，进行准时化生产，从而消除诸如设施设备空耗、人员冗余、操作延迟和资源等浪费，保证其物流服务的低成本。

第二，小批量多频度的原材料库存管理策略以及大批量少频度的运输策略。对于精益物流系统而言，库存不仅意味着最大的浪费，而且还掩盖了其他问题，因此常采用小批量多频度的库存策略来减少多余的周期库存及安全库存。在企业销售端，大批量少频度的运输配送策略可以带来运输资源浪费的减少和运输成本的下降。

第三，不断完善的物流系统。精益物流是一种动态的管理，对物流活动的改进和完善是不断循环的，每一次改进，消除一批浪费，形成新的价值流的流动，同时又存在新的浪费而需要不断改进，这种改进使物流总成本不断降低，提前期不断缩短而使浪费不断减少，实现这种不断改进需要全体人员的参与，上下一心，各司其职、各尽其责，达到全面物流管理的境界。

（2）实施精益物流战略的关键。

第一，正确认识物流活动中的价值流。从原材料进入工厂到最终产品送到用户手中的整个物流过程中，有些活动并不能带来任何的价值增值，比如重复的搬运装卸、反复的包装以及不恰当的运输等。要认识价值流，则必须研究物流链中所必需的全部活动，明确每一步骤和环节，并对它们进行描述和分析。

第二，在提供满意的顾客服务水平的同时，把浪费降到最低程度。企业物流活动中的浪费现象很多，常见的有：不满意的顾客服务、无需求造成的积压和多余的库存、实际不需要的流通加工程序、不必要的物料移动、因供应链上游不能按时交货或提供服务而等候、提供顾客不需要的服务等。

第三，实现系统集成。精益物流系统是由提供物流服务的基本资源、电子化信息和使物流系统实现“精益”效益的决策规则所组成的系统。具有能够提供物流服务的基本资源是建立精益物流系统的基本前提。在此基础上，需要对这些资源进行最佳配置，资源配置的范围包括：设施设备共享、信息共享、利益共享等。只有这样才可以最充分地调动优势和实力，合理运用这些资源，消除浪费，经济合理地满足客户要求。

2. 服务主导战略——敏捷物流战略

“敏捷”一词最初是在美国里海大学向美国国会提交的一份研究报告中提出的，很快便受到了国会和工业办的普遍重视。目前，几乎所有的美国大企业都接受了敏捷制造的思想，同时世界上其他的发达国家也纷纷进行敏捷思想的研究和应用。由于客户的需求日益个性化、多样化，更由于动态联盟的广泛联合的特点，使得敏捷思想在物流领域的应用得到广泛关注。现在，又由于信息网络技术的快速发展和应用，给动态联盟虚拟企业的发展提供强有力的技术支持，使得敏捷物流的实现成为可能。

敏捷物流适用于对时间、服务要求较高的流行商品。作为流行商品，企业必须能够抓住短暂出现的机会，针对顾客需求，生产和销售部门做出快速敏锐的响应，尽快将产品推向市场以赢得最大的利润。另外，企业的产品种类多、利润较高，生命周期较短，客户订单的驱动以及产品的可获得性等也是该战略需要应用的原因。

（1）敏捷物流的特性。

第一，敏感的拉动型物流系统。在敏捷物流系统中，顾客需求是驱动生产的原动力，是价值流的出发点。价值流的流动要靠下游顾客来拉动，而不是依靠上游的推动，当顾客没有发出需求指令时，上游的任何部分不提供服务，而当顾客需求指令发出后，则快速提供服务。敏捷物流系统必须对市场非常敏感，这种敏感是指企业能够把握市场的真实需求，并在此基础上给予及时的响应。信息技术的广泛使用，使企业能够从市场的实时销售中获取直接的需求数据，企业对市场的把握更加准确、反应更加及时。

第二，有效的信息传递和共享机制。客户、企业和供应商之间的信息传递和共享在无形中形成一条以信息技术为支持的虚拟供应链。在虚拟供应链中，通过信息技术使供求信息对各方透明，确保供应链各方的行动依据统一，避免企业运作各自为政，产生“牛鞭效应”。对于信息的传递和共享仅利用信息技术是不能完全达到预期目标的。传统的组织结构形式和业务流程会显现出一定的不适应性，因而要想共享的信息充分发挥它的作用，企业之间必须进行流程的整合——买方和供应商之间的协同合作，共同进行产品的开发、各系统的规范统一和信息共享。

第三，对于企业核心竞争力的高度关注。在激烈的市场竞争环境中，企业想要获取更多的竞争优势，则必须从自身内部环境和外部市场环境出发，关注核心竞争力。敏捷物流战略强调企业将主要精力放在关键业务上，扬长避短，并尽可能地与其他合适的企业建立战略合作关系。

（2）实施敏捷物流的关键。

第一，准确把握敏捷物流理念。尽管物流是削减成本的有效途径，但由于敏捷物流始终围绕基于服务和响应获取竞争优势这一理念展开，企业更多的是确保通过更快的响应和快捷、稳定的物流服务来战胜竞争对手，在这种情况下，可能必须以牺牲部分成本作为代价。

第二，避免过度浪费的敏捷。敏捷物流能形成服务的差异化，并带来一定的收益，但并不意味着应该无限度地提高服务水平，因为这可能导致增加的收入无法弥补额外的物流费用。充分了解客户对物流服务的需求有助于避免物流系统过度的要求敏捷。例如，顾客是否真需要快速运输，还是可靠的运送更为重要？顾客是否需要下达订单后即刻获得产品，还是更需要获得企业提供的精确预期到货时间？

第三，平衡系统的柔性和复杂性。敏捷物流系统必须具备一定的柔性以满足客户多样化以及快速变动的需求，但柔性可能会带来系统复杂性的增加。这些复杂性包括管理复杂性、操作复杂性等。过于复杂的物流系统会大大提升运行与管理的难度，同时导致运行成本居高不下，因此要在柔性与复杂性之间寻求平衡，建立真正适合企业自身状况的物流系统。

3. 第三方物流战略

第三方物流战略指企业通过将自身的物流需求交由第三方物流企业进行满足，从而降低企业物流成本提高物流服务水平的一种战略。

（1）第三方物流战略的特点。

从服务的内容看，第三方物流侧重于为顾客提供一体化的综合物流服务，可以是纵向的连接，也可以是横向的整合。纵向的连接指第三方物流公司可以完成从原材料物流、生产线物流到销售物流的完整过程的组织管理。横向的整合主要体现在对物流服务资源的整合和优化利用，如运输车队的选择、仓储资源的选择等。

从业务运作看，第三方物流在一个完整的物流服务体系中，处于客户和包括车队、仓储企业等在内的低层专业化物流企业之间。通过整合低层的物流资源，为客户提供一站式物流服务。

从客户关系看，第三方物流的采购不是货主向物流服务商偶然的、一次性的物流采购活动，而是采取委托—承包形式的业务外包的长期合作的合作伙伴关系。这有别于简单的货运或仓储服务。实际上，在西方发达国家第三方物流服务商本身就是作为客户企业的战略合作伙伴被提出来的。

从拥有的运作资产看，管理型第三方物流一般不掌握物流运作的核心资源，或自身拥有的资源在整个服务所使用的资源中所占的比重较小。

（2）第三方物流战略的价值。

第三方物流战略的价值是指第三方物流战略可以使得企业在能力指标和成本指标上，在特定的情况下，具备比较优势。主要体现在管理技术能力、网络能力、客户整合和供应商整合四个方面。

其中，管理技术能力是第三方物流区别于第二方物流最重要的特征、最重要的优势。管理技术能力主要包括以下几个方面。

一是系统策划能力。随着经济的发展和竞争的加剧，生产和服务的模式发生了很大的变化：从大规模标准化生产到个性化柔性化小批量生产，从产品导向向客户服务导向。为了与这种变化相适应，物流的复杂性日益凸现。而经济全球化的进程大大延伸了供应链在空间的分布，全球采购、多基地协同生产、全球销售、全球服务等，将供应链延伸到全球范围，相应的物流配套也要在全球展开，物流在空间上的复杂性也日益增加。第三方物流系统策划能力是最体现其专业水平的能力，是第三方物流作为专业的物流整体方案提供者最重要的能力。

二是个性服务能力。由于不同的客户，其产品特性、采购策略、生产计划、市场策略和客户服务水平、发展阶段等都不相同，物流体系呈现出很强的个性化特征，从服务内容到服务方式，从实物流动到信息传递等，都各不相同，第三方物流一般在系统策划的基础上为客户定制个性化的物流服务方案。而第二方物流一般以大规模标准化服务为特色，针对客户的个性化能力不强，尤其在服务内容的弹性上不足，不能满足客户的需求。

三是持续改进能力。第三方物流为了维持自己在市场上的竞争优势，会不断地引进新的技术手段、设备，并不断地改进自己的管理和运作模式，以提高服务并降低成本。使用第三方物流服务，可以在自己不投入的情况下，享受来自第三方物流服务商的技术更新换代和管理提升。

可以看出，管理技术能力是第三方物流战略的核心价值。另外，在网络能力、客户整合、供应商整合等方面，第三方物流战略也体现着较高的价值。

（二）基于时间的物流战略

一直以来，企业在改进经营方面所做的尝试大部分都集中在降低成本和改善产品（或服务）质量上面，并通过努力获得了许多收益，但是在那些能够明显带来改善经营的机会都已经尝试过的情形下，寻求竞争优势的过程中，时间兴起为一个新战场。

1. 快速响应（Quick Response，QR）物流战略

QR 在 20 世纪 80 年代中期前后开始于美国，由美国的纺织与服装行业以及主要的连锁零售商如沃尔玛、凯马特等为主力开始推动。1986 年以后，美国百货企业和连锁专业店也加入其中，为了增加营业绩效，导入 QR 的零售商越来越多，而随着科技的进步，QR 体系逐渐融进更多新的功能。QR 战略是指，供应商与零售商之间进行合作，通过订单及货运单据的迅速传输，供应商可以迅速获得销售信息，零售商可以有效安排收货作业流程，因此使整个供应链上存货降低，消费者的需求能更快速得到满足。

在适用范围方面，首先，QR 的作业对象须是有较高收益率的商品。为了获得时间上的竞争优势，即有效的响应速度，企业往往被迫牺牲经济规模效益，这将提高运输成本。若没有较高的利润率，企业将难以实现预期的利润，限制了企业的长远发展。其次，企业的物流管理水平、技术水平、员工素质和物流设施与竞争对手相当。否则完全可以利用其他手段来获取时间上的竞争优势，而不必牺牲成本。

（1）QR 的特征。

快速响应物流战略指企业为获得以时间为基础的竞争优势，对未预知的需求以比竞争对手快的速度做出响应的物流系统。这一物流系统主要特征是对需求做出的响应快、时间短、成本（尤指运输成本）较高，通常情况下作业对象具有高度的实效性，需求的批量小、变化大。为了降低库存成本，同时保证物流作业的效率，对生产的柔性要求较高，有时企业会建立虚拟仓库或是将分布范围十分广泛的小批量库存进行联合，以保证物流作业的质量与效率。虽然这种物流战略的运输成本较高，但如果管理恰当，运用成功，企业会大幅度降低缺货损失和库存，并足以弥补运输成本的提高，最重要的是它可以提高顾客的

满意度和品牌忠诚度，有利于企业的长远发展。

(2) 实施 QR 的关键。

第一，信息完整。对于实施 QR 的企业而言，上下游之间需要信息互通共享信息，因此，数据库需要具有完整的信息。

第二，标准化。为快速响应客户需求，应具备各项标准化规定，例如其数据格式应有统一标准。例如为求物流效率化，使用规格标准化的托盘是其中的重要一环。

第三，互信、互利、共识的建立。实施 QR 重点在于企业体系内的上中下游之间彼此分享信息，以消费者的利益为出发点来共同修改供应链过程中的各个流程与动作，因此企业彼此的互信非常重要。上下游之间需打破以往对立之角色，达成共存共荣之共识，方有成功的可能性。

2. 准时制（Just In Time，JIT）物流战略

JIT 物流战略指根据最终顾客交货期的要求，进行物资准时采购、准时生产、准时运输、准时交货，实现整个过程“一个流”和“无缝链接”的一种物流战略。

JIT 物流战略的适用具有一定的条件。其一，在较长的时间内具有稳定的物流服务需求。稳定的物流服务需求，使企业可以制订出精确的计划，减少或消除过程中的误差，使供需双方能在作业时间的连接上做到恰到好处，从而减少库存，降低成本。其二，对产品的需求达到规模效应。如果需求的量达不到规模效益，即使需求比较稳定，按照上述原理安排作业，也达不到预期的效益。因为经济规模的缺乏，虽然可以降低库存，但是物流能力的剩余（运输能力），反而提高了单位产品的物流成本。其三，企业实行全面质量管理。在规模效益型物流作业的各个环节的库存都是零，这就意味着一旦某个环节出现质量问题，就会造成下一环节的缺货和前面所有环节的无效劳动。所以质量问题发现的越早，就能够越早被解决，减少多余劳动，降低成本。这就要求各个部门及所有参与的员工（不仅仅指物流部门员工），齐心协力，综合运用各种科学技术和统计方法，建立一整套质量管理体系，经济地满足顾客的需求，即实施全面质量管理。其四，供应链上下游企业的合作紧密，能实施供应链同步管理。没有供应链上下游企业的紧密合作，企业不可能实现物流作业的准确衔接。由于多企业合作复杂性的存在，阻碍了这一条件的实现，许多企业在合作伙伴有质量保证的前提下，通过单一采购，降低管理的复杂性，来实现 JIT 物流战略。JIT 物流战略强调的是物流时间和零库存要求，但可能牺牲生产和运输的规模经济性。适合于顾客的个性化需求和多品种、小批量、柔性生产方式，还需要中心企业与供应商有很好的合作。

(1) JIT 物流战略的特征。

第一，强调对时间概念的重新理解。在传统观念中，时间是一个“段”的概念。即使在经典的市场营销理论中，也看不到多少关于时间的新论述。尽管日本企业界提出了“时间顾客跟踪”“时间信息反馈”“时刻产品改进”三位一体的生产经营模式，重视对时间的控制，但其中所谓的“时刻”，只是强调尽可能缩短用于信息收集和传递信息、产品的时

间，而并没有做到真正意义上的“实时”。在准时物流体制中，时间更多地带有“时点”的含义。在从获取顾客的需求信息到消费者拿到产品的整个物流过程中，始终强调的是一个准确的时间点，而不是一个时间段。

第二，尽量减少库存。传统观点认为，无论是原材料的库存、在制品的库存还是产成品的库存都是资产，代表系统中已积累的增值，期末库存与期初库存的差也一直被认为是某一部门在某一周期内的效益。JIT 物流战略则认为任何库存都是浪费，必须予以消除。

第三，强调协调。物流服务由物流系统进行供应的，物流系统是由各种职能或各个生产流程组成的有机整体。显然，倘若整体的各个部分不能保持协调一致，物流系统的运行就面临极大的困难。准时物流体系中的协调包含了两层含义：一是生产流程内部的协调，它强调工作班组成员之间能相互交流信息，能够较好地发挥员工在基层车间发现、解决和防止各种问题的意愿、积极性和能力；二是外部协调，它强调供应商与客户之间要尽可能地联系、相互信任，实现最大限度的信息共享和协调计划。

（2）实施 JIT 物流战略的关键。

第一，保证准时交货。这是 JIT 物流战略主要的系统目标。这个系统目标的制订和传统的供应方式（例如经济订购批量 EOQ）的主要区别在于：传统方式系统目标把成本放在首位，通过大量购进货物来压低采购价格，从而降低单位成本；而 JIT 物流系统对此持不同的态度，它强调准时目标，通过零库存来降低成本。当然，在建立 JIT 物流系统的时候，不会完全排除价格的因素，但是系统目标的主体是根据准时的要求来决定价格、供应商和物流距离。准时系统对于交货期的保障，是通过改善企业内部的管理，充分利用信息技术提供的手段，大幅度缩短从发出和完成订货手续的一段时间间隔，缩短订货的“提前期”。现代信息网络技术可以大大加快这一速度，当然这还需要采取就近供货、选择物流能力很强的企业供货等方式才能完满地实现这个要求。

第二，规避风险。准时系统是精益的物流系统，完全依靠精密的计划和准确的衔接。因此，一旦出现突发事故，即使事故本身并不严重，也会给整个系统造成巨大的损失。而准时方式又不采取传统的使用存货预防事故的方法，在这种情况下，必须有其他的有效措施。一方面，要采取准时方式，物流系统就不能是粗放式的，必须要消除物流设备的事故隐患，消除环境和交通设施和隐患；另一方面，必须制订有效的应急措施，包括车辆的应急替换、人员的应急替换、道路的应急选择、供应物资的应急补充和应急更换等。这一切都要求信息传递的准确、及时，整个系统的活动必须在严密监控之下进行。

三、基于定量战略规划矩阵（QSPM）的物流战略定量评价

根据 SO、ST、WO、WT 四种竞争战略以及前面的多种物流战略类型进行分析和定性评价，我们可以得出多种备选战略。下面针对物流战略备选方案如何量化评价进行阐述。

企业物流战略的选择受到多方面因素的影响，往往不是一个纯客观的过程，决策者个

性、经验、直觉等主观因素都不可避免地对竞争战略的制定和选择产生影响。为此我们采用定量战略规划矩阵（QSPM）来评价 SWOT 分析中确定的备选战略方案。QSPM 的分析步骤如下。

第一步：列出关键因素，也就是影响企业和所在产业的外部各种机会与威胁以及企业内部的优势与劣势。这些因素可以从 EFAS 矩阵和 IFAS 矩阵中得到。

第二步：为每个因素确定一个权重。权重取自于 EFAS 矩阵和 IFAS 矩阵。

第三步：列出备选战略方案。

第四步：确定战略方案对应于每个战略要素的吸引力得分值（AS）。即对于所涉战略要素而言，给定战略方案在同类方案中的吸引力大小。就所涉战略要素而言，通常用 1、2、3、4 来分别表示，给定的战略方案不可接受、勉强可行、可以接受、最受欢迎。通常评分值采用专家打分的办法，邀请企业中高层及行业专家，分别给相应要素打分，然后取其平均值，所得数据即为相应要素的平均值。

第五步：计算战略方案对应于各要素的加权吸引力得分值（TAS），该得分值的大小就反映了仅仅考虑对应战略要素影响时，战略方案在同类方案中相对吸引力大小的情况。

第六步：计算综合加权吸引力得分值，这就是求出各战略方案在每个战略要素上加权吸引力得分值的总和。各战略方案综合加权吸引力得分值的相对大小就表示了该战略方案在同类方案中的相对吸引力大小地位，得分值越高，意味着所涉战略方案的吸引力越大。

物流企业精益战略典型案例——东风日产

东风日产花都工厂现场物流改善以“服务生产，降低浪费”为目标，追求“同期化生产”为理想姿态思路，把生产车间线边作为改善的起点，通过改变物流方式和供给器具式样，消除零配件在生产现场的物流停滞和动线作业员在操作时的无附加值作业，使各大工程生产更为顺畅。主要方式是：

1. 通过实现集配区的集中化，将一次供给作业减少；

2. 通过实现二次供给以后的无人化，削减供给作业员；

3. 通过实现零配件的同步供给，降低物流损失；

4. 通过实现台套配送模式（KIT），扩大同步供给零件点数。

现场物流改善不是一朝一夕的事。东风日产花都工厂从 2005 年年初开始采用多车型共线混流生产方式，90%的零配件都在线边设置了料位，现场物流按照标准包装供给上线，作业员进行动线装配时存在大量的无附加值动作，如步行、选取零配件、弯腰等，存在人工和时间的浪费，成本高，效率低。另外，作业现场存在一定的库存，对现场零配件的消耗把握只能依靠供给人员的巡视，存在缺件等待的风险。随着新车型不断导入投产，花都工厂生产线各车型混合程度日渐增强，各车型内饰和底盘式样配置不同，衍生出各种各样的颜色件、差异件，线边的零配件料位不断增加，传统的现场物流管理放大了生产线的作业损失，加剧了车间现场的拥挤状况。

据不完全统计，截至2009年年底，东风日产花都工厂开展的现场物流改善大大小小累计312项，取得了显著的效果：总装零配件同步排序集配供给扩大到90%，二次物流供给自动导引运输（AGV）输送达到60%，消减人力74人/年，显性效益达370万元/年，更为难能可贵的是，带来了促使生产线节拍阶梯形提升的隐性效益。

思考题

一、名词解释

1. 物流战略目标

2. 最低成本战略

3. 精益物流

4. 准时制物流战略

二、选择题

1. 企业的（　　）是企业战略的主要内容。

A. 企业战略目标　　B. 企业使命　　C. 内外环境分析　　D. 行动方案

2. SWOT不注重的要素是（　　）。

A. 目标　　B. 外部环境　　C. 企业使命　　D. 内部条件

3. 以下属于扭转型战略的是（　　）。

A. 紧缩战略　　B. 维持战略　　C. 清算战略　　D. 横向多元化

4. 处于战略地位评价矩阵中第Ⅳ象限的企业应采取（　　）。

A. 增长战略　　B. 扭转战略　　C. 防御战略　　D. 多元化战略

三、简述题

1. 一般物流战略应该达到什么样的目标？

2. 最优服务战略有哪些特点？

3. 企业物流战略如何进行定位？

4. 什么是物流战略与竞争战略的吻合？

四、案例分析

H集团物流战略选择与制定

一、公司背景介绍

H集团以化工产品氧化铝和锆英砂经营为主，附带销售矿产品、橡胶、煤等，近几年销售收入以50%以上的速度递增，在国内不断扩大贸易市场区域，规模和实力迅速壮大。H集团除贸易经营主体外也积极发展其他产业，并寻求引进外资和进入资本市场，在提升企业技术、经营、管理的同时增加企业的融资渠道，逐渐形成以矿产资源生产、销售为主体，专业投资顾问服务相结合的多元化实业集团。同时，H集团也是国内最大的煅烧氧化铝和锆英砂进口销售商之一，产品原材料来自印度、日本、澳大利亚、德国及其他国家，产品广泛应用于高档色料、建筑陶瓷、结构陶瓷、功能陶瓷、电子陶瓷、定型或者不定型耐火材料、刚玉制品、研磨材料等。集团化工业务在全国设有十个分支销售机构，二十几个大型仓库，具有较大的仓储能力。

二、公司业务介绍

H集团核心业务以经营化工原料产品为主，占集团业务的90%以上。集团由营销公司、H实业有限公司、H贸易有限公司、H投资公司四个子公司和集团各职能部门组成。经过多年专注经营，H集团已建立起遍布全国的销售渠道和网络，成为国内最主要的煅烧氧化铝和锆英砂进口销售商之一。

伴随经济发展的需要，国家加强了对氧化铝市场的管理。2005年1月1日起，电解铝取消出口退税，征收5%出口关税；2005年8月22日起，氧化铝、铝矿砂被列入加工贸易禁止类项目，行业进入难度加大。H集团五力模型如图7-7所示。

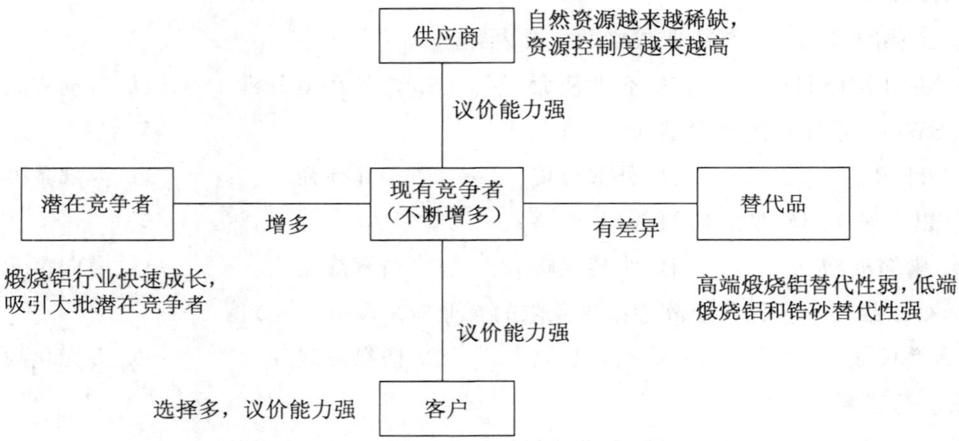

图7-7　H集团五力模型

H集团已建立自己的生产基地，从产品本身摆脱对供应商的依赖。但是我们也可以看到，在可控的生产过程内降低成本的空间越来越小。由于目前国内氧化铝需求旺盛，较高的行业利润吸引国内外大量资本进入，市场竞争进一步加剧，H集团面临较大的竞争压力，有效的物流战略对H集团来说至关重要。

三、H集团物流管理现状

1. H集团物流发展过程

H集团在成立初期，与厦门建发股份有限公司和中国成套设备进出口广州股份有限公司签订了合作协议，将公司物流和仓储委托这两家公司管理。这两家公司都具备大型仓储的能力，解决了企业货物库存问题，企业只需根据市场销售情况合理安排分销和运输。

随着集团经营规模和市场的迅速扩大，销售网络向全国发展，原有的物流系统已不能满足企业发展的需要。集团于2003年成立了自己的物流部门，在广州、上海、厦门租赁了大型仓库作为物流配送中心，由全面委托第三方物流发展为自营物流和第三方物流联营的互补物流模式。目前，集团在全国设立了24个大型仓储和分销中心，除部分进口货物由第三方物流代理外，集团采购和分销系统物流基本由公司物流部门管理和协调运作。

2. H集团物流管理现状

（1）物流组织结构。

H集团现有的物流组织主体为资源保障部，集团物流管理实行直接管理和区域管理相结合的运行模式。直接管理，即资源保障部直接负责原料与成品的采购、仓储、调拨、信息、标准、费用、计划、规范管理等；区域管理，即各办事处、分公司所在地的仓库安全、仓库作业、仓库财产、仓库人员、发送货、退换货等仓库基础管理由区域负责。

（2）物流设施。

H集团目前的物流设施主要包括仓储资源、流通加工中的加工设施、送货车16辆，其他资源投资相对较小。在仓储资源方面，H集团在全国设有24个分销中心，即配货仓储中心，其中租赁仓库15个，自营仓库9个。

（3）物流信息系统。

H集团利用ERP进行物流管理，涉及企业采购、仓储和分销各过程；利用OA系统CRM协助进行企业和物流相关管理，企业的业务活动都在CRM上得以体现。

四、H集团物流管理存在的问题

1. 物流组织落后

集团物流组织职能分布的层次性较差，即使是在同一层面上，也存在物流职能交叉分布的情况。例如，供货需求，由项目部用供应计划形式下达，物流部作用很小；仓储信息，协作路线由物流部掌握、一级路线由各办事处、分公司掌握。

2. 物流资源投入较少

在仓储资源方面，H集团在全国设有24个分销中心，即配货仓储中心，其中租赁仓库15个，自营仓库9个，只有16辆送货车，物流主要由上海分销中心分销，上海工厂负责加工和换包，上海仓库的利用率比较高，仓储、分销压力较大；而成都、天津、武汉仓库利用率较低，其他租赁仓库，没有公司的物流装备，全部外包给第三方物流公司进行管理。

3. 物流成本偏高

2008年营销总费用率达4.72%，其中物流费用率就达到3.27%（以上数据不含采购费用）。在营销总费用率逐渐降低的情况下，2006—2008年物流费用率呈上升趋势（2.97%—3.27%）。集团业务费用率已经很低，物流费用居高不下，严重地增加了企业的经营成本。

五、H 集团物流战略选择

1. H 集团经营战略对物流战略的要求

H 集团要求物流战略在以下六个方面为集团战略的实施作出支持和贡献：

(1) 合理规划物流系统，提高物流管理水平和资源利用率，降低经营费用。

(2) 不断完善物流技术和手段，优化企业资源配置，提高服务水平。

(3) 持续开发和完善 ERP 与 CRM 管理系统，提高企业供应链管理的效率。

(4) 科学规划物流组织，完善企业人力资源战略。

(5) 建立系统的物流信息管理平台，提高组织的信息沟通与利用效率。

(6) 加强物流战略与相关职能战略及经营战略的匹配，提高企业核心竞争力。

2. H 集团物流战略 SWOT 矩阵

结合 H 集团现状和竞争情况，通过 SWOT 分析，H 集团有四种类型物流战略可供选择。H 集团物流战略矩阵如表 7－9 所示。

表 7－9　　H 集团物流战略矩阵

外部环境 \ 内部环境	优势（S） 1. 企业快速发展 2. 多年行业物流经验 3. 市场网络健全 4. 具有 ERP 实践经验 5. 物流网络已经建立	劣势（W） 1. 职能作用较弱 2. 人力基础薄弱 3. 物流成本较高 4. 物流网络分散 5. 物流资源不足 6. 物流管理落后
机会（O） 1. 行业快速发展，市场空间较大 2. 经济环境恶化淘汰竞争者 3. 贸易向实业转变 4. 采购市场增大	SO 战略 降低物流成本，提高物流服务水平，提高竞争力	WO 战略 1. 最优服务战略 2. 委托第三方物流进行管理，提高物流服务水平
威胁（T） 1. 经济环境恶化 2. 消费能力下降 3. 国内外经济政策限制 4. 国外货源不稳定 5. 竞争对手快速发展	ST 战略 1. 进行物流战略管理，降低物流成本 2. 委托第三方物流进行管理，降低物流费用	WT 战略 委托第三方物流进行管理，降低物流费用，提高物流服务水平

一是 SO 战略：如何发挥 H 集团内部优势把握外部机会。即降低物流成本、提高物流服务水平、提高竞争力。

二是 WO 战略：如何利用 H 集团外部机会来弥补内部弱点。即最优服务战略、委托第三方物流进行管理、提高物流服务水平。

三是 ST 战略：如何利用 H 集团优势回避或减少外部威胁的影响。即进行物流战略管理，降低物流成本；委托第三方物流进行管理，降低物流费用。

四是WT战略：如何减少H集团内部弱点以应对外部威胁。即委托第三方物流进行管理；降低物流费用，提高物流服务水平。

从上述分析可以看出，H集团可以选择以降低物流费用、提高服务水平为基础打造最强竞争力物流战略，也可以选择最低成本物流战略或最优服务物流战略，结合H集团产品特点、客户需求和行业竞争，参考H集团经营战略和发展思想，其最终目的是以最低成本实现服务水平的提高从而赢得客户和市场，因此，物流战略选择也应倾向于最低成本物流战略和最优服务物流战略。

讨论题

1. H集团的物流战略与其企业战略是如何匹配的？
2. H集团可以从哪些方面实施其制定的物流战略？

第八章　物流战略实施、评估与控制

学习目标

- 正确理解物流战略实施的含义。
- 了解物流战略实施模式。
- 掌握物流战略实施的步骤。
- 熟悉物流战略评估的内容及原则。
- 掌握物流战略控制的方式与流程。

在迅速变化的社会经济环境中，企业的物流战略可以为企业寻求和维持特定的竞争优势，这已经成为许多领先企业高管的共识。物流战略计划一经制订，就面临着将其落实的工作，物流战略实施、评估与控制是物流战略管理的重要环节。企业在明晰了自己的物流战略目标后，就必须专注于如何将其落实转化为实际的行为并确保实现。也就是说，当企业物流战略制定以后，战略管理的重点就转向了战略实施、评估和战略控制，这三者是交替进行的。在战略实施中进行战略评价和控制，在战略评估和控制中推进和指导战略实施。

第一节　物流战略实施

物流战略实施就是将战略转化为具体任务的行动。物流战略实施是战略管理过程中难度最大的阶段。成功与否，是整个物流战略管理能否实现其战略目标的关键，所以必须对物流战略的实施进行全方位的策划。

物流战略实施要说明什么是企业的总体物流战略，为什么做这些选择，实现此战略将会给企业带来什么样的重大发展机遇，要明确企业分阶段的物流目标，并对其加以具体与定量的阐述，从而保证实现物流战略的总目标。

一旦物流战略确定以后，物流战略的实施就成为企业物流管理成败的关键。物流战略实施是企业为实现物流战略目标而对物流战略规划的执行。物流战略的实施要遵循一定的原则、模式和步骤，最终保证物流战略目标的实现。

一、物流战略实施的影响因素

（一）人员

物流企业的工作者是物流战略管理过程的主体。这些具有各自不同的目标、价值观、行为方式和技能的人员，既是实施物流战略的人，又是物流战略实施过程中需要改变行为方式的人。要使物流战略实施得到预期效果，必须做好以下两项工作：一是选择或培训能胜任物流战略实施的领导人；二是改变企业中所有人员的行为与习惯，使他们易于接受物流战略。

（二）组织结构

企业组织结构的调整是实施物流战略的一个重要环节，任何一项物流战略都需要有一个相适应的组织结构去完成。美国学者钱德勒等人对此进行了深刻研究，并提出了一个著名的结论：企业的组织结构要服从企业战略，组织结构是为战略服务的，企业战略规范着企业的组织结构。在物流战略实施过程中，如果组织结构与物流战略不相匹配，就会对物流战略的成功实施产生严重的阻碍；反之，如果组织结构与物流战略相匹配，就会对物流战略的成功实施产生巨大的保证作用。如果情况发生变化，企业的战略与原先的战略有较大的不同，则往往由于企业组织结构变革的滞后而无法成功。在这种情况下，企业面临的选择要么是放慢执行新战略的速度，要么是坚决实行组织结构的调整，以保证新战略的实施。总之，企业的组织结构应当根据企业的物流战略目标进行调整。

（三）企业文化

面对同样的环境，资源和能力相似的企业反应并不相同，有时甚至相差很大。这些不同是由于企业的战略决策人员具有不同的文化背景造成的。也就是说，物流战略的成功实施，不仅受外部环境和企业内部资源和能力的影响，而且也与企业文化有密切的联系。企业文化，简单地说就是企业职工共有的价值观念和行为准则。企业文化系统是实施战略的保证。在物流战略实施过程中，积极的企业文化起支持作用。

（四）资源分配制度

在物流战略实施的各部门各环节之间如何进行资源分配，使之相互协调并提供对企业战略的足够支持，从而保证资源合理利用和战略目标的实现。企业物流资源的实施要配备相应的人员、资金、设备等。因此，对各种行动计划的物流资源配置的优先程度应该在战略计划系统中得到明确的规定。

（五）经济激励制度

在物流战略实施中，通过经济手段激励员工积极实施战略的行为，激励措施运用恰当可以起到事半功倍的效果。

二、物流战略实施的原则

(一) 合理原则

物流战略的实施受外部环境及内部条件变化的影响较大，情况比较复杂，因此战略实施不能是一个简单的机械执行的过程。在实际运行中也不可能完全按照预定的战略计划毫不改变的执行，需要执行人员根据实际情况大胆创新，使战略在实施中不断得到完善。没有创新就不能使战略得到很好的实施，某些内容或特征的改变只要不妨碍总体目标，能够基本达到预定的战略目标，那么战略的实施就是相对合理的、成功的。

(二) 协同原则

在整个物流系统中，各种战略同时存在，各战略之间紧密联系、相互联动。因此要充分考虑战略导向、战略优势、战略类型的前后因果、实施步骤，使其在物流战略方向上形成一致的战略协同效应。同时要保证物流战略与企业在不同阶段，不同方面的发展目标产生协同效应。

(三) 平衡原则

物流战略实施要保证企业内部各大系统间发展的平衡，要力求在物流战略成功的关键环节、关键因素方面，寻求、创立、维持相对竞争优势的平衡发展。物流战略的实施必须有相应的资源来保证，资源分配是根据物流战略目标和要求分配所需的资源，包括人力、物力和财力的分配，也包括采购与供应能力，生产与营销能力、财务技术能力的运用。企业在分配资源时要根据实际和计划要求处理好重点与非重点之间的关系，既突出重点、又相互协调，避免孤立的突出重点、忽视非重点，破坏整个系统的综合平衡，影响物流战略的顺利实施。

要保证企业外部物流链上资源整合利用的平衡性，尽可能地提高资源的利用率。战略实施应在高层领导人员的统一领导指挥下进行，只有这样资源的分配、组织结构的调整、企业文化的建设、信息的沟通与控制、激励制度的建立等各方面才能相互平衡、协调，才能使企业高效、有序运行。

企业物流战略实施典型案例——耐克

耐克公司成立于1972年，总部在美国俄勒冈州，为各类体育运动和健身活动设计并销售运动鞋、服装、设备和其他附件，其前身是现任耐克公司总裁菲尔·耐特和开发第一款轻质耐磨尼龙马拉松跑鞋的比尔·鲍尔曼教练投资的蓝带体育公司。耐克公司从一家生产跑鞋的小型公司起步，一直致力于创新，不断增加投入，以期生产出能提高运动员表现力的产品。1978年，耐克国际公司正式成立，产品进入加拿大、澳大利亚、欧洲和南美等市场，一举成为全球运动产品市场占有率最高的品牌。

耐克公司经营的运动鞋服是季节性很强的商品，如果没有良好的物流服务，就不能保持其竞争优势，因此耐克公司非常注重物流系统的建设，时刻关注国际先进物流技术的发展，及时对自身物流系统进行升级。耐克公司的物流系统在20世纪90年代初就已经非常先进，近年来更得到了长足的发展，可以说，其物流系统是一个国际领先的、高效的配送系统。

耐克公司的物流网络遍布全球，在美国就有3个配送中心。在田纳西州孟菲斯市的配送中心创建于1983年，是当地最大的自有配送中心。在这里，耐克公司建成了三层货架的仓库，并安装了新的自动补货系统，使公司能够在用户发出订单后48小时内发货。公司在亚太地区生产的产品通过海路经西海岸送达美国本土，再利用火车经其铁路专用线运送到孟菲斯市，最后运抵耐克公司的配送中心。

优秀的营销方式、与世界顶级运动员的合作，使耐克成为运动品领域的领导品牌。耐克公司认识到，当物流条件改变时，公司在战术和战略上也要进行相应的改变。在孟菲斯配送中心，当某一两个因素使配送需求超出其承受能力的时候，耐克公司会及时制定新的策略。“我们抛弃了1980年的仓库技术，采取了最新的技术，包括升级的仓库管理系统（WMS）和一套新的物料传送处理设备。我们需要提高吞吐能力和库存控制能力，同时要尽力从自动化中获取效益。”耐克公司孟菲斯作业主管马克·丹尔顿（Mark Dennington）说道。

耐克公司还对其原有的物流系统进行了改造，以适应新的业务需求。无论从工作效率还是从服务水平上说，耐克公司的物流系统都是非常先进而高效的。其战略出发点就是一个消费地域由一个大型配送中心服务，尽量获得规模化效益。此外，耐克公司还非常注重物流技术的进步，通过采用新科技和科学管理来降低物流成本，提高工作效率。

三、物流战略实施模式

按照不同的分类标准划分，物流战略实施模式也不同。根据执行者的权利分配分为指令模式和合作模式。

（一）指令模式

指令模式是指物流战略的执行者在实施物流战略时根据已经制订好的物流战略计划、按照上级的战略部署进行服从执行，也就是通过企业高层的权威来发布各种指令推动战略的实施。这一模式具有极为正式的集中指导的倾向，战略实施靠的是领导下达的任务和有权威的日常指导。这种模式在战略较易实施，且拥有高素质规划人员的情况下，能起到较好的效果；但缺点是把决策者与执行者分开，就容易产生执行者缺乏动力和创造精神的现象。

(二) 合作模式

合作模式指物流战略的实施是靠企业各个层级和层面共同协商实施的。把战略实施范围扩大到企业管理集体之中，调动所有管理人员的积极性和创造性。这个模式建立在集体智慧的基础上，从而提高了战略实施成功的可行性；但也可能造成多种行为选择相冲突的混乱局面。

根据战略在实施过程中的走向分为正向模式和逆向模式。

1. 正向模式

正向模式是指物流战略实施是一个自上而下的动态管理过程，物流战略实施在企业及组织内部是遵循着从高层向底层逐级落实的流向，一般是上层机构制订物流战略计划，再向中下层传达，下级组织在各项工作中针对物流战略计划进行分解、落实，一般的物流战略实施都是正向模式。

2. 逆向模式

逆向模式和正向模式是相对的，是指物流战略实施是从企业及组织的底层开始实施，逐步向高层组织机构落实、反馈，这种模式可以让高层更加清楚基层组织的现状和实施结果，有利于进行战略计划的随时调整。

四、物流战略实施的步骤

物流战略实施要与企业的物流战略目标相一致，战略实施是为战略目标的实现而服务的，企业通过对战略实施结果的评估来评价战略制定的有效性，进而通过战略控制对企业物流战略进行调整，最终目标是使得物流战略与物流战略目标相匹配。一般来说，物流战略实施的过程中，常常需要在“分析—决策—执行—反馈—再分析—再决策—再执行”的不断循环中达成物流战略目标，如图 8－1 所示。

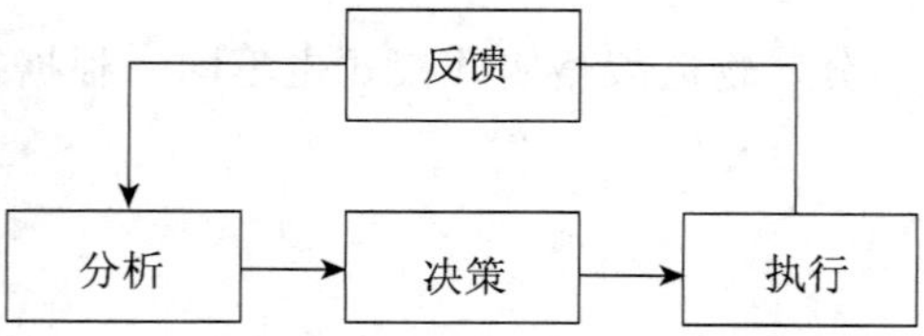

图 8－1　物流战略实施过程

具体的物流战略实施步骤大致分为：物流战略启动、物流战略推进、物流战略完善。

(一) 物流战略启动阶段

在这一阶段，企业的领导人要研究如何将企业物流战略的理想变为企业大多数员工的实际行动，调动起大多数员工实现新物流战略的积极性和主动性，这就要求对企业管理人员和员工进行培训，向他们灌输新的思想、新的观念，提出新的口号和新的概念，消除一些不利于物流战略实施的旧观念和旧思想，以使大多数人逐步接受一种新的物流战略。对于一个新的物流战略，在开始实施时相当多的人会产生各种疑虑，而一个新物流战略往往要将人们引入一个全新的境界，如果员工们对新物流战略没有充分认识和理解，它就不会得到大多数员工的充分拥护和支持。因此，物流战略的实施是一个发动广大员工的过程，要向广大员工讲清楚企业内外环境的变化给企业带来的机遇和挑战、旧物流战略存在的各种弊病，新物流战略的优点以及存在的风险等，使大多数员工能够认清形势，认识到实施物流战略的必要性和迫切性，树立信心，打消疑虑，为实现新物流战略的美好前途而努力奋斗。在发动员工的过程中要努力争取物流战略的关键执行人员的理解和支持，企业的领导人要考虑机构和人员的认识调整问题，扫清物流战略实施的障碍。

（二）物流战略推进阶段

将物流战略分解为几个实施阶段，每个实施阶段都有分阶段的目标，相应地有每个阶段的政策措施、部门策略以及方针等。要定出分阶段目标的时间表，要对各分阶段目标进行统筹规划、全面安排，并注意各个阶段之间的衔接，对于远期阶段的目标方针可以概括一些，但是对于近期阶段的目标方针则应该尽量详细一些。对物流战略实施的第一阶段更应该使新物流战略与旧物流战略有很好的衔接，以减少阻力和摩擦，第一阶段的分目标及计划应该更加具体化和操作化，应该制订年度目标、部门策略、方针与沟通等措施，使物流战略最大限度地具体化，变成企业各个部门可以具体操作的业务。

（三）物流战略完善阶段

物流战略在实施过程中要尽可能保证物流战略目标的实现，但随着企业竞争环境日益复杂性，实际的环境发生改变或者外界突发事件的影响也可能导致物流战略实施受阻，物流战略并不是一成不变的，要有效地响应环境的变化，因而物流战略推进以后要对其进行必要的调整和完善，使之具备充分的柔性。

五、物流战略实施的目标

物流战略是在变化的环境中实践的，它的实施是物流战略目标实现的保证，也是物流战略有序、有效推进的保证。企业物流战略实施的基本目标是在保证物流服务水平的前提下，实现物流成本的最低化，具体包括以下几点。

（一）降低成本

降低成本是指使与运输和存储等物流活动相关的成本降到最低，通过寻找和评估备选方案，实现利润最大化。企业在物流战略实施的过程中，应该强化总成本观念，着重在产生物流成本的一些关键领域进行必要的核算和权衡。物流活动是直接面对上游供应商和下游客户的活动，物流战略的实施要使得接受服务的用户直接感受到物品递送的及时性、可靠性和经济性。

(二) 物流合理化

物流合理化就是使一切物流活动和物流设施趋于合理，以尽可能低的成本获得尽可能好的物流服务。对于一个企业而言，物流合理化是降低物流成本的关键因素，它直接关系到企业的效益，也是企业物流战略实施追求的一个目标。物流战略实施不能单纯地强调某环节的合理、有效、节省成本，而是要通盘考虑。

(三) 提高服务水平

企业的收入取决于所提供的物流服务水平，尽管提高服务水平会增加企业成本，但是也可以使收入大于成本的增长。改进服务、差异化服务是企业实施物流战略的必然目标，只有企业的服务水平提高了，才能够在相对低成本下实现企业较高的利润。

总之，物流战略实施的最终目标是满足用户的需求——把企业的产品以最快的方式、最低的成本交付给用户，即在保证物流服务水平的前提下，实现物流成本的最低化，满足用户的需求是企业物流战略的全局性目标。

第二节 物流战略评估

物流战略实施的效果怎样？物流战略实施中还存在哪些需要继续努力的地方？企业物流战略评估可为战略决策提供重要的反馈信息，有利于战略决策者明确哪些内容是符合实际的、正确的，哪些是不正确的、不符合实际的，因此对物流战略进行评价是十分必要的，对提高物流战略管理和决策水平也具有重要作用。物流战略评估可按图 8－2 所示的思路进行。

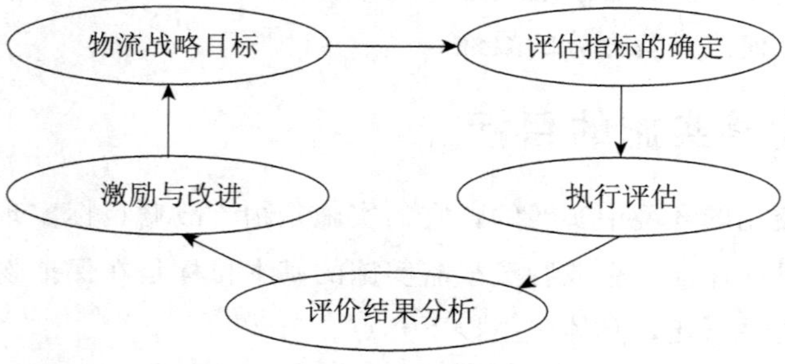

图 8－2 物流战略评估思路

物流战略评估要结合物流战略目标进行，企业要根据评估的结果对物流战略进行不断优化，合理的部分进行激励，不合理的部分进行改进，最终要实现物流战略的预期目标。

一、物流战略评估的内容

物流战略评估是指以物流战略的实施过程及其结果为对象，通过对影响并反映物流战略管理质量的各要素的总结和分析，判断物流战略是否实现预期目标的管理活动。在实际操作中，物流战略评估一般分为物流战略实施前的评估、物流战略实施中的评估、物流战略实施后的评估三个层次。

（一）物流战略实施前的评估

物流战略实施前的评估即物流战略分析评估，它是一种对企业所处现状环境的评估，通过对物流评估企业物流活动的内外环境状况的优势、劣势、机会、威胁几个方面进行具体分析，以发现最佳发展机遇，此种评估也可称作物流现状分析评估。分析企业物流战略实施所面临的外部环境和内部环境，既要考虑企业所处的宏观环境也不能忽视企业所在行业的环境和企业的实际情况，通过环境的分析来发现物流战略的优势、劣势，进而明确物流战略实施的机会和威胁，实现对物流战略的正确分析和综合认识。

（二）物流战略实施中的评估

物流战略实施中的评估即物流战略选择评估，它是在物流战略的执行过程中进行，是对物流战略执行情况与物流战略目标差异的及时获取和及时处理，是一种动态评估。

（三）物流战略实施后的评估

物流战略实施后的评估即物流战略绩效评估，它是在期末对物流战略目标完成情况的分析、评价和预测，是一种综合评估。

二、物流战略评估的原则

（一）全面性

全面性评价原则是指对物流战略实施的诸多方面，所有过程进行全方面、多层次的全面评价，不宜过分突出某一项目或某一过程，不能偏听偏信，要在充分收集有关信息后再进行判断。物流战略评估应该覆盖企业物流战略管理活动的各个流程，避免出现以偏概全。

（二）实用性

物流战略评估应该从物流战略的实际情况出发，结合科学有效的评估方法，要确保评估体系的实用性和可操作性。一般的评估和评价活动都涉及评价指标体系，评价指标体系要繁简适当，计算评价方法简便易行。在能基本保证评价结果的客观性、全面性的条件下，指标体系尽可能简化，减少或去掉一些对评价结果影响较小的指标；要做到所设计的评价指标所需的数据易于采集，适应目前的科技管理水平；各项评价指标及其相应的计算方法，各项数据都要标准化、规范化；计算方法、表述方法要简便、明确、易于操作。

(三) 可行性

可行性即评价一种物流战略能够具体实现的可行程度，认真考虑物流战略能否成功的实施。企业是否有足够的财力、人力或者其他资源、技能、技术、诀窍和组织优势来保证物流战略的顺利实施；换言之，企业是否具有有效实施物流战略的核心能力。评估指标设置的可行性是整个评估环节中至关重要的一环。

三、物流战略评估的方法

物流战略评估要借助一定的评估方法来实现，目前可以借鉴的战略活动评估和测试的相关方法归纳起来主要包括：平衡计分卡法、KPI 法、层次分析法、网络分析法、模糊评价法、组合赋权法等，本书主要介绍平衡计分卡法与 KPI 法。

(一) 平衡计分卡法

平衡计分卡（Balanced Scorecard，BSC）是 1992 年由哈佛大学商学院教授罗伯特·S. 卡普兰和复兴国际方案总裁戴维·P. 诺顿设计的，是一种全方位的、包括财务指标和非财务指标相结合的策略性评价指标体系。平衡计分法最突出的特点是：将企业的愿景、使命和发展战略与企业的业绩评价系统联系起来，它把企业的使命和战略转变为具体的目标和评测指标，以实现战略和绩效的有机结合。

平衡计分卡作为一种战略绩效评价工具，它以全面系统的视角，从财务、客户、内部业务流程、学习和创新 4 个维度，采用财务指标与非财务指标、滞后指标与前置指标、短期指标与长期指标相结合的指标体系。平衡计分卡以愿景和战略为中心，从 4 个维度综合考虑影响企业绩效的各类指标，这 4 个维度的指标并不是孤立的，平衡计分卡存在着清晰的因果关系链：学习成长指标将在未来影响内部业务指标，内部业务指标则会在未来影响顾客方面的指标，最终对未来财务指标产生影响；财务指标是对过去业绩的总结和评价，它与企业的发展战略紧密联系，同时作为其他 3 个维度的最终目标和衡量标准，使企业财务与非财务业绩动因之间构成一条垂直的因果关系链，并贯穿于平衡计分卡的 4 个维度。

建立真正意义上的平衡计分卡体系，企业需要从以下几个方面着手。

(1) 制订战略规划。战略在企业内部能被很好地贯彻和执行，需要统一的语言。卡普兰与诺顿教授认为，可以通过明晰平衡计分卡四个层面目标之间的因果关系来描述企业的战略，他们将其称为“战略地图”。战略地图可以提供一个框架，用于说明企业战略如何联系无形资产与价值创造流程。

(2) 战略分解且组织协同。企业的战略要得到贯彻与执行，需要将其分解到企业的各个部门，同时执行团队、业务单元、人力资源等要与企业战略有效协同起来。战略地图制定完成之后，根据企业的组织架构设计和职责要求，将地图上的各个战略目标分解至企业的各个事业部，同时形成各个部门之间的战略协同。

（3）规划运营。从战略出发，为关键业务流程设定优先级，将战略规划与资源分配、财务预测及动态预算流程有效链接起来。

（4）战略监控与调整。实现战略与绩效管理的衔接之后，监控企业及其各个部门在不同周期的绩效情况，能够了解战略在不同周期被执行以及达成的情况，同时通过定期的回顾与调整以实现战略的滚动更新。

虽然平衡计分卡体系可以有效运用在企业战略绩效评估中，但是由于其实施起来的一些难点，使得目前许多企业并没有很好地掌握它。主要的难点在于以下两个方面。

（1）创建与量化指标。由于平衡计分卡是从四个维度综合评估企业绩效的，因此要创建4类指标。财务指标的创建与量化比较简单，但是其他三个维度的指标的创建与量化，需要考虑企业的发展方向、主营业务以及内外部环境等多方面的因素，收集大量的数据进行归纳总结，才能得出适用的指标。同时，在进行指标权重的设计时，还需要考虑平衡计分卡体系对于各个维度之间的因果关系的强调，使得各个指标可以有效反映企业内外部、短期与长期目标等多方面的平衡。

（2）对企业管理水平的要求较高。当前许多企业对于战略缺乏足够的关注，大多数的企业将精力投入在主营业务和各个部门的职能工作方面，没有重视企业自身的发展战略。同时许多企业停留在以前，仅仅从财务视角考察企业的战略绩效，在进行绩效评估时并没有充分考虑评估方式与企业战略之间的因果联系，得出的评估结果也难以对企业战略的具体实施进行有效指导。

一般应用平衡计分卡的步骤为以下六步。

第一步：构建平衡计分卡团队。在企业内组建一支由各个部门高级管理人员组成的构建团队，包括企业高管、财务人员和人力资源高管等。

第二步：宣贯平衡计分卡体系。企业的管理层首先就平衡计分卡体系的重要性达成共识，而后对企业员工开展宣贯工作，获取员工的信任与支持。

第三步：明确企业战略。通过绘制战略地图的方式，建立平衡计分卡体系中的因果链，而后明确企业经营发展战略。

第四步：创建指标。识别企业关键性成功因素与绩效，并将其量化，创建指标。

第五步：设计平衡计分卡报告模板。报告模板主要从三个方面对结果进行评估与报告。即是否做好了最重要的事情、在关键环节中获得了怎样的业绩以及对企业战略的具体完成情况进行分析。

第六步：平衡计分卡体系正式实施。在前五步都完成之后，平衡计分卡体系就可以投入实施了，通过定期测定企业的绩效，衡量结果值与目标值，寻找造成差异的主要因素，确保企业战略的有效实施。

在企业物流战略绩效评估中可以运用平衡计分测评法使经理们能从四个重要方面来观

察企业：顾客如何看我们？（顾客角度）我们必须擅长什么？（内部角度）我们能否继续提高并创造价值？（学习与创新角度）我们怎样满足股东？（财务角度）平衡计分卡法在战略执行的过程中对战略实施的结果从财务指标、非财务指标进行全面衡量。平衡计分卡法解决了传统管理体系的一个严重缺陷。它从顾客、内部业务流程及学习和发展三个不同的角度测评绩效的指标，弥补了传统财务指标的不足之处。它们能使企业在了解财务结果的同时，对自己未来发展能力的增强和无形资产收购方面取得的进展进行监督。平衡计分卡法并不是取代财务指标，而是对其加以补充。物流企业战略属于职能战略，对于物流企业来说可能就是公司战略或者企业战略，因此完全可以使用平衡计分卡来将战略落到实处。为了更清晰地掌握这一方法，下面介绍传化集团的案例。

传化集团创建于1986年，是一家多元化民营企业集团，集团主要事业包括化工、物流、农业、科技城、投资五大领域。传化集团虽然在2002年以前就建立了绩效评价体系，覆盖了企业生产、销售和财务三个方面，对企业的发展起到一定的促进作用，然而该体系也存在着很多的缺陷和不足，主要表现在其关注的重点是企业的日常运营过程，指标体系中没有一个中心和导向作用的指标，不能起到促使企业战略目标实现的作用。2004年，传化集团“以财务为中心，以结果为导向”，围绕财务数据抓关键绩效目标的计划管理和过程控制。2008年又明确提出“严格考核、适度挂钩”，全面拉近了员工的个人绩效评价与企业战略目标之间的关系，通过目标设定和实现过程的管理将员工与企业战略目标捆绑在一起。从此，传化集团的绩效评价向过程控制和结果的战略绩效评价方向发展。

传化集团围绕愿景和目标制定公司战略，以公司战略确立竞争战略，再以竞争战略引领财务战略；反过来，又通过实施成本战略、差异化战略、目标集中战略支持竞争战略和公司战略，最终成功实现公司目标服务。这就是公司战略管理之间的协同关系。

1. 战略绩效评价体系的组成

传化集团的绩效评价体系由组织绩效评价和个人绩效评价两部分组成。组织绩效的执行标准是战略的实施情况。组织绩效评价包括企业自我评估（对子公司的评估）和对部门的评估。企业自我评估（对子公司的评估）主要分为过去取向的评估和发展取向的评估两方面，一般采用目标管理评估、与过去的数据的比较、战略分析、横向分析等。而企业评估内部部门主要采用流程评估、目标管理评估以及相关部门考核等。

个人绩效评价体系主要采用信息系统管理模式，采用数据测量和模糊测量的方法进行考核评估，主要包括主管评估、自我评估和360度评估反馈。其中，生产人员采取计件工资制；销售人员通过销售业绩来衡量；管理人员的绩效考核有专门的信息系统平台支撑，可以直接在绩效评价系统中清楚地看到管理人员相关的绩效情况。传化集团在绩效评价指标设置方面以战略为导向，具体包括经济指标、管理指标和发展指标三个大维度。根据各子公司的发展程度和发展情况，对经济指标、管理指标和发展指标赋予不同的权重，并适时做出修改。如对于成熟行业确定的指标值在发展能力方面占20%，经济绩效方面占

70%，管理方面占10%；对于新兴行业设定的指标值则是发展能力占70%，经济绩效方面占20%，管理方面占10%。由于成熟行业获利能力较好，但发展升值空间相对较小，因此经济绩效方面占比就较大；而新兴行业当前获利能力较小，但发展升值空间较大，所以发展能力占比较大。

2. 战略绩效评价方法

传化集团将平衡计分卡与经济增加值（EVA）结合起来，以会计利润减去股东认可的资本成本之差作为EVA的结果，来对企业进行绩效评价。EVA考虑了股东投入资本的成本，与该公司原财务指标相比，显得更加准确，能够更加真实地反映该公司的财务业绩。但如果仅仅采用EVA法进行业绩评价，会促使经营者为了提高EVA，而优先考虑能快速提高EVA的风险低的短期投资项目，放弃有利于企业长远发展、可能给企业带来未来收益的风险较高的新产品开发等长期投资活动。因此，传化集团应用平衡计分卡从长期发展潜力的角度围绕财务、顾客、内部流程、学习与成长四个维度对企业业绩进行衡量和评价，促进了企业的长期发展。①财务方面：将评价从传统的指标领域扩展到无形资产和治理资产等领域，如优质服务、研发与工艺能力、员工技能、干劲与灵活性、顾客忠诚度、企业知名度等。②顾客方面：主要是对客户的感情投资、客户需求与期望、对客户价值观的了解、客户留住率等。③内部流程方面：主要是围绕成本、质量生产能力和流程时间的改良与创新等进行评估。④学习与成长方面：主要是指员工能力、组织信息系统的能力、企业活力（凝聚力、沟通速度、创新与应用速度）。在这四个维度中，财务指标是最重要的绩效评价指标，而要实现企业的财务目标，就必须使客户满意度增强；要使顾客满意，企业就必须按时交付使用，必须提供优质的产品和服务，保证流程质量和流程周期，这就需要不断进行技术改造和创新，需要具有较高技术水平的员工来完成，需要员工的学习与成长。平衡计分卡的四个维度是短期与长期、原因与结果、财务与非财务业绩衡量的有机结合。

传化集团按照组织层级体系将平衡计分卡进行分解，形成企业总体层面、经营单位层面、部门层面和个人层面的不同层级的平衡计分卡。这一过程确保了各个层级及员工个人都能清楚地理解战略目标与具体指标的关系，在观念上达成共识，进而让每个员工都能很好地了解自己在企业总体战略中的位置及方向，并在实现企业战略目标的过程中受益。

只有控制好过程，才能确保个人和组织顺利达成绩效目标，为此传化集团主要采取了三项措施。首先，从设定绩效目标后的工作入手，落实关键控制点和相应责任人；其次，在各部门建立“周例会”制度，要求管理者每周都要找下属员工开会，了解员工的工作进展、遇到的困难、是否需要协调和支持等信息；最后，建立项目负责制，定期沟通项目进展，并进一步将工作分解到周例会中及时反馈。为了将人力资本增值的理念切实落地，近年来传化全方位地推进了七大激励体系的建设：文化理念激励、发展愿景激励、成就作为激励、工作氛围激励、企业形象激励、分配待遇激励、福利保障激励。

（二）KPI 法

关键绩效指标（Key Performance Indicator，KPI）是通过对企业内部流程的输入端、输出端的关键参数进行设置、取样、计算、分析，衡量流程绩效的一种目标式量化管理指标，是把企业的战略目标分解为可操作的工作目标的工具，是企业绩效管理的基础。KPI可以使部门主管明确部门的主要责任，并以此为基础，明确部门人员的绩效衡量指标。建立明确的切实可行的 KPI 体系，是做好绩效管理的关键。

确定关键绩效指标有一个重要的 SMART 原则。SMART 是 5 个英文单词首字母的缩写。

S 代表具体（Specific），指绩效考核要切中特定的工作指标，不能笼统。

M 代表可度量（Measurable），指绩效指标是数量化或者行为化的，验证这些绩效指标的数据或者信息是可以获得的。

A 代表可实现（Attainable），指绩效指标在付出努力的情况下可以实现，避免设立过高或过低的目标。

R 代表现实性（Realistic），指绩效指标是实实在在的，可以证明和观察。

T 代表有时限（Time bound），注重完成绩效指标的特定期限。

建立 KPI 指标的要点在于流程性、计划性和系统性。先要明确企业的战略目标，并在企业会议上利用头脑风暴法和鱼骨分析法找出企业的业务重点，也就是企业价值评估的重点。然后，再用头脑风暴法找出这些关键业务领域的关键业绩指标（KPI），即企业级 KPI。

接下来，各部门的主管需要依据企业级 KPI 建立部门级 KPI，并对相应部门的 KPI 进行分解，确定相关的要素目标，分析绩效驱动因数（技术、组织、人），确定实现目标的工作流程，分解出各部门级的 KPI，以便确定评价指标体系。

然后，各部门的主管和部门的 KPI 人员一起再将 KPI 进一步细分，分解为更细的 KPI 及各职位的业绩衡量指标。这些业绩衡量指标就是员工考核的要素和依据。这种对 KPI 体系的建立和测评过程本身，就是统一全体员工朝着企业战略目标努力的过程，也必将对各部门管理者的绩效管理工作起到很大的促进作用。

指标体系确立之后，还需要设定评价标准。一般来说，指标指的是从哪些方面衡量或评价工作，解决“评价什么”的问题；而标准指的是在各个指标上分别应该达到什么样的水平，解决“被评价者怎样做，做多少”的问题。

最后，必须对关键绩效指标进行审核。比如，审核这样的一些问题：多个评价者对同一个绩效指标进行评价，结果是否能取得一致？这些指标的总和是否可以解释被评估者 80%以上的工作目标？跟踪和监控这些关键绩效指标是否可以操作？等等。审核主要是为了确保这些关键绩效指标能够全面、客观地反映被评价对象的绩效，而且易于操作。

每一个职位都影响某项业务流程的一个过程，或影响过程中的某个点。在订立目标及进行绩效考核时，应考虑职位的任职者是否能控制该指标的结果，如果任职者不能控制，则该项指标就不能作为任职者的业绩衡量指标。比如，跨部门的指标就不能作为基层员工的考核指标，而应作为部门主管或更高层主管的考核指标。

绩效管理是管理双方就目标及如何实现目标达成共识的过程，以及增强员工成功地达到目标的管理方法。管理者给下属订立工作目标的依据来自部门的 KPI，部门的 KPI 来自上级部门的 KPI，上级部门的 KPI 来自企业级 KPI。只有这样，才能保证每个职位都是按照企业要求的方向去努力。

善用 KPI 考评企业，将有助于企业组织结构集成化，提高企业的效率，精简不必要的机构、不必要的流程和不必要的系统。

四、物流战略评估的指标体系

企业必须有相应的制度体系来评价物流战略管理的成果和状态，进而判断企业物流战略及其管理活动是否达到了预期目标，此时物流战略评价指标体系的构建显得尤为重要。企业可以根据自身实际情况对制定物流战略目标及物流战略进行定期检查和评估，从而发现物流战略实施中存在的问题。物流战略评估可以分为物流战略分析评估、物流战略选择评估和物流战略绩效评估，根据不同阶段的评估对象和内容不同，分解得到物流战略评估指标体系，如表 8－1 所示。

表 8－1　　物流战略评估指标体系

评估角度	评估指标	具体含义
物流战略分析评估	优势	实施物流战略可能的有利条件
	劣势	实施物流战略可能的不利条件
	机会	外部环境中有利、值得发扬的因素
	威胁	外部环境中不利、需要避开的因素
物流战略选择评估	方向性	是否有利于企业的后续发展
	目标性	是否与物流战略目标相一致
	合理性	是否符合企业的实际状况
	可操作性	是否具有较好的可操作性
物流战略绩效评估	质量体系	衡量企业满足客户需求的能力
	时间体系	衡量企业响应客户需求的能力
	成本体系	衡量物流链的总费用
	资产体系	衡量物流战略实施中的资产利用水平

物流战略分析评估主要针对实施物流战略的企业的内部和外部条件进行系统分析和认识，发现对物流战略实施有利的因素和不利的因素，从而明确物流战略实施的注意事项，可以从企业的优势、劣势、机会和威胁等几个方面建立相关的细化指标，如表 8-2 所示。

表 8-2　　物流战略分析评估指标体系

一级指标	二级指标	指标说明
优势	技术技能优势	独特的生产技术，雄厚的物流技术实力
	有形资产优势	先进的生产流水线，现代化车间和设备
	无形资产优势	优秀的品牌形象，积极进取的公司文化
	人力资源优势	拥有专长的职员，积极上进的职员
	组织体系优势	高质量的控制体系，完善的信息管理系统
	竞争能力优势	强大的关系网络，市场份额的领导地位
劣势	技术方面	缺乏具有竞争力的物流技术
	资产方面	缺乏具有竞争力的组织资产
	市场方面	关键市场领域里的竞争能力正在丧失
机会	进入的机会	市场进入壁垒降低
	扩大的机会	市场需求增长强劲，可快速扩张
	转移的机会	技能技术向新产品、新业务转移
	细分的机会	产品细分市场出现扩张市场份额的机会
威胁	竞争方面	出现将进入市场的强大的新竞争对手
	市场方面	主要产品市场增长率下降
	成本方面	物流成本的居高不下

针对实施活动及实施过程中的物流战略，可从以下几个方面进行物流战略选择评估。

(1) 物流战略的方向性：物流战略的制定和实施是否与当前的物流环境和理念相适应，能否有利于企业的后续发展。判断企业物流战略是否先进，首先要求这个物流战略具有实现企业既定的财务和其他目标的良好的前景。

(2) 物流战略的目标性：物流战略的制定和实施应该与物流战略目标相一致。

(3) 物流战略的合理性：物流战略的制定和实施要符合企业的实际状况，能够实现物流活动的合理化，还要保证资源分配的合理性。

(4) 物流战略的可行性：物流战略在实际实施中要具有较好的可操作性，能够在现有的条件下将其落实，保证物流服务水平得到提高并可度量，维护物流组织的整合性和物流信息系统的完整性。

物流战略选择评估指标体系如表 8-3 所示。

表 8-3　　物流战略选择评估指标体系

一级指标	二级指标	指标说明
物流战略的方向性	物流战略的全球化	突破地域、行业的局限性，以全国甚至全球为着眼点
	物流战略的前瞻性	允许企业物流创造性发展
	物流管理理念的先进性	拥有现代物流思想、供应链思想、绿色物流观念等
物流战略的目标性	与企业目标的一致性	物流目标与企业经营、生产目标联系的紧密性
物流战略的合理性	成本与服务水平的匹配性	以尽可能低的成本实现尽可能优质的服务
	资源分配的合理性	资源在不同部门、不同业务、不同物流活动之间分配的合理性
物流战略的可行性	物流服务水平的可度量性	物流传递的及时性、可靠性和经济性
	物流组织的整合性	物流组织的系统性、高效性
	物流信息系统的完整性	物流信息的可得性、可靠性、及时性等

对于物流战略实施后效果的评价，可以通过物流战略绩效评估来完成。物流绩效评价标准是物流战略实施绩效的规范，它用于确定战略措施或计划是否达到战略目标，选择合适的评价标准体系主要取决于具体的战略目标及其战略。包括质量、时间、成本和资产四个方面，如表 8-4 所示。

(1) 质量体系是衡量企业满足客户需求的能力，如客户满意度和服务质量等。

(2) 时间体系是衡量企业对客户要求的能力，包括按计划送入订单的时间、装运时间、运输时间、配送时间和客户接受的时间。

(3) 成本体系是衡量物流链的总费用，主要指标有订货完成成本、原料成本、仓储成本、管理成本、劳动力和库存间接成本等。

(4) 资产体系是衡量物流战略实施中的资产利用水平，常以特定资产水平支持下的销售水平为标准，如投资收益率、存货跌价等。

企业对实施的物流战略进行绩效考核及控制之后，不仅对目前的物流战略有一个清醒的认识，而且经过不同程度调整后才能让企业达到较为理想的物流目标。物流战略绩效评估指标体系如表 8-4 所示。

表 8-4　　物流战略绩效评估指标体系

一级指标	二级指标	指标说明
质量体系	客户满意度	物流战略的实施对客户需求的实现程度
	服务质量	物流战略的实施能够满足规定和潜在需求的特征和特性的总和
时间体系	下达订单的时间	物流战略的实施是否缩短了下达订单的时间
	装运时间	物流战略的实施是否缩短了装运时间
	配送时间	物流战略的实施是否缩短了配送时间
	客户接收的时间	物流战略的实施是否缩短了客户接收的时间
成本体系	订货完成成本	物流战略的实施是否降低了从发出订单到收到订货整个过程中所付出的成本
	原料成本	物流战略的实施是否节约了采购成本
	仓储成本	物流战略的实施是否节约了仓储成本
	管理成本	物流战略的实施是否节约了组织管理生产活动发生的各种成本
	劳动力和库存间接成本	物流战略的实施是否节约了劳动力和库存间接成本
资产体系	投资收益率	物流战略实施带来的收益与成本的比值变化
	存货跌价	物流战略实施是否降低了库存跌价的风险

无论是对物流战略本身的评价，还是对物流战略实施绩效的评价都是物流战略评价的一部分，不同的角度和标准使得我们对其指标体系的认识也有所不同。本着物流战略评估全面性、合理性和可行性的原则，应该综合、全面地考虑企业物流战略评价指标。

第三节　物流战略控制

由于环境变化的原因，或者是战略本身的原因，或者是执行者的原因，物流战略实施后可能没有完全达到预期的战略目标，此时物流战略控制的作用就尤显重要。

物流战略控制主要是指在企业物流战略的实施过程中，检查企业为达到目标所进行的各项活动的进展情况，评价企业物流战略实施后的绩效，把它与既定的物流战略目标与绩效标准相比较，发现物流战略差距，分析产生偏差的原因，纠正偏差，使企业物流战略的实施更好地与企业当前所处的内外环境、企业物流战略目标协调一致，最终使企业物流战略得以实现。它是物流管理的最后一个阶段，也是保证物流战略实现的一个重要内容。

物流战略的调整是物流战略控制的主要手段，就是根据战略实施过程中企业变化的情况，即根据实际经营的事实、变化的经营环境、新的思维和新的机会及时对所制定的战略进行调整，以保证战略对企业物流管理进行指导的有效性，包括调整企业的长期物流发展方向、企业的物流目标体系、企业物流战略的执行等。

一、物流战略控制的必要性

物流战略控制解决既定战略与变化环境之间的矛盾，主要有：①制定物流战略的内外环境发生了新的变化，导致原定战略与新的环境条件不相适应，企业必须采取战略调整措施；②企业物流战略本身有重大的缺陷或者比较模糊，在实施中难以贯彻，企业必须修正、补充和完善物流战略；③物流战略实施过程受主、客观因素的影响，偏离了战略计划的预期目标。对以上发生变化的情况必须采取措施进行调整或纠正，否则企业的战略目标就无法实现。

物流战略控制与调整的主要作用在于：物流战略控制与调整能保证企业物流战略的有效实施；同时物流战略控制与评价可以为物流战略决策提供重要的信息反馈，对提高物流战略决策的适应性和决策水平具有重要作用；物流战略控制还可以促进企业文化等企业基础建设。另外，企业物流战略控制能力与效率高低决定了企业物流战略行为能力的大小，如果企业的物流战略控制能力强，企业管理层可以做出较为大胆的、预期较高的物流战略决策；相反，则可能做出较为稳妥的甚至保守的物流战略决策。

物流战略实施的控制与物流战略实施的评价既有区别又有联系，要进行物流战略实施的控制就必须进行物流战略实施的评价，只有通过物流战略评价才能实现有针对性、有效的控制，评价本身是手段而不是目的，发现问题并实现控制才是目的。物流战略控制是监督物流战略实施进程、及时纠正偏差、确保物流战略有效实施，使物流战略实施结果基本上符合预期计划的必要手段，能保证企业物流战略的有效实施。物流战略控制把物流战略实施过程中所产生的实际效果与预定的目标和评价标准进行比较，评估工作绩效，发现偏差采取措施，使企业战略的实施更好地与企业当前所处的内外环境、企业目标协调一致，以达到预期的战略目标，实现物流战略的合理规划。

二、物流战略控制的原则

（一）有效性

物流战略控制对物流战略实施起到相当的调节作用，能够为企业物流战略目标的实现提供合理保证，企业全体员工应当自觉维护物流战略的有效执行，物流战略实施中的问题应当能够得到纠正和处理。

（二）及时性

物流战略控制应当合理体现企业物流战略计划及物流战略目标的要求，当物流战略实施偏离企业物流战略目标时，能够快速作出响应或随着企业所处环境的变化进行及时改进和完善。

(三) 协调性

企业的整体是由局部构成的。从理论上讲，整体利益和局部利益是一致的，但在具体问题上，整体利益和局部利益可能存在着一定的不一致性。企业物流战略控制就是要对这些不一致性的冲突进行调节，如果把物流战略控制仅仅看成是一种单纯的技术、管理业务工作，就不可能取得预期的控制效果。

(四) 多变性

物流战略具有较强的适应性。公司的物流战略只是一个方向，其目的是某一点，但其过程可能是完全没有规律、没有效率和不合理的，因此这时的物流战略就具有多样性。同时，虽然物流战略是明确的、稳定的且是具有权威的，但在实施过程中由于环境变化，物流战略必须适时调整和修正，因而也必须因时因地地提出具体控制措施，也就是说物流战略控制应根据具体环境的变化而变化，具有多变性。

(五) 柔性

物流战略控制并不是越多越好，如果过度控制，频繁干预，容易引起消极响应。因而针对各种矛盾和问题，物流战略控制有时需要认真处理、严格控制，有时则需要适度的、弹性的控制。只要能保持与物流战略目标的一致性，就可以有较大的回旋余地而具有伸缩性。因此，物流战略控制中只要能保持正确的物流战略方向，就尽可能减少干预实施过程中的问题，尽可能多授权下属在自己的范围内解决问题，对小范围、低层次的问题不要在大范围、高层次上解决，反而能够取得有效的控制。

三、物流战略控制的方式

根据控制进程和时序，物流战略控制的主要方式有：事前控制、事中控制、事后控制和随时控制。

(1) 事前控制。事前控制又称前馈控制，是在物流战略实施前，对物流战略行动的结果有可能出现的偏差进行预测，并将预测值与物流战略的控制标准进行比较，判断可能出现的偏差，从而提前采取措施，使物流战略不偏离原定的计划，保证物流战略目标的实现。

(2) 事中控制。事中控制又称行或不行的控制，是在物流战略实施过程中，按照控制标准验证物流战略执行的情况，确定正确与错误、行与不行。例如，在财务方面，对物流设施项目进行财务预算的控制，经过一段时间之后，要检查是否超出了财务预算，以决定是否继续将该项目进行下去。

(3) 事后控制。事后控制又称后馈控制，是在物流战略推进过程中比较行动的结果与期望的控制标准，看是否符合控制标准，总结经验教训，并制订行动措施，以利于将来的行动。

（4）随时控制。随时控制又称过程控制，企业负责人要控制企业战略实施中的关键性过程或全过程，随时采取措施来纠正实施中的偏差，引导企业沿着战略的方向进行经营。这里主要是针对关键性的战略措施的控制。

根据控制者态度可分为积极控制和消极控制。

（1）积极控制是“防患于未然”式的控制，在事态的发展尚未脱离预设范围时就采取各种措施去限制其相关因素，以保证其结果符合战略目标的预期。

（2）消极控制是“亡羊补牢”式的控制，当事态发展偏差超出了预设范围，对企业形成了实际损害时，才采取各种应对措施去加以控制，以求避免未来再产生类似的损害。

四、物流战略控制的流程

物流战略控制的一个重要目标就是使企业实际的效益尽量符合战略计划，战略控制过程一般具有渐进性、交互性、系统性的特点。

企业在慎重选择物流战略之后，在实施过程中必须对其进行严格绩效考核及控制，即将实际工作成绩与评价标准进行对比，如果二者的偏差没有超出允许的范围，则不采取任何纠正行动；如果偏差超过了规定的界限，则应找出发生差距的原因，并采取纠正措施，以使实际工作成绩回到预先标准范围之内。

物流战略控制的流程主要有以下几个环节，如图 8－3 所示。

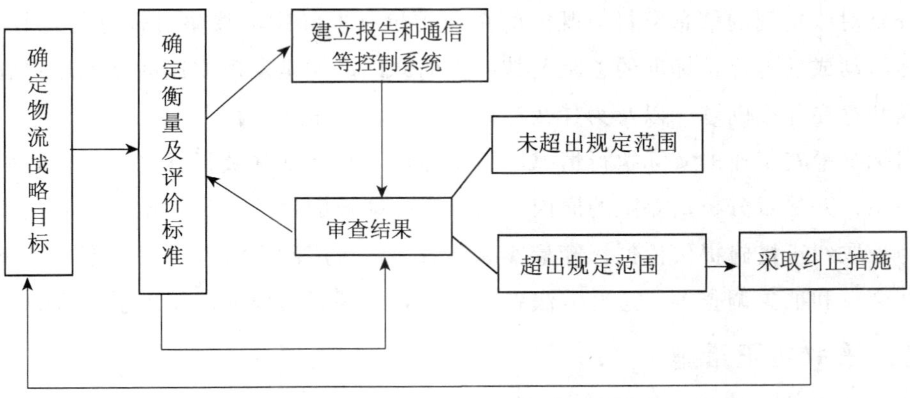

图 8－3　物流战略控制的流程

（一）确定物流战略目标

任何战略都有一个系统的模式，既要有一定的战略目标，也要有实现这一目标的途径和方针，还要制定政策和规划，并构建一个战略网络体系。企业物流战略的制定与实施服务于一个明确的目标，物流战略控制要在环境分析和科学预测的基础上根据物流战略目标对企业物流战略进行合理调整，实现企业的长期发展。

企业在物流战略规划执行之前就要明确而具体地指出企业物流战略总目标和阶段目标，并将此目标分解给下属各部门。使各部门既有一个确定的奋斗方向，又有一个阶段的分目标。

（二）确定衡量及评价标准

衡量标准及评价标准是工作成果的规范，是从一个完整的物流战略方案中所选出的对工作成员进行计量的一些关键点，它用来确定企业各层级是否达到物流战略目标和怎样达到物流战略目标。

建立控制标准是战略控制的依据。一般分为定性标准和定量标准。定性标准主要是战略与环境的适应性、战略实施的风险性、战略与资源匹配性、战略执行的时间性、战略与物流组织机构的协调性、战略的客观可行性以及顾客的服务满意程度等；定量指标主要有物流效率、物流成本、市场占有率、劳动生产率、物资消费比率、工时利用率、业务增长率、净利润等。

（三）建立报告和通信等控制系统

报告和通信系统是企业进行控制的中枢神经，是收集信息并发布指令所必需的。

判断和评估实现物流绩效的实际条件，管理人员需要收集和处理数据，进行具体的职能控制。主要包括监测外部环境和内部条件的变化。

（四）审查结果

审查是对收集到的信息资料与既定的企业评价标准和物流战略目标进行比较和评价，找出实际活动成效与评价标准的差距及其产生的原因。这是发现物流战略实施过程中是否存在问题和存在什么问题，以及为什么存在这些问题的重要过程。

依据标准检查工作的实际执行情况，用实际绩效与计划绩效目标进行比较，确定两者之间的差距，并尽量分析出差距的原因。衡量实际绩效的目的是为了给管理者提供有用的信息，为采取纠正措施提供依据。衡量实际绩效通常采用的方法有亲自观察、分析报表资料、召开会议和抽象调查等，这些方法各有利弊，管理者可根据需要采用合适的方法。

（五）采取纠正措施

通过对结果的审查，如果达不到所期望的水平，则企业应采取纠正措施，纠正措施应视问题的性质和产生的原因而定，不一定是对问题所在部门采取责令其改变实施活动或行为，也可能是调整评价标准或企业目标以及该部门的分目标。

衡量实际绩效之后，应将衡量结果与标准进行比较，经过比较会出现三种情况：超过目标（或标准），出现正偏差；正好相等，没有偏差；实际成效低于目标（或标准），出现负偏差。若有偏差要分析其产生的原因，并采取相应的措施。在某些物流活动中，偏差是在所难免的，因此确定可以接受的偏差范围，即容限是非常重要的。一般情况下，如果偏差在规定的容限之内，可以认为实际绩效与标准吻合，这时候不用采取特别的行动。如果偏差在规定的容限之外，则应引起管理者的注意，并根据偏差的大小和方向，分析偏差产生的原因。偏差产生的原因可能多种多样，但一般可以分为两大类：一类是执行过程中发生的；另一类是计划本身不符合客观实际或是情况变化造成的。管理者应针对具体情况采取相应的纠正措施。

如果偏差是由于绩效不足产生的，应采取的行动是改进实际绩效；如果是由于标准本身的制定引起的，则应重新修订标准。通常纠偏行动可分为两种不同的措施：一是立即纠正措施；二是彻底纠正措施。立即纠正措施是指立即将出现问题的工作纠正到正确的轨道上；彻底纠正措施是指要分析如何发生的和为什么会发生，然后从产生偏差的地方进行纠正行动。当有偏差出现时，管理应首先采取立即纠正措施，避免造成更大的损失；然后应对偏差进行认真分析，采取彻底纠正措施，使类似的问题不再发生。

此外还应制订物流应变计划。应变计划是指企业在物流战略控制过程中为了在发生重大意外情况时，企业所采取的应急处理计划，它是一种及时的补救措施，帮助企业管理人员处理不熟悉或意外情况。

企业物流战略控制典型案例——福田汽车

随着中国物流业的对外开放，外资物流企业的强势涌入，国际竞争日益加剧，中国物流企业如何才能在微利时代节约成本实现利润最大化？福田汽车对此提出了令人耳目一新的理论。福田汽车根据自身的“链合创新”的概念，特别提出了崭新的“按需创新”发展思路。

福田汽车认为，“链合创新”的思想就是联合上游企业共同进行研发，生产出符合市场需要的产品。现代物流是一个以供应链一体化为核心的社会大系统，涉及社会经济生活的多个方面，涵盖了制造业、运输业、邮政业、仓储业、会展业、装配业、流通加工业、电子通信业等多个产业，任何一个企业都不可能孤立地存在，只有上下游同心协力，打造一个完整的生态链，物流业才能取得较大突破。而福田汽车提出的“按需创新”思想，就是链合上下游企业，从上游端的生产研发，到下游端客户的客户，以“价值”为链合重点，为客户创造价值。

物流界的业内人士对福田汽车这种站在产业链角度对待竞争的态度给予了高度评价，普遍认为：协调上下游关系，是借助上下游的力量以群体竞争的方式拒绝低层次的单打独斗，中国物流业需要的正是这种上下游之间的整合，这对于整个物流产业发展速度的提升和产业规模的扩大都具有重要的现实意义。

根据产业链理论，福田汽车提出了“按需创新”的新发展思路。曾任福田汽车副总经理的王向银说：“现在，行业与行业之间的界限变得模糊，行业与产业之间不再是以产品为划分依据，而是以客户和客户需求为依据。在未来，福田将成为提供整合服务的汽车企业。”福田汽车认为，作为物流业的紧密上游企业，不仅要了解客户的需求，还要真正想客户所想，为客户带来价值。“按需创新”理论就是根据市场需求进行指向性明确的创新活动，这样既满足了物流企业的个性化需求，还能有效规避风险。福田表示，将逐步满足物流业在机械化、自动化和信息化等方面提出的新需求。

作为在商用车领域领先的福田汽车，和中国的物流业共同走过了十年，180 万辆商用车活跃在中国的各行各业，可以说，中国物流业的发展福田汽车功不可没。凭借十年来对中国物流企业的了解和熟悉，凭借企业的实力，福田汽车担当起了“链合创新”“按需创新”的领头人。

思考题

一、名词解释

1. 指令模式
2. 合作模式
3. 平衡计分卡法

二、单项选择题

1. 影响物流战略实施的因素不包括（　　）。

A. 人员系统　　B. 组织结构系统　　C. 企业信息化程度　　D. 经济激励制度

2. 根据控制进程和时序，物流战略控制不包括（　）。

A. 事前控制　　B. 事中控制　　C. 事后控制　　D. 反馈控制

3. 物流战略的合理性指的是（　　）。

A. 物流战略的制定和实施是否与当前的物流环境和理念相适应，能否有利于企业的后续发展。判断企业物流战略是否先进，首先要求这个物流战略具有实现企业既定的财务和其他目标的良好的前景

B. 物流战略的制定和实施要符合企业的实际状况，能够实现物流活动的合理化，还要保证资源分配的合理性

C. 物流战略的制定和实施应该与物流战略目标相一致

D. 物流战略在实际实施中要具有较好的可操作性，能够在现有的条件下将其落实，保证物流服务水平得到提高并可度量，维护物流组织的整合性和物流信息系统的完整性

三、简述题

1. 简述物流战略实施的含义。
2. 简述物流战略实施的基本步骤。
3. 简述物流战略评估的原则。
4. 为什么战略控制对战略管理的有效进行有着非常重要的意义？
5. 简述物流战略控制的方式。

四、论述题

1. 物流战略控制的原则有哪些？

2. 什么是SMART原则？举一个现实中的例子进行说明。

五、案例分析

7－11便利店的特色战略实施

（一）7－11便利店简介

随着电商发展和经济环境的变化，实体店出现了一波关店潮，无论是美国的沃尔玛、荷兰的万客隆等国外品牌，还是国内的华润万家、世纪联华、人人乐、百丽等，都不能幸免。最近几年，沃尔玛在华每年都有门店关闭。2012年，沃尔玛中国区关闭5家门店；2013年，关了15家；2014年，关了16家；2015年，关了1家；2016年年初，沃尔玛宣布将在全球范围内关闭269家店铺，其中海外市场115家，在中国区实际关了13家。曾经，关于沃尔玛有个著名的“5千米死亡圈”理论，即有沃尔玛门店存在的方圆5千米内，其他零售业卖场都没有生存空间。但这个“神话”，正在被“关关不息”的现状打破。中国鞋王百丽在2013年高峰期时，在国内拥有超过19000家实体店，但到了2017年店面数量只剩下13000多家，短短的四年时间，关店超过6000家。这还是比较知名的品牌，而那些不知名的街边店，关门的数量根本无法统计。

与之形成鲜明的对照的世界著名便利店品牌7－11，却在这样恶劣的环境中，还推出了雄心勃勃的开店计划，在2016年新增店面850家，2017年计划新增700多家。而且我们观察身边的7－11便利店，极少有关门歇业的。7－11便利店到底做对了什么？

7－11便利店是现今全球最大的零售网络商，被公认为世界便利店的楷模。7－11便利店取得的辉煌业绩，除了其先进的经营方式与独特的品牌营销外，支撑其快速发展的另一重要因素就是强大的后方物流支持系统、独特的物流体系。作为全球最大的便利店企业之一，7－11取得今日的辉煌，与其物流体系构建的影响是分不开的。7－11便利店以区域集中化建店战略和信息灵活应用作为实现特许经营的基本策略之一，以综合考虑生产厂家、批发商、配送中心、总部、加盟店和消费者的整体结构为思考模式，从而发展出一条不建立完全属于自己公司的物流和配送中心，而是凭着企业的知名度和经营实力，借用其他行业公司的物流、配送中心，采取集约配送、共同配送方式的道路，实现自己的特许经营战略。

7－11总部的战略经营目标是使7－11所有加盟单店成为“周围居民信赖的店铺”。这里所说的忠诚度，是通过7－11便利店所特有的三个要素来实现的：首先，只有在7－11便利店能够买到的独特商品；其次，刚制作的新鲜商品；最后，零缺货，即令顾客永不失望的供货。7－11便利店为了确保实现忠诚度所需的三个要素的顺利施行，建立了先进、高效的物流系统，并确定了多个物流战略体系。

（二）物流战略实施

7－11便利店取得成功的重要原因是其实施了适合自己发展的并具特色的物流战略。

1. 物流区域集中化的实施

作为实体店面来说，第一重要的是地段，第二重要的是地段，第三重要的还是地段。实体店经营，地段基本上决定了生死。7-11便利店很清楚，选址对于实体店经营的重要性，因此，选址历来都是7-11工作中最重要的事情。7-11便利店的店铺开发由总部来完成，公司有一整套完备选址的方法和流程。选址除考虑7-11便利店有充足的客流保证、让公司品牌有了充足的曝光度，还必须考虑物流的效率。7-11采用区域集中化战略，就是在一定区域内相对集中地开出更多店铺，待这一区域的店铺达到一定数量后，再逐步扩展建店的地区。利用这种办法，不断增加建店地区内的连锁店数，以缩短商店间的距离，缩短每次配送行走的距离及时间，确保高效的运载量，从而形成提高物流效率的基础，使配送地区合理化，配送中心分散、中小规模化。

在目标城市和区域不断开设新的分店是所有连锁经营企业的一般方法。7-11便利店在美国的分布，1994年以前并不集中，力量相对分散，从物流决策的角度说，点多线长，物流成本高，缺省规模优势；1994—1997年，公司关闭了几家分布孤立的分店，收缩战线的长度，减少物流配送成本，形成了较高的分布密度，每个分布有该连锁店的郡都开设了好几家分店。现在，公司主要在连锁店已经拥有较高分布密度的地区建立新店。7-11的区位战略是，在目标区域开设新的分店，形成和提高分布密度，将仓储和运输等物流要求进行整合，企业从中受益匪浅。

7-11便利店的物流区位战略对我国正在发展中的便利连锁店有很大的启示作用。与便利连锁店形成竞争之势的超级市场为追求“廉价销售”而使其规模越来越扩大，它就越来越难以在拥挤的住宅区内立足，同时，拥挤的城市住宅区地皮房租费用昂贵，也不利于超级市场降低成本，使超级市场越来越远离住宅区，这就给消费者带来了极大的不便，消费者不会为买几件生活必需品而驱车跑到超市去。而便利连锁店分布于住宅区附近，消费者七八分钟或十来分钟之内即可由住宅步行到店，便利店的顾客主要为周围半径500米左右范围的居民。在一个目标区域以一定的服务半径为范围形成覆盖，整合仓储和物流配送体系形成规模效益。

便利连锁店的密集布点为物流路径集约化提供了可能。事实上，对零售业而言，中国目前物流服务水准或多或少在短期内是由处于上游的商品生产商和经销商来决定的，要改变他们的经营意识和方法无疑要比企业自身的变革困难、复杂并漫长。这种情景与当初7-11便利店在构筑物流体系所处的环境类似。为此，7-11便利店改变了以往由多家特约批发商分别向店铺配送的物流经营方式，转为由各地区的窗口批发商统一收集该地区各生产厂家生产的同类产品，并向所辖区内的店铺实行集中配送。

2. 共同配送战略的实施

7-11便利店还将物流路径集约化转变为物流共同配送系统，即按照不同的地区和商品群划分，组成共同配送中心，由该中心统一集货，再向各店铺配送。地域划分一般是在中心城市商圈附近35千米，其他地方市场为方圆60千米，各地区设立一个共同配送中心，以实现高频度、多品种、小单位配送。实施共同物流后，其店铺每日接待的运输车辆数量从70多辆下降为12辆。另外，这种做法令共同配送中心充分反映了商品销售、在途和库存的信息，7-11逐渐掌握了整个产业链的主导权。在连锁业价格竞争日渐激烈的情况下，7-11通过降低成本费用，为整体利润的提升争取了相当大的空间。

3. 不同温度带物流战略的实施

7-11为了加强对商品品质的管理，体现对顾客负责、顾客第一的企业精神对物流实行必要的温度管理，按适合各个商品特性的温度配送，使各种商品在其最佳的品质管理温度下，按不同温度带进行物流，最终使畅销的商品以味道最鲜美的状态出现在商店货架上，这就是7-11的不同温度带物流战略。

7-11已经实现了全球范围内的不同温度带物流配送体系，针对不同种类的商品设定了不同的配送温度，并使用与汽车生产厂家共同开发的专用运输车进行配送。7-11总部根据商品品质对温度的不同要求，一般情况下会建立三个配送中心系统，即冷冻配送中心系统、冷藏配送中心系统和常温商品配送中心系统。对于不同的配送中心系统，单店都会有不同的订货，这种做法也是为了尽可能地提高商品的新鲜度。

世界零售巨头沃尔玛也采取了不同温度带物流的做法。不同的是沃尔玛是自建配送中心，而7-11的配送工作则是委托给第三方物流负责。温度带物流管理是其在实施区域集中化战略的同时一大特色，通过对物流活动的不断优化，使得物流战略的实施达到更加理想的效果。

（三）实施效果

7-11实行有效的区域集中化战略和配送战略后，所带来的优势及效果非常显著，主要可以归纳为以下几个方面。

（1）降低物流成本。在一定区域内集中加盟单店可以使得物流最具效率化。由于店铺之间的距离缩短了，能够带来以下优势：缩短每台配送车辆的平均行驶距离和行驶时间，实现定时配送，调整配送车辆的装载量。

（2）缩短配送时间，保证商品的新鲜度。快餐商品新鲜度越高就越好吃，提供油炸类食品和烘烤面包的店铺明显会受到顾客的欢迎。

（3）减少竞争对手开店的机会。便利店的商圈一般是在半径500～1000米的范围。区域集中化战略可以使店铺覆盖某一个区域，具有“攻击是最大的防御”的特征，可以有效地减少竞争对手在该区域开店的机会。

（4）提高地区的知名度、提高宣传效果。区域集中化开店战略能够提高单店在开店区域内的知名度，增加顾客的亲切感。

（5）提高运营区域代表的活动效率。7-11在业务范围内设置了不同的运营区域，各个店铺的距离缩短，有利于运营区域代表对单店的指导和管理。

7-11便利店与参加共同经营的生产商、批发商密切协作，以地区集中建店和信息网络为基础，创造成独自的系统。共同配送中心的建立，使得7-11便利店商品的周转率达到极高的水平，车辆的装载率和利用率也大幅度提高。共同配送中心的建设使7-11便利店信息化水平也大为提高，目前7-11便利店总部能充分了解商品销售、在途和库存的信息，7-11便利店开始逐渐掌握整个产业链的主导权。

讨论题

1. 为实施其战略方案，7-11便利店采取了哪些措施与办法？
2. 7-11便利店的物流战略对我国特许连锁企业有何启示？

第九章　物流战略匹配与协同

学习目标

- 了解影响战略匹配的主要因素、电子商务下企业内部协同物流的运作等。
- 领会组织战略与企业总体战略的匹配。
- 定义并描述战略协同和物流战略匹配。
- 掌握确定战略匹配的步骤。

物流企业或是企业物流若能将物流战略匹配与协同做好，会给企业的发展带来长久的利益，使企业可以更好地集中资源，在降低成本的同时最大限度地满足客户需求，使企业内部、企业之间、供应链中的各个企业更好地协调发展，实现资源互补，集中核心竞争力的发展。

第一节　物流战略匹配

一、影响战略匹配的主要因素

厂商试图努力在响应能力与效率水平之间取得平衡时，面临诸多必须考虑的因素。管理者必须切实了解这些因素，因为他们对厂商从供应链中获取最大利润至关重要。由于从更广泛的意义上而言供应链是物流的扩展，所以，本节内容主要从供应链的角度探讨物流战略的匹配问题。

（一）产品生命周期

需求特点随着产品生命周期而不断变化。如果企业想要不断获取战略匹配，供应链战略也必须随着产品生命周期进行调整，供应链战略的调整与需求特点的变化必须互相吻合。产品在不同生命周期表现出如下特性。

（1）进入产品生命周期的起始阶段时，产品以下特点普遍存在：需求不稳定；边际收益非常高；产品的供给能力是占领市场份额的关键；成本一般不是主要的考虑因素等。此时供应链的目标是增强产品对市场的响应能力，提高产品的供给水平以支持任何一种水平的需求。

(2) 进入成长期时，需求逐渐变得确定；竞争对手增多，边际收益降低；价格成为左右消费者选择的主要因素。基于以上特点，供应链需要调整。在这种情况下，供应链的目标是，在维持可接收服务水平的同时，使成本最小化。此时，盈利水平高低对供应链至关重要。

(3) 进入成熟期时，市场需求扩大，销售量迅速增加；生产和销售成本大幅度下降，企业利润增加；竞争者相继加入市场，竞争趋向激烈。此时，供应链的目标是，在维持可以与竞争者相抗衡的价格水平下，尽量为顾客增加价值。

(4) 进入衰退期时，产品已为绝大多数的消费者所认识与购买，销售量增长缓慢，处于相对稳定状态，并逐渐出现下降的趋势，企业利润逐步下降，竞争十分激烈。此时，供应链的目标是，降低供应链成本，为新产品退让市场。

(二) 供应链的可视性

供应链的可视性意味着在供应链不同节点之间增加彼此的信息沟通。增加供应链的可视性，能够在以下两方面发挥作用：一是价值增值；二是减少变异。

客户订单处理的延迟、加工运作的意外中断、运输途中的货损货差以及不能准时准地完成产品交付等问题，都是供应链运作过程中始料未及的变数。通常防止这些产生负面影响变异的方法是使用安全库存将损失降到最低。然而更为积极的做法是，使用信息技术，保持积极的供应链控制，增强对供应链的全程监控，提高供应链的应变能力，消除系统运作的中断。

(三) 全球化

全球化水平的提高对供应链有两个影响：一是现在的供应链比过去任何时候都更长、更复杂；二是竞争加剧。过去受保护的民族企业现在必须和来自世界各地的厂商竞争。这种竞争形势使供应链运营成为维持和增加销售量的关键；同时也对供应链施加了压力迫使其更加精确地在响应能力与效率之间取得平衡。

二、确定物流战略匹配的步骤

为实现物流战略匹配，企业必须确保其供应链能力能够支持其满足目标顾客群的能力。获取战略匹配的三个基本步骤如下所示。

(一) 确定产品的需求特性

供应链的功能与产品需求的性质不匹配是现在许多供应链价值缩小的重要原因，是阻挡整个供应链价值增值的巨大阻力。设计良好的供应链，即不断增加价值的供应链的基础，首先要考虑供应链供给产品的需求性质，如生产周期、需求的可预见性、产品多样性以及市场导入期与服务的市场标准等。

按照产品的需求性质，可以将产品分为两类：功能性产品和创造性产品。功能性产品是可以从销售商那里大量购买到的主要商品。这类产品满足基本需要，变化不大，需求稳定且可以预测，并且生命周期长。但是稳定性会引起竞争，进而导致利润率降低，对应的供应链应强调效率。

创新性产品的需求变化很快，通常很难精确地预测需求。高利润率和投入市场的前期销售的重要性增加了产品短缺的成本。对于创新性的产品，重要的是通过某种方式降低市场调节成本。这里存货和弹性生产能力的目标不是成本最小化而是应对不确定的需求，应该采用对市场反应灵敏的供应链。由此推论，供应链也应具有两种不同类型的功能：物质功能和市场调节功能。供应链的物质功能包括把原材料转变成零部件、元件直至成品以及它们在供应链各个部分之间的运输；而市场调节功能的目的是使投入市场的各种产品到达愿意购买该产品的消费者手中。

（二）理解供应链

企业如何根据产品需求特性满足上述的顾客需求？创建供应链战略，使之最好地满足企业市场定位的需求，是建立物流战略匹配的全部内容。

根据前面的学习，已知供应链战略划分为有效性供应链战略与响应性供应链战略，类似地，供应链也分为有效性供应链和响应性供应链。有效性供应链主要是体现供应链的物理功能，响应性供应链主要体现供应链的市场中介的功能，其具体特点如表 9－1 所示。

表 9－1　有效性供应链与响应性供应链的特点

	有效性供应链	响应性供应链
主要目标	低成本满足需求	快速响应顾客需求
产品设计战略	以最低生产成本取得最大销售业绩	创建调节系统，允许产品差异化发生
定价战略	边际收益较低，价格是吸引顾客的驱动因素	边际收益较高，价格不是吸引顾客的主要驱动因素
生产战略	提高设备利用率形成规模效益	维持边际生产能力弹性，满足非预期需求
库存战略	实现最小库存，以降低成本	维持弹性库存，以满足非预期需求
供货期战略	在不增加成本前提下缩减供货期	大幅度缩减供货期，即使成本巨大
供应链战略	在成本与质量上进行权衡	在速度、弹性和质量的基础上进行选择
供应商选择的标准	以成本和质量为核心	以速度、柔性、质量为核心

尽管供应链有诸多特点，但是可以简单将它理解为在响应能力与盈利水平之间的权衡。供应链响应能力是指供应链完成如下任务的能力：①对大幅变动的需求量的响应；②满足较短供货期的要求；③提供多品种产品；④生产具有高度创新性的产品；⑤满足特别高

服务水平的要求。供应链能够满足的上述能力越多，供应链响应能力越强。

（三）获取物流战略匹配

选择供应链战略，使之能最好地满足企业目标顾客群体特定类型的需求，是获取战略匹配的全部内容。功能性产品由于其需求可以准确预测，从而使得供需平衡，企业则能够集中精力降低供应链上的成本，因此可以与有效性供应链相匹配；对于创新性产品，企业要考虑的中心问题不是低成本，而是速度、灵活性与差异化，响应性供应链恰好与之相匹配。

在实际生活中，大部分的顾客需求并不能简单地用功能性或创新性来划分。例如，时下国内各汽车厂商纷纷推出的经济实用型轿车，每款车型又都有自己独特的个性化设计。这就使得产品的需求特性难以判断，给企业的战略匹配造成障碍。为了解决这个难题，引入潜在需求不确定性概念。由于创新性产品具有高潜在需求不确定性特点，会使得产品的生产销售与需求失衡，一旦失衡要么导致产品脱销要么导致产品积压，给企业造成损失，此时企业的竞争战略具有高风险性；相反，功能性产品潜在需求不确定性则很低。

三、供应链战略与物流能力的匹配问题

（一）供应链战略与企业一般竞争战略的匹配问题

供应链战略与竞争战略匹配是指两者拥有相同的目标，即使得供应链战略建立的供应链能力目标与竞争战略满足顾客的优先目标之间的相互协调一致。抛开竞争战略，不可能设计正确的供应链战略；对于给定的竞争战略（不论正确与否），存在正确（匹配）的供应链战略。成功的战略匹配是正确的供应链战略与正确的竞争战略在目标上的相互匹配。

采取什么样的供应链战略，需要根据企业的竞争战略、市场环境等因素而定。当企业面临稳定的需求、激烈的竞争时，往往会选择有效用户响应战略。这种有效性供应链战略的目标在于以最低成本将原材料转化成零部件、半成品、产品，以及完成供应链中的运输等功能，这与成本领先战略匹配。所谓成本领先战略前文已经提过，就是企业采取各种政策而在产业中赢得总成本领先的优势，其追求低成本的目标与有效性供应链战略的目标是一致的。因此，成本领先战略与有效用户响应战略是相互匹配的。当企业生产的是创新性的产品，如时装、计算机、流行音乐时，企业需要快速对需求做出反应，这里的需求可以是整个市场上顾客的特殊需求或者是特定市场细分（顾客）的需求，快速响应战略比较适合。生产创新性产品的企业所面临的需求是非常不确定的，企业需要使其产品具有一定的新颖性或者产品能够很好满足某些特定市场细分的需求，这决定了企业的基本竞争战略或者是差异化战略或者是集中战略。这里的差异化战略是将公司提供的产品或服务标新立异，形成一些在全产业范围中具有独特性的东西。企业通过成功的差异化战略实现产品的新颖性并满足客户的特殊价值和需求。而集中战略是围绕着很好地为某一个特定目标群体

服务这一中心建立的。企业通过成功的集中战略可以在某些特定市场细分中更好满足消费者需求。因此，快速响应战略与差异化或者集中战略相互匹配。供应链战略和竞争战略的匹配情况如表 9－2 所示。

表 9－2　　供应链战略和竞争战略的匹配情况

基本竞争战略 供应链战略	成本领先战略	差异化战略	集中战略
有效用户响应战略 （有效性战略）	匹配	不匹配	不匹配
快速响应战略	不匹配	匹配	匹配
延迟战略	匹配	匹配	基本匹配

延迟战略是指将供应链上的客户化活动延迟直至接到客户订单时为止，也即在时间和空间上推迟客户化活动，使产品和服务与客户的需求实现无缝连接，从而提高企业的柔性以及客户价值。延迟战略的基本思想是尽量保持产品的标准化，因为标准化生产不仅能够节约制造成本还能够降低库存成本。同时也增加了生产的柔性，满足了顾客的需求。推迟产品和服务差异点产生的时间，缩短定制化的生产和服务过程，不仅能有效地解决客户化大量生产中的时间、成本问题，而且能快速响应客户个性化需求。所以，延迟策略是介于成本领先战略和差异化战略之间的另一个选择。最后再来看一下集中战略。集中战略要求供应链集中于一定的细分目标市场，因此很难有规模效应带来的低成本，这一点决定了有效用户响应战略与集中战略不匹配。延迟战略和快速响应战略与集中战略基本匹配，当然，具体实施的结果还有很多的未知性。

（二）供应链战略匹配基本原则

前文提到马歇尔·费雪发现产品可以分为两类：功能性产品与创新性产品，企业根据其产品的需求特点来定位竞争战略。这两类产品需要完全不同的供应链，供应链战略风险的根源在于产品和供应链类型的不匹配。

功能性产品满足的是人们基本需要，随时间的变化不大，有较为稳定的、可预测的需求和比较长的生命周期，但稳定性加强了竞争，导致较低的边际利润率。可预测性使得市场调节相对容易，供应与需求匹配良好。公司可以把更多的注意力集中在物理成本上，考虑到对价格的敏感度，供应链成员用以协调行动的信息流至关重要，这些信息使得他们能以最低的成本满足可预测的需求。

创新性产品（如时装），生命周期一般只有几个月，需求难以预测，模仿者迅速侵蚀竞争优势，必须不断创新，生命周期的短暂与类型的多样性进一步增加了需求的不可预见性，增加了供应短缺或过量供应的风险，较高的利润率和用来扩大市场份额的前期销售的重要性都提高了供应短缺的成本。短暂的产品生命周期又增加了产品落伍的风险及过量供应的成本。因此市场调节成本是这类产品成本的主要方面。最为重要的是对前期销售额和其他市场信息的解读，并对此迅速做出反应。库存和生产战略的重点不再是降低成本，而是在于供应链库存管理和备用生产能力以应付突然发生的需求：依据生产速度和生产柔性、产品质量来选择供应商，而非价格因素；采用标准化产品设计和延迟战略。高效工艺应该应用于降低成本，而快速响应工艺应用于创新性产品。

企业一旦确定供应链战略之后，强调响应能力的供应链必须将所有的职能战略设计用来提高其响应能力；而强调效率的供应链，则必须让所有的职能战略都来为增加效率作贡献。由于创新性产品需求的不确定性，会使得产品的生产销售与需求失衡，一旦失衡要么导致产品脱销要么导致产品积压，给企业造成损失，此时企业的竞争战略具有高风险性；相反，功能性产品的风险性则很低。供应链战略便是在供应链的响应能力和效率之间权衡。

然而，在“互联网”时代，电子商务与快递物流的迅猛发展为上述理论提出了挑战。人们不仅对于创新性产品要求缩短交货期，而且对于功能性产品既要成本低又要交货快速，以满足他们对于体验的追求，因为他们实在不能忍受在网上订的商品多少天了还不能收到的感觉。于是，建立快速响应的供应链是这个时代企业制胜的利器，也是政府需要大力推动的一件事，甚至其重要性已经上升到国家层面。

（三）物流能力与供应链战略匹配问题

在以上的研究基础上，进一步分析供应链物流能力与供应链战略的匹配程度。大量的研究表明物流能力和选择的战略对公司绩效的影响显著相关。物流能力与供应链战略之间也存在不匹配问题。我们分两种情况分析：一种是已有的供应链面临新的战略选择；另一种是核心企业按照自己的战略选择上、下游合作伙伴来组建供应链。

第一种情况需要供应链管理者首先了解自身的情况，找出物流能力中的瓶颈。前面提过，供应链的物流能力不是某个企业的物流能力，而是整体的物流能力，最终由薄弱环节决定供应链的物流能力。其次，分析外部环境，外部环境的剧烈变化往往迫使企业要重新选择战略以应对变化，然后就是实施战略，最后是评估战略的实施效果，需要及时修改更正，以免误差越来越大。

第二种情况相对要复杂一些，我们知道供应链的发展源于外包业务，以往都是强调要与最强的企业联手，岂不知背后还有文化匹配、战略匹配、策略匹配的问题。经常能看到由于不匹配，出现“1＋1＜2”的现象。核心企业在供应链中有责任选择出合适的供应商和分销商等，选择的依据是什么？在考虑了众多的评价指标之后还要看看两者的战略、策略是否匹配。一个成本领先的企业很难和一个差异化战略的企业组建成功。有效用户响应的供应链需要的是成本领先的企业，否则如何在竞争中控制成本、取得低的成本？所以，这里要强调组建供应链时忽略的匹配问题。

企业供应链战略与物流能力匹配典型案例分析——苏宁易购

苏宁易购是苏宁云商集团股份有限公司旗下新一代B2C网上购物平台，现已覆盖传统家电、3C电器、日用百货等品类。下面对其供应链现状进行简要描述。

1. 供应链的构成

苏宁易购与多个厂商建立了供应合作关系，苏宁易购拥有覆盖全国的1700多家连锁店、90个配送中心、2000多个呼叫中心坐席、3000多个售后服务网点，形成了立体的实体服务体系，为苏宁易购的线上销售提供了强有力的后盾。此外苏宁易购产品可以到苏宁的门店自提，免运费和安装费，更大地满足了客户的需求，同时树立了一个优秀的品牌定位。相比其他网上商城，苏宁易购的直营产品更有质量保证，因为实体店上的口碑转换成了苏宁易购稳定的无形资产。此外，苏宁易购依托目前全球领先的零售信息管理系统，已经实现了前后台整合，并不断与IBM、思科、百度等技术开发、网络推广企业等进行深度合作，根据技术发展和网民需求变化，持续进行技术和营销创新，让其产品销售与品牌同步得到提升。同时，苏宁易购已经获得了与外资商业巨头以及中国的零售巨头国美等同台竞技的融资平台，同时也可以通过兼并等方式实现自身的快速扩张。

2. 苏宁易购商家入驻

在苏宁易购上，除了有苏宁直营的产品，同时也入驻了许多其他的店家。即由苏宁易购向合作者提供服务供应链，通过平台资源的开放，将供应链环节进行优化，为上游供应商、中游销售企业、下游消费者提供全面、专业的供应链服务，平台也将依托强大的电子技术、网络环境打造一个全面开放、全新服务的开放平台。在苏宁易购购物有以下优点：正品销售、统一发票；苏宁物流、百城半日达；服务一站式，7×24小时快速响应。

四、组织战略与企业总体战略的匹配

（一）物流组织结构的演进

物流组织结构的演变，大致经历了以下这样一个过程。

（1）分散管理阶段。这一时期企业通常只把物流的功能局限在方便和支持工作方面，因而物流的责任遍布整个工厂各部门。这种部门分割意味着物流工作缺乏跨职能的协调，从而导致重复和浪费，信息常常被扭曲或推迟，权利界限和责任常常是模糊的。

（2）功能集成阶段。最初物流活动的归类大约出现在20世纪50年代末和60年代初，原因是经理们对物流总成本控制的需要。传统组织内分散的物流功能被归组为单一的命令和控制结构后会变得更加便利，绩效会提高。这一时期通常的进化模式是将两个或更多的物流功能在运作上进行归组，而对总体上的组织层次不作重大变化。这个阶段本身又有两个时期。第一个时期的组织，物资配送和物料管理单位已完全被分离出去，即企业里一个或两个的物流运作集中点出现了，这是最初的一种功能分组。第二个时期最早出现在20

世纪60年代末和70年代初。这一时期的重要性在于“物流”被单独挑选出来，并提升到一个更高的组织水平。独立的地位可将“物流”作为一种核心能力处理，而被提升到更高组织领导地位的关键团体是“物料管理”还是“物资配送”则通常取决于企业主要业务的性质。

(3) 内部一体化阶段。在第二个阶段的组织中还没有完全的一体化物流单位的概念，一体化仅集中于物资配送或物料管理。但到了20世纪80年代，物流组织模式开始试图在一个高层经理的领导下统一所有的物流功能和运作。这一阶段组织结构层次的趋势是清楚的，它将实际上可操作的许多物流计划和运作功能归类于一个权力和责任下，其目的是对所有原料和制成产品的运输和储存进行战略管理，从而对企业产生最大的利益。

(4) 过程一体化阶段。过程一体化也可以分为两个时期。首先，20世纪90年代以来，在彼得·圣吉的学习型组织理论以及迈克尔·哈默和詹姆斯·钱皮的企业流程再造理论影响和指导下，扁平化、授权、再造和团队的思想被越来越多的企业理解并接受，企业的组织又进入了一个重构的时代。物流管理也由重视功能转变为重视过程，通过管理过程而非功能提高效率成为整合物流的核心，即过程功能一体化。物流组织不再局限于功能集合或分隔的影响，开始由功能一体化的垂直层次结构向以过程为导向的水平结构转换，由纵向一体化向横向一体化转变、由内部一体化向内外部过程一体化转变。矩阵型、团队型等物流组织形式开始发展起来，并且逐渐成为趋势。这是一个以过程导向而构建的水平组织结构。从中可以看出，对于每个过程都要组成一个特定的团队来完成具体的工作，公司高层管理人员所组成的过程管理者对团队进行领导，每个过程都设置有关键绩效目标。第二个时期在20世纪90年代中期以后，信息和网络技术的快速发展为虚拟与网络化物流组织的产生和发展提供了外部环境。特别是当企业引入了供应链管理的理念，物流从单个企业扩展到供应链上的所有企业，这些关键队伍用电子连接，用不固定和灵活的方式整合，来完成物流活动，不需要时立即解散。虚拟与网络化物流组织将成为更有效的一种物流组织运作形式——过程信息一体化。但就目前而言，企业对此类组织形式的应用探索才刚刚开始。

(二) 物流发展与组织模式演进的关系及规律

综合上面对物流发展和物流组织演进的分析，我们不难发现，物流发展的四个阶段与物流组织结构演进的各阶段之间，有着很明显的对应关系。物流的初始阶段，物流的各项职能被分散在企业的各个职能部门中，形成了分散的组织管理阶段。物流的推广阶段，很多企业为了进行有效的成本集中管理，将物流管理分为物资管理和配送管理两个功能部分，逐步形成了功能集中的组织阶段。随着物流管理内容的进一步拓展，物流管理被上升到战略的高度，为了对所有原料和制成产品的运输和储存进行战略管理，组织结构开始走向完全的一体化物流单位，即内部一体化阶段。最后，在物流的信息化阶段，迅速精确的信息分享可以使组织的所有方面一体化，使信息技术代替组织层次，通过管理过程而非功能来提高生产率，组织结构也相应由功能集中转变成过程集中，成为新企业的承重结构，即过程一体化阶段。这样一种清晰的对应关系再次证明了我们以上观点：物流发展影响和决定企业的组织结构，反过来，组织结构对物流的发展也有着重大影响。

各个国家国情不同，发展过程会有一定的特殊性，例如我国物流已经有了近 20 年的发展，但由于经济体制等因素的限制，物流的理念却是在近几年才从国外传入的，所以不同于美国等发达国家，我国国内的物流实践不是一个自然萌生、平衡发展的过程，国内很多企业的管理水平也参差不齐，与物流技术、基础设施的发展不相对应。我国的实际情况与上面总结的一般特征表现有所出入。那么，上面总结的一般过程如何才能对我国的物流发展产生借鉴，这需要我们进一步探究在过程中真正导致变革的因素，过程可能会不同，但根本的原动力不会变，这些因素就是物流发展与组织模式演进之间的规律。

（1）信息技术的发展是促进物流组织阶段形成的主要力量。从分散管理发展到功能集成阶段，最直接的原因就是将物流功能归集于一个组织，通过单一的命令和控制结构，可以加强对信息的控制和保持，避免在分散阶段所产生的信息扭曲和延迟，从而改进绩效。功能集成阶段中两个时期的更替，就是企业赢得统一的物流运作经验和成本利益后采取进一步集中的结果。

（2）物流信息系统的整合作用。第二个阶段未能将物流管理综合进一体化系统中，最根本的原因是还缺少跨功能、信息综合的物流信息系统。组织整合在反映企业信息系统能力的同时也限制于企业的信息系统能力。当信息技术发展到可以建立起独立且功能强大的物流信息系统的时候，计划和运作彻底的一体化战略单位成为现实，组织演进的第三阶段便逐渐形成了。

（3）网络技术突破了原有组织模式的局限性。独立的物流信息系统虽然已经有一定的跨功能的信息综合能力，但还是只能在企业的某一个战略单位内部共享。随着信息技术发展到网络时代，局域网在企业各部门、各战略单位的独立信息系统之间设置了接口，很大程度地减轻了为避免信息失真和延迟而必须将功能集聚到一个无所不包的组织单元中去的压力。其实，运输、库存、新产品开发、柔性的制造和客户服务等所有过程是一个整体，客户需要的往往是一个特殊的整个过程。而在命令和控制的结构中，很难取得为满足顾客某种特殊过程的需求而要求达到的跨功能的灵活性。因此，物流的理想结构仍然应该是一个把完成本职工作作为整个支持过程的一部分。当信息的控制和保持不再成为问题，组织结构又需要重新从集中回到分割，然后再用新的独特的方式将单一功能，即作为支持过程的一个部分加以组合，融入到整个物流过程中去。这就是第四个阶段中的过程功能一体化。过去的垂直层次结构向以过程为导向的水平结构的转换，由纵向一体化向横向一体化转变，矩阵型和更能紧密接触顾客，掌握全面信息的一线团队型的组织结构成为促进水平管理最能接受的结构。

（4）广域网乃至国际互联网，最终为虚拟与网络化物流组织的产生和发展提供了外部环境。特别是供应链管理中，物流从单个企业扩展到供应链上的所有企业，这些关键队伍用电子网络连接，用不固定和灵活的方式整合来完成物流活动。信息拉动，需要时联盟，不需要时即解散，这就是过程信息一体化。

(5) 利润是组织变革最根本的原因和目的。很明显，物流组织演进的趋势，起初是由分散到集中，然后又由集中到分散。当然，分散的性质和方式前后有了很大的变化。这样的变化过程是由于对信息的重视而引起的，但对信息的重视，其实最根本的原因还是为了企业改进绩效，增加利润。所以，物流组织变革的根本原因是利润，目的也是利润，即组织变革是不断提高利润的保证。

(三) 物流企业战略与组织战略的匹配

企业的总体战略对企业的组织战略具有重要的影响，钱德勒较早地论述了两者之间的依存关系。他发现，像杜邦、通用汽车等这些企业巨人，在其发展的早期由于生产和销售有限的产品，倾向于建立集中化的职能式组织结构；随着这些公司增加新的产品线、收购上游生产企业、建立自己的产销系统等，在实行纵向一体化战略后，企业出现了协调各个生产环节的中心办公室机构；此后企业为了避免投资或经营风险，开发或兼并与原有产品或行业毫不相关的新产品或新业务，实行多样化经营战略后，企业的组织结构就变成了事业部的组织结构。因此，他得出了这样的结论：组织结构服从于战略，公司战略的改变会导致组织结构的改变。吉尔布莱斯和卡赞佳对战略与组织结构的匹配提出了更具体的指导原则，他们建议：①单一业务和主导业务的公司，应当按照职能式的结构来组织；②实行相关产品或相关服务多样化战略的公司，应组织成事业部的结构；③采用非相关产品或服务多样化战略的公司，应组织成复合式或控股公司式的结构。

波特虽然没有直接讨论战略与结构的匹配问题，但在提出总成本领先战略与差别化战略两个一般竞争战略时，也列举出了这两种战略在企业组织上所对应的不同要求。对总成本领先战略来说，企业组织要求严格的成本控制系统，经常而详细的控制报告，组织严密、责任明确、以定量目标为基础的奖励系统等。而对于差别化战略，企业组织则要求在研究与开发、产品生产和市场营销等部门之间有良好的协调性，重视主观评价和激励，而非定量的评价系统，营造轻松愉快的氛围等。可以看出，总成本领先战略要求由机械式的结构与之配合，而差别化战略则要求由有机式的结构与之相匹配。只有战略与组织结构达到最佳配合时，才能使战略达到它的目标，产生最大的效益。

1. 物流企业的组织战略服从总体战略

组织最重要的功能可能就是要为贯彻总体战略提供一个协调机制，而且它一定会随着总体战略的变化而进行必要的调整。钱德勒为此研究了包括杜邦、通用汽车、西尔斯、标准石油在内的美国大公司，得出结论认为：是公司战略的变化导致组织结构的变化，而且随着企业战略的演变，企业组织形式会由一种形态转变到另一种形态。虽然各物流企业的实际情况各有不同，但是一般来讲，随着多样化战略的实施，物流企业组织上的多部门化也将不得不予以相应的匹配与实施。由此，根据总体战略的不同，物流企业的组织结构也可以由简单的直线制变化到复杂的事业部制、战略事业单位制、混合制等。

如果物流企业经营单一的事业或经营多项的事业，当企业总体战略分别为扩张战略、维持战略、防御战略时，组织结构一般都会有相应的变化。当物流企业经营单一事业时，如果企业实施扩张战略，企业往往开始从事第二项或第三项事业，由此，物流企业更要增加新的战略事业单位；如果竞争激烈，物流企业实施维持战略，企业一般不会从事多样化经营，由此而需要维持和加强原有的单一事业的组织结构；如果物流企业面临竞争者严峻挑战，它当然只能注重于求其生存，因此在组织上、资源的分配上只能将力量加强于自己的一些薄弱环节。同样当物流企业经营多项事业时，如果企业实施扩张战略，企业的战略事业单位会增加不少；在维持战略的状态下，则主要是维护原来的组织结构；如果实施防御战略，有些处于竞争优势的战略事业单位、生产经营部门就会被得以保留，而处于劣势的部门则有可能被淘汰。

物流企业组织结构越复杂，越说明物流企业处于多种战略混合并存、混合实施的状态。物流企业的总体战略变化、发展越多，企业的组织战略变化、发展也越多。然而，物流企业也会力图避免过多地更改企业组织结构，因为它会损失企业效率、分散企业资源，以及造成企业运行的停顿，无论在短期以及长远的利益上，都会遭致不可挽回的损失。不过当物流企业既有的组织结构不能有效地贯彻、执行企业新的总体战略时，它的变化将难以避免。

钱德勒认为，企业组织变革一定是遵循这样一种次序发生：公司新战略的实施，新的管理问题出现，经营绩效下降，组织创新，利润回到以前的水平。钱德勒的研究结论也为近年来许多研究所证实。只有当企业处于某种垄断地位，其战略的改变无须组织相应变革的支持。

2. 组织战略制约着物流企业总体战略

如何选择物流企业的总体战略？其标准很多，物流企业的组织结构及其运作也是其中之一。虽然这些标准的重要性随物流企业的不同而不同，然而组织战略对于总体战略的影响却是普遍地存在。在一个集权体制下，物流企业的总体战略主要是由企业高层管理人员来进行分析、研究并作出决策的。物流企业的总体战略往往比较倾向于那些能体现企业总体资源的优势及其主要的竞争优势，而且总体战略往往烙上了较多的风险性特征。在分权体制下，企业的各个层次、各个部门都被鼓励来参与企业的重要决策，如此，代表着不同部门的经理人员就往往代表着不同的群体利益，而且甚至也代表着他个人的利益，通过多次的循环往复的谈判，那些在企业总体结构中处于重要地位的部门、扮演重要角色的经理往往会具有更多的发言权，因此企业的总体战略往往会倾向于这些部门及经理的意见，并为其发展在客观上提供一种资源的支持。但是由于物流企业总体战略的决策往往是多种力量冲突、协调和平衡的结果，它更多地具有稳健性的特征。特别是企业的经理人员本身的价值观念、经营管理作风也会影响企业总体战略的选择。有些经理认为：物流企业的组织战略应该服从企业总体战略，而总体战略又必须受制于企业的外部环境。所以，他们持一种随机应变的观点，强调组织战略经常变化的客观性与必要性。而有些经理却持一种谨慎、稳重的态度，他们偏好于保持组织结构的稳定，并总是试图去寻求与这种稳定性相一致的企业总体战略。

同时，物流企业的总体战略能否有效地实施也受制于许多因素：第一是企业所确定的基本的战略目标的合理性与现实性；第二是企业所持有的价值标准与企业文化；第三是企业所经营的服务的顾客的范围；第四是企业所应用的主要技术的水平与类型；第五是企业的外部环境的特征及其不确定性；第六是企业的资源条件、企业所拥有的资源基础；第七是企业的组织结构；第八是企业各部门沟通与协调的方便性与有效性；第九是企业人际关系的状态；第十是企业高层管理人员的决策风格。在这些影响物流企业战略有效实施的因素之中，有不少是属于组织战略的范畴，如上面所提及的第六项至第十项因素均是如此。可见，组织战略虽然要服从于总体战略，通常要滞后于总体战略决策而决策，但一旦予以规定，却反过来会影响总体战略的实施。如此反映了组织的最基本功能在于保证总体战略的有效实施。当它不能与总体战略相匹配的时候，它就会起破坏作用；反之则会起到保证和促进的作用。

物流企业总体战略的变化总是要求企业组织战略予以相应的变化，反对这种变化将使企业总体战略缺乏实施的必要性，而在诸多阻碍因素之中，最具有能动作用的往往是那些在组织中被赋予明确的职权与地位的经理人员，他们往往会从自己的利益或自己所代表的部门的利益出发，来影响组织变革。由此而会表现出一种权力之间的争斗和较量，特别是当企业组织的变革成本可能会很高时，反对的力量就会变得异常强烈，由组织变革所带来的好处却往往都被置之一边。而在其中，情感上的反对因素往往会占据着很大的比重，由此逻辑的成本收益分析就会变得一文不值，这是组织变革往往陷入困境的关键原因所在，也体现了组织战略对于企业总体战略的制约。

无论如何，组织战略与企业总体战略要形成一种匹配和平衡的关系。当两者关系的变化、发展破坏了这种平衡，企业就会陷入混乱，甚至陷入一种崩溃的危机。而两者之间的平衡发展，却经常能够使企业的组织资源比较有效地支持企业总体战略。企业总体战略也往往能够在一个富有弹性的、具有包含力的企业组织框架中，不断地寻求对环境制约的突破和自身的发展。

总之，对于物流企业来说，组织战略与整体战略的匹配非常重要，例如企业中的物流这个部门，若物流的组织战略与整体战略不匹配，就不能达到减少成本，优化企业资源的作用，反而会适得其反。物流组织战略要服从、要与整体战略匹配，这样才能使物流功能在企业中得到巨大发挥，给企业带来利润。

企业战略与组织战略匹配典型案例——联想集团

联想集团之所以成为在国际市场上竞争力较强的企业，其中战略和组织结构调整作出了很大贡献。联想集团进行过四次大的战略和组织结构调整。

联想集团成立初期，企业规模小，其目标是开发出一种产品或服务以求生存。为了保持组织的灵活性和快速决策能力，采用了非正规化和没有权利登记的简单结构，由总经理直接指挥，权力高度集中。但随着企业规模逐步扩大，高层领导者需要处理的问题日益增多，于是实行了“集中指挥，分工协作”的直线职能制，适应了当时市场需求多样化和进军海外市场的要求。联想集团在1990年获得PC机生产许可证后，直线职能制难以适应规模、业务和经营区域扩大及多样化、国际化的要求。为了实施“发展战略”，联想集团将经营部门按产品划分为14个事业部，建立了多中心事业部制的组织结构，这一转变成为其走向成熟的重要标志。联想集团在20世纪90年代中后期，针对世界存储器市场剧烈动荡、北京和中国香港没有一个统一的指挥中心等问题，进行了一系列组织结构调整，进一步完善了公司总部和事业部的集权、分权体系，建立地区平台，整合后设立了六大业务部门，形成了以产品事业部为基础、以地区平台为全国性网络基础的新的“舰队结构”。

联想集团在2004年服务上没有突破时，调整了企业战略，把技术、服务、国际化作为战略目标，提出先做好两元化，再发展多元化的方针；统一了中央市场部，把七个销售大区细分为18个分区，实现了组织结构的扁平化以及管理层次的减少；将六大业务群组调整为三大业务群组。

五、战略与文化之间的匹配关系

企业文化是一种独特的混合物，它包括组织的价值观、传统、信仰以及处理问题的准则。伦纳德·巴顿（Leonard Barton）认为不同的能力是由技能和知识、技术系统、管理系统、价值与规范按不同比例组合而成。文化是以价值观和规范为主体的重要资源，是影响资源利用效率的关键因素，也是形成能力的路径依赖性的主要原因之一。

文化冲突是并购企业整合过程最难以克服的障碍之一。目标企业与并购企业的文化匹配直接影响并购后整合的难易程度。由于并购的整合成本是并购协同增值的扣除项，所以组织文化匹配度也会影响到并购的实际收益回报。企业并购是组织机构调整的一次变革，这必然对人们固有的思维习惯和意识形成强大的冲击，并能带来很大的差异和不适应，这也给组织机构调整带来诸多问题，有时十分严重，并可能导致组织创新难以进行。一个看起来高度和谐的组织，或者一个表面上看能够带来并购协同效应的组织，可能潜藏着严重危害双方和睦共处的文化。

并购所要解决的一个突出问题，就是两个文化主体的文化如何相互包容与吸纳。不管是将并购方的文化植入被并购的组织中，还是融合双方的文化，创造新的组织文化，都相当于一个文化重建的过程。并购活动对目标企业文化进行的融合和再造，必然会引起企业核心价值观念的震荡，进而引起组织、员工、制度、流程、技术等多方面的深刻变化。许多企业并购的失败都源于原有文化基础的破裂所致的高级管理人员离职和骨干员工跳槽，各项规章制度陷于瘫痪，原有核心流程被打乱。因此，文化的融合与再造是对并购企业的一项重大挑战。并购双方能否成功“联姻”，在很大程度上取决于并购前对并购双方文化可融合性的考查。

英国管理学家查尔斯·汉迪（Charles Handy）指出，正如有许多不同的组织结构、业务和过程一样，也有许多不同的组织文化。汉迪认为各种类型的组织结构有与它自己相匹配的文化，而不是互不相关的。这两者作用的结果是互相支持、互相印证。但是，当两者不匹配时，或者一个改变而另一个保持不变时，就会导致冲突。如果组织结构不支持所期望的新文化，那么改造企业文化就会更加困难，甚至走向失败。比如，一个企业希望把现存的文化改造成一种鼓励员工参与和权力下放的文化，而它的组织结构仍延续过去严格的等级关系，它的管理系统还是强调上下级之间进行详细的请示汇报，在这种情况下，员工们就不会去尝试新文化，那些与新文化不协调的旧的行为方式也就难以消除，因为它没有在组织结构上进行与新文化要求相配套的改革。所以，在改造企业文化的同时必须调整组织结构，使之与目标文化相匹配，这一点非常重要。

此外，企业文化既影响战略和组织结构，又受战略和组织结构的影响。在改变企业文化的时候，必须考虑目标文化与战略、目标文化与组织结构的匹配性问题，战略和文化之间必须一致。通常，实现新战略是企业改造文化的主要动力。企业现有的文化往往是与其过去的战略相适应的，当企业采取新的战略的时候，必然会产生文化对战略的不适应。比如，一个企业所采取的战略依赖团队精神，而所采纳的文化却助长内部个人的竞争，其结果就是文化与战略相背，并且妨碍战略的实现。因此，新文化必须匹配战略要求，这样才能既塑造新文化，又能实现战略目标。

这里主要介绍与进攻型、防御型、撤退型企业战略相匹配的企业文化。

战略与文化匹配典型案例——联合利华公司

联合利华公司作为一个负责任的跨国公司，其企业文化独具特色。联合利华企业文化的核心是“以业绩和生产力作为企业的中心”，目标是改善人们的日常生活方式，扎根于当地市场并掌握地区文化第一手资料，并且将世界一流的企业管理理念应用于全球，更好地为世界各地的消费者服务。联合利华公司的文化氛围是努力工作、注重诚信、尊重员工、尊敬顾客并且关心周围的环境。

联合利华公司的企业战略，主要包括两方面：一是集中化战略；二是本土化战略。集中化战略包括企业集中化和品牌集中化；本土化战略包括人力资源本土化、采购本土化、资本运作本土化、研发本土化、品牌本土化和形象本土化等。在联合利华公司两个企业战略的基础上，该公司还注重战略的创新。

由于联合利华公司具有“以业绩和生产力作为企业的中心”的企业文化，所以它实行

“为了减少成本，达到利益最大化”的集中化战略等企业战略。

联合利华公司的企业战略对公司的企业文化发挥着积极的作用，联合利华公司深知自身的独特的企业文化需要非常全面、具体的企业战略来促进，同时，企业文化也需要企业战略的变革来推动。而反过来讲，企业文化也会对企业战略发挥持续、长远的影响，决定企业战略的选择、影响企业战略的实施，甚至会左右企业的发展战略等一系列行动。所以，在联合利华公司，企业文化与企业战略是相辅相成、互相制约而又互相促进的。

正是基于联合利华公司多年的高瞻远瞩，在企业文化和企业战略的推动下，联合利华公司从本土走向了全欧洲，又从全欧洲走向了全世界，成为世界上绝大多数国家日化产品的必然选择，甚至在某些国家，其产品的市场规模已经超越了全球第一的日化企业宝洁。

（一）进攻型战略的企业文化

实施进攻型战略的企业主要通过技术开发、产品开发、市场开拓、生产扩大等策略不断开发新产品、新市场，掌握市场竞争的主动权，提高市场占有率。与此相适应的企业文化应当以“持续创新”为核心，营造一种有利于创新、尊重个性、鼓励开拓、不怕失败的宽松氛围。这种类型的企业文化具体包括以下特点。

（1）企业员工等级身份模糊，行为随便，不拘小节。

（2）企业成员具有高度的冒险精神及承担重任的勇气。

（3）企业拥有高效的、斗志昂扬的、渴望成功的环境。

（4）企业重视个人的协调能力和在不确定的社会环境中完成工作的能力。

（5）在实施决策前，对重要问题具有强烈要求取得共识的倾向。

（6）企业鼓励全体员工都能独立思考、锐意进取，并善于采纳普通员工的合理建议。

（7）企业对因各种创新而给组织带来良好效果的成员予以高度评价赞扬。

（8）高度重视积极性冲突，希望员工在任何竞争市场都积极主动地为自己的意见进行激烈辩论。

（9）职位与收入严格与个人实际工作绩效相联系。

这种进攻型战略的企业文化要是与其他企业兼并或是重组，必须要考虑清楚所兼并或重组的对象在文化上是否与其相匹配，是否能适应进攻型的战略，如是不能重组后的企业可能会丧失其原有的企业特色，重新塑造企业的文化是很困难的，所以应该要在兼并或重组前慎重考虑文化之间的匹配。同样对于进攻型战略的文化企业来说，将非核心业务外包给第三方物流公司的时候，要考虑到外包的第三方物流公司文化是否能与其文化相匹配，是否会真正的给企业集中资源来更好的发展核心业务。

（二）防御型战略的企业文化

实施防守型战略的企业为应付竞争对手的挑战，规避激烈的市场竞争，投入的资源仅用于维持现有的竞争地位，希望取得稳定发展，以守为攻、后发制人。与此相适应的企业文化应坚持稳重、严谨，注意管理细节的工作作风，提倡遵守纪律、循规蹈矩、审慎行事、勤勉敬业，强调严格控制和高度规范化、秩序化、标准化。这种类型的企业文化具体包括以下特点。

(1) 企业内等级层次分明、正规刻板。

(2) 办公室秩序井然，严肃寂静。

(3) 人与人之间彬彬有礼，和气有加，经常使用技术或行政称谓。

(4) 具有很多反映身份和地位的标志。

(5) 行动速度缓慢而谨慎，非常重视计划、程序、时间性。

(6) 决策一旦制定就必须坚决执行。

(7) 员工之间互相尊重对方意见，鲜有观点争论。

(8) 管理人员在职责范围内提出的建议常能得到重视并付诸实施，不能容忍下级不服从上级的现象。

(9) 权力受到高度尊重，尽量避免冲突。

(10) 具体根据个人实际完成工作情况和私人背景而确定员工职位和收入水平的标准。

与进攻型战略的企业文化类似，如是企业要与其他企业进行兼并或是重组，企业的管理者应考虑所兼并或重组企业的企业文化是否能够在战略上适应自己的防御型战略，从而达到兼并或重组企业的目的。

(三) 撤退型战略的企业文化

撤退型战略的企业文化常常在竞争中处于不利地位，或者其产品处于衰退期而严重滞销，或者财务状况恶化，等等。此时，企业不得不牺牲一定的眼前利益来面对严重的竞争威胁。

一般情况下，长期在某部门工作或参与某种产品生产与销售的员工，当遇到该部门或该产品被撤销的情况时，他们可能会因为无法继续工作而失去工作、晋升的机会，因此，撤退型战略会遭到他们的极力抵触。此时，企业若不能以恰当的形式来回报员工以往的贡献，不仅会助长当事人的不满和抵触情绪，而且也会影响员工士气，进而影响企业战略的实施。更糟的是，这样很有可能会破坏企业长期以来形成和保持的文化氛围。

从企业外部来看，企业与其供应者、合作者、消费者之间的彼此信任的关系是通过长期努力而建立的。因此，企业实施撤退型战略，要处理好这些关系，努力保持良好的企业形象，避免带来长期的负面影响。

为此，实施撤退型战略的企业必须借助于企业文化来达到战略目标。与此相适应的企业文化应当既能在企业内部营造人心安定、士气不减的氛围，又能继续保持良好的公共关系和企业形象。

撤退型战略的企业文化可以很好地适应其他企业的文化，在面临兼并或重组时，尽量把自己的撤退型战略融入其他企业文化中，在激烈的市场竞争中把握商机，提高企业的利润。

第二节 物流战略协同

“协同”来源于希腊文“sunergia”，本意为“共同工作”。“协同”表达了处理和解决问题的方式，以及事物发展过程中的状态，即为实现系统总体演进的目标，各子系统或各元素之间相互协作、配合、促进所形成的良性循环态势。

一、战略协同

（一）定义

战略协同（Strategic Synergy）是公司战略中的一个重要的概念。战略协同就是具有两个以上业务单位的公司在确定长期目标、发展方向和资源配置的战略管理过程中，公司拥有的技能、资源在企业内部通过沟通和交流的方式形成核心竞争力，核心竞争力在各个业务单位之间转移和共享，从而获得公司整体业绩的提升。“1＋1＞2”就是对战略协同概念最通俗的解释。

战略协同包含以下两个相互联系的内涵。

（1）协同效应，即因为协同作用而获得的好的结果。

（2）通过资源和能力的整合，识别和实现协同效应获得竞争优势的动态过程。

因此，企业战略协同具有以下两层含义。

（1）企业现行战略形态与新战略形态在战略体系进程上的协同性，以保持企业战略安排在时间顺序上的动态协同。

（2）在一定时期内保持相对稳定性的战略体系的横向静态协同性。

简而言之，战略协同具有“静态横向协同、动态的进程协同”特性。企业战略协同效应的追求使企业的有限资源在战略作用下发挥最大的效用，为合理配置企业资源提供战略方向。

战略协同的特点就是资源运用最大化，资源配置合理化，且成本很小。只要换个角度思考问题，换种方式解决问题。

（二）战略协同的必要性

为了说清楚实施战略协同的必要性，必须从企业集团产生的原因说起。由多个单一的企业联合组成企业集团，已有一百多年的历史了。企业集团作为一种社会生产组织形式，是社会化大生产发展的产物。企业由分散从事生产经营活动转向发展联合，是迫于激烈的市场竞争的压力和对资本增值的追求，是着眼于企业集团的综合优势和放大效益，动因归结起来有以下五点。

（1）可以创造新的生产力。

(2) 可以节约交易成本。

(3) 可以获得规模经济效益。

(4) 有利于实现多元化经营，分散市场风险。

(5) 可以享受国际分工的好处。

管理经济学界对如上动因的研究发现，第（2）点具有特别的重要性。著名美国经济学家、现代企业理论的开创者科斯于 1937 年提出了所谓交易费用理论，破解了现代企业集团产生和存在的真正原因。

这个理论的基本要点如下。

(1) 市场经济用价格配置资源，一切都可以买卖。

(2) 市场通过契约完成交易，市场交易是有成本的（例如收集信息、进行谈判，以及选择最合适的价格等费用），市场交易成本往往颇高。

(3) 市场交易按公平原则进行，是双向选择，“看不见的手”在起作用。

(4) 如果将部分市场交易转移到企业内部，由企业的经理和工长们的指令配置资源，用“权威”，以“看得见的手”完成交易，则可以节约按照市场价格机制来配置所花费的交易费用。科斯认为，所谓企业集团，无非是节约市场交易费用的一种组织。

科斯就这样从理论层面揭示了：节约交易费用是企业集团诞生和存在的根本理由，并且指出用“权威”以“看得见的手”在企业集团内部完成一些交易，可以达到节约交易费用的目的。

(三) 战略协同的内涵和实施

对于一个拥有众多成员，且业务实现多元化的大型企业集团来说，战略协同所涉及的范围很广，可谓涵盖到各个方面；实施战略协同的机会很多，可以说机会无处不在。根据投资收益率公式中的元素，可以将战略协同分成四大类。

(1) 销售协同：当使用相同的销售渠道、营销队伍或贮运方式时，就有可能发生销售协同。如果一个产品系列中的各种产品彼此相关，公司就有机会进行联合销售，营销队伍的生产效率也就可以得到提高。共同的广告宣传、产品促销活动以及原有的良好声誉，都可以使每一个单位的投入产生更大的回报。

(2) 运营协同：这种效应主要源自对人员和设备更充分的使用，对日常管理费用的分摊，学习发展周期的同步性以及大批量采购等方面。

(3) 投资协同：这种效应主要来源于对厂房、机器设备、安装维修、原材料以及研发成果等进行共享的机会。

(4) 管理协同：这方面所涉及的范围就更广阔，内容更为丰富，因为管理概念本身所涉及的范围很广。如果将公司内的所有经营管理职能分成“日常管理”“研究开发”“生产制造”和“市场营销”四类，统计分析发现，在相当多的行业中，“日常管理”这个领域（包括会计、财务、劳资关系、公共关系等）的协同效应水平往往是最高的，这是个实现竞争力转移效果最好的领域。而事实上，“日常管理”仅仅是对企业管理的狭义理解。

把协同分成以上四大类，不见得能将战略协同的内容或实施机会涵盖全，因此，也有人将协同的内容细分，如组织协同、资产协同、信息协同、技术协同等。

其实不必计较如何分类，对战略协同的内涵和实施机会，把握住两点就够了：一是战略协同的内涵是十分丰富的，实施的机会是非常多的；二是如果把企业的资源分成实体资产和隐形资产两大类，在隐形资产方面实施战略协同，往往具有更大的价值。

在战略协同的实施问题上，总结国际上一些企业成功经验或失败教训，可以得出如下一些结论。

（1）不同的公司有着不同的实施战略协同的条件，也有不同的实施战略协同的能力。公司领导层和研究策划人员应充分、客观地分析自身企业的实际情况，结合外部竞争环境做出部署，盲目照抄别人的经验不一定可行。

（2）各公司存在着这样或那样的战略协同机会，但这些机会是随着企业内部本身的发展和外部环境的变化而变化的。能否及时把握协同的机会，能否准确识别协同机会，是对公司领导者是否精明的重要考验。当然，识别协同机会，建立在对集团内企业间的关联度或相互依存关系的分析。

（3）实施战略协同，同样是需要成本的，实施的途径是否可行、是否科学也十分重要。所以在战略协同实施前，必须进行谋划，进行设计。“预则立，不预则废”，一些企业获得成功，而另外一些企业却遭遇失败，同样验证了这个道理。

（4）推行战略协同，公司的管治权威十分重要。没有管治权威的企业，严格地说，就没有实施战略协同的资格。同样，如果一个企业的执行力不足，在推行战略协同过程中，也往往导致失败，这也是经外国的一些案例研究证实了的。所以说，为了获得战略协同效应，建立公司管治权威和提高执行力都非常重要。

（5）协同效应是富有系统性或综合性色彩的组合方面的问题，是通过系统的协作来有效配置资源的问题。因此，要特别重视“系统”二字，如果没有系统性的配合，光靠单一的个别措施，很难达到集团整体效益的最大化，难以获得“2＋2＝5”的协同效应。实施战略协同决非某些部门、某些层次或某些子公司之事，而是整个集团、全系统之事。也正因为如此，全体人员应建立共识、全情投入。

二、协同物流战略

（一）定义

协同物流就是指当已有的物流资源难以满足生产经营活动的需要，公司与供应商、其他企业以及相关客户联合起来为有效解决物流需求而开展物流服务协作。协同物流具有网络经济的成本优势，是供应链管理的进一步发展。它将企业控制范围扩大到供应链上所有节点企业，第一次让企业可以及时获得供应链中完全的信息，最重要的是它让企业知道产品的状态，如生产、运输以及能否按时到达等。协同物流是以 Web 为基础的主机软件服务，它使生产企业、零售企业、运输企业用更低的成本解决企业内外物流问题。

（二）协同效应

协同商务的运用，促使物流领域逐渐接受了协同概念，一些协同物流模式应运而生，它们打破了技术层面的界限，通过物流活动的互补和物流资源的共享来实现高效便捷的服务，并产生了相应的协同效应。

1. 规模经济效应

“1+1>2”的协同定义首先使人们想到的是规模经济效应。这种规模经济带来的协同效应与企业的储、运过程密切联系，所获得的规模效应可以直接观察到。企业通过对仓储和运输过程的协调管理，发挥资源的组织协同效应，就可以在技术水平和要素组合比例不变的条件下，通过扩大规模，降低单位产品的物流成本。发生规模经济效应的主因是仓储协同和运输协同。

2. 范围经济效应

范围经济效应更能够反映出物流协同的实质，即通过不同业务之间的协调管理，企业以更低成本和更快速度发挥已有的资源优势，并建立起新的竞争优势。范围经济与规模经济既相互联系又有所区别。如果增大投入，企业能够减少单位成本，则存在规模经济；如果随着企业物流业务多样化增加而减少成本，则存在范围经济。

通常企业用平均成本来定义规模经济，而用相对总成本来定义范围经济，即企业多个物流业务同时进行的总成本小于单个业务各自分别进行的成本总和。范围经济效应主要体现在配送协同（多个环节共同分摊物流费用）、仓储协同（共用仓库和设备）、包装和加工工序的操作协同（共同利用操作设备、技术、人力）上。

3. 管理协同效应

管理协同效应是指贯穿于不同物流业务之间，在财务、法律、会计和人力资源等企业基础设施和管理活动方面形成的协同效应（主要指管理效率的提高和管理技巧的顺利转移）。

4. 学习效应

学习效应是指因物流活动中产生经验而导致单位成本减少以及业务中新协同的产生。学习效应是通过物流环节间的相互沟通和协调，形成内部价值网络，从而建立有效的协同合作方式。学习效应是物流协同效应的核心，不仅为物流系统的协调合作提供了坚实的基础，而且可以创造新的协同机会。

（三）协同物流的类型

从性质上分，协同物流的类型可以分为防御型和竞争型两种。

防御型协同物流。公司经营者在对以往竞争对手或新对手进行分析比较后，如果发现公司自身的经营模式存在着一定的缺陷，此时物流协作活动的开展将有助于公司选择合理的发展经营模式，使公司至少拥有与竞争对手同等的竞争实力，甚至可具备超越竞争对手的实力。

而对于竞争型协同物流活动来说，不管公司在供应链中处于什么位置，制造商、零售商或是服务提供商，理解、拓展和采用物流协作活动将可使公司在竞争中取得强势的地位，从而获取一个全新的有统治力的开端。以往，公司物流师无法参与公司的未来发展规划，只能等待公司规划的完成。新的开端意味着物流师们可以开始在公司的规划中发挥其应有的作用了。

（四）协同物流的特点

协同物流的显著特点有以下几点。

（1）管理高度信息化。协同物流各参与方主要依靠先进的信息技术进行信息沟通。由于有了互联网，信息的实时性得到了有效保证，因此，参与方自身管理的信息化程度很高。

（2）信息共享。高度信息化是协同物流的基础条件，信息传递的目的是信息共享，通过分享物流流动方向、流动数量的信息，使得参与企业可以有效地进行调度和分配资源。

（3）资源协同调度。从信息共享到资源协同，这是协同物流的更高一个层次。各个企业所拥有的优势资源是不一样的，信息共享传递了物流服务的供求情况，通过包括车辆、仓库、人员、设备等资源的协同调度，提高了物流服务的弹性。比如在服务路线、物流数量上进行搭配，可以减少车辆空载率，提高仓储空间的使用率。同时，通过把网络和扩展的供应链集成平台，协同物流把物流管理战略业务拓展到了单一企业组织以外，企业可以看到它的货物的整个物流过程，并与新、旧贸易伙伴联合以最大化物流资源的利用率，这样就可以与供应商、贸易伙伴组成的整条供应链上的所有成员共同来分享效率的提高和成本的节约。

（4）协同共进。以管理高度信息化为保障，以信息共享、物流资源的协同调度为手段，协同物流通过优势互补使各参与方协同共进。

（五）实现物流系统协同的几个层次

这是系统发展的内在规定，是对系统的各种因素和属性之间的动态相互作用关系及其程度的一种反映。发展协同物流就是使物流系统各环节、各层次、各部门之间互相配合，协调发展，发挥系统“1＋1＞2”的功效。从可持续发展角度来说，发展协同物流，可以使资源得到集约化的利用，在提高物流效率的同时，减少对资源的获取，降低排放，实现对环境的净化。实现物流系统可从以下几个层次考虑。

1. 物流各环节内的协同

物流活动由运输、仓储等环节构成，而这些环节包括具体操作环节。物流环节本身运作过程的协同应该通过这些具体操作的协作配合来实现。以运输环节为例，在选择运输方式时，应充分考虑各种运输的技术经济特性，如铁路运输运输批量大，距离远，对环境污染较小；公路运输机动灵活，适合门到门运输，对环境的影响较大等。因此，我们应开展联合运输，发挥各种运输方式的长处，把它们有机地结合起来，实行多环节、多区段、多运输工具相互衔接进行商品运输。

2. 物流各环节间的协同

物流各环节间也要彼此协调。例如，在包装环节，"零包装"是最节约资源，不产生废弃包装物的包装方式。日本、美国等发达国家在国际货物运输中推行了水泥的裸装运输，这是合理的。但如果片面强调无包装技术，就达不到运输、装卸的目的。储存中所要求的强度、刚度等各种性能指标等要求必然会带来商品耗损率上升，很有可能造成废弃物的增加，加重对环境的污染。

3. 供应链上的协同

这是要求供应链上的企业以一种协调的方式运作，把供应链看作一个完整的运作过程对其进行管理，企业之间形成利益的共同体。供应链的协同需要实现信息共享，将市场上产品需求及数量准确地反映给上游的生产商、销售商。这样可以减少产品的退货及不必要的库存，使运输、仓储等资源得到有效利用。此外，供应链上的企业可以保留其核心竞争力，将非核心的物流服务外包给第三方物流企业，这样有利于在更广泛的范围内对物流资源进行合理利用和配置，可以避免自有物流带来的运输效率低，配送环节烦琐，城市污染加剧等问题。

(1) 供应链协同管理。供应链协同的基本思想就是以全球市场和客户需求为导向，以提高全球市场占有率和获取最大利润为目标，以协同商务、相互信任和双赢机制为商业运作模式，以核心企业为盟主，通过运用现代研发技术、制造技术、管理技术、信息技术和过程控制技术，达到对整个供应链上的信息流、物流、资金流、业务流和价值流的有效规划和控制，从而将客户、研发中心、供应商、制造商、销售商和服务商等合作伙伴连成一个完整的网链结构，形成一个极具竞争力的全球供应链战略联盟。

(2) 供应链协同内在动因。供应链协同的外在动因是为了应对竞争加剧和环境动态性强化的局面；其内在动因包括：谋求中间组织效应，追求价值链优势，构造竞争优势群和保持核心文化的竞争力。

首先，谋求中间组织效应。在市场经济条件下，企业之间所发生的关系一般可以归结为两种类型：一是组织外的关系（通过市场交易与其他企业发生联系），处于这种关系中的企业之间以竞争为手段，采取导致自身利益最大化的行为，这实际上是供应链的分布式管理；二是组织内的关系，不是在市场中交易，而是在企业组织内部（例如总公司与子公司、企业集团内的成员公司之间发生联系）交易，在这种情况下，企业会根据组织整体（总公司或整个集团）的计划或指令采取能导致整体利益最大化的行动，这实际上是供应链的集中控制。现实中企业之间还存在一种“中间组织”关系：它们通过技术、资本、人才等方面的交流，既不完全采取导致自身利益最大化的行为，也不完全采取导致共同利益最大化的行为；它们的关系在形式上保留着许多市场交易关系（以价格为决策依据）的特征，又融入了一些组织内部关系的特征（企业之间关系已带有固定性）。中间组织既具有内部一体化组织的一些控制和协同优势，又保持了市场的灵活性。这实际上就是供应链的协同式管理。供应链上的企业之间的协同，动因之一正是为了谋求“中间组织效应”，主要表现在三个方面。一是稳固、强化企业之间的协同关系。市场竞争环境的剧烈变化使企业之间协同的必要性和重要性日益凸显，但是追求自身利益最大化的动机往往会破坏乃至摧毁这种协同关系。为了稳固和强化彼此之间的合作关系就有必要通过公司协议或联合组织等方式结成战略协同组织。二是发挥协同效应。作为协同中的一个企业比作为一个单独运作的企业所能取得的更高的盈利能力就是所谓的协同效益。罗伯特·巴泽尔和布拉德利·盖尔认为协同创造价值的方式主要有四种：①对资源或业务行为的共享；②市场营销和研究开发的扩散效益；③企业的相似性；④对企业形象的共享。三是避免企业组织规模扩大可能产生的问题。著名战略学家迈克尔·波特认为，从根本上说，竞争优势来源于企业能够向顾客提供超过竞争对手的价值。其中，价值就是顾客愿意为企业提供给他们的产品所支付的价格。较高的价值源于以低于竞争对手的价格向顾客提供同等的利益，或是提供远远超出较高价格的独特利益。企业要做到这一点并形成竞争优势，必须具备一定的规模。规模的扩展可以增强企业的竞争力，但过大的规模也容易产生一些弊端：①由于规模不经济而使获利水平下降；②缺乏灵活性；③管理效率下滑；④从某一行业退出成本较高。企业参与供应链协同，能保证成员企业的基本独立性，从而避免了组织规模扩大可能产生的弊端；同时又通过成员企业之间的合作互助获得协同效益。

其次，追求价值链优势。企业的目标是获利，实现这一目标的途径是不断创造价值。企业创造价值的过程是由一系列互不相同又相互联系的活动组成。包括研究开发、设计、采购、生产、营销、交货以及对产品起辅助作用的各种活动，这些环节组成的集合就是价值链。

企业要获得和保持竞争优势，不仅取决于对价值链的认识和组织，而且取决于对整个产业价值链的理解与适应。不仅如此，随着社会分工的不断深化和细化，技术创新及其推广速度的加快，市场范围日益扩展至全球化，价值链的增值环节变得越来越多，结构也更加复杂。价值链的不断分解使企业不可能也没有必要从事所有的价值链活动。价值链不仅在分解，而且在不断整合。在市场竞争激烈、生产能力相对过剩的条件下，市场上不断分化出许多相对独立的、具有一定比较优势的增值环节。价值链增值环节以及组织结构不同，价值链创造的价值也不同。企业可以根据对市场环境和内部条件的分析，设计出新的价值链，把分解的增值环节整合起来。价值链的整合，一是整合竞争对手忽略的环节；二是寻求新的价值链结合方式。二者都可能使企业获得新的竞争优势。整合可以采用一体化的方式，也可以通过协同方式来完成。由于整合效果的不确定性，具有一定的风险，实行供应链协同具有一定的灵活性和较低的退出成本，可能是较佳的选择。价值链的分解与整合都是企业生产与组织的创新，用于提升企业的竞争力，这也是供应链协同的第二个动因。

再次，构造竞争优势群。面对当今日益复杂的经济环境，企业之间的竞争日益成为全方位的竞争，任何企业要获得持续的成功都不能再简单地依靠一种竞争优势，构造一组动态的竞争优势群系统越来越显示出必要性和紧迫性。

所谓竞争优势群就是具有不同诱因、可持续性和作用空间的竞争优势所构成的持续演进的竞争优势系统，其构成要随着时间的推移而不断发生变化，有的竞争优势逐渐丧失，也有新的竞争优势不断产生。典型的竞争优势群包括主导优势和支撑优势。竞争优势群的动态发展包括竞争优势的创造、维持、增强、权衡和创新诸环节，并不是每一个企业都有能力构造必要的竞争优势群系统，就算能自己构造也颇费时日，并有可能错失发展的良机。供应链协同是一种较为便利和便宜的方式，可以使成员企业优势互补，形成共赢局面。企业在强化主导竞争优势的同时，要分析、辨明所需的支撑优势，并在市场上寻求具有这些优势的潜在伙伴，与之组成战略联盟，共同构筑竞争优势群。竞争优势群系统建立起来以后，有一个动态发展的过程。协同成员要相互督促伙伴维持、强化各自的竞争优势，同时还要共同创造新的竞争优势，必要的时候吸收具有新优势的新成员或者清除有碍竞争优势群保持的成员。

最后，保持核心文化的竞争力。许多学者预言，21 世纪的竞争将是企业文化的竞争。与企业关键竞争优势相匹配，能保持并促进企业竞争力的企业文化是企业核心文化。企业文化的形成一般要经历漫长的过程，一旦形成之后很难改变。在多元化经营或规模庞大的公司，核心文化有可能被灌输在所有业务领域。如果公司非主导业务不适应企业核心文化，就会使其效率下降影响整个公司的效益。要解决这一矛盾，必须使以上这些非关键业务形成与其相符的文化，但这样又将使核心文化受到干扰，从而影响企业的核心竞争力。在这种情况下，公司就有必要把这些业务分离出来作为公司的外围业务。这样，公司一方面保持了企业核心文化与核心业务的战略匹配，另一方面又通过协同的方式控制了非主流业务。

企业物流协同典型案例分析——宝洁和沃尔玛的产销联盟

20 世纪 80 年代中期，生产商和零售商之间的冲突和矛盾日益加剧，对整个社会经济和流通产业带来了动荡和不稳定，削弱了美国企业的竞争力。同时，美国市场面临着来自国外企业的强大挑战，零售企业单凭其自身的实力和规模，仍难以应对这种国际化的竞争。在这样的背景下，美国大型生产商宝洁公司和美国第一大零售商沃尔玛结成了战略联盟，开始探索一种新型的产销合作关系。

为了构筑新型的生产商和零售商之间的产销关系，宝洁公司和沃尔玛建立了一个团队，借助于计算机实现信息的共享，通过联盟的形式推动双方业务的发展。宝洁公司可以调用沃尔玛的销售和库存数据，并以此为依据制订出有效率的生产和出货计划。作为实施合作的主要组织机构，宝洁公司和沃尔玛双方组成由财务、流通、生产和其他各职能部门组成的约70人的专门合作团队，派往沃尔玛实行协作管理。根据专门合作团队的策划，沃尔玛于1989年开始对宝洁公司的纸尿裤产品实行供应链管理，即构筑JIT型的自动订发货系统。

(1) 宝洁公司除了能迅速知晓沃尔玛物流中心内的纸尿裤库存情况外，还能及时了解纸尿裤在沃尔玛各店铺的销售量、库存量、价格等数据，这样不仅能使宝洁公司及时制订出符合市场需求的生产和研究开发计划，同时也能对沃尔玛的库存实行单品管理，做到连续补货，防止出现商品结构性的机会成本，即滞销品的库存过多，与此同时畅销品断货。

(2) 沃尔玛则从原来繁重的物流作业中解放出来，专心于经营活动，同时在通过EDI（电子数据交换）从宝洁公司获得信息的基础上，及时决策商品的货架和进货数量，并由制造商管理库存（MMI）系统实行自动进货。MMI的含义是在所有权仍属于沃尔玛的情况下，沃尔玛将物流中心或仓库的管理权交给宝洁公司代为实施，这样不仅沃尔玛不用从事具体的物流活动，而且由于双方企业之间不用就每笔交易的条件（比如配送、价格问题等）进行谈判，大大缩短了商品从订货，经进货、保管、分拣、补货，到销售整个业务流程的时间。

三、电子商务下企业内部协同物流的运作

（一）协同化物流系统的构成环节

物流环节是物流研究的最基本单位，也是电子商务下物流系统的基本子系统。传统物流系统由运输、储存、配送、流通加工、包装、装卸搬运、信息管理等基本物流环节组成。电子商务的发展对物流系统提出了信息化、网络化、标准化、个性化、柔性化、社会化等多方面的高要求，在电子商务环境下，物流系统分成了物流作业系统和物流信息系统两个分系统，两系统之间是一种互相交融、融为一体的关系。物流作业系统的功能是在运输、储存、配送、流通加工、包装、装卸搬运等基本物流作业中使用先进技术，使配送路线、运输手段等网络化，进而提高物流活动的效率；物流信息系统的功能是在保证订货、进货、库存、出货、配送等信息流畅的基础上，使通信线路和手段网络化，以提高物流作业系统的效率。

（二）企业内部物流各环节的协同

无论是企业物流系统、区域物流系统还是国家物流系统，物流系统首先由各种关系组成，运输、仓储、配送、流通加工、包装、装卸搬运、信息管理等物流系统各组成要素之

间的相互关系和相互作用构成了物流系统的基本内部关联，是物流系统赖以存在的基础，是物流系统得以形成的根本原因，也是物流系统能正常运作的机制所在。协调与合作成为物流系统赖以存在和发展及运作的关键，物流环节的协同则是任何物流系统协同运作的基础。物流环节本身运作过程的协同应该是这些具体操作的协作配合来实现的。

1. 物流环节具体作业的协同

在电子商务物流业务处理中，起核心作用的是配送环节。现以配送环节为例进行分析。配送环节由集货、分拣、配货、配装、配送运输、送达服务等基本要素组成。配送子系统的合理化，除了需要与外部物流环节（运输、存储等）以及客户保持外部协同，以实现时间短、成本低、距离短等物流系统目标，还依赖配送子系统内部环节的通畅合作。这种具体操作作业的协调合作是实现配送以及物流系统整体协同的基础。

2. 物流环节之间的协同

物流环节内部的协同只意味着物流环节局部的优化。各物流环节彼此联系影响，构成了物流系统的内部关联。正是依靠物流系统的内部关系的相互协调和共同运作，外部物质与能量对物流系统的输入经过流通、加工及转换，得以实现系统的顺利产出。物流各环节的协同，能实现物流系统功能整合，减少环节衔接的摩擦、减少物资在途时间、缩短物流过程，提高物流效率。整体物流链的优化依赖于物流环节之间的协同。

各个物流环节不同的操作特性、作业性质，构成了物流环节彼此的关联影响，物流环节各不相同的特性导致了不同的物流环节合理化评价目标，指导着各环节的运行。物流活动之间的矛盾冲突需要实现各环节效率目标之间的协调，形成彼此关联的物流功能关系网络，这是物流环节协同的重要方面。物流各环节的协同，还是各环节功能强度的协同。只有各子系统功能强度协调，才能保证实现物流系统整体能力。例如物流系统中搬运装卸环节能力的调整，过强的搬运装卸能力，没有配置相应程度的运输能力，将导致搬运装卸设备及人力的浪费；而过于薄弱的搬运装卸能力，将导致卸货搬运的延滞，造成更为巨大的经济损失。

3. 信息管理环节

物流信息管理是一个特殊的环节，无论是连结物流企业的电子商务活动，还是处于电子商务下的物流信息系统，都要从具体物流作业过程中获取各种信息，在分析与物流各项活动相关程度的基础上对来自客户需求、生产需求、销售需求的总体信息进行处理加工，再反馈并指导各物流环节作业活动，它支持着各环节的衔接和协调，从而实现物流系统的整体效益，这是现代物流和传统物流的本质区别所在。准确及时的物流信息是物流活动管理决策的基础，充分利用环节信息之间的关联，有助于物流管理决策的全局性，有助于实现各环节的协调性。在计算机、定量化科技技术等支持下，物流信息管理能促进订货处理、预测、存货控制、运输等物流各领域功能的综合交叉，从而提高物流整体性能。各环节信息流通渠道的畅通，则是物流信息管理环节合理化的基本保证。

4. 物流环节目标之间以及与企业目标协同

各个物流环节具有不同的合理化目标，环节之间复杂的关联组成了物流系统的内部关系。物流环节的协同，还反映在各自目标的协调，来共同达成系统目标。并且，物流系统的目标要协同到与企业生产经营目标、营销目标相协调的方向，这样才能真正做到整个企业的内部协调发展。

电子商务企业内部协同物流运作典型案例——光明食品协同供应链改进

1997年，光明食品实施ERP系统，虽然解决部分财务问题，但是不能适应光明食品现有业务模式。库存数据长期滞后，物流部门与销售部门之间通过传真形式传递各个仓库前一日的库存数据，直接影响公司的销售业务，配送商的库存、每日送货情况也无法精确掌握，因此难以准确地制订生产计划和货物调拨计划。

为解决从客户需求到发货整个流程中的问题，光明食品高层决定完善自己的管理流程。该项目实施范围主要是销售部门、物流部门、配送商和第三方物流，通过电子平台实现从订单导入、审核、发货、回执到数据分析整个过程的标准化和透明化，达成了供应链各方的协同。

(1) 市场需求和销售中心的协同：建立销售中心与客户之间的业务协同机制，通过信息交互与处理方式，即时检查可用资源，在最短的时间内确认采购行为，反馈订单承诺。当客户提交采购订单后，销售中心可以通过系统平台查询各仓库品项的即时库存，自动判断订单满足能力，从而确定销售行为，严格控制了下单无货的现象。

(2) 销售中心与仓库的协同：在系统中各仓库的库存情况是透明的，各组织机构不仅可以通过平台查到各仓库当前库存情况，也可以按照产品生产日期追踪产品的流向。销售中心根据产品库存制订销售计划，对市场销售做出准确评估。仓库货品的调拨、寄存实现了仓库间货品的平衡性，也增加了仓库货品调动管理的灵活性。

(3) 销售中心与配送商的协同：配送商提出订货需求，销售中心根据订货需求开调拨单给仓库，完成仓库到配送商的调货行为。配送商可接受当地客户订单后直接送货，销售中心也可以从系统上看到配送商库存和销售情况。配送商借助平台在线进行库存管理，从而即时反馈库存状况给销售中心，提供开单依据。

(4) 销售中心与第三方物流的协同：系统支持光明在线对第三方物流提交配送指令，第三方物流根据销售部门下发的配送指令进行配送，并提供配送过程的信息查询。

(5) 仓库与生产厂的协同：系统支持的自动补货提醒，根据安全库存的设定，自动生成补货单据和申请。

思考题

一、名词解释

1. 延迟策略
2. 战略协同
3. 范围经济效应
4. 管理协同效应
5. 竞争优势群

二、单项选择题

1. 总成本领先战略要求由（　　）的组织结构与之配合。

A. 直线式　　B. 有机式　　C. 机械式　　D. 平行式

2. 强调响应能力的供应链必须将所有的职能战略设计用来提高其（　　）。

A. 反应能力　　B. 响应能力　　C. 时间　　D. 效率

3.（　　）就是使物流系统各环节、各层次、各部门之间互相配合，协调发展，发挥系统“1＋1＞2”的功效。

A. 发展协同物流　　B. 发展第三方物流

C. 发展自营物流　　D. 发展外包物流

4.（　　）是物流经济活动，是物流研究的最基本单位，也是电子商务下物流系统的基本子系统。

A. 物流运作模式　　B. 物流信息管理系统

C. 物流设备　　D. 物流环节

三、多项选择题

1. 增加供应链的可视性可以在（　　）方面发挥作用。

A. 价值增值　　B. 提高服务和质量

C. 降低成本和提高顾客满意度　　D. 减少变异

2. 确定物流战略匹配的步骤，包括（　　）。

A. 确定产品需求特性　　B. 理解供应链

C. 获取物流战略匹配　　D. 评估企业物流能力

3. 物流组织结构的演进包括（　　）过程。

A. 分散管理阶段　　B. 功能集成阶段

C. 内部一体化阶段　　D. 过程一体化阶段

4. 协同效应包括（　　）。

A. 规模经济效应　　B. 范围经济效应

C. 管理协同效应　　　　　　　D. 学习效应

5. 从性质上分，协同物流的类型可以分为（　　）。

A. 发展型　　　　B. 进攻型　　　　C. 防御型　　　　D. 竞争型

四、简述题

1. 供应链战略如何与不同的物流能力相匹配？

2. 物流企业战略与组织战略有什么关系？

3. 企业实行物流战略协同有哪些优势？

4. 现代物流企业可以从哪些方面进行物流协同？

五、论述题

列举战略匹配的影响因素，并论述各自的影响机理。

六、案例分析

宅急送的战略协同

"宅急送可能什么也没有，就是学习能力特强、创新能力很强。向伟人学习、向现实生活学习、向竞争对手学习，宅急送成功地走到了今天。"宅急送总裁陈平这样总结自己的创业经历，这也是宅急送从小到大、由弱变强的成功法宝。

1994 年，宅急送创立之初，只有三辆车、七个人，什么业务都做，还时常亏本买教训，现在，宅急送拥有近 500 个分支机构、近 8000 名员工，车辆 1500 多辆。宅急送先后做了家政服务（送煤气罐、蛋糕、烤鸭、鲜花，接送孩子，搬家等）、火车站定车派送业务、电子商务、全国门对门业务、小件包裹快递、物流，等等。然而，快递市场的竞争日趋严峻，2005 年年底，中国快递市场对外资全线开放，国际四大快递巨头纷纷排开阵势，而国内上千家民营快递公司总的市场占有率也只有 20%，国内快递业还是"小、散、弱"，作为全国民营快递业的龙头企业，受过部队磨炼的陈平又活学了毛泽东同志的"统一战线"：2006 年 4 月 17 日，向国内外物流企业和货运代理开放历时 12 年编织的庞大网络，包括运输、仓储、配送等，同行可以借助宅急送覆盖国内 2000 多个城市和地区的网络，将自己的货物送达全国各地。通过这样的物流平台整合，宅急送在行业内逐渐树立起"领导"企业的形象。

我们知道，快递业的竞争要素有很多，比如速度、网络、价格、信息、人才等，但是，"快递业的竞争，归根结底是人才的竞争"。回过头细想一下，人才是国内快递崛起的重要保证。但是，本土快递企业的人员管理难度非常大：什么人都有，从文盲到博士生，从农民到高干子弟，每个人的背景、思想、理念都不一样，如何让他们"抱团打天下"？快递业务员都是在公司之外奔波，都不在老板的眼皮底下工作，如何保证效率和货品安全？员工个人面对客户时能力又有差别，如何提升员工的业务能力？如何让优秀员工忠诚于企业……

这些问题严重困扰着很多快递企业，往往成为企业进一步发展、壮大的心病。而宅急送在不断发展和摸索过程中，结合企业的实际和中国国情，不断地创新人力资源管理，在这方面获取了较好经验和效果。

一、转型：先建分公司再建总公司

“国外快递公司成功的关键是速度，速度是生命线，但没有网络就不可能有速度，所以最终还是取决于网络建设。”宅急送陈平最初就意识到了这个问题。联邦快递以4亿美元现金收购大田集团在双方从事国际快递业务的合资企业大田—联邦快递有限公司中的50%股份，以及大田集团在中国的国内快递网络。虽然大田集团80%的网络是赔钱的，但50%的股份还是卖了4亿美元的高价，为什么？联邦快递看重的就是大田集团的网络价值。

当陈平认识到网络的重要性后，一贯喜欢“学习、模仿、创新”的他在建立宅急送的网络建设上又多有创新：要照猫画虎，不能照葫芦画葫芦，别人是先建总公司再建分公司，宅急送却反其道而行之，走了一着险棋——先建分公司再建总公司，打破常规地开拓了一条迅速建设网络的道路。

宅急送1994年创立，可到2000年才有北京的宅急送公司总部。陈平说是“我们是先建分公司，分公司赚了钱后再建总公司”，发展初期主要考虑的是依靠子公司建立分公司迅速在全国布点，采用的是垂直化管理方式，大胆授权给分公司。分公司完全自负盈亏，只要它们能把从北京运来的货再送到当地的千家万户就好，这样，北京的陈平就等于在各地有了网络。到了2000年，宅急送的网络大局已经完成，各分公司已经长大，陈平就开始加大力度管理这些分公司，开始推行扁平化管理，逐步把管理权收归公司总部，子公司缩编为大区，不再对其进行独立核算、单独考核，并对人员进行了调整，把这些创业元老都调到北京来，安排适当的职位和相应的报酬，把人员稳定下来，使企业顺利度过了转型期，这样，不仅消了肿、瘦了身，而且消除了区域壁垒。

如果一开始不敢大胆授权，就没人愿意去做。但是到了一定的发展阶段，还没有适当地收回管理权的话，就有可能使分公司的力量过于强大，可能导致脱离母公司。陈平这种“逆做网络”的方法适合公司发展的实际需要，也让宅急送成功地渡过了由于资金短缺造成的企业成长初期的艰难。

当然，陈平敢如此大胆地搞“先分公司后总公司”，还跟他初期的“战略思想”有关，这些派出去的分公司经理都是人品过硬的，而且家庭都在北京。著名管理学家华夏基石管理咨询公司董事长彭剑锋评价宅急送这种建设网络的方法时，很是赞赏：“宅急送这种‘先有儿子，后有老子’的思路，在各地诸侯分立的时候再来统一诸侯，是惊险一跳。针对这种创业元老可能形成诸侯的情况，企业家一般都采取‘给足荣誉与薪酬，剥夺权力与空间’的办法，既要对创业元老有所交代，不能卸磨杀驴，又不能让创业元老成为企业发展的绊脚石。”

二、培训：建立人才讲习所

宅急送建立人才讲习所，与当年毛泽东同志创办农民运动讲习所一脉相承，旨在培养领导干部、宣讲“革命理论”、唤醒沉睡意识。宅急送是在什么背景下创办了讲习所呢？在韦灯明的《快递争霸战》一书中有这样的记述：2000 年 8 月，宅急送总公司企划部经理、北京公司副总经理等高层管理人员相继离职，引发了个别中层干部和业务骨干出走的念头，在公司内外掀起了不小的波澜。一个具有良好的企业文化正在高速成长的企业，为什么会有这样的事件发生呢？原来，1999 年纳斯达克概念股大行其道，公司高层被外方以作物流概念股赴纳斯达克上市想法鼓动，产生了重新创业的冲动。不是公司福利待遇出了问题，高层管理者的车、房、年终分红、保险等应有尽有；也不是公司压抑人才、任人唯亲，几位离职干部职高权重。这次高层动荡的诱因根本不在企业，而是个人对财富、未来、人生的认识与理解不同。

事件的产生，对企业的抗风险性是一次大考验，也给宅急送积累了宝贵的经验财富。2000 年 10 月，宅急送成立了全封闭、准军事化的香山人才讲习所，筑起了一道储备人才的大坝，彻底改变了人才奇缺、青黄不接、专业水准低下的状况。从此以后，宅急送对人才的培训、激励、教育做得更加到位。

定点培训主要在总公司的“香山人才讲习所”，必须脱产，所有员工每年至少要接受培训 1～2 次；充分利用每一次召开经理会、员工会、早点名会、业务专题会等时间，对员工进行适时培训，拿出 1～2 个疑难问题进行案例分析，不断提高员工的专业技能水平；不仅组织员工到优秀企业参观学习，还可选派工作成绩突出、有培养前途的员工，赴国外机构参加训练和学习，以开阔视野，增长知识。

为避开恶性价格竞争的怪圈，宅急送开始实施人才结构高端化战略。据宅急送人力资源总监熊大海介绍，宅急送采用了培训、外聘和激励三管齐下的方式，来全面提升旗下员工的综合素质。

在培训方面，所有总经理必须参加宅急送与北京工商大学商学院合作开设的研究生班，学习与国外接轨的现代化物流经营与管理课程。考核合格者会被提升至重要城市的分公司任职，对于取得突出成绩的总经理，宅急送为其配发专用本田轿车。

宅急送还将旗下员工分为两类，并因材施教，一类是知识素养普遍较好的管理型员工，另一类是文化水平较低而业务素质优秀的基层员工。第一类员工多是宅急送刚刚吸收进来的本科学历以上的毕业生，为激励这类员工，宅急送推出了为其解决北京户口等多种措施。

三、激励：“家”文化增强员工凝聚力

物流快递企业的人员组成很复杂，里面形形色色的人都有，从文盲到博士，从农民到高干子弟；加上工作场地在全国各地，员工常年在外面执行任务，工作方式分散，各自的能力又有差异；各个层次的人都有，而且高端和低端都在一个企业系统里，有价值观、性格、文化的冲突也是必然的。这是本土物流业人力资源的一个特点，管理不好就可能成了

“乌合之众”。

(一) 帮员工实现梦想

而宅急送目前有8000多名员工，该如何让这些形形色色的人的思想、行为、意志、目标统一起来?“首先就是要帮助每一个员工实现自己的梦想”，陈平说，“8000个人有8000个理想，你帮他们实现梦想，他们就会帮助宅急送冲上天，这是做人力资源最重要的。同时，通过‘帮助员工实现梦想’，激发我们员工的归属感、自豪感和‘以公司为家’的感觉。”

宅急送致力于为每一位员工提供良好和谐的工作氛围，完善的薪酬福利计划，广阔的事业发展空间，形成一套独特的人才政策和人力资源管理制度。

陈平认为，家族企业的氛围就应该是“家庭氛围”，人最心甘情愿付出的是为家庭、亲人，所以，把公司做成家庭，员工也就会倾心奉献。在宅急送里工作很辛苦，员工为什么不走? 是为了实现自己的理想而默默去工作，再苦再累也是心甘情愿。

比如，宅急送2006年在长城上举办了一场婚礼活动，就很能说明其“家”文化。陈平发现宅急送的员工因为工作原因没时间去外面找对象，于是很多人就在企业内部找了。2006年就有24对“新人”结婚了，但由于工作忙，或者离家乡很远，他们没有举办婚礼。看到这种情况，陈平就把全国的24对“新人”全部叫到北京，同时把双方父母请过来，给每一位新娘做了一套婚纱，安排在长城上为他们举办大婚礼，举办了集体的大婚宴，还给每一位新郎在宾馆里布置了一个洞房。并且把婚礼的全过程拍成DVD(高密度数字视频光盘)，送给新婚夫妇。前段时间，宅急送还做了个追踪报道，看看这24对夫妇里有几个生孩子了。

现在，宅急送里有2000多名员工没找到对象，陈平还要把他们弄到青岛湖边去搞一个“鹊桥会”，组织这个会就是奖励他们旅游，放松自己，同时让他们去找对象。陈平说：“这就是实实在在地帮助他们实现自己的理想，宅急送就是这样实实在在地去解决事情，做人性化的工作。”

(二) 设立“宅急送最高仲裁庭”

为快速、准确、公正地解决公司与公司之间、公司与个人之间、个人与个人之间，以及内部与外部之间的各种争议、纠纷和投诉，以保护干部员工的合法利益，维护公司的正当权益，依据有关法律条款，结合公司实际情况，总公司成立了“宅急送最高仲裁庭”。

仲裁的范围包括：公司之间的服务事故投诉；干部员工之间的矛盾冲突；公司与员工之间的劳资纠纷；重大管理问题的责任认定；重大车辆事故的内部责任认定；干部员工个人家庭问题引发的纠纷；干部员工由于经济问题需要仲裁的；公司处理问题不公引发的争议等。

同时，员工对公司的管理、经营业务及奖罚有提出投诉和申诉的权利，宅急送在各区设有纳言箱，由总经理直接开启听取员工意见。员工反映的问题可以与对口部门联系，也可以越级提出投诉与申诉，各种投诉、申诉最迟一周内予以答复。有一次，一位员工在宅急送的网站上骂陈平，陈平秘书说要把它删除，陈平不让，他说："被骂倒的就不是企业家，企业都是给企业家自己整死的。"后来很多员工都在网上指责这个贴帖子的员工，说他"不应该骂人，有意见可以提"。

（三）高薪、高福利激励

什么是伟大的公司？陈平坦率地说："钱挣得多的公司就是伟大的公司。"宅急送虽然只有12年的成长历程，但是它对员工的薪酬激励、福利关爱却是一生——福利到老，关怀到老：对为企业做出突出贡献的人配股，将来还要往"合伙人"政策方向发展；凡转正的员工都有社会保险，特殊岗位员工有意外伤害医疗保险，享受带薪休假待遇，直至退休终老。

在薪酬分配方面，宅急送采用平衡计分法，把分值变成钱，把权职作为百分比。这样评定下来，宅急送的员工工资相差很大，有的800元/月，有的50万元/年。因为有这样的薪酬分配方法，员工之间没有发生激烈的碰撞，因为他们看到了能力和职责的差距，所以不会产生敌视心理。

（四）"三线合一"的预期管理

每个人都有自己的理想、期望和梦想，宅急送除了帮助每一个员工实现自己的梦想，还对员工的预期进行有效的管理——"三线合一"发展路线。陈平介绍说这种预期管理方式已经做了两年，就是给每一个层次的员工的期望值画三条上升线：一条是直线上升，一条是弧线上升，还有一条是交叉上升。三条线最后合成一个点，就是"大家得到高待遇"，每个员工都可以通过这三条线或者其中一条线实现自己的目标。

四、淘汰：打造"马拉松军团"

据《宅急送简报》主编韦灯明介绍，宅急送有一支马拉松军团，宅急送的马拉松军团由职业经理人、高级管理者、管理者、预选干部组成，他们是宅急送的核心。

既然是马拉松军团，他们注定要在竞技场上不断地接受考验。马拉松一个赛程是42千米，宅急送干部马拉松赛是1年（12个月）的赛程考核，首先是任职资格的认定，然后是对照标准述职。以2004年三亚部门经理会议为例，有自我评定、平级评定、上下级评定，360度考核，更重要的是考核从来不流于形式，考核结束，有晋级的，有降级的，也有被淘汰出局的。正是这样的考核机制保持了这支队伍的竞争力。

"马拉松军团"上升的最高权限是进入宅急送决策层，而不断下降的结果只能是淘汰出局。在这个动态的过程中，没有人敢确信自己能永远留在最好的一群人当中，他们必须时时刻刻地向别人表明：自己留在这个位置上的确是当之无愧的。

宅急送创新性地采取这些人性化的人力资源管理手段，增强了其人才战略上的竞争优势，激发了宅急送的活力。这些创新思维也将给本土企业带来一些启示和思考。相信宅急送这颗中国民营快递之星会给国人和世界带来更多的新奇。

讨论题

1. 宅急送如何实现协同物流战略？
2. 宅急送公司是如何实现文化与公司战略的匹配的？

参考文献

[1] 彼得·德鲁克．管理：使命、责任、实务、责任篇［M］．王永贵，译．北京：机械工业出版社，2006.

[2] 曹景建，姜大立．我国钢铁物流发展的SWOT分析［J］．中国储运，2008（12）：113－116.

[3] 陈淑娴．基于网络分析法的供应链库存控制绩效评估［J］．铁道货运，2008（12）：5－7.

[4] 陈洋．国际物流实务［M］．北京：高等教育出版社，2003.

[5] 陈云萍，韩翔．企业物流战略类型与物流绩效关系的实证研究［J］．生产力研究，2009（3）：155－158.

[6] 程国全，柴继峰，等．物流设施规划与设计［M］．北京：中国物资出版社，2003.

[7] 崔介何．企业物流［M］．北京：中国物资出版社，2002.

[8] 崔介何．物流学［M］．北京：北京大学出版社，2003.

[9] 储雪俭．现代物流管理教程（中级）［M］．上海：上海三联书店，2003.

[10] 但斌，张旭梅，刘飞，等．基于CPFR的供应链体系结构和运作研究［J］．计算机集成制造系统，2000（4）：41－44.

[11] 道格拉斯·兰伯特．物流管理［M］．北京：电子工业出版社，2003.

[12] 郝聚民．第三方物流［M］．成都：四川人民出版社，2002.

[13] 郝渊晓．现代物流采购管理［M］．广州：中山大学出版社，2003.

[14] 邓海涛．现代物流管理基础［M］．长沙：国防科技大学出版社，2006.

[15] 邓路．从战略视角看企业使命陈述［J］．管理科学文摘，2007（5）：65－66.

[16] 丁立言，张铎．物流配送［M］．北京：清华大学出版社，2002.

[17] 丁立言，张铎．仓储规划与技术［M］．北京：清华大学出版社，2002.

[18] 丁立言．国际物流学［M］．北京：清华大学出版社，2000.

[19] 董千里，阎敏，董明．关于区域物流理论在我国应用的研究［J］．重庆交通学院学报，1998，17（2）：74－80.

[20] 杜红平，刘华．国际采购实务［M］．北京：中国物资出版社，2003.

[21] 杜敏．国际贸易概论［M］．北京：对外经济贸易大学出版社，2002.

[22] 甘碧群．国际市场营销学 [M]. 武汉：武汉大学出版社，2002.

[23] 高红岩．战略管理学 [M]. 北京：清华大学出版社，北京交通大学出版社，2007.

[24] 巩艳芬，张爱芬．中小企业物流战略规划及效果评价 [J]. 商业时代，2008 (8)：23-24.

[25] 胡刚，张卫华，王伟．城市物流中心布局研究 [J]. 公路交通科技，2003，20 (3)：173-176.

[26] 黄福华，等．现代企业物流运作与管理 [M]. 长沙：湖南人民出版社，2001.

[27] J DAVID HUNGER，THOMAS L WHEELEN. 战略管理精要 [M]. 刘浩华，译．北京：电子工业出版社，2008.

[28] 辛金国，蒋萃．战略绩效评价方法在传化集团的应用 [J]. 财务与会计（理财版），2012 (7)：39-40.

[29] 金江军，潘懋．现代物流 [M]. 北京：北京大学出版社，2003.

[30] 金占明．战略管理 [M]. 北京：清华大学出版社，2000.

[31] 康善村．采购技术 [M]. 广州：广东经济出版社，2001.

[32] MICHAEL HUGDS. 供应链管理精要 [M]. 刘浩华，译．北京：中国物资出版社，2009.

[33] 兰洪杰．物流战略管理 [M]. 北京：清华大学出版社，2006.

[34] 贺勇，刘从九．中国企业的物流模式研究 [J]. 物流技术，2006 (3)：1-3.

[35] 何振彪．供应链管理关键技术——供应商管理库存技术 [J]. 现代物流，2002 (5).

[36] 李鼎新．企业战略管理 [M]. 西安：西北大学出版社，2002.

[37] 李崎业．货物采购与检验 [M]. 北京：中国物资出版社，2004.

[38] 李笑霜，郑立群．从战略准备度观点对物流企业战略进行评价 [J]. 哈尔滨商业大学学报（社会科学版），2007 (5)：76-80.

[39] 李旭宏，胡文友，毛海军．区域物流中心规划方法 [J]. 交通运输工程学报，2002，2 (1)：85-88.

[40] 刘昌祺．物流配送中心设计 [M]. 北京：机械工业出版社，2001.

[41] 刘德武．物流中心的规划设计 [J]. 物流技术，2002，11 (12)：122-124.

[42] 刘厚俊．国际贸易新发展——理论、政策、实践 [M]. 北京：科学出版社，2003.

[43] 刘景霞，邬文兵．基于现代物流产业特征构建物流园区一体化战略体系 [J]. 管理现代化，2008 (5)：52-54.

[44] 刘明菲，王槐林．物流管理 [M]. 北京：科学出版社，2008.

[45] 罗国杰．当代中国职业道德建设［M］. 北京：企业管理出版社，1995.

[46] RONALD H BALLOU. 企业物流管理——供应链的规划、组织和控制［M］. 王晓东，胡瑞娟，等，译．北京：机械工业出版社，2002.

[47] 骆温平．第三方物流理论、操作与案例［M］. 上海：上海社会科学院出版社，2001.

[48] 佚名．实体店关店潮，为什么 7－11 便利店可以独善其身，到底做对了什么？［EB/OL］．［2017－10－06］．http：//sh. qihoo. com/pc/detail? check＝1e84a0cf2e3c8a6c&sign＝360 _ e39369d1&url＝http：//zm. news. so. com/a67ec0b532a97473d43bcb3573b3fc9b.

[49] 孙宏才，田平，徐关尧．网络层次分析法在政府招标采购中的应用［A］//中国系统工程学会决策科学专业委员会第六届学术年会论文集［C］. 2005.

[50] 孙宏岭．高效率配送中心的设计与经营［M］. 北京：中国物资出版社，2002.

[51] 宋华．物流供应链管理机制与发展［M］. 北京：经济管理出版社，2002.

[52] 宋伟刚. 物流工程及其应用［M］. 北京：机械工业出版社，2003.

[53] DONALD J BOWERSOX，et al. 供应链物流管理［M］. 北京：机械工业出版社，2002.

[54] 唐渊．国际物流学［M］. 北京：中国物资出版社，2004.

[55] 王蓓彬．现代仓储管理［M］. 北京：人民交通出版社，2003.

[56] 王斌义．现代物流实务［M］. 北京：对外经济贸易大学出版社，2003.

[57] 王斌义．国际物流人员业务操作指引［M］. 北京：对外经济贸易大学出版社，2003.

[58] 王丹惠．战略管理思想下的物流企业业绩评价［J］. 中国乡镇企业会计，2006（10）：69－71.

[59] 王鸿奇．西安凯信实业发展有限公司经营战略研究［D］. 西安：西北大学，2006.

[60] 王槐林，刘明菲．物流管理学［M］. 武汉：武汉大学出版社，2002.

[61] 王焕伟．新编职业道德教程［M］. 天津：天津大学出版社，1997.

[62] 王利，许国银，黄颖．现代物流管理［M］. 北京：中国物资出版社，2006.

[63] 王鹏姬．物流战略联盟稳定性分析［J］. 综合运输，2004（3）：38－42.

[64] 王璞．管理咨询实务［M］. 北京：机械工业出版社，2003.

[65] 王之泰．现代物流学［M］. 北京：中国物资出版社，1995.

[66] 王忠宗．采购管理实务［M］. 广州：广东经济出版社，2001.

[67] 王转，程国全．配送中心系统规划［M］. 北京：中国物资出版社，2003.

[68] 魏国辰．采购实际操作技巧［M］. 北京：中国物资出版社，2003.

[69] 吴育华，杜纲．管理科学与基础［M］. 天津：天津大学出版社，2001.

[70] 吴昀，黄志建．我国企业物流战略管理问题研究［J］．科技情报开发与经济，2007，17（31）：173－175.

[71] 夏晓东．企业物流管理［M］．成都：四川人民出版社，2002.

[72] 徐杰，郑凯，田源．物流中心选址的影响因素分析及案例［J］．北方交通大学学报，2001，25（5）：80－82.

[73] 徐天亮．运输与配送［M］．北京：中国物资出版社，2002.

[74] 薛威，孙鸿．物流企业管理［M］．北京：机械工业出版社，2003.

[75] 杨长春，顾永才．国际物流［M］．北京：首都经济贸易大学出版社，2003.

[76] 杨海荣．现代物流系统与管理［M］．北京：北京邮电大学出版社，2003.

[77] 杨志刚．国际货运物流实务、法规与案例［M］．北京：化工工业出版社，2003.

[78] 于小彬，等．新编现代企业物流管理工具箱［M］．北京：机械工业出版社，2003.

[79] 翟光明．仓储实务［M］．北京：中国财政经济出版社，2002.

[80] 张恒，达庆利．从战略角度分析再制造物流网络的模式选择［J］．现代管理科学，2007（9）：28－29.

[81] 张宇航．基于竞争优势理论的企业物流战略研究［D］．西安：长安大学，2006.

[82] 张毓辉，范大良．7－ELEVEN：物流战略体系的特色［J］．管理工程师，2006（4）：16－18.

[83] 张志伟，唐立新．物流战略管理研究［J］．改革与开放，2009（5）：84.

[84] 真虹，张婕姝．物流企业仓储管理与实务［M］．北京：中国物资出版社，2003.

[85] DAVID SIMCHI－LWVI，PHILIP KAMINSKY，EDITH SIMCHI－LEVI. Designing and managing the supply chain：concepts，strategies and case studies［M］. 2nd ed. New York：McGraw－Hill Companies，Inc，2003.

[86] DONALD WATERS. Supply chain management：an introduction to logistics［M］. London：Palgrave Macmillan Press，2009.

[87] JOHN T MENTZER，WILLIAM DEWITT，JAMES S KEEBLER，et al. Defining supply chain management［J］. Journal of Business Logistics，2001，22（2）：1－25.

[88] RHONDA R LUMMUS，DENNIS W KRUMWIEDE，ROBERT J VOKURKA. The relationship of logistics to supply chain management：developing a common industry definition［J］. Industrial Management & Data Systems，2001，101（8）：426－432.